PPN 004 274 873

350
BEC

AF859314

LES INSTITUTIONS ADMINISTRATIVES

Jean-Marie BECET
Professeur à l'Université de Bretagne Occidentale

CENTRE D'ETUDES UNIVERSITAIRE
DE BOURG ET DE L'AIN
UNIVERSITE JEAN MOULIN
LYON 3
3, rue des Casernes
01000 BOURG-EN-BRESSE
Tél. 74.23.82.30

LES INSTITUTIONS ADMINISTRATIVES

4e édition

© Ed. ECONOMICA, 1997

Tous droits de reproduction, de traduction, d'adaptation et d'exécution
réservés pour tous les pays.

INTRODUCTION

I – LE CONCEPT D'« ADMINISTRATION »

Etudier les institutions administratives, c'est, traditionnellement, étudier l'ensemble des organes qui constituent « l'administration » publique dans leur agencement, leurs formes, leurs rapports entre eux. Le propos renvoie donc au concept premier, celui d'administration, l'un des plus difficiles à appréhender scientifiquement.

Le problème de la définition du concept d'administration n'était guère important au siècle dernier, et encore dans la première moitié de ce siècle lorsque le qualificatif « publique » absorbait en quelque sorte le substantif « administration ». Quand certaines fonctions relevaient par nature de l'administration publique, qu'il n'y avait donc pas concurrence avec l'activité privée mais, au contraire, inassimilabilité des tâches, des buts, des moyens mis en œuvre, on pouvait se contenter – certains s'en contentent encore – d'une présentation formelle de l'administration publique, envisagée successivement sous ses aspects fonctionnels et organiques.

Ainsi, selon G. Vedel, « l'administration est l'ensemble des activités qui, sous l'autorité ou le contrôle du gouvernement, tendent au maintien de l'ordre public et à la satisfaction des besoins d'intérêt général » ; une telle définition fonctionnelle est immédiatement complétée par l'aspect organique : « l'administration, c'est l'ensemble des personnes physiques et morales qui accomplissent la fonction administrative ». En d'autres termes, l'administration, c'est l'ensemble des personnes qui se consacrent à rendre possible la vie en société, par des réglementations complexes dont l'ensemble constitue la police administrative, et à pourvoir aux besoins d'intérêt public par le procédé du service public. Pour ce faire, les institutions administratives, confrontées aux intérêts privés inférieurs, bénéficient de pouvoirs spéciaux, de prérogatives exorbitantes du droit commun. Mais elles sont étroitement soumises au législateur qui, seul, peut poser des règles générales que l'administration des chemins de fer, édifier des écoles et des hôpitaux, distribuer l'enseignement ou encore soigner les malades. Si cette activité constitue de l'administration étatique et non une activité privée, ce n'est pas par son fond, c'est seulement par le fait que les individus qui l'exercent ont qualité juridique d'agents publics... » (« Théorie pure du droit » traduit par C. Eisenmann. Dalloz 1962 p. 349).

De cette très rapide présentation, deux éléments fondamentaux se dégagent. Le premier réside dans l'importance essentielle des hommes – qui ne sont pourtant que des moyens – pour caractériser l'administration publique (que nous écrirons Administration avec un grand A pour la distinguer de l'administration tout court). Ce facteur est encore renforcé par la loi n° 83-634 du 13 juillet 1983 qui accorde la qualification de « fonctionnaires » à tous les agents, en particulier ceux des collectivités locales, occupant un emploi permanent. Le fonctionnaire, dans l'exercice de ses fonctions, agit toujours pour le compte de l'Administration et c'est l'ensemble des tâches qu'ils accomplissent qui constituent les tâches administratives.

En mettant en œuvre ce critère principal, on s'aperçoit que l'Administration est conçue lato sensu. Elle englobe, en effet, non seulement le transducteur (à savoir les missions accomplies par les fonctionnaires d'administration centrale, les policiers, tous les « administratifs » au sein des services) mais aussi l'effecteur, toutes les tâches de pure exécution étant rattachées à l'Administration (et comme telles, soumises à un droit spécial, le droit administratif). En conséquence, elle est directement en contact avec le public, avec les citoyens.

Le second élément consiste en ce que l'Administration se trouve toujours dans une position subordonnée. Le transducteur (et l'effecteur) est soumis au sélecteur qui détermine les objectifs et les conditions dans lesquelles ils doivent être atteints, c'est-à-dire le droit applicable à l'organisation et à l'action administrative qui, dans notre pays, n'est pas le droit commun mais, par tradition, un droit spécial, le droit « administratif ». **On peut donc, en mettant en lumière ces deux éléments principaux, dire que l'Administration est constituée de l'ensemble des personnes qui, sous l'autorité des gouvernants et selon les règles du droit administratif, assurent les tâches considérées comme administratives.**

Si cette définition à dominante organique peut être posée comme reflétant une évolution considérable de l'Administration, envisagée dans ses missions, il faut souligner également qu'en parallèle, le second élément (à savoir la soumission à la loi et au droit) a également profondément évolué. D'abord, pour toute administration mais surtout l'administration publique, la subordination au pouvoir « politique » est loin d'être totale et systématique. Hier, seule était à l'honneur la conception instrumentale de l'Administration (pour les libéraux, elle était l'instrument du pouvoir politique, pour les marxistes l'instrument de la classe dominante, pour Weber, l'instrument du « Chef »). Aujourd'hui, on se rend compte que la dépendance est beaucoup moins étroite qu'on ne le croyait. André Mathiot, dès 1961 (« Bureaucratie et Démocratie » EDCE 1961 p. 11) a constaté la montée du pouvoir bureaucratique, en a étudié les caractères et les effets. Beaucoup d'autres auteurs ont suivi, qui ont montré que l'Administration était largement autonome et composée de cellules pratiquement étanches, jalouses de leurs prérogatives. G. Timsit fait le point sur la question dans son remarquable article « La Science administrative d'hier à demain » (RDP 1982, p. 929 – 1021). Il écrit : « le thème de l'autonomie, d'abord – De chose, d'instrument, d'outil passif à la disposition du pouvoir politique ou d'une classe sociale, l'administration devient désormais sujet, et accède à l'autonomie. Autonomie limitée, celle que reconnaissent Friedberg et Crozier aux membres d'une organisation, qui, disposant d'une marge de liberté, peuvent en user pour « battre » le système et échapper aux contraintes posées par les détenteurs du pouvoir formel. Autonomie relative des néo-marxistes, qu'avaient annoncée Gramsci et Althusser avant qu'elle ne soit énoncée par Poulantzas... Autre thème majeur : le thème de la segmentation, lui aussi très caractéristique de cette nouvelle image de l'administration... l'administration n'est pas, ou n'est plus, cet ensemble unitaire et strictement intégré que dessinaient les modèles classiques » (p. 1010).

Il n'est pas dans notre propos de creuser les relations entre Administration et politique. On dira seulement qu'à l'heure actuelle, il y une interaction entre les deux. Certes, depuis 1981, à tous les niveaux, il semble qu'à nouveau, la primauté soit donnée aux élus, mais cela n'est pas suffisant pour infléchir le mouvement. Pour des raisons techniques (entre autres la complexification croissante des problèmes, qui requiert une compétence que ne peuvent avoir « les politiques »), pour des raisons structurelles (la présence, partout, des membres des grands corps etc.), l'Administration influence toujours davantage la décision, participe de plus en plus directemcnt à l'élaboration du droit auquel elle est soumise.

Si l'Administration est soumise au droit, elle est de moins en moins « extérieure » à ce droit. La tradition révolutionnaire voulait que tout soit dans la loi. Pendant le XIXe siècle surtout, mais aussi jusqu'à l'avènement de la Ve République en 1958, l'universalité de la loi était un dogme, de même que son incontestabilité : d'où le grand principe de base de notre droit administratif : le « principe de légalité » (le terme employé étant particulièrement révélateur), créé par le juge administratif et imposé par lui à l'Administration. Cette présentation, ce vocabulaire, ne reflète plus du tout la situation actuelle. A ce propos, G. Darcy (« Le Système Administratif Français » CFPC 1982) écrit : « en raison de la promotion du règlement, de la place qu'il occupe, surtout depuis la Constitution de 1958 (art. 37) dans notre ordre juridique, l'administration, relais du pouvoir exécutif, est le plus souvent soumise à des normes élaborées... par l'exécutif lui-même. Dans les matières qui continuent de relever du domaine de la loi, le même phénomène peut, à un moindre degré, être constaté. On sait qu'en raison du pouvoir du gouvernement dans la fixation de l'ordre du jour des assemblées comme dans le déroulement des discussions, la plupart des textes de lois émanent non des propositions de parlementaires mais de projets du gouvernement. Or, le gouvernement, c'est ici les cabinets, les bureaux, en un mot la haute Administration. Ainsi, contrairement à ce qui se passait antérieurement l'administration n'est plus subordonnée à une norme extérieure, édictée en dehors d'elle, mais bien souvent à une norme qu'elle a, au plus haut sommet, contribué à élaborer... » (Introduction p. XXVII).

Ajoutons que, de plus, dans tous les domaines, l'Administration a tendance à accumuler les textes « interprétatifs » pour, soi-disant, donner de la souplesse aux règles trop contraignantes au regard de l'efficacité. Un flot de circulaires, de directives, de normes procédurales encadrent l'action des agents ce qui, contrairement au but poursuivi, conduit au formalisme, à la rigidité voire à l'immobilisme. Les fonctionnaires de base, quant à eux, sont formés pour – et ont intérêt à – appliquer la circulaire dans sa lettre plutôt que les textes supérieurs : méconnaître l'instruction de service est une faute qui peut donner lieu à sanction, méconnaître la loi (si la circulaire est illégale) n'entraîne aucune conséquence... sauf une éventuelle annulation de l'acte édicté, si le juge administratif est saisi par un particulier. L'administrateur, vis-à-vis du citoyen, a le pouvoir de dire le droit ; l'administré, lui apparaît désarmé... (*infra* III).

On est donc bien loin, aujourd'hui, de l'image de l'Administration étroitement soumise à un droit d'ailleurs en grande partie élaboré, espèce après espèce, par le juge administratif, en l'absence de règles spéciales posées par la loi et destinées à régir l'action d'une Administration dont seule l'organisation intéressait effectivement le législateur. Et encore, sous nos yeux, ce droit subit de considérables modifications :

– et au plan des règles relatives à l'organisation, domaine que le « sélecteur », a donc toujours fait sien,

– et au plan des règles qui encadrent l'action, auparavant presque essentiellement jurisprudentielles.

Sur le premier point, la véritable révolution institutionnelle que réalise la réforme de décentralisation impulsée depuis 1982 suscite *l'émergence d'un droit constitutionnel local*, inexistant jusqu'alors, hormis quelques discussions purement théoriques sur les différences entre Etat fédéral et Etat unitaire. Sur le second point, on assiste à la *naissance d'un droit écrit des relations entre citoyens* et Administration qui complète et dépasse l'œuvre entreprise par le juge administratif. Si la première question parait à l'évidence fondamentale pour les institutions administratives, la seconde ne semble pas mériter autant d'attention. Il faut prendre garde, toutefois, que l'Administration existe pour les citoyens et qu'à cet égard, décentralisation et démocratisation sont intimement liées. En conséquence, il est bon, au début d'un ouvrage consacré en grande partie à l'étude de l'impact de la décentralisation sur les institutions, de dire quelques mots de la situation faite aux particuliers.

II – LEGISLATEUR E T ORGANISATION DE L'ADMINISTRATION (Les sources constitutionnelles du droit local)

Les fonctionnaires qui travaillent au sein de l'Administration, c'est-à-dire les personnes physiques, agissent pour le compte d'une personne morale. Le principal problème qui se pose alors est celui de savoir si tous les fonctionnaires relèveront d'une seule personne morale (l'Etat) ou de plusieurs, (Etat + collectivités locales). Dans le premier cas, l'Administration est unique, il y a unité de direction dans et pour l'Etat tout entier. Dans le second cas, elle est multiple : à côté de l'Administration d'Etat, dirigée par un organe central, existe une Administration locale, divisée en de nombreuses cellules dirigées chacune par « un organe dont la compétence est limitée à une fraction de la collectivité déterminée par un élément d'ordre territorial » (C. Eisenmann Les Structures de l'Administration in « Traité de Science Administrative » *op. cit.* p. 261). On parle alors, dans notre pays, de décentralisation administrative : un certain nombre d'affaires, dont la portée locale est reconnue par le législateur, est géré, avec des moyens humains et matériels propres, par des autorités locales dont l'activité est contrôlée plus ou moins étroitement par des représentants du pouvoir central.

Le législateur s'est toujours réservé le soin de poser les grandes règles d'organisation. Nombreux sont les textes relatifs aux structures administratives, même si la stabilité est un des traits marquants de nos institutions. Comme le note J. Moreau à la première page de la 1re édition de son ouvrage « Administration régionale, locale et municipale » (Memento Dalloz – 1972) : « De la révolution de 1789 à la fin de la IIIe République, la carte des communes et des départements subit peu de retouches, encore ces dernières ont-elles été le plus souvent les conséquences directes des modifications du territoire national... Depuis 1945 et plus encore à partir de 1958, les changements se multiplient et s'accélèrent ». C'est par la loi qu'a été édifié le système administratif français qui se caractérisait par quatre traits dominants absolument incontestés jusqu'en 1982 et fort bien mis en lumière dans l'ouvrage précité de G. Darcy : l'unité, l'uniformité, la complexité, le centralisme.

Il est essentiel de noter que, jusqu'alors, le législateur, lorsqu'il intervenait en la matière, n'était tenu par aucune norme juridique supérieure. Il exprimait seulement une volonté politique qui n'était nullement limitée, sauf peut être s'il s'était agi d'attenter à l'unité du pays, consacrée constitutionnellement (et encore n'y aurait-il eu, avant 1958, aucune parade dans un tel cas). Il n'existait, en effet aucune norme constitutionnelle qui traitait directement de la matière ou, s'il y en avait, elles ne s'imposaient pas juridiquement au pouvoir législatif, comme cette disposition de la Constitution de 1946 – première du genre, si l'on excepte les Constitutions révolutionnaires – qui prévoyait que l'exécutif du département devait être le président du Conseil général et non plus le préfet. Sous nos yeux, le système administratif traditionnel se modifie en tous ses caractères, (hormis l'unité), mais selon des règles qui trouvent en grande partie leurs sources dans le droit constitutionnel.

En effet, comme le constate Louis Favoreu, « Sur les décisions du Conseil constitutionnel rendues sur saisine parlementaire, une dizaine concernent directement ou indirectement les collectivités locales et il est désormais difficile d'enseigner le droit local sans y inclure la dimension constitutionnelle » (« Le droit constitutionnel jurisprudentiel en 1981-1982 » RDP 1983 p. 363). Le pouvoir de gauche, qui, en mai-juin 1981, accède au pouvoir pour la première fois sous la Ve République, entreprend une réforme qui a pour ambition de créer une administration locale totalement nouvelle, fondée sur les principes de liberté et d'égalité. Des règles qui paraissaient immuables car s'appliquant depuis près de deux siècles, sont plus ou moins remises en cause, ce qui peut, dans un premier temps, heurter un certain nombre de parlementaires inquiets de cette rupture brutale avec la tradition. Comme ces derniers disposent, depuis 1974, du droit de saisir le juge constitutionnel, celui-ci est conduit à déterminer la signification juridique et la portée des dispositions relatives aux collectivités territoriales, en particulier celles du titre XI de la Constitution. Pour la première fois dans notre histoire, le droit local trouve des bases constitutionnelles contraignantes, élaborées par le Conseil constitutionnel à partir des articles 2, 34, 72 et 73 de la Constitution et qui tracent les limites que le législateur ne peut dépasser en modifiant le système administratif.

Déjà, au plan de la compétence, le Conseil avait interprété extensivement la disposition de l'article 34 de la Constitution selon laquelle « la loi détermine les principes fondamentaux de la libre administration des collectivités locales, de leurs compétences et de leurs ressources », afin de « mettre le régime de décentralisation sous la protection du législateur » (L. Favoreu). En particulier, il avait défini le domaine de la loi en la matière en combinant art. 34 et art. 72 et 73 (décision n° 65-34 L du 2 juillet 1965 (Rec. p. 75) ; n° 69-52 L du 27 février 1969 – Rec. p. 21 ; 70-62 L du 21 mai 1970 – Rec. p. 39 ; 70-64 L du 13 novembre 1970 – Rec. p. 43 ; 71-79 L du 1er avril 1971 – Rec. p. 37 etc.).

Maintenant, c'est pour poser des règles de fond que le Conseil intervient, dans le cadre de la réforme de décentralisation. Dans chacun de nos développements ou presque, on aura ainsi à mentionner l'intervention du Conseil et à montrer comment le législateur a dû, plusieurs fois, modifier des textes votés par lui pour tenir compte des déclarations d'inconstitutionnalité. On se contentera, dans le cadre de cette introduction, d'exposer sommairement la philosophie générale qui se dégage de ces décisions.

– D'abord, c'est le plus important, *la réforme de décentralisation ne doit pas porter atteinte au caractère unitaire de l'Etat*. Le Conseil constitutionnel exprime fortement cette position, dans sa décision 82-137 DC du 25 février 1982 relative à la grande loi de décentralisation, en un « considérant » de principe extrêmement important (même si l'expression « principe de légalité » eut du être remplacée par celle de « principe de constitutionnalité).

« Considérant que le principe de légalité exige à la fois le respect des attributions du législateur et celui des règles supérieures de droit par lesquelles la Constitution adoptée par le peuple français a proclamé l'indivisibilité de la République, affirmé l'intégrité du territoire et fixé l'organisation des pouvoirs publics ».

Cela implique au minimum trois choses (J. Robert « L'intégrité du territoire » *Le Monde* 16/2/82) : 1) Que les compétences des collectivités locales leur soient déléguées par l'Etat et non point déterminées librement par elles. Il revient au même de dire, comme L. Favoreu (« Décentralisation et Constitution » RDP 1982 p. 1277) que la collectivité secondaire – administrative – ne doit pas détenir « un pouvoir normatif initial et non susceptible d'être anéanti par la collectivité supérieure », l'Etat. De plus, il y a des compétences que les lois d'organisation administrative ne sauraient confier aux collectivités locales : ainsi, les compétences que la Constitution place dans le domaine de la loi (principe rappelé par la décision n° 91-290 DC du 9 mai 1991 à propos de la loi portant statut de la collectivité territoriale de Corse. Seuls les territoires d'Outre-Mer peuvent recevoir des compétences sur des objets appartenant à ce domaine, sur la base de l'article 74 de la Constitution). De même, les conditions essentielles d'application d'une loi ne peuvent dépendre de décisions des collectivités territoriales (décision n° 93-

329 D.C. du 13 janvier 1994 concernant la loi relative aux conditions de l'aide aux investissements des établissements privés d'enseignement). Le principe d'égalité est alors en cause. 2) Que, même allégé, un contrôle des actes des collectivités locales doit continuer à être exercé par le représentant de l'Etat. En prévoyant à l'article 72§3 de la Constitution que le délégué du gouvernement « a la charge des intérêts nationaux, du contrôle administratif et du respect des lois », le constituant interdit tout fédéralisme interne. C'est en vertu de ce texte que le Conseil opère la liaison entre caractère exécutoire d'un acte local et transmission de cet acte au représentant de l'Etat, contrairement à ce qui était souhaité par le législateur. Seuls peuvent être exécutés les actes administratifs dont le représentant de l'Etat connaît la teneur, actes sur lesquels il est en mesure d'exercer immédiatement son contrôle. Ce contrôle doit pouvoir être exercé sans aucune interruption, même temporaire (principe rappelé par la décision n° 92-316 D.C. du 20 janvier 1993). 3) Qu'aucun droit de sécession ne peut être reconnu à une collectivité locale. L'application du principe de libre administration ne peut conduire une telle collectivité à cesser d'appartenir à la République ; une loi ne peut conférer un tel droit.

Ainsi, une loi qui énonce que « les populations d'une collectivité territoriale seront appelées à se prononcer sur l'accession de leur collectivité à l'indépendance ne formule qu'une déclaration d'intention sans contenu normatif » (décision n° 85-196 DC du 8 août 1985, AJDA 1985, p. 605, note L. Hamon).

Dans le même sens, l'indivisibilité de la République ne peut s'accommoder, d'une quelconque subdivision de la notion de « peuple français », composé de tous les citoyens français sans distinction d'origine, de race ou de religion (décision du 9 mai 1991 précitée qui déclare contraire à la Constitution la consécration de l'existence au sein du peuple français d'une composante, « le peuple corse »).

– *Ensuite, la réforme de décentralisation ne justifie pas qu'il soit apporté des distinctions au sein d'une même catégorie de collectivités*. L'uniformité des statuts résulte de l'alliance de deux principes qu'elle garantit à la fois : l'unité, l'égalité. Déjà présent dans la décision relative au statut de la Corse (décision n° 82-138 DC du 25 février 1982 : « Considérant qu'en l'état actuel de la législation et jusqu'à l'intervention du texte destiné à fixer le régime général des élections aux conseils régionaux, rien ne permet de soutenir que le régime applicable à la région de Corse sera dérogatoire au droit commun applicable à l'ensemble des régions »), ce principe conduit surtout le Conseil constitutionnel à déclarer inconstitutionnel l'ensemble du texte relatif à la décentralisation dans les départements d'Outre-Mer, adopté le 23 novembre 1982. Dans sa décision n° 82-147 DC du 2 décembre

1982, le juge constitutionnel considère que les départements d'Outre-Mer étant des départements, ils doivent être dotés de l'organisation d'un département, qui repose essentiellement sur le Conseil Général ; leur statut « doit être le même que celui des départements métropolitains sous la seule réserve de mesures d'adaptation nécessitées par leur situation particulière » (décision n° 84-174 DC du 25 juillet 1984, AJDA 1984 p. 619 note Jacques Ferstenberg). La notion de « mesures d'adaptation » (art. 73 de la Constitution) ne doit pas être confondue avec celle « d'organisation particulière », prévue par l'article 74 pour les seuls territoires d'Outre-Mer.

Il importe, toutefois, de noter que le principe ainsi posé est quelque peu mis à mal par la décision n° 91-290 DC du 9 mai 1991 relative au statut de la collectivité territoriale de Corse. En estimant « que la définition par le législateur des compétences de la collectivité territoriale de Corse n'a pas pour conséquence *d'affecter de façon substantielle les attributions des deux départements de Corse »*..., le Conseil constitutionnel semble permettre des possibilités d'adaptation s'appliquant à des collectivités appartenant à une catégorie de droit commun, alors que l'article 73 de la Constitution ne prévoit une telle hypothèse que dans le cadre des départements d'Outre-Mer.

L'obstacle constitutionnel ainsi apprécié peut également être tourné. Le Conseil estime, en effet, que le *législateur peut créer de nouvelles catégories de collectivités territoriales et même des catégories qui ne comprendraient qu'une seule unité*. Il fournit même des exemples, dans sa décision n° 82-138 DC : « Que telle a été l'interprétation (de l'article 72 de la Constitution) retenue par le législateur lorsque, en métropole, il a donné un statut particulier à ville de Paris et Outre-Mer, il a créé la collectivité territoriale de Mayotte ». Dès lors, si aucun autre principe constitutionnel ne s'y oppose (le principe de l'assimilation des départements d'Outre-Mer aux départements de la Métropole s'oppose a ce que le législateur créé une catégorie spéciale « départements d'Outre-Mer ») une simple différence de statut suffit à constituer une catégorie différente de collectivités. Sur ce point, la décision du 9 mai 1991 est exemplaire. Elle met tout particulièrement en évidence la liberté laissée au législateur d'extraire une collectivité de sa catégorie d'origine pour la doter d'un schéma institutionnel spécifique, dans le respect, bien sûr, des principes constitutionnels.

D'autre part, et cela rejoint les propos ci-dessus sur les deux départements de Corse, « dès lors que l'on ne touche pas au schéma institutionnel essentiel constituant le noyau dur de l'organisation » de la catégorie de collectivités en cause (L. Favoreu *op. cit.* RDP 1983 p. 376), il est possible au législateur de caractériser, par certains traits spécifiques, l'organisation de telle ou telle entité au sein d'une catégorie particulière de collectivité. De même que le législateur peut « distinguer » la Corse au sein de la catégorie « régions », il peut singulariser Paris, Lyon et Marseille dans la catégorie « communes » : rien, dans la Constitution, n'interdit au Parlement « d'instituer des divisions administratives au sein des communes, ni d'instituer des organes élus autres que le Conseil Municipal et le Maire » (décision n° 82-149 DC du 28 décembre 1982). De même, la création de régions au sein d'un seul territoire d'Outre-Mer ne rompt pas l'unité de la catégorie (décision n° 85-196 DC du 8 août 1985 précitée).

La décentralisation est – devrait être beaucoup plus encore – à l'origine d'expériences diverses, y compris dans le domaine des structures administratives. La possibilité de sortir du moule commun imposé par l'uniformité est fournie par le droit constitutionnel.

– Enfin, le principe de libre administration des collectivités territoriales, expressément reconnu, fait, dans le cadre des limites ci-dessus posées, l'objet d'un contrôle relativement strict de la part du Conseil constitutionnel. Le Conseil, en premier lieu, va très loin dans le sens de l'assouplissement du contrôle sur les actes locaux, contrôle exigé pour maintenir le caractère unitaire de l'Etat. Il estime, en effet, que la faculté de soumettre au contrôle juridictionnel tous les actes locaux suffit au respect des prérogatives que l'article 72 § 3 de la Constitution confère au délégué du gouvernement. Comme le note F. Luchaire (« Pas de fédéralisme », *Le Monde,* 1er mars 1982) : « Si le Conseil avait été très strict, il aurait pu considérer que cette réforme remplaçait le contrôle administratif par un contrôle juridictionnel et cela d'autant plus que les particuliers peuvent eux aussi saisir le tribunal administratif ». Le Conseil rappelle, au demeurant, dans sa décision n° 92-316 DC précitée que ce contrôle administratif ne doit pas restreindre profondément la libre administration des collectivités. Et puis, en second lieu, il se montre très sourcilleux et quant à la mise en œuvre du principe de libre administration par le seul législateur et surtout quant au respect d'un tel principe, qui signifie libre gestion par des organes élus, par la loi, laquelle doit prendre garde d'y porter atteinte en confiant certains pouvoirs à l'autorité réglementaire ou encore à des établissements publics. A cet égard, la décision n° 83-168 DC des 19 et 20 janvier 1984 à propos de la loi portant dispositions statutaires relatives à la fonction publique territoriale est particulièrement révélatrice. Le principe de libre administration concerne chacune des collectivités : s'il y a transfert d'attribution d'une collectivité à une autre, ce transfert ne doit pas affecter de façon substantielle les attributions de la collectivité défavorisée (décision n° 91-290 DC précitée). De même, le conseil constitutionnel remet en cause – certes pour un autre motif – la notion de « collectivité locale chef de file » qui était prévue, dans un but de clarification des compétences respectives, par la loi du 4 février 1995 d'orientation pour l'aménagement et le développement du territoire. L'idée de hiérarchie entre les différentes collectivités pourrait être censurée par le juge constitutionnel (décision n° 94-358 DC du 26 janvier 1995).

Cependant, le principe de libre administration des collectivités locales ne signifie pas que le législateur est tenu de laisser à chacune d'entre elles la possibilité de déterminer seule le montant de ses impôts locaux ou se voit interdire de décider, même à titre exceptionnel que le produit d'un impôt communal pourra en partie être attribué à une autre collectivité territoriale. Le principe est sauf si le prélèvement est défini avec précision quant à son objet et à sa portée et s'il est limité dans son importance par rapport aux ressources de la collectivité débitrice (décision n° 91-291 DC du 6 mai 1991 à propos de la loi instituant une dotation de solidarité urbaine ; voir aussi la décision n° 90-277 DC du 25 juillet 1990). Mais chaque collectivité doit garder des moyens financiers qui lui permettent d'être autonome et l'Etat, s'il peut modifier les règles d'attribution des subventions ou même les supprimer ne peut pas remettre en cause de façon substantielle les concours financiers qu'il accorde à une collectivité (décision n° 91-291 DC du 6 mai 1991 relative à la loi instituant la dotation de solidarité urbaine et réformant la dotation globale de fonctionnement).

Si donc, le problème de l'existence et des compétences de l'administration locale passe, pour une partie essentielle, du domaine du droit administratif à celui du droit constitutionnel, ce dernier laisse au législateur une marge de manœuvre très importante pour opérer la radicale mutation institutionnelle qu'il désire mettre en œuvre. Aux réformes partielles et prudentes de la décennie 1970 – 1980 (on citera en particulier, la loi du 5 juillet 1972 créant la région et tous les textes subséquents, et, pour la commune, la loi du 31 décembre 1970 qui lui donne une autonomie juridique plus grande, celle du 16 juillet 1971 sur les fusions de communes et la coopération intercommunale, et celle du 13 juillet 1972 sur le personnel communal) s'oppose une volonté claire et délibérée de rupture, pour faire sortir la décentralisation du domaine du mythe. La loi du 2 mars 1982, qui supprime toutes les tutelles a priori, tant administrative que financière et pose les bases d'une nouvelle organisation administrative dans laquelle la liberté prend le pas sur l'autorité, le vouloir sur l'imposé, exprime cette volonté de rompre avec le passé, passé dans lequel l'administration locale restait largement inféodée au pouvoir d'Etat. Ce livre va précisément être consacré à l'étude de l'ensemble des problèmes que pose l'inscription dans les faits d'une telle volonté politique, marquée par toute une série de textes desquels on ressortira la loi n° 92-125 du 6 février 1992 relative à l'administration territoriale de l'Etat, qui, entre autres, se propose d'adapter l'organisation territoriale de l'administration de l'Etat à la décentralisation, en cassant les derniers effets du centralisme technocratique dans notre pays, et la loi n° 95-115 du 4 février 1995 d'orientation pour l'aménagement et le développement du territoire, laquelle, réaffirmant, en la matière, le rôle de la région et reconnaissant l'existence du pays, pourrait emporter une réorganisation en profondeur de la pyramide administrative française.

Toutefois, une telle réforme n'aurait qu'une portée limitée si elle n'entraînait pas une véritable transformation des rapports sociaux au sein non seulement des collectivités locales mais de l'Etat tout entier. L'Administration – bien qu'il n'existe pas de « fonction administrative » – est au service des citoyens avec qui elle est directement en contact. Il faut donc tenter de déterminer si le principe de liberté et aussi le principe de participation, qui sont les moteurs de la décentralisation, sont effectivement appliqués aux citoyens.

III – L'ADMINISTRATION ET LES CITOYENS (La naissance d'un droit écrit des relations avec les administrés)

Il est inutile de réformer les structures administratives si l'administré doit toujours subir. Or, sur le problème des rapports entre Administration et citoyen, le diagnostic fait par A. Peyrefitte dans son livre « Le mal français » (Plon 1976) était très pessimiste et, un peu plus tard Jacques Chirac écrivait « la France supporte de moins en moins bien son administration. Aux yeux de la plupart de nos compatriotes, l'administration est ressentie comme trop souvent inéquitable, voire arbitraire, et presque toujours inadaptée au monde moderne. Les Français ne comprennent plus leur administration ». Ce phénomène alarmant pouvait provenir de la consolidation d'un pouvoir administratif – nous l'avons déjà mentionné – en marge du législateur et du juge ; mais, surtout il résultait des mœurs administratives, ce qu'avait écrit Georges d'Avenel en 1904 étant toujours d'actualité : « Après avoir marché au scrutin le dimanche avec une altière majesté, l'électeur n'est plus le lundi pour le garde des Sceaux qu'un "justiciable" ; pour le ministre des finances qu'un "contribuable" et pour le préfet qu'un "administré" » (« Les Français de mon temps », Plon 1904).

L'administré était, en effet, celui sur qui l'on exerce un droit de commandement, à qui l'on impose des textes ésotériques, fabriqués dans le secret et auquel on ne concède ce qui pourtant est un droit, qu'après une lutte épuisante contre la paperasserie et les formalités difficilement compréhensibles. Il était donc indispensable de réaliser un nouveau compromis dans les relations Administration –

administrés. Si celui-ci n'est pas encore totalement élaboré, il faut reconnaître que beaucoup est fait dans ce sens, (en partie d'ailleurs, sous l'impulsion du médiateur français créé par la loi du 3 janvier 1973), entre la loi 78-753 du 17 juillet 1978 « portant diverses mesures d'amélioration des relations entre l'administration et le public et diverses dispositions d'ordre administratif social et fiscal », le décret n° 83-1025 du 28 novembre 1983 relatif aux relations entre l'administration et les usagers et la loi récente n° 92-125 du 6 février 1992 dont le titre II est entièrement consacré à l'épanouissement de la démocratie locale. Là encore, il n'est pas, possible, dans le cadre de cet ouvrage d'étudier en détail les éléments de ce statut de l'administré (pour ne pas parler de « promotion du citoyen »). On se bornera à indiquer les principaux changements en essayant d'en apprécier la portée.

En premier lieu, il importe de souligner qu'aujourd'hui, *le particulier peut avoir davantage confiance en l'efficacité du juge administratif* pour le protéger contre l'arbitraire administratif. Il n'existait, jusqu'à ces derniers temps, aucun moyen direct pour obliger l'Administration à exécuter les jugements rendus contre elle. C'était le seul prestige du Conseil d'état (au sein duquel fonctionnait une « commission du rapport » qui avait précisément pour mission de tenter de faire exécuter les arrêts qui ne l'étaient pas dans un délai raisonnable) qui était garant de cette exécution, hormis l'intervention possible du médiateur en vertu de la loi du 24 décembre 1976 (pouvoir exercé une seule fois en juillet 1977, en matière d'expropriation). La loi n° 80 – 539 du 16 juillet 1980 « relative aux astreintes prononcées en manière administrative, et à l'exécution des jugements par les personnes morales de droit public » règle en partie la question. Outre l'ordonnancement obligatoire des sommes d'argent que l'Administration pourrait être condamnée à verser, il est, en effet, prévu « qu'en cas d'inexécution d'une décision rendue par une juridiction administrative, le Conseil d'Etat peut, même d'office, prononcer une astreinte contre les personnes morales de droit public ou (loi n° 87-588 du 30 juillet 1987) les organismes de droit privé chargé de la gestion d'un service public pour assurer l'exécution de cette décision » (art. 2). De plus, toute personne dont les agissements auront entraîné la condamnation d'une personne morale de droit public à une astreinte pour inexécution d'un jugement sera passible d'une forte amende, prononcée par la Cour de discipline budgétaire et financière et cela, qu'il s'agisse d'un fonctionnaire ou d'une autorité locale élue (loi du 29 janvier 1993). La loi n° 95-125 du 8 février 1995 relative à l'organisation des juridictions et à la procédure civile, pénale et administrative étend le pouvoir d'astreinte aux tribunaux administratifs et aux cours administratives d'appel. De plus, ces juridictions peuvent explicitement définir les mesures qu'implique l'exécution des jugements et arrêts. Le requérant peut, en effet, formuler une requête concernant l'exécution de la décision de justice dès l'introduction de son recours principal. Alors, le juge peut, si sa décision implique que l'administration prenne telle ou telle mesure précise, prescrire celle-ci, l'assortir d'un délai d'exécution et, le cas échéant, d'une astreinte. Le juge administratif bénéficie aujourd'hui d'un véritable pouvoir d'injonction à l'égard de l'administration.

D'autre part, si, au fil des arrêts, le juge administratif a édifié une remarquable construction permettant de tenir compte à la fois de l'intérêt général et des droits des individus, il est bien des cas où l'annulation d'un acte illégal ou la condamnation à des dommages et intérêts ne procure qu'une garantie dérisoire au particulier lésé, puisque les recours ne sont pas suspensifs et que la justice administrative est lente. Les particuliers, pour paralyser le caractère exécutoire des décisions administratives, ne disposent que d'un seul moyen : assortir leur recours principal d'une demande de sursis à l'exécution, accordé très parcimonieusement par le juge, le président et les présidents adjoints de la section du contentieux du conseil d'Etat ayant même le pouvoir de suspendre, par décision non motivée, un jugement d'un tribunal administratif accordant le sursis. Le conseil d'Etat en la matière reste très ferme sur sa position, comme le démontre ce motif essentiel de l'arrêt HUGLO et autres, rendu par l'Assemblée du contentieux le 2 juillet 1982 (AJDA 1982 p. 657 concl. Biancarelli. note Lukaszewicz). « Que ce caractère (exécutoire) est la règle fondamentale du droit public et que le sursis à exécution n'est pour le juge qu'une simple faculté, alors même qu'existent des moyens sérieux d'annulation et un préjudice difficilement réparable ; que la mesure de suspension est imposée par la nécessité de rétablir, dans l'intérêt général et dans les plus courts délais, la possibilité pour l'administration d'exécuter la décision administrative prise ».

Cependant, le législateur est intervenu à plusieurs reprises, soit pour obliger le juge à ordonner le sursis, soit pour modérer ses exigences, soit encore pour le contraindre à trancher rapidement sur la question du sursis.

– La loi du 10 juillet 1976 relative à la protection de la nature impose au juge d'ordonner le sursis à l'exécution en l'absence d'étude d'impact du projet de construction sur l'environnement.

– La grande loi de décentralisation du 2 mars 1982 aménage les règles de droit commun présidant à *l'octroi du sursis à l'exécution* lorsque, dans le cadre du contrôle administratif des actes des autorités locales, le Préfet décide d'assortir ses conclusions à fin d'annulation d'une telle demande. Le sursis à l'exécution est de plein droit si l'un des moyens invoqués dans la requête présente un caractère sérieux. Si la décision locale contestée est de nature à compromettre l'exercice d'une liberté, la décision sur le sursis doit intervenir dans les quarante huit heures ; elle est prise par le Président du tribunal administratif ou un simple conseiller délégué à cet effet. Cette dernière disposition est également applicable lorsque « l'Etat, la commune ou l'établissement public de coopération intercommunale, défère à un tribunal administratif une décision relative à un permis de construire et assortit son recours d'une demande de sursis de l'exécution » (art. 66 de la loi du 7 janvier 1983) Si, en matière de permis de construire, la procédure est engagée par une autre personne, le tribunal doit statuer sur la demande de sursis dans un délai d'un mois (art. 106 de la loi n° 83-663 du 22 juillet 1983).

– Enfin, la loi n° 83-630 du 12 juillet 1983 relative à la démocratisation des enquêtes publiques et à la protection de l'environnement, dispose (art. 6) que le sursis à exécution est de droit si l'un des moyens invoqués dans la requête parait sérieux et de nature à justifier l'annulation, lorsque la requête porte sur une décision prise après des conclusions défavorables du commissaire – enquêteur.

Donc, pour un certain nombre de décisions administratives particulièrement ressenties par les administrés, il peut y avoir plus facilement, par la volonté du législateur, suspension de leur exécution en cas de contestation devant le juge. C'est là un moyen non négligeable de rétablir la balance entre prérogatives de l'Administration et droits des particuliers.

Enfin, des lois récentes instituent des *procédures de suspension* des décisions dans le cadre des demandes de sursis à exécution, ceci pour des motifs de rapidité.

La loi n° 95-115 du 4 février 1995 institue une *suspension automatique* lorsqu'une demande de sursis est faite par le préfet concernant certains actes des collectives locales. L'article 27 de la loi est aussi rédigé : « Jusqu'à ce que le tribunal ait statué, la demande de sursis à exécution en matière *d'urbanisme, de marchés et de délégation de service public* formulée par le représentant de l'Etat dans les 10 jours à compter de la réception de l'acte entraîne la suspension de celui-ci. Au terme d'un délai d'un mois à compter de la réception, si le tribunal n'a pas statué, l'acte redevient exécutoire ».

La loi n° 95-125 du 8 février 1995 généralise le régime de suspension de l'acte mais au détriment de l'automaticité. Tout requérant peut joindre à sa demande de sursis une demande de suspension de l'acte. Le président du tribunal administratif peut la prescrire, pour une durée maximale de trois mois, s'il lui apparaît qu'un moyen sérieux est invoqué et que l'exécution de la décision risque d'entraîner des conséquences irréversibles. Il est patent que les conditions d'octroi du sursis et du prononcé de la suspension

provisoire sont les mêmes : donc la « suspension provisoire d'exécution » n'a d'intérêt que si le président du tribunal, statuant seul, décide très vite de mettre en œuvre cette nouvelle possibilité.
– En second lieu, le *legislateur*, relayé par l'autorité réglementaire, *organise un droit à l'information administrative*, qui devient même parfois, un *devoir d'information du particulier*.

Peu à peu, le principe de *transparence* s'applique à l'administration, principe dont le Conseil d'Etat, dans son rapport public pour 1995, dresse la problématique. La transparence est également une des notions-phases à mettre en œuvre dans le nouveau *« statut de l'usager du service public »*, à côte d'autres, telles la qualité, la rapidité, l'accessibilité et la participation (Circulaire Juppé du 26 juillet 1995).

Tout d'abord, la loi n° 78-753 du 17 juillet 1978 organise le droit pour les administrés d'obtenir la communication de tous les documents administratifs, y compris les instructions, circulaires, directives, avis (exception faite des avis de Conseil d'Etat) dossiers, rapports, études, etc. à la seule exception des actes de caractère nominatif (sauf évidemment, pour la personne concernée) et de ceux dont la communication porterait atteinte à l'un des intérêts majeurs exigeant le secret (secrets de la Défense Nationale, de la politique extérieure et, – sauf pour les intéressés eux-mêmes – secret de la vie privée, secret médical, secret en matière industrielle et commerciale). Une « commission d'accès aux documents administratifs » dont le décret du 8 décembre 1978 fixe la composition et le statut, intervient en tant que conseiller des autorités compétentes, lors de l'établissement de la liste des documents non communicables et aussi en cas de difficultés rencontrées par un administré pour obtenir la communication d'un document.

Ainsi, l'Administration ne peut plus se retrancher derrière des instructions ou des directives inconnues des particuliers ou encore se prévaloir d'avis ou de rapports confidentiels pour prendre des décisions incompréhensibles pour les particuliers. Qui plus est, l'article 1 du décret 83-1025 du 28 novembre 1983 (décret applicable depuis le 4 juin 1984) prévoit que « tout intéressé est fondé à se prévaloir à l'encontre de l'Administration, des instructions, directives et circulaires » tous textes qui devaient être publiés (art. 9 de la loi du 17 juillet 1978) mais qui continuaient à être regardés par l'analyse juridique « comme purement intérieurs et dépourvus de valeur de droit » (H. Maisl, C. Wiener et J. M. Woehrling « un décret ne fait pas le printemps » AJDA 1984 p. 137). L'Administration, maintenant, ne peut refuser d'appliquer à un particulier les dispositions d'une circulaire interprétative ou d'une directive par laquelle une autorité fixe les orientations qu'elle suivra dans l'exercice de compétences individuelles à caractère discrétionnaire. Si beaucoup de problèmes se posent, l'orientation générale fixée par le décret est favorable aux droits des administrés.

Ces textes nouveaux pourraient se révéler totalement insuffisants si n'y était joint l'obligation de motivation : à quoi servirait-il à l'administré de se voir communiquer un dossier vide... Ainsi, la loi n° 79-587 du 11 juillet 1979 « relative à la motivation des actes administratifs et à l'amélioration des relations entre l'administration et le public » est-elle le complément logique de celle de 1978. Cette loi, très exigeante quant au contenu de la motivation, l'est malheureusement beaucoup moins quant au domaine d'application de l'obligation. L'article 3 décide : « La motivation... doit être écrite et comporter l'énoncé des considérations de droit et de fait qui constituent le fondement de la décision » Mais seuls les actes individuels défavorables aux personnes physiques et morales qu'ils concernent sont soumis à la motivation (art. 1) ; encore y a-t-il des exceptions lorsqu'il y a secret protégé par la loi, urgence absolue et l'article 5 de la loi prévoit même qu'« une décision implicite intervenue dans le cas où la décision explicite aurait dû être motivée n'est pas illégale du seul fait qu'elle n'est pas assortie de cette motivation » ce qui revient à dire que, dans certains cas, l'Administration pourra éluder son obligation. Lacunes du texte et absence de sanction immédiate font que l'Administration, pour un temps du moins, est à même de conserver ses habitudes, la seule possibilité pour l'administré de connaître les motifs étant alors d'exercer son droit de recours devant le juge administratif. Pourtant, la motivation, en permettant une meilleure compréhension de l'acte par celui auquel il s'applique, évite les recours contentieux et également, en amont, oblige à un meilleur examen du dossier, donc garantit une meilleure qualité de décision.

Malgré leurs imperfections, les lois dont il vient d'être question posent en principe le droit de tout administré à l'information. A cet égard, l'article 10 de la loi du 6 février 1992 parachève l'évolution :

Art 10. – Le droit des habitants de la commune à être informés des affaires de celle-ci et a être consultés sur les décisions qui les concernent, indissociable de la libre administration des collectivités territoriales, est un principe essentiel de la démocratie locale. Il s'exerce dans les conditions prévues au présent titre, sans préjudice des dispositions en vigueur relatives notamment à la publicité des actes des autorités territoriales ainsi qu'à la liberté d'accès aux documents administratifs.

Encore faut-il que l'administré fasse, pour cela, une démarche positive qu'il peut hésiter à entreprendre. Aussi, le décret 83-1025 va-t-il plus loin *en instaurant un véritable devoir juridique d'information concernant les voies et délais de recours contre les décisions administratives.* Tous les actes individuels faisant l'objet d'une notification doivent comporter l'indication et des recours contentieux possibles devant le juge administratif et des délais dans lesquels il faut les exercer. Fâcheusement cependant, une telle obligation n'entraîne aucune conséquence sur la validité de la décision, mais en comporte seulement sur l'introduction d'un contentieux à son propos. La sanction est, en effet, la suivante : si l'Administration ne fournit pas ces renseignements, les délais de recours ne courent pas et l'administré peut attaquer l'acte en cause à tout moment. Malgré sa portée relativement limitée, la réponse est très intéressante dans l'optique de la protection du droit des intéressés.

On ne terminera pas ce développement sans mentionner que l'article 27 de la loi n° 83-634 du 13 juillet 1983 portant droits et obligations des fonctionnaires pose le principe selon lequel les fonctionnaires – aussi bien d'Etat que locaux – ont le devoir de satisfaire aux exigences d'information du public (*infra* n° 184). Bien qu'un tel devoir ne soit nullement sanctionné, il y a là une nouvelle preuve du désir des pouvoirs publics de modifier profondément, par le biais du droit à l'information, les relations entre Administration et administrés.

– En dernier lieu, le décret du 28 novembre 1983 réalise un bouleversement encore plus profond puisqu'il pourrait contribuer à modifier la mentalité qui préside, dans notre pays, aux relations Administration-administrés. Les problèmes sont le plus souvent, bien des auteurs l'ont démontré, saisis selon une approche contentieuse (ce décret, d'ailleurs, a lui-même de la peine à se dégager de cette optique comme nous venons de le voir). Le droit administratif est, en grande partie, l'œuvre du juge administratif et l'on croit que les droits des administrés sont sauvegardés si ceux-ci sont mis à même de saisir cette juridiction. On ne porte pas attention, en France, aux procédures préalables à la prise de la décision, comme, aux Etats-Unis ou encore en Suède : aussi, bien souvent, la décision apparaît-elle comme arbitraire, abstraite, c'est-à-dire indifférente aux problèmes concrets et aussi anonyme.

Pourtant, il existe depuis longtemps une *vaste administration consultative* ; parfois même, rarement, les administrés intéressés sont représentés dans ces conseils, commissions ou autres qui doivent obligatoirement intervenir avant la prise de la décision. Mais d'une part, il ne s'agit que d'un avis qui ne lie aucunement l'autorité administrative : d'autre part, ce sont le plus souvent des techniciens et des hauts fonctionnaires – toujours les mêmes – qui se retrouvent dans ces divers organismes. Ce n'est pas par cette voie, telle qu'elle est actuellement pratiquée, que se réalise la démocratie participative souhaitée surtout depuis les événements de mai-juin 1968. Le chapitre III du décret 83-1025 rénove quelque peu la matière, pose des règles générales (applicables seulement au sein de l'Administration d'Etat relativement à des décisions applicables aux usagers des services administratifs et aux tiers) concernant la convocation de l'organisme consultatif, le quorum à atteindre, le procès verbal à établir, l'interdiction faite aux membres « intéressés » de participer aux délibérations. Nous ne pensons pas que ce genre de dispositions aura un grand impact sur les rapports Administration-citoyens.

Par contre, *le décret innove considérablement en consacrant le principe du contradictoire dans la procédure administrative non contentieuse.* On peut, d'abord, y rattacher *l'obligation d'accuser réception des demandes* adressées à l'Administration, étant donné que lorsqu'une autorité est saisie d'une demande qui ne relève pas de sa compétence, elle doit la transmettre impérativement à l'autorité compétente (art. 7). Certes, cette procédure d'accusé de réception est peut-être entièrement liée à l'aspect contentieux, puisque sa sanction réside seulement dans la non-opposabilité des délais de recours contentieux « lorsque les indications que doit contenir l'accusé de réception sont incomplètes ou erronées et que l'intéressé se trouve de ce fait empêché de faire valoir ses droits » (art 5 §5) (en ce sens J. M. Auby « le décret du 28 novembre 1983 » AJDA 1984 p. 124). Cependant, on peut y voir aussi l'amorce d'un dialogue avec l'auteur de la demande. L'accusé de réception, s'il doit comporter « les délais et voies de recours contre la décision implicite de rejet » doit aussi mentionner « le service chargé du dossier ou l'agent à qui l'instruction du dossier a été confié ». Il y a donc non seulement obligation de réponse mais encore recul de l'anonymat : des contacts peuvent se nouer entre personnes physiques et cela parait important pour modifier quelque peu l'état d'esprit des fonctionnaires et de l'usager. (Voir aussi la circulaire du premier ministre du 9 février 1995, relative au traitement des réclamations adressées à l'administration, JORF – 15 février, p. 2522).

L'essentiel est, toutefois, contenu dans l'article 8 du décret qui *prévoit l'application du principe du contradictoire dans tous les cas où une décision administrative doit être motivée en vertu de la loi du 11 juillet 1979* précitée. Cela veut dire que tout acte administratif restreignant l'exercice d'une liberté, infligeant une sanction (le principe des droits de la défense était déjà appliqué en une telle hypothèse), retirant un droit, opposant une déchéance, bref, toute mesure individuelle défavorable ou dérogeant aux règles générales, ne peut légalement intervenir « qu'après que l'intéressé a été mis à même de présenter des observations écrites ». Et même, sur sa demande, l'intéressé, éventuellement assisté – ou représenté – par une personne de son choix, doit être entendu par l'agent chargé du dossier ou, à défaut, par une personne habilitée à recueillir ses observations orales. C'est donc un système proche des « hearings » – audiences – pratiquées aux Etats Unis qui est retenu dans notre pays, ce qui est fondamentalement heureux et pourrait faire reculer le contentieux, en essor trop important à l'heure actuelle. Il y a démocratisation de l'activité administrative, qui pourrait déboucher, plus tard, sur la consécration d'un véritable « principe de concertation » (H. Maisl... *op. cit.*).

Mais, pour l'instant, seul un premier pas est accompli car nombreuses sont les limites à l'application du principe. L'article 8 exclut toutes les décisions prises sur la demande de l'intéressé (alors seule la procédure de l'accusé de réception s'applique) ; il écarte également de son champ d'application le cas de l'urgence, les circonstances exceptionnelles, les nécessités de l'ordre public, celles de la conduite des relations internationales. D'autre part, selon l'article 4, toutes ces innovations heureuses ne concernent que les services administratifs et les établissements publics de l'Etat (exception faite des services placés sous l'autorité du ministre de la justice). Sont donc exclues, outre les relations des usagers avec les services publics industriels et commerciaux, toutes les décisions de l'administration locale. On retrouve ici le principe de la libre administration des collectivités territoriales : l'autorité réglementaire n'a, semble-t-il, pas voulu imposer aux autorités locales décentralisées, par décret, de nouvelles normes juridiques, de nouvelles tâches matérielles. Il est à noter que cette autorité ne fait pas montre du même scrupule dans toutes les matières... Quoi qu'il en soit, à moins que les collectivités n'adoptent les mêmes pratiques que l'Etat (ce qui commence à être fait, par endroits), les relations, certes moins délicates car plus ouvertes, moins anonymes, entre citoyens et administrations locales, devront emprunter d'autres voies pour se démocratiser (assemblée de quartier, commissions extra-municipales, éventuellement référendum communal, au niveau de la commune).

Aussi, on glisse insensiblement du principe de transparence au principe, sinon de participation, du moins d'*association*. La nouvelle loi 92-125 du 6 février 1992, relative à l'administration territoriale de la République, ajoute, en ce sens, une pierre importante à l'édifice. Son titre II, en effet, intitulé « De la démocratie locale », non seulement renforce sensiblement le droit à l'information des citoyens sur les affaires locales, ceci dans toutes les collectivités, mais encore inscrit dans notre droit différentes formules souvent déjà expérimentées ça ou là en pratique, d'association des habitants à la préparation de la décision, spécialement à l'échelon communal. Ainsi l'article L. 2143-2 du Code général des collectivités territoriales (CGCT) prévoit la possible création, par le Conseil municipal de comités consultatifs, comprenant particulièrement des représentants des associations locales, sur tout problème d'intérêt communal concernant tout ou partie du territoire de la commune. De même, l'article L. 2143-4 du

CGCT crée, dans les communes de 3 500 habitants ou plus et les établissements publics de coopération intercommunale comprenant une telle commune, des commissions consultatives compétentes pour un ou plusieurs services publics locaux exploités en régie ou dans le cadre d'une convention de gestion déléguée ; ces commissions doivent comprendre parmi leurs membres des représentants des associations d'usagers des services concernés. Enfin et surtout, élément le plus significatif de l'ensemble, le Conseil municipal, sous certaines conditions posées par les articles L. 2142-1 à L. 2142-8 du CGCT, peut organiser la consultation directe des électeurs sur des décisions que les autorités municipales sont appelées à prendre pour régler les affaires de la compétence de la commune. Cette procédure a pour but de permettre d'éclairer ces autorités, lorsqu'elles sont confrontées à des choix complexes mais ayant des implications concrètes sur la vie quotidienne des habitants. Les résultats de la consultation ne lient pas le Conseil municipal qui reste, en toute hypothèse, maître des choix et décisions, mais facilite l'expression organisée des opinions publiques à l'échelle municipale, en dehors du cadre des seules échéances électorales.

Sur ce point encore, des progrès sont accomplis. La loi du 4 février 1995 introduit dans notre droit une modalité aseptisée de consultation d'initiative populaire : un cinquième des électeurs inscrits sur les listes électorales d'une commune ou de toutes les communes faisant partie d'un même établissement public de coopération intercommunale peut demander au conseil municipal ou à l'assemblée délibérante de l'établissement de coopération l'organisation d'une consultation au sein de la commune ou dans le périmètre de l'établissement. Des réticences existent toujours devant tout exercice de démocratie directe. Mais toutes les innovations brièvement présentées ci-dessus prouvent que les relations entre administration et administrés sont bien au cœur des problèmes que nous allons présenter.

*

* *

Telle apparaît cette Administration que nous devons étudier dans ses structures. Ces dernières sont fixées par le législateur, dans le cadre de ses pouvoirs constitutionnels : la réforme de décentralisation actuellement entreprise marque la volonté de rapprocher les organes de gestion des citoyens ; son ambition devrait être la transformation des rapports sociaux au sein de l'Administration toute entière.

Dans la ligne de cette introduction, on s'attachera à raisonner en termes de pouvoir pour saisir la réalité de cette Administration.

Centralisation et décentralisation sont des notions derrière lesquelles peuvent se cacher des réalités très proches ou très éloignées selon la façon dont elles sont effectivement mises en œuvre et vécues. Il ne s'agit donc pas seulement de décrire les institutions telles qu'elles résultent du droit nouveau : elles ne forment finalement qu'un cadre, dont la valeur réelle dépend de la toile de laquelle il constitue le support, c'est-à-dire de son contenu. Il faudra également saisir les rapports de force qui sont fonction des personnes, mais aussi des compétences qui leur sont attribuées et, surtout des moyens dont elles disposent.

TITRE I

Les grands principes d'organisation administrative

1 – La grande et traditionnelle question que pose l'organisation administrative est celle de savoir si les tâches à accomplir seront confiées à une seule et même administration – l'administration d'Etat – ou si elles seront distribuées entre plusieurs corps, dépendant chacun d'autorités propres, pour des portions différentes du territoire. Dans ce dernier cas, une (ou plusieurs) administration(s) locales(s) coexiste(nt) avec l'administration d'Etat : il y a alors une certaine « décentralisation » tandis que le terme de « centralisation » caractérise la première hypothèse.

Tout aussi importante, surtout en pratique, est la question de savoir quelles sont les divisions internes de ces deux administrations. Le problème des structures territoriales de l'Administration française, longtemps occulté, ressurgit récemment et la manière dont il est résolu, en 1982, pour généreuse qu'elle soit, ne va pas sans soulever de redoutables interrogations.

La présentation générale de ces deux grands thèmes précédera l'exposé des solutions retenues à l'heure actuelle, dans le cadre de la grande réforme de décentralisation entreprise, depuis 1981, par le Gouvernement de la République. Il semble utile, auparavant, de définir soigneusement certains termes qui seront fréquemment employés dans ces deux chapitres.

2 – *Vocabulaire*

Administration d'Etat : C'est une « administration dont l'organe suprême est un organe central, à savoir un organe dont la compétence n'est pas limitée à une fraction seulement de la collectivité par un élément d'ordre territorial », (Eisenmann « Les structures de l'Administration », *in Traité de Science Administrative*, Mouton 1966 p. 282).

Administration locale : C'est « une administration dirigée par un organe dont la compétence est limitée à une fraction de la collectivité déterminée par un élément d'ordre territorial » (Eisenmann – *op. cit.*).

Centralisation : C'est le système dans lequel l'ensemble des décisions relatives aux tâches administratives relève des organes centraux de l'administration d'Etat.
Déconcentration : C'est une modalité de la centralisation. Elle consiste à accorder à des organes non centraux un pouvoir de décision limité, étant donné que ces agents sont soumis au pouvoir hiérarchique d'une autorité centrale compétente.
Décentralisation : Système dans lequel des organes non centraux (élus) ont, relativement aux affaires considérées comme locales, un pouvoir de décision tout en échappant – dans leurs rapports avec le pouvoir central – à l'autorité hiérarchique.
Circonscription administrative : Portion du territoire national servant de cadre d'action aux différents services de l'Etat, et ne bénéficiant pas de la personnalité juridique.
Collectivité territoriale : Portion du territoire national dotée de la personnalité juridique et, à ce titre, siège d'une administration locale.
Personnalité juridique : « La personnalité juridique permet à celui qui en est titulaire d'avoir des droits et des obligations, d'exercer des compétences, d'agir en justice et de posséder un patrimoine » (G. Darcy « Le système administratif français » Ed. du CFPC 1982 p. 3).

CHAPITRE I

PRESENTATION DES PROCEDES D'ORGANISATION ADMINISTRATIVE

CENTRALISATION (DECONCENTRATION) ET DECENTRALISATION

3 – Centralisation et décentralisation constituent deux procédés d'organisation qui, dans l'absolu, sont antithétiques. Mais, sauf – éventuellement – dans les micro-Etats, il n'est pas possible de pratiquer le premier à l'état pur et il est nécessaire d'adopter une plus ou moins grande déconcentration.

De même, la décentralisation véritable existe rarement ; souvent elle est plus ou moins tempérée au nom du nécessaire droit de regard de l'Etat sur la gestion des affaires locales. Aussi n'existe-t-il pas deux solutions tranchées, mais toute une gamme de possibilités qui se rattachent essentiellement à l'un ou l'autre des deux grands procédés.

L'évolution du régime administratif français explique parfaitement ce phénomène. Jusqu'en 1982, au-delà des mots, la centralisation napoléonienne se maintient, pour l'essentiel : au sein de l'administration d'Etat, la déconcentration est peu développée ; quant aux collectivités locales, elles sont soumises à une tutelle administrative stricte qui fait préférer l'emploi du terme « semi-décentralisation » à celui de décentralisation. En revanche, le gouvernement de la République issu des élections de 1981 se prononce d'une manière indiscutable en faveur d'une véritable décentralisation de l'administration locale : il supprime la tutelle administrative et la remplace par un simple contrôle de légalité qui n'étouffe pas les initiatives.

La pratique actuelle montre également que décentralisation et déconcentration, loin d'être antinomiques, vont de pair. Le succès d'une politique de décentralisation dépend en partie du niveau de déconcentration pratiquée.

Le titre premier de la loi n° 92-125 du 6 février 1992 relative à l'administration territoriale de la République a précisément pour objet d'adapter l'organisation territoriale de l'administration d'Etat à la décentralisation, en cassant les derniers effets du centralisme technocratique dans notre pays.

On analysera d'abord les concepts de déconcentration et de décentralisation avant de présenter les choix récents du législateur en la matière.

Section I

L'ANALYSE DES CONCEPTS

4 – *Quelques textes* expliquant la fonction des termes utilisés.

La centralisation administrative – (M. Prelot – « Institutions politiques et droit constitutionnel – Précis Dalloz – 5e éd. 1972 p. 237 n° 136). « En principe, selon sa logique interne et, souvent aussi dans le concept historique, *la centralisation accroit, complète et couronne l'unification politique.* Substituant une administration unifiée et hiérarchisée à des administrations locales diverses et juxtaposées, elle facilite l'unification politique, dont, par ailleurs, elle procède. Elle est accomplie lorsque toute l'administration procède d'un centre unique et se trouve soumise à une autorité centrale (qui est aussi l'autorité gouvernementale). *L'action est assurée par des agents "extérieurs", groupés et subordonnés hiérarchiquement.* L'Etat, ainsi constitué, est unitaire, non seulement politiquement, mais encore administrativement. Le pouvoir administratif imprime à toutes les parties du pays une direction uniforme, ne laissant aucune part de décision aux citoyens cessant eux-mêmes d'être discriminés sur le plan de la localisation ou de la spécialité. »

– *La déconcentration* (F. P. Benoît « Le droit administratif français » Dalloz 1968 p. 98 n° 138-139). « La déconcentration consiste à conférer certaines compétences à des collaborateurs du ministre, mais sans toucher au deuxième élément constitutif de la centralisation, à savoir la subordination de ces agents par rapport au ministre. Même déconcentrée, la structure reste centralisée parce que ces agents agissent au titre de représentants de l'autorité centrale et sous sa direction... L'organisation des corps administratifs de l'Etat-Collectivité se caractérise donc par la coexistence d'un réseau d'administrateurs provinciaux, suffisamment dense pour faire face à la totalité des tâches d'exécution et à la plupart des tâches de conception des solutions d'espèces, avec des cellules centrales suffisamment importantes pour examiner en second ressort, mais encore avec minutie et dans le détail, les projets élaborés localement, et statuer à leur égard. Par l'effet de la centralisation ainsi pratiquée, notre organisation administrative apparaît donc comme étant, verticalement, une administration à double degré. »

– *La décentralisation* (Prelot, *op. cit.*, p. 243, n° 140). « Pour bien saisir la structure véritable de la décentralisation, il faut, d'une part, considérer que l'élément unitaire demeure prépondérant, puisqu'*aucune des institutions décentralisées ne saurait vivre par elle-seule, mais doit tirer une partie de son existence et de sa substance de l'institution centrale*. D'autre part, il faut simultanément mettre l'accent sur le caractère pluraliste du système dans lequel, à côté des éléments administratifs de vie, provenant du centre, existent d'autres foyers qui sont les collectivités locales. Un Etat à régime administratif décentralisé a comme élément dominant une institution centrale mais, sur elle, sont entées nombre d'institutions secondaires. Leurs moyens s'avèrent insuffisants pour qu'elles puissent se détacher et, seules, vivre leur vie, mais *elles ont cependant leur indépendance*, par rapport aux institutions centrales prédominantes... En résumé, la décentralisation... ne va que jusqu'à un certain point dans le sens de l'autonomie ; ... elle comporte un mouvement alterné de détachement et de rattachement ; elle est un régime plus complémentaire qu'antagoniste. »

Ces trois textes fixent parfaitement la place et l'esprit des notions étudiées. Nous allons en faire la base de notre analyse.

§1 – LA CENTRALISATION

5 – *La centralisation, sous sa forme la plus rigoureuse, réalise une parfaite concentration du pouvoir.* L'Etat est la seule personne publique sur l'ensemble du territoire national. Ses organes centraux détiennent tous les pouvoirs de décision. Il existe bien sûr, en province, des divisions et subdivisions ; mais les agents qui y travaillent sont de simples agents de transmission, ascendante lorsqu'il s'agit de transmettre les éléments nécessaires à la prise de la décision, descendante lorsqu'il s'agit de transmettre la décision prise et aussi de la faire exécuter. Unité et simplicité sont les deux termes qui caractérisent la centralisation.

Historiquement, un tel système prouve son utilité dans les périodes où l'on veut constituer ou reconstituer l'Administration dans un pays qui vient de réaliser son unité politique ; il assure, en effet, l'incontestabilité de l'autorité centrale, d'une part, l'égalité des citoyens devant les services publics, quel que soit leur lieu de résidence sur le territoire, d'autre part (voir le passage de M. Prelot *supra* n° 4).

Ainsi caractérisée, la centralisation fait, semble-t-il, partie du patrimoine psychologique français. Depuis le Moyen Age, avec Philippe le Bel et tout au long de l'Ancien Régime, elle est manifeste et permet, d'ailleurs, la constitution d'un Etat moderne. L'Administration est la seule force organisée sur tout le territoire dès avant la Révolution de 1789 et la Constituante n'ajoute que la méfiance envers les corps intermédiaires, ce qui renforce encore la tendance en supprimant certains pouvoirs compensateurs et explique que les réformes introduites sous le Consulat aient atteint immédiatement leur efficacité maximale. De cette époque date, toutefois, l'instrument majeur de la centralisation à la française, la technique grâce à laquelle l'esprit centralisateur se maintient encore aujourd'hui et est susceptible de bloquer, sur nombre de points, la politique de décentralisation engagée : « *le morcellement départemental* ». Il fallait, à la fois, unifier, ou plutôt continuer à unifier, des régions fortement contrastées et diviser pour rendre plus efficace l'administration et aussi plus facile la surveillance des activités. *La création du département*, sans support géographique ou humain incontestable, (*infra* n° 38) mais cadre d'action obligé de toute l'administration *constitue à la fois l'aboutissement d'une longue évolution et le point de départ d'une ère d'omnipotence de la capitale*, seul centre important de tout le pays, ère à laquelle la grande réforme impulsée en 1982 tend à mettre fin... sans que le succès soit assuré, tant est ancrée la tradition centralisatrice. On peut, à cet égard, faire nôtre les craintes émises par le professeur Legendre dans son maître-livre « Histoire de l'Administration de 1750 à nos jours » (PUF 1968) :

« A moins d'une modification de ces données élémentaires par l'avènement des Etats-Unis d'Europe, qui provoquerait un nouveau type d'équilibre des régions françaises dans cet espace élargi, les problèmes posés à la Révolution demeureront longtemps encore d'actualité... Ne nous y trompons pas : malgré les plus vives attaques, la centralisation à la française, fondée sur le morcellement départemental, résiste toujours ».

Il faut, du reste, souligner le paradoxe. Ce sont les Jacobins qui, guidés par le souci d'égalité, traduit dans le domaine de l'organisation administrative par le principe d'uniformité, ont créé les départements tels qu'ils sont. Les socialistes ont véhiculé, jusqu'à nos jours, la même idéologie. Et ce sont eux qui, aujourd'hui, voudraient introduire la liberté dans le système, en gardant la structure, le département, grâce à laquelle, on vient de le dire, s'est affirmée la centralisation.

Quoi qu'il en soit, sauf dans des Etats très petits, la centralisation sous sa forme absolue ne peut se maintenir longtemps, au risque d'asphyxie générale, puisque tous les dossiers, même les moins importants, remontent au sommet. Aussi la déconcentration apparaît-elle comme l'unique modalité pratique de la centralisation.

6 – *La déconcentration* pourrait également être appelée (ce serait plus commode, pour éviter toute confusion avec la décentralisation)

« centralisation par autorité hiérarchique » (Eisenmann). Les agents locaux du pouvoir central ont bien, en effet, une compétence de décision propre, ce qui leur permet de régler directement, sans remonter au centre, certaines affaires dont ils sont mieux à même de connaître les divers éléments. Mais, étant donné la position subordonnée de l'auteur de la décision, celle-ci n'est pas totalement libre et rarement définitive, sans appel ; *le pouvoir hiérarchique, dont le ressort est l'obéissance, est la manifestation juridique d'une telle situation.*

Cependant, avant de l'étudier, il est important, pour avoir une bonne compréhension de ce qu'exige la déconcentration pour produire, dans la pratique, des effets satisfaisants, de faire deux remarques complémentaires.

– La mise en œuvre d'une véritable politique de déconcentration exige que l'on *fasse confiance* aux agents de circonscription que l'on aura préalablement formés à l'effet de pouvoir prendre des décisions, dans le respect des normes générales fixées par l'administration centrale. Et le droit positif contrairement à ce que l'on affirme souvent, n'est pas ce droit monolithique, totalement et uniquement construit sur le principe hiérarchique. Il laisse la possibilité de mettre en œuvre le principe complémentaire de confiance, même si, en France, l'habitude ne pousse pas en ce sens.

La politique actuelle menée en application des dispositions de la loi du 6 février 1992 confortées par celles de la loi du 4 février 1995 entend lutter contre cette tradition et oblige à faire confiance.

– *Les hommes ont aussi beaucoup d'importance dans le fonctionnement des institutions.* L'exercice de l'autorité sera conçu différemment selon la personnalité du supérieur hiérarchique. Plus encore, l'agent de circonscription, selon qu'il voudra ou non absolument « se couvrir » avant de prendre une décision qui relève de sa compétence, modifiera du tout au tout les effets pratiques du système.

Ceci dit, le pouvoir hiérarchique s'exerce, au sein de chaque administration, du haut en bas de la « chaîne d'exécution » sans aucune discontinuité : un unique organe de direction fait prévaloir sa volonté sur tous ses subordonnés.

Ce pouvoir existe en dehors de tout texte, étant reconnu comme principe général du droit (CE 30 juin 1950 Queralt ; D. 1951 J 593, note FM ; Droit social 1951 p. 256 Concl Delvolve ; S 1951 III 85, note J.M. Auby et P. de F.R.). Il est l'expression juridique d'une nécessité de fait, inhérente au fonctionnement normal de tout organisme. Le Conseil d'Etat s'en était fait l'écho dès 1936 dans le célèbre arrêt Jamart, rendu le 7 février 1936 : « Il leur appartient (aux ministres), comme à tout chef de service, de prendre toutes les mesures nécessaires au bon fonctionnement de l'administration placée sous leur autorité ».

L'autorité hiérarchique s'exerce à l'égard de l'action des inférieurs. Son efficacité est garantie par des prérogatives à l'encontre des personnes.

7 – En ce qui concerne les actes, l'autorité hiérarchique comporte classiquement deux aspects principaux : *le pouvoir d'instruction, le pouvoir de réformation*. Chacun d'eux pose un certain nombre de problèmes spécifiques.

Le pouvoir d'instruction s'exerce *a priori*, avant que l'inférieur n'agisse. Il consiste en la possibilité de prescrire au subordonné la conduite qu'il devra tenir dans telle ou telle circonstance. Ces ordres s'exprimaient hier dans des circulaires, instructions ou notes de service, alors que le télex est plus fréquemment employé aujourd'hui ; le plus souvent ils sont généraux et ne réduisent pas à néant la liberté d'action du subordonné, qui, au moins, adapte ces ordres généraux aux situations locales qu'il examine. Mais, parfois aussi, ils sont particuliers et s'appliquent directement à telle affaire (celle-ci revêtant, par exemple, une coloration politique).
Deux problèmes sont liés à l'exercice de ce pouvoir :
– celui de savoir *jusqu'où peut aller juridiquement le supérieur dans son pouvoir de direction,*
– celui qui consiste *à déterminer les limites du devoir d'obéissance de l'inférieur.*

Quant au premier, il faut noter que *le pouvoir d'instruction ne va pas jusqu'à permettre la substitution initiale du supérieur à l'inférieur*. Et même, le juge administratif ne s'en tient pas à l'auteur apparent de l'acte mais recherche l'auteur réel : il importe que l'agent inférieur ne soit pas réduit, « officiellement » du moins, à un simple rôle d'exécution d'une décision prise par son supérieur, alors que la loi ou le règlement lui confère compétence pour prendre effectivement cette décision. Il est, toutefois, évident que le ministre dispose de moyens pour « camoufler » juridiquement son intervention lorsqu'il entend régler directement telle ou telle affaire (téléphone, notes non divulguées dans le public). Le cas ci-dessus ne se produira donc qu'extrêmement rarement.

Le second problème est délicat à résoudre tant au plan des principes qu'à celui de l'application pratique. Si les agents n'étaient pas tenus à un strict devoir d'obéissance, le pouvoir hiérarchique resterait grandement théorique. Si, par contre, ce devoir était absolu, ne supportait aucune exception, tous les abus seraient permis : aucun verrou ne pourrait jouer à titre préventif, avant exécution, et les droits de l'Homme pourraient être grandement compromis (sur ce problème, voir J.M. Becet et D. Colard « Les droits de l'homme », Economica 1982, p. 211). Actuellement, le premier argument semble l'emporter sur le second mais la jurisprudence ne nous paraît pas avoir atteint son stade définitif sur ce point. Aujourd'hui, elle se montre fortement attachée au devoir d'obéissance, même à l'ordre illégal, tout en sanctionnant, dans quelques décisions, par la mise en œuvre de sa responsabilité personnelle, le fonctionnaire qui aurait, jusqu'au bout, obéi.

Le Conseil d'Etat met, en effet, deux conditions rigoureuses à l'admission du droit – devoir de désobéissance à l'ordre reçu. Il faut :
1) que l'ordre soit manifestement illégal,
2) qu'il soit de nature à compromettre gravement un intérêt public.
Sauf cas marginaux, quel agent pourrait affirmer *a priori* que ces deux conditions, à propos d'un ordre donné, se trouvent effectivement réunies ? Le juge ne l'a reconnu à notre connaissance que deux fois (C. E. 10 novembre 1944 Langneur ; D. 1945, p. 88 concl. Chenot ; C. E. 3 mai 1961 Pouzelgues AJDA 1961, p. 356). C'est-à-dire que, sur ce point, le droit conduit à une impasse ce qui, d'ailleurs, n'est pas obligatoirement mauvais. Si, en effet, suivant un mouvement qui se manifeste avec de plus en plus d'ampleur, on instituait une « clause de conscience » au profit de l'agent public afin qu'il puisse résister au pouvoir hiérarchique, on s'en remettrait à l'analyse conjoncturelle des inférieurs incités à s'affranchir de la garantie des principes, parfois même des textes, ce qui nous semblerait erroné. Le principe de confiance peut, certes, emprunter d'autres voies...

8 – *Le pouvoir de réformation* s'exerce *a posteriori*, lorsque l'inférieur a décidé. Le supérieur hiérarchique, qu'il ait ou non donné des instructions et que ces dernières aient été ou non suivies, a la possibilité de modifier la décision de l'organe subordonné, de la remplacer par une autre ou encore de l'annuler, de la faire disparaître de l'ordonnancement juridique. (C'est la manifestation essentielle de l'administration à double degré dont parle M. Bénoit). Ce pouvoir permet au supérieur de faire prévaloir sa volonté (même s'il ne pouvait ou ne voulait – en droit ou en fait – se servir de son pouvoir de direction avant l'action) du moment qu'il puisse être exercé en opportunité, sans égard à la légalité ou à l'illégalité de la décision prise.

Or, cette règle n'est pas absolue en droit positif français. Elle joue à plein pour les actes unilatéraux réglementaires (c'est-à-dire pour les actes généraux et impersonnels pris par l'administration). En ce domaine, le supérieur peut, quand et comme il le veut, imposer sa volonté personnelle, une fois que l'inférieur a exercé sa compétence. Mais, lorsqu'il s'agit d'actes individuels, la solution est différente : le besoin d'assurer la stabilité des rapports juridiques conduit à relativiser la règle étudiée.

Pour les actes individuels n'ayant pas créé de droits (par exemple le refus d'un permis de construire), le pouvoir hiérarchique joue à plein. Même pour simple inopportunité, la décision peut être retirée par le supérieur et remplacée par une autre. Mais si l'inférieur, dans le domaine de sa compétence, a posé une décision créatrice de droits au profit d'un ou plusieurs particuliers, la transformation de cet acte par le supérieur hiérarchique n'est possible que dans un délai très bref (le délai du recours pour excès de pouvoir qui est en règle générale de deux mois) et seulement pour cause d'illégalité. Alors, sur ce point, la fonction de l'autorité hiérarchique n'est plus qu'une simple fonction de contrôle, contrôle de la compatibilité des décisions prises avec le droit en vigueur.

Il n'en reste pas moins que *le pouvoir hiérarchique*, même ainsi relativisé, joue un rôle extrêmement important et constitue la donnée maîtresse de *l'organisation administrative française*. Il est renforcé dans la mesure où, le plus souvent, ce pouvoir à l'égard de l'action se double de prérogatives à l'égard des personnes.

9 – Le pouvoir exercé « sur les personnes » ne nous paraît pas exactement de même nature que le pouvoir à l'égard de l'action, du moins dans notre pays. Ce dernier est absolument indispensable pour développer également la politique conçue par l'organe de direction sur tout le territoire, ceci indépendamment des personnes qui l'appliquent. Le premier n'a pas le même caractère essentiel ; d'autre part, il apparaît bien souvent, non point comme l'expression de la volonté personnelle du supérieur, mais comme un pouvoir conditionné s'analysant en l'application des lois et règlements, qui ont largement dessaisi les ministres du soin de réglementer la situation des agents placés sous leur autorité. Enfin, les prérogatives habituellement exercées par le supérieur hiérarchique sur les personnes sont très réduites lorsqu'elles s'appliquent à des agents qui accomplissent leur service en dehors de leur administration d'origine (détachement-mise à disposition). Toutefois, on peut affirmer avec Charles Eisenmann : « la possession du pouvoir hiérarchique "à objet personnel" est assurément fort importante en tant que moyen ou arme permettant à son titulaire de faire prévaloir sa volonté en ce qui concerne l'action, au besoin obliquement, par une voie détournée ». C'est une garantie essentielle de l'efficacité de ce pouvoir sur l'action. On pourrait dire aussi qu'elle devrait permettre de conférer une plus grande liberté aux agents de circonscription qui n'ont nul intérêt, pour leur carrière, à s'opposer à leur supérieur.

Le plus fréquemment, l'autorité hiérarchique à l'égard des personnes comporte :
– le pouvoir d'investiture et de désinvestiture,
– celui de déterminer l'affectation (et de la modifier) et de procéder à la notation annuelle,
– celui de prendre des sanctions disciplinaires en cas de manquement aux obligations du service (seul le déclenchement de la procédure

disciplinaire dépend de la libre volonté du supérieur hiérarchique, ses pouvoirs étant, ensuite, étroitement « canalisés » par les textes).

Il est important de noter que, dans toutes ces hypothèses, les personnes ont « intérêt » à déférer au juge de l'excès de pouvoir les actes qui les concernent si elles les estiment illégaux. Or, ce même « intérêt », n'existe pas, n'est pas reconnu, lorsque l'inférieur est mécontent de l'exercice, par son supérieur, du pouvoir de direction ou de correction.

10 – Ainsi caractérisée, la déconcentration est et a toujours été pratiquée d'une certaine manière dans la quasi-totalité des Etats modernes. Les régimes autoritaires trouvent dans le principe hiérarchique rigoureusement et complètement appliqué le moyen de faire prévaloir les choix du pouvoir en place, tout en permettant un traitement plus rapide des affaires. Les régimes libéraux maintiennent une administration d'Etat hiérarchisée pour sauvegarder (ce qui est obligatoire) l'unité d'action indispensable à la satisfaction des intérêts généraux de la Nation tout entière. Au regard de la déconcentration, il n'y a, entre les pays, qu'une différence de degré.

On sait, pour ce qui concerne notre pays, que la Monarchie a réalisé l'unité française par un effort continu de centralisation administrative marqué, en particulier en fin de période, par l'action des intendants. Mais ces représentants directs du souverain possédaient de très importants pouvoirs de décision à l'intérieur de leur circonscription, surtout avant que ne se développent – précocement – les corps d'inspection. La déconcentration était certainement plus prononcée (en faveur des intendants) à la fin du XVIIe siècle qu'avec les Préfets de l'An VIII, leurs successeurs, « empereurs au petit pied » dans leur département, mais très étroitement soumis au pouvoir central quant à leur action. On peut, d'ailleurs, mesurer le degré de déconcentration en France à l'importance des pouvoirs de décision confiés au préfet, étant entendu que d'autres agents locaux bénéficient également, mais à une moindre échelle, de mesures de déconcentration : recteurs, chefs de Cour, généraux commandant les régions militaires, inspecteurs du travail, trésoriers-payeurs généraux et aussi les sous-préfets, les directeurs des établissements publics d'Etat et les maires.

A cet égard, ce sont les « décrets de décentralisation » – tels sont qualifiés les textes du 25 mars 1852 et du 13 avril 1861 – du Second Empire qui constituent les premières mesures véritables de déconcentration. Rappelons l'article 1er du texte de 1852 :

« Les préfets continueront de soumettre à la décision du ministre de l'Intérieur les affaires départementales et communales qui affectent directement l'intérêt général de l'Etat, telle que l'approbation des budgets départementaux, les impositions extraordinaires et les délimitations territoriales ; mais, ils statueront désormais sur toutes les autres affaires départementales et communales qui, jusqu'à ce jour, exigeaient la décision du chef de l'Etat ou du ministre de l'Intérieur, et dont la nomenclature est fixée par le tableau A ci-annexé ».

Sait-on que, dans ce tableau, complété en 1861, figurent soixante-sept rubriques, dont, par exemple, les rubriques 42 et 48 suivantes (toutes deux abrogées par la loi du 5 avril 1884, article 168...) :

42e « Budgets et comptes des communes, lorsque ces budgets ne donnent pas lieu à des impositions extraordinaires »

48e « Aliénations, acquisitions, échanges, partages de biens de toute nature, quelle qu'en soit la valeur ».

Louis-Napoléon, « considérant que depuis la chute de l'Empire, des abus et des exagérations de tout genre ont dénaturé le principe de notre centralisation administrative, en substituant à l'action prompte des autorités locales les lentes formalités de l'administration centrale ; considérant qu'on peut gouverner de loin mais qu'on n'administre bien que de près », a été l'initiateur de la déconcentration. Il est possible d'affirmer que l'œuvre de 1852, légèrement modifiée seulement par les décrets-lois du 5 novembre 1926 et du 26 septembre 1953, a marqué, jusqu'à la Ve République et plus précisément jusqu'à la réforme de 1964, l'administration française. Mais, si, en 1852, cette œuvre pouvait être considérée comme en avance sur son temps, le principe de confiance ne s'est guère développé, bien au contraire, malgré l'accroissement des missions... d'où des blocages dans l'administration française qui obligèrent à reposer le problème.

On sera donc d'accord avec G. Darcy pour dire que « l'exercice d'une véritable politique de déconcentration en France est relativement récent... imposée par les faits, cette déconcentration trouvera sa consécration juridique dans les années soixante » (*op. cit.* p. 42).

11 – *Le décret n° 64-250 du 14 mars 1964*, relatif à l'organisation des services de l'Etat dans les départements et les circonscriptions d'action régionale et à la déconcentration administrative, renforce d'abord cette déconcentration en réalisant, paradoxalement, la concentration entre les mains du préfet de tous les pouvoirs déconcentrés délégués par l'Etat.

A l'époque où fut créée la fonction préfectorale, six ministères – définis par une loi du 25 mai 1791 (Justice, Marine, Guerre, Contribution et Revenus publics, Affaires étrangères, Intérieur) – se partageaient les différentes tâches administratives, relativement peu nombreuses. Le ministère de l'Intérieur s'occupait donc de la plupart des matières administratives internes et il n'était point étonnant que le préfet dépendit de ce seul ministère. Puis, progressivement, avec l'augmentation des missions, la nécessité se fit jour d'ériger en ministères spécialisés des services ressortissant antérieurement du ministère de l'Intérieur.

Naturellement, la constitution de ces nouveaux ministères techniques a entraîné chaque fois la création, en province, de services extérieurs dirigés par des agents en contact direct (c'est-à-dire sans passer par le préfet) avec leur administration centrale qui, éventuellement, leur déléguait directement certains pouvoirs de décision. Chance pour la déconcentration ? Au contraire et cela pour deux raisons principales :

– Il est facile pour un ministre placé à la tête d'un département spécialisé de « tenir en mains » ses agents, dans un domaine somme toute restreint. D'où cette tendance de l'administration française, qui, même aujourd'hui, n'est pas encore totalement disparue, aboutissant à confondre mesure de déconcentration (c'est-à-dire attribution de l'intégralité de l'instruction et de la responsabilité d'un dossier à l'administrateur local) et simple intervention formelle de l'autorité déconcentrée. L'absence de poids symbolique de cette dernière (le préfet seul jouit de cette « aura ») intervient d'une manière non négligeable pour permettre semblable comportement.

– Le préfet, court-circuité, n'est plus à même d'exercer la coordination voulue, dès qu'une action requiert l'intervention de services différents. D'où, parallèlement à l'amenuisement de la fonction préfectorale, remise en question d'une déconcentration déjà très faible : il devient pratiquement impossible de régler à l'échelon local une affaire, même purement technique, mais présentant une quelconque envergure... Toute politique de déconcentration passe obligatoirement par le réaménagement des rapports entre préfet et chefs des services extérieurs, par une re-concentration des pouvoirs à l'échelon départemental entre les mains du préfet.

Aussi, le décret précité du 14 mars 1964 constitue-t-il, sous cet aspect, le préalable obligé aux trains de mesures ponctuelles de déconcentration qui suivent, à partir surtout de 1969. Il crée, en effet, la « structure d'accueil » indispensable, en tenant compte de l'échec subi en 1953 dans la tentative de règlement du même problème : le préfet dispose des prérogatives nécessaires pour empêcher le retour total aux pratiques antérieures, pour maintenir dans les départements une conception « horizontale » de l'administration d'Etat, prévalant sur l'organisation verticale des services extérieurs. La réforme du 14 mars 1964 ne parle que de « coordination » des services extérieurs de l'Etat, mais cette coordination doit être effective.

Ainsi, le préfet de 1964 dispose de tous les pouvoirs de décision appartenant antérieurement aux chefs de service des administrations civiles de l'Etat ; seul, il a qualité pour recevoir dans l'avenir les pouvoirs de décision nouveaux qui viendraient à être déconcentrés au niveau du département. Dès lors, les directeurs départementaux ne sont plus que des collaborateurs techniques auxquels le préfet peut toutefois consentir des délégations personnelles de signature, exceptionnellement des délégations de pouvoir (instruction des 26 mars et 3 novembre 1966). D'autre part, pour que ce monopole soit effectif, le préfet est placé au centre du réseau de communication départemental et bénéficie d'importants pouvoirs d'action sur les chefs de service départementaux. Sur le premier point, il préside de droit toutes les commissions administratives qui intéressent les services de l'Etat dans le département (commissions ayant été regroupées par un décret du 2 décembre 1965 qui fait passer leur nombre de 45 à 13) ; surtout, il centralise toute la correspondance entre services ministériels et services départementaux, ce qui lui permet d'être au courant de toutes les affaires ; à ce propos, il faut souligner l'importance du bureau du courrier et du service de coordination de l'action économique, créé à cet effet. Sur le second point, le préfet adresse chaque année aux ministres compétents une appréciation générale sur la manière de servir des chefs de service départementaux et il est informé préalablement de toute nomination ou mutation de ces personnels.

Cependant, si le décret du 14 mars 1964 met en place une déconcentration véritable au profit du préfet, des réserves importantes s'imposent. Elles tiennent d'abord aux exceptions, relativement nombreuses qui subsistent : on les retrouve aujourd'hui, lorsqu'on étudie le préfet (*infra* n° 100 et s.). Elles proviennent aussi du trop petit nombre d'agents qualifiés (personnels de catégorie A) affectés dans les préfectures. Elles résultent, surtout, de l'absence de toute déconcentration au niveau des crédits budgétaires. Cependant, l'évolution postérieure sera, comme nous le verrons, favorable à la déconcentration.

La loi n° 92-125 du 6 février 1992 constitue le point d'aboutissement en la matière (*infra* n° 33 et s.).

12 – *Il faut, d'ailleurs, se rendre compte de la nécessité absolue d'une réelle déconcentration au profit du préfet à l'époque où le gouvernement de la France entend mener une politique énergique de décentralisation.* Si, dans le département ou – création de la Ve République – dans la région, les élus locaux n'ont pas un interlocuteur puissant représentant l'administration d'Etat, il y a risque de déséquilibre grave : les autorités des collectivités territoriales pourraient avoir tendance à outrepasser leurs compétences, mais toute action concertée avec l'Etat se révélerait sinon irréalisable, du moins soumise à des retards considérables du fait de l'impossibilité de régler les affaires sur place. Se pose, alors, l'intéressant – quoiqu'encore théorique – problème de savoir jusqu'où peut être poussée la déconcentration ou, en d'autres termes, quelles sont les affaires qui doivent être impérativement traitées à l'échelon central.

Il n'existe aucun critère précis qui permette de distinguer facilement les tâches administratives d'Etat qui seraient mieux assurées à l'échelon central et celles qui le seraient mieux à l'échelon de la circonscription. Nous nous contenterons donc, sur cette question, de reprendre les grands thèmes déjà dégagés par F. de Baecque en 1967, relativement aux missions qui ne peuvent faire l'objet de mesures de déconcentration.

– La première activité dont l'administration centrale ne peut se décharger est l'élaboration d'une politique d'ensemble pour le département considéré. Les plans, programmes, budgets, restent établis au centre, à l'aide des informations recueillies de la base. Or, il est important de noter qu'aujourd'hui encore, noyés dans la résolution de problèmes de détail, l'administration centrale n'a pas assez de temps à consacrer aux tâches de conception.

– « Le deuxième domaine où il apparaît nécessaire de recourir à l'administration centrale, c'est celui des décisions qui, du fait de leur importance, de leur caractère ou pour d'autres raisons à examiner cas par cas, ne peuvent relever d'aucun échelon local ». On rétorquera qu'un tel chef de compétence peut absolument tout justifier. Mais il demeure certain qu'il est des affaires qui, sans qu'on puisse les définir autrement que ce qui a été fait plus haut, relèvent « naturellement » de l'administration centrale. Rentrent dans cette catégorie les actions dont le cadre déborde celui des circonscriptions et celles qui sont susceptibles d'avoir une influence pratique au-delà de ce cadre (aménagement de grands ports de commerce). Il faut également y ranger certaines affaires dont le caractère politique est certain : M. de Baecque vise celles qui réclament des arbitrages financiers, des choix entre des points de vue divergents au plan technique ou qui posent des problèmes d'emplois de personnel. Enfin, en font encore partie toutes les affaires particulières qui sortent du cadre normal pour lequel des normes de conduite générale ont pu être élaborées par le supérieur hiérarchique : de telles affaires peuvent être le signe de modifications de comportements qui induiront plus tard des changements de normes.

– Enfin, il est indispensable que l'administration centrale contrôle effectivement la manière dont les services extérieurs exécutent leur mission. Déconcentration ne signifie pas anarchie et les règles générales posées par l'administration centrale doivent être appliquées à la base. Les diverses inspections générales ont un rôle essentiel à jouer en ce domaine.

C'est à peu près ce schéma, nous le verrons (*infra* n° 34) qui est consacré par la charte de la déconcentration mettant en œuvre le principe posé par la loi du 6 février 1992 (décret n° 92-605 du 1er juillet 1992).

§2 – LA DECENTRALISATION

13 – Alors que la déconcentration est fondée sur le principe d'obéissance, tempéré par la nécessité de « faire confiance » aux inférieurs auxquels sont confiés l'exercice de certaines compétences, la décentralisation est, elle, fondée sur *le principe de liberté*. Liberté, pour les *autorités dirigeantes* d'une collectivité territoriale, *indépendantes du pouvoir d'Etat*, de régler comme elles le veulent des « *affaires locales* » déterminées par la loi, avec *leurs moyens propres, sans être soumis à l'autorité hiérarchique d'un organe de l'administration d'Etat*. Cette dernière, cependant, ne saurait se désintéresser totalement de ce que font les autorités décentralisées : elle exerce un contrôle auquel, en France, on donnait, jusqu'en 1982 et encore – par inadvertance... – parfois actuellement, le nom de « tutelle ». Finalement, au point de vue technique, la distinction entre déconcentration et décentralisation repose sur la distinction entre pouvoir hiérarchique et tutelle.

Le tableau ci-contre met en lumière les principales différences entre le pouvoir hiérarchique et la « tutelle ». On y trouve l'idée selon laquelle le premier constitue un attribut naturel du supérieur tandis que la seconde, qui doit être expressément prévue par les textes, n'est nullement impliquée par la notion pure, essentielle, de décentralisation. Elle est compatible avec elle (si sa nature est respectée) mais n'en est nullement un élément composant, bien qu'en réalité, elle soit la source de toutes les complications, de tous les illogismes. D'autre part, l'autorité de tutelle ne peut exercer qu'un contrôle de légalité sur les décisions déjà prises par les autorités locales ; elle n'a ni le pouvoir d'intervenir initialement pour fixer la conduite à tenir par les autorités locales dans les matières que leur confie le législateur, ni le pouvoir d'empêcher l'entrée en vigueur d'une décision légalement prise même si celle-ci est inopportune. La liberté – dans le cadre établi par loi – exclut toute dépendance. Il est, par contre, non seulement normal mais souhaitable de veiller à ce que les organes locaux ne puissent sortir du cadre prescrit législativement : c'est l'objet de la « tutelle » que d'éviter l'anarchie qui en résulterait, étant entendu par ailleurs que toute divergence sur sa mise en œuvre peut faire l'objet d'un recours devant le juge administratif.

La décentralisation, en tant que technique d'organisation de l'administration, est donc un concept relativement simple.

Il n'y a pas davantage difficulté si l'on complète cet aspect purement technique par la *dimension politique* que présente la décentralisation territoriale. Il faut, en effet, souligner que *l'administration locale est un phénomène premier* et que le terme de décentralisation qui le traduit aujourd'hui, s'il rend compte de l'état de l'administration française depuis l'époque napoléonienne, n'est pas fidèle aux réalités historiques. Quoiqu'il en soit de cette querelle terminologique, on ne doit pas, dans notre pays, oublier que la décentralisation territoriale intègre les citoyens, qu'elle est voulue – sinon imposée – par eux et qu'elle se maintient, à travers toutes les vicissitudes, grâce à leur soutien. D'où, généralement – mais ce n'était pas, jusqu'à l'article 72 de la Constitution de 1958, une obligation – *élection des organes de l'administration locale* et recherche du concours des citoyens dans tous les domaines où cela est possible. Mais, si ce caractère politique donne tout son sens au principe de liberté – inconcevable en dehors de ce cadre – il ne modifie pas pour autant les éléments de la décentralisation : autorités propres indépendantes, affaires propres, moyens propres, absence de tout lien de nature hiérarchique ; il leur donne seulement leur coloration originale.

TUTELLE ET POUVOIR HIERARCHIQUE
Tableau comparatif

	Pouvoir hiérarchique	**Tutelle**
Cadre	Rapports à l'intérieur d'une seule personne morale	Rapport entre deux personnes morales (par exemple : Etat et commune)
Source	de droit commun	pouvoir conditionné – « pas de tutelle sans texte pas de tutelle au-delà des textes »
Etendue	Contrôle de régularité juridique et d'opportunité	Contrôle de régularité juridique
Contentieux	Si l'acte ne concerne pas sa personne, le subordonné n'a pas « intérêt » à demander l'annulation de l'acte de son supérieur	L'autorité décentralisée a toujours « intérêt » à demander l'annulation des actes de tutelle

Cependant, dans la pratique, le terme a été galvaudé, d'où imprécisions et incohérences. D'une part, dans les relations entre administration d'Etat et administrations locales, on a fait rentrer sous la rubrique « décentralisation » des situations pratiques qui ne correspondaient pas à la définition initiale. D'autre part et surtout, le terme « décentralisation » a été étendu à des domaines très divers, sans lien avec l'idée première : à côté de la décentralisation « territoriale » existe la décentralisation « fonctionnelle » ou « technique » ; on parle même, depuis les années 60, d'une « décentralisation des activités », sans rapport aucun avec l'existence d'un pouvoir autonome de décision. Il faut donc analyser de près ces diverses déviations pour restituer au terme sa pureté originaire.

14 – *La « semi-décentralisation »*

La première altération du concept provient, semble-t-il, d'une certaine confusion entre logique juridique et efficacité pratique, jointe, d'ailleurs, au phénomène typiquement français déjà signalé à propos de la déconcentration, selon lequel on ne fait pas confiance aux agents locaux, qu'ils soient de circonscription ou de collectivité. Il est nécessaire, pour le démontrer, d'examiner comment se manifestait la tutelle jusqu'à la grande réforme réalisée par la loi du 2 mars 1982.

L'arsenal des dispositions de droit positif liées au contrôle de tutelle est impressionnant. Tout d'abord, les décisions prises par les autorités décentralisées doivent être transmises à la préfecture ou à la sous-préfecture et ne sont exécutoires qu'un certain temps après ce dépôt (dans le dernier état du droit, 15 jours pour les délibérations du conseil municipal – un mois pour les arrêtés permanents du maire). Une telle mesure permet à l'autorité de tutelle de connaître l'ensemble des décisions prises dans le département et d'attirer, avant toute exécution, l'attention des autorités municipales sur l'illégalité, voire l'inopportunité des mesures prises. Depuis la loi du 31 décembre 1970, le préfet peut ainsi au moins susciter une seconde délibération. Mais, il peut aussi se servir de ce que J. Moreau appelle « la trilogie classique des formes de tutelle » : annulation – approbation – substitution. Or, si certaines de ces manifestations sont compatibles avec le concept initial de décentralisation, d'autres ne le sont pas.

La tutelle d'annulation – qui ouvre au préfet la possibilité d'annuler un acte en cours d'application – n'est pas, telle qu'elle est conçue en droit positif, contraire à la liberté des collectivités territoriales. Pour les délibérations du conseil municipal, deux procédures sont aménagées (art. L 121-32 et 35 du Code des communes) : la nullité de droit et l'annulabilité. Les délibérations nulles de droit sont des délibérations illégales. Même s'il existe, par rapport au droit administratif général, des particularités : la compétence préfectorale pour prononcer l'annulation, l'absence de tout délai pour agir soit d'office, soit à la demande d'un administré, il n'y a aucune restriction à la liberté qui résulte, pour l'organe local, de la législation : Le problème se pose de la même façon pour l'annulabilité, qui vise le cas dans lequel un conseiller intéressé par l'affaire traitée aurait participé au vote : puisque la loi interdit cela, la décision prise est illégale – pour violation des formes. Seule modification par rapport à la procédure précédente : la saisine par l'administré du préfet doit être opérée dans les quinze jours de la délibération.

La tutelle de substitution qui permet au préfet après mise en demeure non suivie d'effet de se substituer au maire qui refuserait ou négligerait de faire un acte prescrit par la loi semble en contradiction totale avec la liberté communale. Et pourtant, cette technique est, elle aussi, admissible dans le cadre de la décentralisation. Si, en effet, le législateur impose l'action dans telle ou telle circonstance (mesure de police nécessitée par le maintien de l'ordre public), l'inaction est illégale et il y a dépassement de pouvoir de la part de l'autorité locale. Aussi, si la mesure peut paraître extrême (elle vise à protéger les administrés contre la carence ou l'inaptitude des autorités locales), elle n'est pas, par nature, différente de la précédente.

La tutelle d'approbation intervient sur un autre registre. Elle signifie, en effet, que dans un certain nombre de matières, qui, d'ailleurs, sont allées se rétrécissant par l'effet de l'ordonnance du 5 janvier 1959 et surtout de la loi du 31 décembre 1970, les autorités locales ne peuvent agir seules et sont tributaires du bon vouloir de l'autorité de tutelle, en dehors de toute question de légalité. Elles conservent l'initiative de l'action mais pour que celle-ci s'accomplisse, il est nécessaire que le préfet ne s'y oppose pas dans les 30 jours après le dépôt de la délibération (40 jours pour les marchés). *Il y a donc association des deux administrations au pouvoir de décision et non pas action indépendante de la part de l'autorité « décentralisée »*. On ne peut donc parler, dans les secteurs où cette modalité de tutelle s'applique, de décentralisation.

Et c'est là que se situe la confusion, confusion entre fonction et technique juridique. Il est possible de dire que la fonction exercée par toutes ces formes de tutelle est pratiquement identique : il s'agit, comme l'a montré le Professeur Bénoit, d'instaurer entre les préfets et sous-préfets et les autorités locales « une coopération bilatérale en vue de la recherche d'une solution correcte ». Préfets et sous-préfets ne se servent que rarement de leurs pouvoirs de tutelle, qu'ils soient d'annulation, d'approbation ou de substitution, mais recherchent l'accord avec les collectivités contrôlées, accord réalisé sur des bases négociées ; le peu de contentieux en la matière témoigne en ce sens. Le préfet qui « réussit » dans un département n'est pas celui qui impose ses vues aux communes grâce aux mesures de tutelle (les préfets « politiques » le pouvaient surtout avant la loi du 31 décembre 1970 puisque toutes les délibérations portant sur des objets importants étaient soumises à approbation), mais celui qui est capable d'obtenir ce qu'il veut sans les utiliser. Cette remarque incidente montre pourtant parfaitement qu'il est ici question d'état d'esprit et non de technique juridique, que la liberté communale – ou départementale – existe peut être en fait mais non en droit.

Or, répétons-le, le concept de décentralisation est un concept juridique précis qui signifie gestion libre d'affaires considérées comme locales. Dès lors que, tout à fait librement, d'une manière inconditionnée, c'est-à-dire sans que les motifs de l'intervention soient législativement fixés, une autorité d'Etat reçoit le pouvoir de décider si une décision voulue par l'autorité locale sera ou non mise en œuvre, dès lors, en d'autres termes, que le préfet peut opposer son veto à la délibération qui lui est soumise en refusant son approbation, il n'y a pas – même si ce pouvoir n'est pas appliqué en fait – décentralisation. Comme l'a parfaitement exprimé le Professeur Eisenmann, il y a alors système de « semi-décentralisation », qui consacre l'association entre les deux administrations, l'administration d'Etat et l'administration locale.

Il est alors possible d'affirmer qu'en France, jusqu'à la loi du 31 décembre 1970, la décentralisation ne s'appliquait juridiquement que pour les objets de peu d'importance et que la « semi-décentralisation » était la règle. Depuis cette loi qui réduit à huit les cas où une décision communale est subordonnée à l'approbation du représentant de l'Etat (art. L 121-37-38 du Code des communes), le champ de la décentralisation s'est très considérablement étendu, même si des formes insidieuses et indirectes de tutelle « technique » paralysent beaucoup plus sûrement les collectivités territoriales que les diverses manifestations de la tutelle administrative classique (par exemple, obligation de recourir à tel procédé de construction industrialisée pour obtenir une subvention).

15 – *La décentralisation technique*

Depuis très longtemps dans notre pays, deux formes de « décentralisation » coexistent : à côté de la décentralisation territoriale qui intéresse les collectivités territoriales correspondant à des divisions de territoire, on rencontre une *« décentralisation » fonctionnelle ou « décentralisation par services » qui correspond à une formule très couramment utilisée : celle de l'établissement public*. Est-il possible sans abus de langage, d'utiliser le même concept pour traduire les deux situations ?

L'établissement public se définit comme « une personne administrative autonome chargée de la gestion d'un service public ou d'un groupe de services publics connexes » (De Soto). Il y a donc création (dans le cas de la décentralisation territoriale, il n'y a pas création mais reconnaissance) d'une personne morale qui, par ses organes propres et à l'aide de son patrimoine propre, gère, d'une manière plus ou moins autonome, les affaires qui relèvent de sa compétence, à savoir un service public spécialisé. On retrouve donc là des éléments qui caractérisent la décentralisation. Est-ce à dire que ces éléments sont combinés de façon à ce que le principe de liberté soit effectif ? Il y a une marge que nous ne franchirons pas.

Une première différence, non fondamentale, sépare décentralisation territoriale et décentralisation technique : l'établissement public est soumis au *principe de spécialité*, ce qui signifie qu'il n'exerce que des compétences étroitement limitées ; la collectivité locale jouit, en théorie du moins, d'une plénitude de compétences pour gérer ses affaires. Même si ce dernier point est remis en cause par la réforme de décentralisation (les compétences des collectivités locales étant de plus en plus spécialisées), il reste que les compétences des collectivités sont d'interprétation large, celles des établissements publics d'interprétation étroite. Mais, par sa nature, la décentralisation n'est pas question d'étendue : elle peut exister dans toute sa pureté alors qu'elle ne concerne qu'un domaine très restreint. Il y a d'ailleurs, aujourd'hui, des « établissements publics » auxquels sont confiés des missions très étendues, les communautés urbaines par exemple.

On avance aussi, seconde différence, le fait que, dans la plupart des cas, les établissements publics, hôpitaux, universités, etc. (v. *infra* n° 228 et suivants) ne disposeraient pas des ressources propres suffisantes pour assurer leurs missions et seraient donc à la merci de la collectivité de rattachement quant à l'équilibre de leur budget. Bien qu'il soit intéressant pour la science administrative de comparer – en les opposant – collectivités qui perçoivent des recettes fiscales payées par les citoyens et établissements qui ne disposent comme ressources propres que des redevances versées par les usagers des services qu'ils gèrent, ce facteur ne paraît pas non plus déterminant pour décider qu'il y a décentralisation dans un cas et non dans l'autre. Du reste, peu nombreuses sont les collectivités territoriales qui pourraient remplir leurs missions sans aucun concours étatique. N'a-t-on pas parlé pendant longtemps d'une faillite du département... ?

Par contre, et ceci emporte la conviction, *les établissements publics ne sont pas, au niveau de leurs organes de direction et des pouvoirs de ceux-ci, pleinement autonomes, pleinement indépendants*. Les ministres – pour les établissements publics d'Etat (ou les Présidents des conseils régionaux ou généraux et les maires pour les établissements publics régionaux, départementaux ou communaux) – disposent de pouvoirs qui dépassent, de loin généralement, le strict cadre du contrôle de la légalité. Fréquemment, en premier lieu, le ministre, le gouvernement même parfois, nomme l'un au moins des organes principaux de l'établissement, le directeur ou Président, parfois les ou certains des membres du conseil d'administration. L'élection des organes directeurs, marque de la décentralisation politique, n'existe que tout à fait exceptionnellement (universités). On rétorquera que l'indépendance, élément constitutif de la décentralisation, existe dès lors que l'autorité d'Etat ne peut révoquer librement l'autorité locale. Mais précisément, l'organe de direction nommé est également révocable *ad nutum*... Et puis, en second lieu, hormis les établissements placés par la loi « sous l'autorité » du ministre, et bien qu'il y ait des différences sensibles dans les modalités et l'intensité de la tutelle exercée par la collectivité territoriale de rattachement, il est exceptionnel de reconnaître, au niveau du fonctionnement de l'établissement, une véritable autonomie de gestion : nombreuses, par exemple, sont les hypothèses dans lesquelles l'autorisation du ministre est requise pour prendre tel ou tel acte utile au fonctionnement de l'institution.

Il résulte de tout cela que le procédé de l'établissement public ne correspond pas à une nouvelle expression du principe de liberté mais à des exigences relevant de l'art administratif. Il a paru nécessaire d'isoler, au sein de l'ensemble des tâches administratives remplies par telle collectivité, certains intérêts nettement individualisés, de personnaliser ces intérêts, de leur donner une structure propre. Et cette raison technique a suffi pour que se multiplient les établissements publics, non seulement à l'intérieur de l'Etat mais aussi à l'intérieur des collectivités locales (caisse des écoles, bureaux d'aide sociale, etc. pour les communes – office départemental d'HLM, hôpital psychothérapique, etc. pour le département, par exemple). Mais, une fois encore, il ne faut pas confondre le concept de décentralisation et l'efficacité de l'action. En réalité, *l'établissement public met davantage en œuvre la déconcentration...* (déconcentration souple... dans laquelle tous les éléments du pouvoir hiérarchique ne sont pas obligatoirement présents) *que la décentralisation pure.*

16 – *La « décentralisation des activités »*

Depuis la fin des années 50, en corrélation avec la naissance et le développement des idées de planification et d'aménagement du territoire, le terme de décentralisation a subi un nouvel élargissement, en s'employant pour la première fois au pluriel. Pendant un temps, en oubliant totalement les libertés locales, hommes politiques, journalistes, vulgarisateurs de tous horizons ont fait abondamment référence *à des décentralisations très diverses, décentralisation industrielle, décentralisation artistique, culturelle, etc.*

Prenons l'exemple de la décentralisation industrielle. Cette politique vise, d'une part, à éloigner des implantations industrielles et commerciales de régions développées considérées comme trop peuplées, comme la région parisienne, d'autre part, à l'inverse, à favoriser ces implantations dans d'autres régions pauvres. Ainsi, dans la région parisienne (D. du 31 déc. 1958), un agrément ministériel est exigé avant toute création ou extension d'entreprise employant plus de 50 personnes ou occupant une superficie de plancher de plus de 500 m^2. A cela, la loi du 2 août 1960 a ajouté une redevance perçue en cas d'agrément (v. C.E. 3 mars 1967 soc. BEHR – MANNING – AJDA 67 p. 348 note Liet-Veaux). Par contre, dans les « zones critiques », toute implantation industrielle donne droit à des primes spéciales d'équipement. De 1964 à 1972, le redéploiement industriel donne lieu au versement d'une « indemnité générale de décentralisation », à laquelle s'ajoute dans « les régions dont le développement économique marque un certain retard » une prime de développement industriel. De plus, des prêts à long terme et taux d'intérêt avantageux peuvent être accordés par le FDES et des régimes fiscaux de faveur consentis. Ce système, modifié, est remis en cause de nos jours du fait de la crise économique généralisée, mais il montre bien l'objectif et les modalités de cette « décentralisation », les autres « décentralisations » d'activités conduisant à des modèles similaires. (Il convient de noter que le décret n° 85-47 du 14 janvier 1985 revient totalement, en ce qui concerne l'installation d'activités individuelles en Ile-de-France, sur cette politique).

L'emploi du terme « décentralisation » en la matière est révélateur et de la structure de la France, tout à fait spécifique, et... de l'inadaptation du vocable même quand il est employé sous son véritable sens. Sur le premier point, Jean-François Gravier a parfaitement montré dans son ouvrage « Paris et le désert français » l'hyperconcentration de toutes les activités françaises sur la région parisienne et combien il était vital pour le pays de tenter de modifier ce phénomène hélas typiquement français... L'utilisation du terme de « décentralisation » pour cela, manifeste avec éclat la valeur qu'on attache à l'idée. Toutefois, c'est la seconde constatation, ce que recouvre le mot dans cette hypothèse n'a strictement aucun rapport avec le concept originaire. Il n'est absolument pas question de la mise en œuvre du principe de liberté dans un domaine d'activité particulier, il ne s'agit nullement de pouvoir, de partage du pouvoir, mais d'un simple changement de lieu, auquel le terme « délocalisation » conviendrait certainement mieux. Mais également, devant tous ces abus de langage, il convient de se demander si le terme « décentralisation » est lui-même bien adapté lorsqu'il s'applique à l'idée de base, à la décentralisation du pouvoir au niveau des collectivités locales.

17 – *Le terme de décentralisation fait référence, quel que soit le qualificatif qui lui est accolé, à une réalité contemporaine incontestable.* Depuis le Consulat, la France connaît, dans tous les domaines, une très forte centralisation et, depuis près de deux siècles, le problème consiste effectivement à dé-centraliser, à réagir contre la centralisation. La tâche est délicate et sans cesse renouvelée puisque, encore de nos jours, on observe toujours le même réflexe : toute intervention administrative nouvelle, même si elle se situe à l'échelon local, est quasi-automatiquement considérée, au départ, comme devant relever de l'administration centrale. Il s'agit donc bien, ensuite, de dé-centraliser aussi bien le pouvoir, les responsabilités, que les activités. A cet égard, la terminologie traditionnelle apparaît donc satisfaisante ; elle convient fort bien à l'esprit français, caractérisé par cette tendance à faire de l'Etat – lointain – le responsable de tout, des mauvaises récoltes comme de la surproduction, des inondations comme de la sécheresse, etc.

Mais, précisément, le terme est susceptible, dans notre pays, de recouvrir trop de phénomènes, ce qui pourrait faire oublier l'essentiel, à savoir qu'il correspond d'abord et avant tout à la reconnaissance de collectivités territoriales autonomes au sein de la République. On peut, dès lors, se demander si, pour caractériser cette réalité première, il ne serait pas préférable de recourir au terme anglo-saxon de « self-government » (« local-government ») que l'on pourrait traduire par « auto-administration » ou « libre-administration » locale. Ce terme exprimerait peut être davantage l'antériorité du fait local par rapport à l'Etat, l'irréductibilité de cette administration « naturelle ». Il importe, pourtant, de saisir que ce terme ne correspond nullement à la tradition française à laquelle se rattache encore l'article 72 de la Constitution. Les collectivités n'exercent de compétences qu'au nom de la souveraineté nationale ; elles ne forment pas de contre-pouvoirs. Le caractère unitaire de l'Etat ne le cède aucunement dans notre pays. Alors, malgré ses inconvénients, nous conserverons, dans cet ouvrage, le terme de « décentralisation », mieux adapté aux réalités françaises, mais nous l'emploierons dans son sens originel, précis, en rejetant toutes les excroissances qui contribuent à en occulter la nature exacte, donc les exigences.

18 – Ceci dit, il y a, aujourd'hui, un paradoxe de la décentralisation. Elle est de plus en plus réclamée – et enfin mise en œuvre en 1982 – , de plus en plus nécessaire, alors que se développent de plus en plus de grandes politiques nationales destinées à la réalisation optimale des équipements collectifs, politiques qui paraissent susceptibles de la remettre en cause.

Dans le dialogue entre la centralisation et la décentralisation, deux éléments apparaissent certains :
– D'abord, *la décentralisation progresse toujours*, malgré les retours en arrière, les contre-temps, les combats retardateurs fondés sur le manque de confiance ou justifiés par le désir d'uniformiser, dans un souci d'égalité entre tous. Sous ce dernier aspect, il faut d'ailleurs prendre garde à ne se prononcer qu'après avoir examiné globalement le régime juridique d'une collectivité, des lois générales pouvant enlever toute réalité à des compétences théoriquement confiées à la commune, au département ou à la région (loi sur le statut du personnel communal, par exemple). Mais, actuellement, le mouvement vers plus de décentralisation est inéluctable tout simplement parce qu'il répond au désir des administrés qui aiment à participer à la gestion des affaires locales, le développement de l'esprit démocratique poussant en ce sens.
– Ensuite, il paraît évident aujourd'hui que *le problème ne doit pas se poser en termes de lutte, mais en termes de complémentarité.* A cet égard, il importe de souligner qu'outre la gestion des affaires nationales, l'administration d'Etat jouera toujours au moins un triple rôle à l'égard de l'administration locale :
1) *Un rôle de contrôle* dont nous avons déjà examiné la consistance avant la réforme (n° 14) : la décentralisation ne signifie pas souveraineté des collectivités et, pour les matières que la législation fait rentrer dans leur compétence, un contrôle étatique de la légalité s'impose – 2) *Un rôle de péréquation* : il ne faudrait pas que, sous prétexte de liberté, il se crée de profondes inégalités entre les citoyens dans la fourniture de prestations indispensables. Or, il y a des collectivités plus riches que d'autres et il est souvent nécessaire de compenser les disparités naturelles ; 3) *Un rôle de coordination*, le plus important. Les collectivités locales, dans un Etat unitaire, ne doivent pas avoir la possibilité ni de développer des politiques qui paralyseraient, dans tel ou tel secteur, l'action du pouvoir central, ni de bloquer, par leurs initiatives, celles des autres collectivités. Il n'y a point, par exemple, d'autre recours que de confier aux représentants de l'Etat le règlement des conflits entre plusieurs collectivités (dans le domaine de l'urbanisme entre autres – voir *infra*). On peut ajouter que, dans la plupart des hypothèses, s'ajoutera un rôle d'aide – surtout pécuniaire – à l'exercice des compétences des collectivités. Ce rôle n'est certes pas obligatoire puisque les collectivités devraient avoir les moyens nécessaires pour mener à bien toutes les actions indispensables à l'exercice plein et entier de leurs compétences. Mais, le plus souvent, ce n'est pas le cas et il faut mettre au point des procédés qui permettent, sans renoncer à la liberté de la collectivité de base, d'associer l'Etat au financement de son action (procédé contractuel).

Toutefois, aujourd'hui, *le nécessaire développement des équipements collectifs* crée des problèmes auxquels répondent des politiques – dont la principale mais non la seule est celle de la planification – qui dépassent de beaucoup la simple fonction de coordination. Or, il faut se demander si celles-ci ne constituent pas des *obstacles majeurs à la décentralisation, en donnant la priorité à la rationalité centralisatrice.* Sans entrer dans les détails, on peut affirmer qu'il n'y a pas antinomie obligée entre équipements collectifs – réalisés d'ailleurs en majorité par les collectivités – et décentralisation. *La politique de rationalisation des dépenses publiques, les réglementations nationales techniques* qui président à la réalisation des équipements collectifs, et bien entendu, la *planification* qui renseigne sur les intentions étatiques au cours de la période de référence *ne sont pas à remettre en cause mais seulement à réorienter pour aller de pair avec la décentralisation du pouvoir.* La globalisation des subventions, d'une part, la limitation des prescriptions nationales à ce qui est pleinement justifié économiquement et techniquement, une planification venue du bas et non imposée du haut, tout cela est non seulement compatible avec la décentralisation mais encore peut la favoriser en harmonisant les relations entre administration d'Etat et collectivités, tout en facilitant l'action sur place. En ce qui concerne plus spécifiquement la planification, il est certain que si le plan national est construit à partir des différents plans régionaux dont il établit la cohérence entre eux, il n'y a aucune atteinte à la liberté qui est au contraire fortifiée par la prise en compte des préoccupations locales au niveau national, prise en compte qui, comme nous le verrons, assure un financement d'Etat, établi contractuellement, pour les opérations retenues (loi du 29 juillet 1982 portant réforme de la planification – *infra* n° 54 et 55).

La nouvelle planification de l'aménagement du territoire, introduite par la loi du 4 février 1995 repose sur des bases identiques et ne devrait pas, par elle-même, limiter la décentralisation.

19 – C'est donc par référence à ces deux grands concepts de base que l'on étudie, habituellement, les institutions administratives d'un pays donné. Il importe, cependant, de rappeler que ces termes juridiques, centralisation et décentralisation, ne correspondent par eux-mêmes à aucun objet réel et n'ont qu'une signification fonctionnelle. La grande question, la seule qui vaille, est celle de faire vivre harmonieusement collectivités territoriales (décentralisées) et administration d'Etat (centralisée), au seul bénéfice des citoyens.

Section II

LES CHOIX DU LEGISLATEUR (1982-1997)

20 – Depuis le début de la Ve République, la réforme des collectivités locales avait été plusieurs fois à l'ordre du jour et le problème pesait de plus en plus. Aucune réforme d'ensemble n'avait cependant encore été réalisée et seules quelques modifications ponctuelles étaient intervenues au niveau des structures administratives traditionnelles. On voyait toujours davantage dans la réalité pratique les inconvénients d'un système bloqué, dominé par la centralisation et respectueux du mythe de l'uniformité mais il était nécessaire que se produise un changement considérable pour emporter les réticences, les arrière-pensées et créer les conditions d'une transformation véritable de structures centenaires.

En mai-juin 1981, pour la première fois sous la Ve République, pour la première fois seules, hormis l'épisode du Front Populaire, les forces de gauche accèdent au pouvoir. M. François Mitterrand, nouveau président de la République, avait écrit, en 1979 : « Décentraliser, maître mot de la démocratie moderne » ; il eut été étonnant qu'il ne convie pas immédiatement son gouvernement à s'atteler à cette tâche. Effectivement, la réforme globale des structures administratives dans le sens d'une décentralisation véritable constitue, avec celle de la planification et l'extension du secteur public, l'une des trois grandes tâches que s'assigne le gouvernement Mauroy. *Cette réforme a pour ambition première la création d'une administration locale totalement nouvelle, fondée sur les principes de liberté et d'égalité.*

L'ampleur de la tâche à réaliser – étant donné la variété et l'importance des problèmes à résoudre – imposait d'en programmer l'application dans le temps, si l'on voulait la mener à bien dans la cohérence et la clarté. Il eut paru logique de commencer par répartir les compétences entre les diverses composantes des deux administrations, l'administration d'Etat et l'administration locale, avant de leur conférer les moyens juridiques et matériels nécessaires à leur exercice. Cependant, le législateur de 1982 ne s'y est pas trompé, il est une mesure qui constituait un préalable obligé à toutes les autres par son caractère à la fois moteur et irréversible. Elle consistait à *modifier la répartition du pouvoir* au sein de l'ensemble étatique, en dépouillant de toute l'ambiguïté qui s'y attachait l'idée de libre administration des collectivités locales.

C'est pourquoi *la loi du 2 mars 1982 relative aux droits et libertés des communes, des départements et des régions est consacrée pour l'essentiel à régler la question, d'une très forte valeur symbolique, de l'autonomie des collectivités locales* à l'égard de l'administration d'Etat. Ce texte de principe, qui réalise une réforme *de pouvoirs*, fixe le cadre institutionnel de la décentralisation et tend à mettre en place des collectivités locales pleinement vivantes et responsables. Mais, ce faisant, il est obligé de trancher l'ensemble des problèmes analysés précédemment et relatifs à la consistance de la pyramide administrative française. Il importe de savoir, en effet, à quels éléments s'appliqueraient les principes nouveaux, afin d'établir entre eux les relations indispensables à la bonne marche du système. *C'est l'ensemble du cadre conceptuel traditionnel*, qui s'imposait auparavant avec toute la pensanteur due à deux siècles d'habitudes, *qui paraît remis en cause par la loi du 2 mars 1982 ; les textes subséquents devront régler seulement – si l'on peut dire... – les questions pratiques d'application (compétences, moyens).*

21 – Parmi les problèmes d'application se posait celui de la déconcentration de l'administration de l'Etat. Jusqu'alors, l'Etat lui-même n'avait pas encore tiré toutes les conséquences de la décentralisation. Certaines mesures de déconcentration ponctuelle avaient, certes, été prises, par vagues successives ; une accélération conséquente avait même eu lieu en 1990 avec, d'une part, les 101 mesures décidées dans le cadre de la politique du « renouveau » du service public lancée par le Premier ministre, M. Michel Rocard, et, d'autre part, une forte déconcentration financière, décidée particulièrement au cours du séminaire gouvernemental du 11 juin 1990, qui faisait qu'environ 30 % des crédits d'Etat étaient gérés au niveau des circonscriptions admnistratives. Mais certains dysfonctionnements dûs aux réticences des administrations centrales à faire confiance aux organes de circonscription subsistaient et il restait nécessaire de poser les principes incontestables d'une véritable déconcentration. C'est ce que fait la loi du 6 février 1992.

La loi de 1982 est révolutionnaire en ce sens qu'elle exprime une volonté nette de rompre avec le passé quant aux rapports entre les deux administrations : dépassant toutes les tergiversations, elle tend à rendre les collectivités locales pleinement et totalement responsables, dans le respect de la décentralisation véritable.

La loi de 1992 l'est aussi : non seulement elle rompt avec la tradition mais encore elle s'oppose aux mœurs administratives habituelles. Il faut d'ailleurs prévoir un certain nombre de difficultés au stade de l'application. Le besoin éprouvé par le législateur de 1995 de fixer un délai permettant d'activer la mise en place de cette déconcentration en fournit la preuve. Le I de l'article 25 de la loi n° 95-115 du 4 février 1995 est clair : « Les transferts d'attributions des administrations centrales aux services déconcentrés des administrations civiles de l'Etat prévus à l'article 6 de la loi d'orientation relative à l'administration territoriale de la République interviendront dans un délai de dix-huit mois à compter de la publication de la présente loi ».

Nous allons tenter de rendre compte de ces deux transformations fondamentales. On étudiera d'abord la grande règle de la liberté juridique des collectivités, inscrite dans notre droit par la loi du 2 mars 1982 ; puis on mentionnera les innovations réalisées par la loi du 6 février 1992 (qui, par ailleurs, renforce le contrôle du représentant de l'Etat sur certains actes locaux). La loi de 1992, à la suite de celle de 1982 affirme que « l'administration territoriale de la République est assurée par les collectivités territoriales et par les services déconcentrés de l'Etat » : elle place collectivités décentralisées et administrations déconcentrées de l'Etat sur le même plan, sans prééminence de l'une sur l'autre. Mais, surtout, elle affirme que les administrations déconcentrées de l'Etat doivent avoir la charge de l'essentiel des activités administratives de l'Etat, au détriment des administrations centrales. Ce changement radical de perspective est très délicat à faire passer dans les faits et la loi du 4 février 1995 réaffirme fortement le principe.

§1 – L'AFFIRMATION DE LA LIBERTE JURIDIQUE DES COLLECTIVITES LOCALES

22 – La loi du 2 mars 1982, complétée par celle du 22 juillet 1982 précisant les conditions d'exercice du contrôle administratif sur les actes des autorités communales, départementales et régionales, a pour objet principal, en abrogeant toutes les dispositions concernant l'approbation ou l'annulation, préalablement à leur exécution, des actes de gestion municipale, départementale ou régionale, d'inscrire en droit positif français, dans toute sa plénitude, *la grande règle de la liberté juridique, fondement de la décentralisation.* Il n'est que de lire le titre des chapitres du texte pour en être persuadé. C'est bien la *« suppression » des différentes formes de tutelle* qui est imposée (hormis la « tutelle technique » qui n'est qu'allégée). Toutefois, la Constitution de 1958 elle-même, en son article 72, interdit la disparition de toute forme de contrôle étatique sur les manifestations de volonté des autorités locales. Par sa décision n° 82-137 D.C. du 25 février 1982, le Conseil Constitutionnel considère que « la charge des intérêts nationaux. du contrôle administratif et du respect des lois » dont le « délégué du gouvernement » est constitutionnellement investi, implique, pour le moins, que ce dernier ait, avant leur entrée en vigueur, reçu les actes les plus importants des collectivités et qu'il conserve la possibilité, non plus de les annuler lui-même, mais de provoquer leur annulation, s'il les estime illégaux.

Il faut donc bien comprendre le sens de l'expression « *suppression* » de la tutelle employée par le législateur. *Il s'agit beaucoup plus, selon nous, de transformer un état d'esprit que de modifier les contraintes* pratiques imposées aux autorités locales. Si les préfets faisaient fort peu usage des moyens juridiques extrêmement contraignants à l'égard des communes dont ils disposaient (voir *supra* n° 14), si même la tutelle du représentant de l'Etat pouvait constituer pour les petites communes un moyen de défense à l'encontre d'appétits privés, il n'en est pas moins vrai que sa seule existence, du moins dans certaines de ses modalités, signifiait maintien des collectivités dans une situation de mineures, les empêchant de se sentir véritablement responsables. Pour décentraliser, il est donc nécessaire de supprimer ces manifestations totalement contraires au principe de liberté.

Mais, pour décentraliser dans le cadre de la Constitution de 1958, pour éviter aussi les aventures, il est utile de conserver (éventuellement en les modifiant) quelques unes des dispositions antérieures. Et d'autre part, le contrôle administratif qui se substitue à la « tutelle », est certes, juridiquement, profondément différent mais doit être pratiquement efficace et les textes les plus récents sont marqués par la volonté de redonner, après la constatation de quelques dérives, davantage de pouvoir à l'Etat en ce domaine.

Respectant le titre des chapitres de la loi du 2 mars, on examinera succinctement et successivement la « suppression de la tutelle administrative », celle de la tutelle financière, enfin l'atténuation de la tutelle technique.

A) « La suppression de la tutelle administrative »

23 – Pour rompre définitivement avec la situation juridique antérieure, reflet d'une conception très centralisée des rapports entre l'Etat et les collectivités locales, les parlementaires de 1982 désirent inscrire dans le droit positif français le principe de la totale liberté d'action de ces collectivités dans le domaine de leurs compétences. Pour ce faire, ils donnent – enfin – son véritable sens à une formule (qui figurait dans le droit antérieur) selon laquelle les actes pris par les autorités communales, départementales, régionales, *sont exécutoires de plein droit* : est abrogé l'ensemble des dispositions qui soumettaient ces actes à des mesures de tutelle exercées avant leur exécution, ce qui, en soi, constitue déjà juridiquement un progrès considérable.

Cependant, supprimer la tutelle administrative ne signifie pas faire disparaître tout examen, par les autorités de l'administration d'Etat, des activités des autorités locales. Le législateur ne le veut pas et, surtout, ne le peut pas. La mise en œuvre du principe de liberté, d'ailleurs, ne l'impose nullement.

– *le législateur ne le veut pas* – Deux séries de dispositions en fournissent la preuve : celles qui concernent la « tutelle sur les personnes », celles qui ont trait au pouvoir de substitution.

La « *tutelle sur les personnes* » s'analyse en des sanctions à l'égard des élus locaux pris individuellement ou en corps. Par rapport au droit positif antérieur, elle se trouve seulement allégée mais non supprimée. Il est utile, en effet, de garder la possibilité de pallier la négligence ou le mauvais vouloir des élus locaux en faisant, du reste, les électeurs juges du comportement de ces élus.

Dans ce cadre, on distingue les mesures qui intéressent les organes délibérants et celles qui concernent les organes actifs. Ces dernières concernent seulement les maires et adjoints, à la fois représentants de leur commune et de l'Etat (*infra* n° 120). En application de l'article L 2122-16 du Code général des collectivités territoriales, les maires et les adjoints peuvent être suspendus pendant un mois au plus par le ministre de l'intérieur, puis être révoqués de leurs fonctions par décret motivé en Conseil des ministres. Avant que ces sanctions ne soient prises, les intéressés doivent être entendus ou invités à fournir des explications écrites sur les faits qui leur sont reprochés.

Les conseils municipaux, généraux et régionaux peuvent également être dissous par décret en conseil des ministres, lorsqu'ils sont dans l'impossibilité d'exercer correctement leurs attributions, en règle générale du fait de dissensions graves paralysant l'action. En cas d'urgence, les conseils municipaux peuvent être préalablement suspendus par arrêté préfectoral. Si la dissolution concerne un conseil général ou régional, le Parlement doit être immédiatement informé par le Gouvernement.

Il est procédé à la réélection des conseils dissous dans les deux mois. Dans l'intervalle, la commune est administrée par une délégation spéciale, désignée par le préfet et chargée d'accomplir les actes de pure administration conservatoire et urgente du conseil municipal. En revanche, dans le département et la région, c'est le Président du conseil qui assure l'expédition des affaires courantes ; toutefois, ses décisions ne sont exécutoires qu'avec l'accord du préfet.

Quant au pouvoir de substitution, il est expressément maintenu en vigueur au cas où le maire ou le président du conseil général négligerait, après mise en demeure, d'exercer ses pouvoirs de police (art. 2 V et 34 III de la grande loi du 2 mars 1982). Il importe d'empêcher, en ce domaine, toute carence des élus locaux, d'où le maintien de cette modalité de tutelle, qui, toutefois, ne s'analyse pas en un contrôle *a priori* de leurs actes (puisque, précisément, il n'y a pas, par hypothèse, action). En matière financière, mais après mise en œuvre de garanties procédurales totalement nouvelles (*infra* n° 29), le principe de la substitution du représentant de l'Etat est

repris pour rectifier les budgets locaux dans leur ensemble. Un pouvoir de substitution est même créé en matière de documents d'urbanisme, lorsqu'il s'agit de la réalisation d'un projet d'intérêt général ou de l'application locale d'une directive territoriale d'aménagement...
– *Le législateur ne le peut pas, au risque d'inconstitutionnalité* : il lui faut organiser les moyens du contrôle administratif confié principalement au préfet par l'article 72 § 3 de la Constitution. D'où, dans les rapports entre les deux administrations, rétablissement d'un certain formalisme, peu différent en pratique de ce qui se passait auparavant.

Le contrôle administratif prévu par les textes comporte deux implications :
– *l'obligation pour le préfet de vérifier la légalité des décisions qui doivent lui être transmises,*
– *la possibilité pour lui de saisir le juge administratif*, seul compétent aujourd'hui pour prononcer l'illégalité d'un acte pris par une collectivité locale.

24 – *Le régime de contrôle des actes des collectivités*

Pour que le préfet puisse exercer ses prérogatives qui sont *identiques* à l'égard des actes de toutes les collectivités locales, il importe, d'abord, qu'il soit mis à même de connaître ces actes. Soit ceux-ci lui sont obligatoirement transmis par les autorités locales, soit ils lui sont soumis par une personne lésée, ce qui n'est guère différent du droit antérieur.

A partir de là, le représentant de l'Etat doit prendre sa décision sur la légalité des actes qu'il a examinés, plusieurs procédures étant prévues par la loi.

25 – *La transmission des actes au représentant de l'Etat*

Les actes des autorités locales sont divisés en deux catégories. La première est constituée par ceux d'entre eux qui ne sont exécutoires, c'est-à-dire opposables aux tiers, qu'à la double condition d'avoir été transmis au représentant de l'Etat et d'avoir été publiés ou notifiés. La seconde comprend les actes qui sont exécutoires dès leur publication ou leur notification.

La loi du 22 juillet 1982 énumère les actes soumis à transmission (article L 2131-2 du CGCT). La pratique montre que cette énumération est interprétée extensivement, ce qui conduit les collectivités, particulièrement les communes, à transmettre des actes qui n'ont pas à l'être juridiquement. Sont ainsi visés :
– les délibérations des assemblées locales – et leurs pièces annexes – ainsi que les décisions prises par délégation de l'assemblée délibérante,
– les actes de police du maire ou du président du conseil général,

– les actes à caractère réglementaire pris par les autorités communales, départementales et régionales dans tous les autres domaines qui relèvent de leur compétence,
– les conventions relatives aux marchés, aux emprunts et les conventions de concession ou d'affermage des services publics locaux à caractère industriel ou commercial – et plus généralement, depuis la loi du 29 janvier 1993, les conventions de délégation de service public et actes des sociétés d'économie mixte locales.

Cette transmission s'entend des conventions elles-mêmes, de leurs éventuels avenants et aussi de toutes les pièces explicatives nécessaires.

– Les décisions individuelles relatives à la nomination, à l'avancement de grade (et même d'échelon depuis la loi du 26 janvier 1984), aux sanctions et au licenciement des agents locaux. De même, depuis la loi du 13 juillet 1987, les actes relatifs à l'organisation des concours, à l'établissement des listes d'aptitude, à la publicité des créations et des vacances d'emplois et au budget des centres de gestion de la fonction publique territoriale (infra n° 207) doivent être transmis.
– les différentes autorisations d'occupation des sols délivrées par le maire au nom de la commune, accompagnées des dossiers et des pièces d'instruction ayant servi à leur délivrance (loi n° 83-8 du 7 janvier 1983).

Les modalités de l'obligation de transmission respectent au maximum le principe de liberté. D'abord, aucun délai n'est prescrit pour s'acquitter de cette obligation (mais il ne faut pas oublier que l'acte local n'est pas applicable avant la transmission). Seule exception : la loi du 6 février 1992 fixe un délai maximum de quinze jours pour la transmission des conventions et marchés, transmission certifiée par une mention apposée sur le marché notifié au titulaire. Hormis ce cas, la preuve de la transmission – qui signifie réception par le représentant de l'Etat – peut être apportée par tout moyen, l'accusé de réception n'étant plus le seul instrument de preuve possible. D'autre part, le maire, le président du conseil général ou du conseil régional sont compétents pour certifier, sous leur propre responsabilité, le caractère exécutoire des actes qu'ils font appliquer.

Les autres actes des autorités locales, les moins importants, mais les plus nombreux, ne sont pas soumis à une telle obligation. Il s'agit pour reprendre les termes de la circulaire du 22 juillet 1982, des « actes de gestion courante des services ou du domaine public de la collectivité ; des actes d'administration interne, notamment en matière de gestion du personnel... ; enfin et surtout des multiples actes d'administration quotidienne et notamment les échanges de correspondance qui s'instaurent entre les élus locaux et les administrés ». Ces actes peuvent, néanmoins, être connus par le représentant de l'Etat, soit qu'ils lui soient transmis sans avoir à l'être par les collectivités elles-mêmes, soit qu'ils lui soient déférés par une personne lésée. En effet, tout particulier qui s'estime lésé par n'importe quel acte – transmis ou non – d'une collectivité peut s'adresser, dans les deux mois à compter de la publication ou de la notification de la décision contestée, au représentant de l'Etat pour lui demander de saisir le juge administratif, selon les modalités particulières étudiées ci-dessous.

Cette saisine du préfet par une personne lésée n'a pas pour effet de priver cette personne de la faculté d'exercer un recours direct contre cet acte. Dès lors, la demande ainsi présentée au préfet, si elle a été formée dans le délai du recours contentieux, a pour effet de proroger ce délai jusqu'à l'intervention de la décision explicite ou implicite par laquelle le préfet se prononce sur ladite demande (Conseil d'Etat, Section, 25 janvier 1991 Brasseur ; Rec. Lebon p. 23).

26 – *Les pouvoirs du représentant de l'Etat*

Le préfet n'a plus, aujourd'hui, le pouvoir d'annuler directement une décision locale. Il ne peut qu'apprécier les actes dont il a connaissance par rapport à la légalité. S'il décèle une illégalité, il ne dispose plus que d'un seul moyen d'action : la saisine du juge administratif. La crédibilité de la réforme voudrait que le préfet se serve effectivement de ce moyen. Ce n'est, cependant pas en ce sens que se sont fixées jurisprudence et pratique. Diverses hypothèses sont à envisager successivement.

1er cas : *Il estime que l'acte n'est pas contraire à la légalité* – il le classe. Alors, selon la circulaire du 5 mars 1982, « cette constatation marque la fin de tout contrôle sur cet acte de la part de l'autorité administrative ». Deux « interventions » différentes, prévues par la loi, sont susceptibles de rendre un peu plus complexe ce scénario simple.

– Celle, d'abord, de *l'autorité locale elle-même*. Le maire, le président du conseil général ou régional, ont la possibilité de demander, en transmettant une décision au représentant de l'Etat, *une attestation provisoire* de non-recours. Ce n'est pas là un brevet de légalité, puisque le préfet reste libre de modifier son appréciation soit de lui-même, soit à la suite d'une saisine par une personne lésée. Mais l'examen qui sera fait de la décision en cause sera certainement plus approfondi. Notons aussi que ce procédé – peut-être critiquable – permet à la collectivité de se susciter, si elle en a envie, ses mécanismes de tutelle…

– Celle, ensuite, *d'une personne physique ou morale qui s'estime lésée*. En apportant de nouveaux éléments, un particulier peut, s'il s'agit d'un acte déjà transmis, faire revenir le préfet sur sa décision initiale. D'autre part, cette intervention suscite le contrôle s'il s'agit d'un acte non soumis à l'obligation de transmission. Les déférés préfectoraux diligentés à la demande de particuliers lésés sont peu nombreux : une cinquantaine par an.

27 – 2e cas : Le représentant de l'Etat estime que l'acte est contraire à la légalité. Il devrait alors le déférer à la censure du juge administratif si la conciliation préconisée par les textes n'aboutit pas. Le préfet, en effet, a l'obligation légale d'informer l'autorité locale, simultanément au dépôt du recours, en lui communicant, selon la circulaire du 22 juillet, « toutes précisions utiles lui permettant de rendre légaux les actes concernés ». (Cette obligation légale n'est toutefois pas considérée par le Conseil d'Etat comme une formalité substantielle préalable au recours : CE 24 avril 1985, req. n° 58793 ville d'Aix en Provence). Cette même circulaire recommande, dans tous les cas où cela est possible, de communiquer les informations préalablement à la saisine, afin non point seulement de stopper la procédure, mais de ne pas l'intenter. Dans la réalité, *les « observations sur la légalité » sont presque toujours suivies d'effets... ce qui montre la relativité du changement, au plan pratique.*

Il peut y avoir, cependant saisine du juge. Il devrait, dans l'esprit de la loi, y avoir, en la matière, compétence liée, c'est-à-dire obligation de saisir le juge si l'illégalité décelée demeure, malgré la tentative de conciliation. Il ressort cependant de la jurisprudence Brasseur (*supra* n° 25) que le préfet est libre d'apprécier l'opportunité ou non de la saisine du tribunal, de même qu'il garde la possibilité de se désister en cours d'instance *(note P. Lemoyne de Forges sous T.A. Versailles, 6 juin 1996, Société Aubettes C/Président du conseil général de Seine et Marne, AJDA 1996, p. 1043).* Cette jurisprudence coïncide avec la pratique. Au départ, les Préfets n'ont pas été incités par leur hiérarchie à saisir systématiquement le juge en cas d'illégalité supposée : dans son rapport public 1993, le Conseil d'Etat note « un certain recul, en opportunité, des autorités préfectorales devant l'exercice d'une compétence dont on leur a, un temps, expressément demandé de ne pas abuser, et dont le maniement risque de rendre plus difficiles leurs relations avec les élus ». De plus, est fréquemment dénoncée l'insuffisance des moyens des préfectures face à l'explosion du volume des actes à contrôler : dans la réalité, le contrôle systématique des actes transmis n'est réalisé que dans certains secteurs *(marchés publics, fonction publique territoriale)*, la méthode du sondage étant fréquemment utilisée dans les autres secteurs *(la circulaire du 29 juillet 1993 invite d'ailleurs tous les services intéressés : services centraux du ministère de l'intérieur, services déconcentrés des ministères, comptables du Trésor, chambres régionales des comptes, à collaborer avec les préfectures pour améliorer techniquement les conditions de mise en œuvre du contrôle).*

Les chiffres, à cet égard, ne trompent pas : le nombre des actes transmis a presque doublé en dix ans *(du 1er avril 1983 au 31 mars 1984 : 2 915 051 ; 1987 : 4 050 878 ; 1992 : 5 375 796)* alors que le nombre des déférés préfectoraux bien qu'ayant récemment augmenté, reste peu important *(respectivement pour les mêmes périodes : 1 451, 1 053 et 1 822 soit 0,034 % des actes transmis).* La fréquence des « observations sur la légalité » est plus forte *(respectivement 89 103, 93 476 et 145 822)* mais signifie aussi que le préfet, malgré l'échec de la conciliation, abandonne parfois ses prétentions.

Il ne faut pas oublier que l'acte local qui fait l'objet du déféré préfectoral est en exécution. Aussi se pose le problème de la suspension la plus rapide possible de ses effets. En ce sens, lorsqu'il saisit le juge, le représentant de l'Etat dispose encore, au titre du contrôle administratif, d'une prérogative non négligeable : celle d'assortir ou non le recours *d'une demande de sursis à l'exécution*, soumise, par la loi du 2 mars 1982, à un régime particulièrement favorable par rapport au droit commun. Si, en effet, le préfet décide d'user de cette procédure, *le sursis est de plein droit à la seule condition qu'un des moyens invoqués dans la requête apparaisse sérieux.* La condition habituelle, tenant au caractère difficilement réparable du préjudice, n'intervient plus dans ce cadre. De même disparaît le pouvoir discrétionnaire d'appréciation du juge (512 demandes en 1987, 716 en 1992 dont 209 accordées).

De plus, la loi du 6 février 1992 impose au tribunal de statuer dans le délai d'un mois.

Enfin, *si l'acte déféré au juge est « de nature à compromettre l'exercice d'une liberté publique ou individuelle », une procédure accélérée s'applique, à la diligence du préfet.* La décision sur le sursis est prise, en effet, par le seul Président du Tribunal ou un conseiller délégué, dans un *délai de quarante-huit heures.* S'il est fait appel du jugement (par le préfet et non pas par le ministre, contrairement à la règle habituelle), le président de la section du contentieux du Conseil d'Etat ou un Conseiller d'Etat délégué statue, dans ce même délai de 48 heures. S'il n'y eut que 19 demandes de sursis exceptionnels entre le 1/4/85 et le 31/3/86, la question de l'interprétation à donner à la notion de « liberté publique ou individuelle » s'est presque toujours posée en ces hypothèses. A titre d'exemples, si le Conseil d'Etat considère qu'un arrêté municipal réglementant l'activité des chauffeurs de taxi est bien de nature à compromettre l'exercice d'une telle liberté, une semblable notion n'est pas en cause lorsqu'il s'agit de l'accès à la fonction publique ou d'une décision intervenue en matière de permis de construire (CE 1er août 1984 req. n° 61264 ordonnance du président de la section du contentieux c/ commune de Colombier Saungnieu ; CE 11 décembre 1984 req. n° 64388 ordonnance du président de la section du contentieux c/ COREP de la Charente Maritime).

Ce problème de la suspension rapide des effets d'un acte local contesté connaît, en certains secteurs, une nouvelle actualité législative. Cela est vrai, d'abord, pour certains contrats passés par les collectivités. La loi du 29 janvier 1993 relative à la prévention de la corruption et à la transparence de la vie économique et des procédures publiques autorise le préfet à saisir le juge des référés, à propos de la conclusion d'un marché public ou d'une convention de délégation de service public, en cas de manquement aux obligations de publicité et de mise en concurrence *(art. 22 du Code des tribunaux administratifs et cours administratives d'appel).* Le juge peut alors ordonner à la collectivité concernée de se conformer à ses obligations et suspendre la passation du contrat ou tout acte d'exécution. Plus généralement, la loi d'orientation du 4 février 1995 pour l'aménagement et le développement du territoire décide qu'en matière d'urbanisme, de marchés et de délégations de service public, la demande par le préfet d'un sursis à exécution dans les dix jours suivant la réception de l'acte a un effet suspensif immédiat d'un mois à compter de la réception de l'acte. Cette mesure autorise à penser que les actes évidemment irréguliers intervenus dans ces domaines n'auront pas la possibilité de produire leurs effets avant intervention du juge.

B) « La suppression de la tutelle financière »

28 – Pour les actes budgétaires comme pour tous les autres actes communaux, toute mesure de tutelle a priori est, maintenant, interdite par la loi. *Les budgets des collectivités locales sont exécutoires après transmission et publication.* Les mécanismes ci-dessus étudiés peuvent trouver à s'appliquer et, si une inscription budgétaire paraît reposer sur un fondement illégal, le représentant de l'Etat peut saisir le juge administratif. En ce domaine, pourtant, le législateur confère au préfet des pouvoirs plus importants, qu'il exerce conjointement avec un nouvel organisme créé par la loi du 2 mars 1982 : *la Chambre régionale des comptes.* Cette nouvelle institution est composée de magistrats inamovibles. A l'origine, chaque chambre était constituée au minimum, d'un président, conseiller-maître ou conseiller référendaire de la Cour des comptes et de deux assesseurs, émanant généralement d'un recrutement exceptionnel intéressant les fonctionnaires de catégorie A choisis par une commission présidée par le premier président de la Cour des comptes. Aujourd'hui, les conseillers sont recrutés normalement, pour 4/5e au moins, à la sortie de l'Ecole nationale d'administration et les chambres comportent de 4 *(pour la Nouvelle Calédonie et la Polynésie)* à 49 magistrats *(Ile de France)* en plus des présidents *(arrêté du 19 juillet 1995 – JORF 95 p. 12659).* L'organisation et les missions des « chambres régionales et territoriales des comptes » figurent au livre II du nouveau code des juridictions financières *(loi n° 94-1040 du 2 décembre 1994)* complété, actuellement, par les décrets n° 95-944 et 945 du 23 août 1995.

La chambre régionale des comptes est dotée par la loi de deux catégories d'attributions.

Elle intervient tantôt comme une véritable juridiction spécialisée *(lorsqu'elle juge l'ensemble des comptes des comptables publics des collectivités territoriales et de leurs établissements publics dans sont ressort : elle prend alors des « jugements »),* tantôt comme une institution administrative *(lorsqu'elle contrôle les actes budgétaires des collectivités et de leurs établissements ou encore lorsqu'elle opère un contrôle de gestion ; elle prend alors des avis qui s'intègrent dans une procédure administrative ou adresse des « lettres d'observation »).* C'est ce dernier aspect qu'il nous faut ici étudier.

Dans le cadre du contrôle des budgets locaux, le législateur de 1982 n'a pas estimé que le système du contrôle juridictionnel par le tribunal administratif suffirait à donner de bons résultats. On sait que le juge de l'excès de pouvoir n'a le choix qu'entre deux solutions : rejeter le recours ou annuler l'acte. Il ne peut le modifier. En la matière, étant donné de plus que le budget s'exécute progressivement pendant toute la durée de l'exercice, il a paru préférable de mettre en œuvre des procédures particulières qui permettent au représentant de l'Etat, assisté techniquement par la chambre régionale des comptes, de *rectifier le budget qui s exécute.*

La loi du 2 mars dont les dispositions sont reprises par les articles L 1612-1 à L 1612-20 du Code général des collectivités territoriales crée quatre procédures originales, recouvrant chacune des hypothèses dans lesquelles la rigueur financière n'est pas respectée. Sont successivement prévus :

– *le cas de non-adoption du budget de l'année avant le 31 mars ;*

– *le cas de vote d'un budget qui n'est pas en équilibre réel ;* l'équilibre n'est réel, selon l'article 8 de la loi, qu'à trois conditions : les sections de fonctionnement et d'investissement sont respectivement en équilibre, les recettes et les dépenses sont évaluées sincèrement, la couverture du remboursement des annuités d'emprunt est assurée par des ressources définitives ;

– *le cas dans lequel le compte administratif fait apparaître, pour l'exercice achevé, un déficit* égal ou supérieur à 5 % des recettes de fonctionnement (10 % pour une commune de moins de 20 000 habitants) ;

– le cas de non-inscription ou d'inscription insuffisante d'une dépense obligatoire.

29 – En chacun des cas prévus, *le contrôle exercé sur le budget en exécution dépend*, avant tout, de *l'attitude du représentant de l'Etat.* C'est à ce dernier qu'il appartient de mettre en œuvre ou non les procédures spéciales, sauf dans le quatrième cas, où le comptable public de la commune ou toute personne ayant intérêt peut susciter le contrôle. Le préfet peut, d'abord, comme pour les autres actes administratifs, *chercher à convaincre* les autorités locales en leur adressant des observations motivées, puis en recherchant, avec les élus, des solutions de compromis si ces observations ne sont pas immédiatement suivies d'effets. *Rien ne l'oblige à saisir la Chambre régionale des comptes* comme rien ne le contraint à déférer un acte au juge administratif (si l'on fait fi de l'esprit de la loi).

Si le représentant de l'Etat décide d'appliquer strictement les textes, c'est encore lui (à l'inverse de ce qui se passe dans le cadre du contrôle des actes administratifs, la saisine du juge mettant un terme à l'action du préfet) qui jouera, en définitive, le rôle essentiel, si, toutefois, le dialogue entre élus locaux et Chambre régionale des comptes n'aboutit pas. Chacune des procédures instituées par la législation commence, en effet, par la saisine de la Chambre régionale qui est chargée, en quelque sorte, *d'une mission d'expertise et de conseil aux collectivités locales.* Hormis le dernier cas où la dépense non inscrite au budget étant obligatoire, la chambre régionale ne peut que mettre en demeure la commune. elle propose, dans un délai fixé, après constatation de l'irrégularité, audition, sur leur demande, des élus et étude de la situation de la collectivité concernée, *des mesures de redressement ou de rétablissement.* C'est seulement si ces propositions sont refusées ou insuffisamment appliquées que la procédure continue.

A ce moment, le préfet détient de très grands pouvoirs. C'est lui qui *se substitue aux collectivités défaillantes en réglant leur budget et en le rendant exécutoire* (à la place du budget irrégulier jusqu'alors en exécution). De plus, il a la possibilité de s'écarter, s'il le désire, des propositions émises par la Chambre régionale des comptes, sous réserve d'avoir à motiver sa décision. Ainsi, les textes l'autorisent à corriger, selon ses vues propres, l'instrument majeur de la politique locale. Ceci est d'autant plus vrai que, dans les deux premières hypothèses envisagées (non-adoption du budget de l'année avant le 31 mars, vote d'un budget en déséquilibre), la saisine de la Chambre régionale des comptes dessaisit totalement le conseil municipal jusqu'au terme de la procédure (hormis la rectification éventuelle du budget initial selon les propositions de la chambre régionale – articles 28 et 29 de la loi n° 85-97 du

27 janvier 1985) ; de même, sauf le cas de la non-inscription d'une dépense obligatoire, la transmission du budget à la chambre régionale suspend l'exécution de ce budget jusqu'au terme de la procédure, le maire pouvant seulement, pendant ce temps, engager, liquider et mandater les dépenses de la section de fonctionnement dans la limite de celles inscrites au budget de l'année précédente et les dépenses de la section d'investissement dans la limite de la moitié des crédits inscrits à ce titre (nouvel article 9-3 ; loi n° 86-972 du 19 août 1986).

Le maire peut également, s'il y est autorisé par le conseil municipal, engager, liquider et mandater les dépenses d'investissement, avant le vote du budget primitif, dans la limite du quart des crédits ouverts au budget de l'exercice précédent, non compris les crédits afférents au remboursement de la dette (article 15 de la loi n° 88-13 du 5 janvier 1988 d'amélioration de la décentralisation, *JO*, 6 janvier, p. 208).

Le nombre des saisines des chambres régionales des comptes est relativement stable, la tendance étant, cependant, à l'augmentation du fait de la dégradation de la situation financière de nombreuses collectivités locales. Chaque année, environ 300 000 budgets primitifs ou supplémentaires et comptes administratifs sont à contrôler. Les chambres ont été saisies 1 098 fois en 1985, 1 254 fois en 1986, 995 fois en 1987, 1 100 fois en 1992 et 1 357 fois en 1993. Dans les trois quart des cas en moyenne, les collectivités concernées se conforment aux propositions formulées par les chambres, évitant ainsi le règlement d'office par le préfet qui, pratiquement toujours, suit les propositions des chambres lorsque la procédure va à son terme. Les chambres régionales des comptes ont donc réussi dans leur mission ce qui ne veut pas dire que le contrôle budgétaire ne comporte pas, lui aussi d'insuffisances. Là encore, le déficit en personnel est flagrant mais l'absence de volonté de se servir des procédures juridiques dans des situations où le pragmatisme parait s'imposer joue aussi un rôle non négligeable.

Le rôle de conseil financier, auprès du préfet et des collectivités, des magistrats des chambres régionales des comptes se traduit également lors du contrôle exercé *a posteriori* sur l'emploi régulier des deniers publics par les ordonnateurs des collectivités locales ou de leurs établissements. Au départ, le contrôle de gestion s'inscrivait dans la suite logique du contrôle juridictionnel des comptes, et obéissait à la seule initiative des chambres régionales. Celles-ci avaient la faculté d'attirer l'attention des élus sur leurs erreurs de gestion au moyen d'observations. L'intérêt croissant accordé aux observations définitives ainsi formulées, après dialogue entre responsables locaux et magistrats *(loi du 5 janvier 1988)*, devait conduire à étendre considérablement cette possibilité.

L'article 47-1 de la loi du 6 février 1992, codifié à l'article L 211-8 du Code des juridictions financières, prévoit en effet que l'examen de la gestion peut également être assuré par la chambre « sur demande motivée soit du représentant de l'Etat dans la région ou le département, soit de l'autorité territoriale ». Aucun délai n'est alors imposé à la chambre pour réaliser ce qui s'analyse en un « audit » sur la gestion de la collectivité ou de l'organisme concerné et aboutit à des observations définitives qui doivent être communiquées par l'exécutif de la collectivité à son assemblée délibérante. Les irrégularités les plus graves peuvent être signalées par la Cour des comptes dans son rapport public annuel.

Ce contrôle de gestion s'est traduit, en 1993, par l'envoi de 1 058 lettres d'observations provisoires et de 691 lettres d'observations définitives aux ordonnateurs locaux.

Signalons également que la loi du 6 février 1992 associe la chambre régionale des comptes à l'exercice même du contrôle de légalité des conventions de marchés ou de délégation de service public. Le préfet, en effet, peut transmettre pour avis ces conventions à la chambre qui, dans le délai d'un mois, doit formuler ses observations sur l'aspect financier de ces conventions.

C) « De l'allegement de la tutelle technique »

30 – C'est la tutelle technique, forme moderne de tutelle indirecte que constitue l'ensemble des normes et prescriptions imposées aux collectivités, qui est la plus mal supportée par les élus dont elle brise les initiatives. Or, c'est aussi la plus difficile à extirper d'une part parce qu'elle est insidieuse, blottie au creux de chaque circulaire, d'autre part parce qu'elle n'est pas toujours condamnable, impliquée parfois, par exemple, par la rationalisation des choix. Il s'agit donc ici d'élaguer, non obligatoirement de supprimer.

L'intervention législative. en la matière, se résume en quatre points :

– *Toute prescription ou procédure technique doit avoir un fondement législatif*

– Une personne publique ne peut subordonner l'attribution d'un prêt, d'une subvention, au respect de prescriptions ou procédures techniques n'ayant pas un fondement législatif.

– Un code des procédures et prescriptions techniques spécifiques aux collectivités locales est élaboré qui reprend l'ensemble des normes spécialement applicables aux collectivités. Toutes les autres normes posées par des arrêtés, circulaires, notes de service cessent d'être opposables à ces collectivités et à leurs établissements publics.

– Un comité d'allégement des prescriptions et procédures est institué. Il est composé de 27 membres : 16 élus locaux, 6 fonctionnaires territoriaux et 5 représentants de l'Etat. Il est chargé de proposer toutes mesures de simplification, d'unification et d'adaptation des normes en vigueur, puis, à plus longue échéance, d'entreprendre leur remise en forme par l'œuvre de codification prévue. Celle-ci devait intervenir dans les deux ans *(art. 90-II de la loi du 2 mars 1982)*, ce délai ayant été prolongé de deux ans par l'article 117 de la loi du 20 juillet 1983 ; elle devait concerner les règles particulières applicables aux collectivités en matière d'hygiène, de prévention sanitaire, de sécurité, de lutte contre les pollutions et nuisances, de construction publique et d'urbanisme. Mais le volet positif de cette grande œuvre d'assainissement administratif n'a pas encore vu le jour.

31 – Malgré l'absence de résultat positif – pour l'instant – il est intéressant de noter que le législateur avait prévu la simultanéité entre les deux opérations : la codification et l'éventuelle modification de la norme. Le processus demandait que fut menée à bien une « formidable opération de peignage » au sein de chacun des ministères techniques (G. Gontchiaroff et S. Milano « La décentralisation, nouveaux pouvoirs, nouveaux enjeux », Syros 1983-2e éd., p. 147). Plus de vingt mille textes sont concernés... et, « une bataille souterraine est incontestablement engagée à propos de l'ampleur de l'allégement des normes » entre les fonctionnaires des administrations centrales et les élus locaux. Les premiers, par l'intermédiaire des normes techniques, ont le moyen d'uniformiser, de normaliser, tout ce qui s'accomplit sur le terrain ; les seconds pensent adaptabilité et spécificité. C'est évidemment l'excès de chacune des deux positions qui est critiquable : la normalisation est financièrement intéressante et favorise l'égalité ; c'est la pire des choses si elle empêche les adaptations nécessaires et bloque l'évolution. La liberté, surtout, passe par « le desserrement du carcan normatif ».

32 – Conclusion

S'il est difficile de parler de suppression des tutelles, il convient de souligner que l'œuvre accomplie par la législateur de 1982 entraîne une *transformation radicale au plan du droit*. Peut-être était-il possible d'aller plus loin, notamment dans le domaine du contrôle financier, afin de mieux ancrer dans le droit le principe de liberté. Le *« juridisme »* dont il est fait preuve, de manière à désamorcer les critiques de laisser-aller, est peut-être excessif. Mais les collectivités locales qui, enfin, acquièrent la capacité d'inscrire immédiatement dans les faits leurs décisions, ne sont plus dans un état manifeste d'infériorité par rapport à l'administration d'Etat. Et puis, n'est-il pas utile, précisément, *de lier liberté et responsabilité* ? N'est ce pas l'occasion pour les collectivités locales de prouver, en ces premières années d'application de la réforme, qu'elles sont effectivement aptes à gérer seules leurs affaires et qu'alors le citoyen n'a rien à perdre – au contraire – à la disparition de la tutelle ?

§2 - LA DECONCENTRATION DE L'ADMINISTRATION DE L'ETAT

33 – La loi du 2 mars 1982 a voulu casser la tradition centralisatrice française en laissant s'épanouir, dans un climat nouveau de liberté juridique, les initiatives locales. Mais l'approfondissement de la décentralisation va de pair avec une vigoureuse déconcentration ; l'efficacité de l'action, sur l'ensemble du territoire, réclame le concours de l'administration d'Etat et de l'administration locale. L'aménagement du territoire, la démocratie locale, la modernisation du service public, c'est-à-dire les trois grandes missions de l'administration territoriale selon l'article premier de la loi n° 92-125 du 6 février 1992, postule une telle redynamisation de cette administration territoriale qui selon le ministre de l'intérieur « ne peut se concevoir que dans un ensemble indivisible, comprenant tout à la fois les services déconcentrés de l'Etat et l'ensemble des collectivités locales » (Philippe Marchand, JO Débats, A.N., 28 novembre 1991, p. 6727). Alors, cette loi du 6 février 1992 est le second temps fort de la véritable révolution que connaît, depuis dix ans, l'administration française.

34 – Cette loi réalise deux innovations essentielles.
1° Elle inverse la logique de notre histoire administrative en introduisant le principe de subsidiarité dans l'administration d'Etat. La déconcentration devient le mode de droit commun d'intervention de l'Etat, les administrations centrales ne conservant que des compétences d'attribution. Cette nouvelle organisation devrait renforcer l'efficacité de l'Etat, les services extérieurs étant mieux à même d'assurer les tâches de gestion puisque plus proches des réalités, tandis que l'administration centrale pourra se consacrer davantage aux tâches de conception qu'elle avait tendance à négliger, tant elle s'occupait de gestion. La décentralisation y trouverait son compte puisqu'à chaque niveau, les élus locaux disposeraient d'un interlocuteur totalement responsable, capable de s'engager pour l'Etat.

Le principe posé, il est nécessaire de l'inscrire dans la réalité : c'est l'objet du décret n° 92-604 du 1er juillet 1992 portant charte de la déconcentration, qui précise les modalités des transferts d'attribution des administrations centrales aux services déconcentrés de l'administration de l'Etat, et les principes d'organisation des services.

La généralisation du principe de déconcentration implique une toute nouvelle répartition des missions étatiques en trois catégories de services :
– à la base, *les services déconcentrés* qui ont vocation à s'occuper de toutes les affaires étatiques, sauf de celles qui relèvent de missions présentant explicitement un caractère national ;
– au sommet, l*es services d'administration centrale*, qui prennent en charge les tâches qui leur sont réservés par la charte de la déconcentration ;
– entre les deux, une catégorie hybride créée par le décret n° 97-464 du 9 mai 1997 : *les services à compétence nationale*. Ces services prennent en charge des missions d'études techniques, de production de biens ou de prestations de service qui n'entrent pas dans le rôle des administrations centrales tel qu'il est défini par la charte de la déconcentration mais qui, puisqu'elles présentent un caractère national, ne peuvent être déconcentrées au niveau territorial. Le décret 97-463 modifie en conséquence celui du 1er juillet 1992 et prévoit l'existence de ce nouveau type de services qui s'apparentent toutefois, aux services centraux (*infra* n° 73) relevant directement d'un ministre. Cette reconnaissance introduit plus de souplesse dans les mécanismes et facilite la réorganisation des administrations centrales autour des missions que leur confient la charte de déconcentration.

Précisément, la charte de la déconcentration reconnaît aux administrations centrales les seules missions essentielles qui ne peuvent être accomplies qu'à ce seul niveau. Elle précise qu'il s'agit des tâches de conception, d'animation, d'orientation, d'évaluation et de contrôle et fournit, à titre d'exemples, trois domaines d'action essentiels relevant du niveau central de l'Etat : la définition et le financement des politiques nationales, le contrôle de leur application et l'évaluation de leurs effets ; l'organisation générale des services de l'Etat et la fixation des règles applicables en matière de gestion des personnels ; la détermination des objectifs de l'action des services déconcentrés de l'Etat, l'appréciation des besoins de ces services et la répartition des moyens alloués pour leur fonctionnement, l'apport des concours techniques qui leur sont nécessaires, l'évaluation des résultats obtenus.

Toutes les autres missions étatiques relèvent des services déconcentrés, en particulier les relations contractuelles entre l'Etat et les collectivités décentralisées.

Elles sont réparties entre la circonscription régionale, la circonscription départementale et la circonscription d'arrondissement.

2° C'est à ce plan que se situe la seconde innovation fondamentale. La loi du 6 février 1992 affirme l'échelon régional en accordant aux préfets de région un véritable pouvoir de direction, en certains domaines essentiels, vis-à-vis de leurs collègues départementaux.

Le législateur décide, en effet (article 5, § 2 de la loi du 6 février 1992) : le préfet de région « met en œuvre les politiques nationale et communautaire concernant le développement économique et social et l'aménagement du territoire. Dans ces domaines, les représentants de l'Etat dans les départements compris dans la circonscription régionale prennent des décisions conformes aux orientations qu'il fixe et lui en rendent compte ».

Pour la première fois, il est donc établi, dans le cadre de la déconcentration et dans une perspective européenne, une hiérarchie entre les diverses circonscriptions de l'Etat, la région, pivot des compétences étatiques pour les matières essentielles, le département puis l'arrondissement. Cette novation, inspirée par un souci de meilleure efficacité de l'action de l'Etat sur l'ensemble du territoire, devrait assurer, selon le ministre de l'Intérieur, une meilleure complémentarité entre les différents niveaux d'administration territoriale de l'Etat (JO Deb. A.N., 25 mars 1991, p. 319). Elle pourrait, cependant, receler certains inconvénients.

Si le niveau régional, en effet, devient prédominant, il pourrait y avoir contrariété avec le nécessaire rapprochement de l'Etat et des collectivités locales, dans la mesure où pourraient se développer deux niveaux successifs : préfet de département et préfet de région (sans compter le possible exercice du pouvoir hiérarchique...). Cela signifierait alourdissement et non allégement des dispositifs surtout si se crée une véritable administration régionale. De toute manière, pour que cessent les dysfonctionnements constatés, pour que la déconcentration annoncée renforce la décentralisation, il est nécessaire que les compétences laissées à chaque échelon soient parfaitement déterminées.

La charte de la déconcentration, tente de définir, mais de façon peut-être trop générale, le rôle de chacune des circonscriptions de l'administration déconcentrée.

– La circonscription régionale reste caractérisée par sa vocation économique. Echelon de programmation et de répartition des crédits d'investissement de l'Etat, échelon de contractualisation des programmes pluriannuels entre l'Etat et les collectivités locales, elle est plus spécialement chargée de trois types d'action : la mise en œuvre des politiques nationales et communautaires en matière de développement économique et social et d'aménagement du territoire, l'animation et la coordination des politiques de l'Etat relatives à la culture, à l'environnement, à la ville et à l'espace rural (en ce dernier domaine, c'est pourtant le département collectivité qui détient les compétences décentralisées) ; la coordination des

actions de toute nature intéressant plusieurs départements de la région.
– La circonscription départementale est dotée d'une compétence administrative générale c'est-à-dire que lui incombe l'ensemble des taches de gestion impliquées par la mise en œuvre des politiques gouvernementales, sous réserve de celles confiées à la région ou à l'arrondissement.
– La circonscription d'arrondissement est « le cadre territorial de l'animation, du développement local et de l'action administrative locale de l'Etat » (art. 5 de la charte de la déconcentration). Il met en œuvre les actions de proximité impulsées par l'Etat, en concertation avec les communes et leurs établissements de coopération.

35 – La déconcentration forte voulue par le législateur de 1992 connaît, malgré sa réaffirmation sans ambages par la loi n° 95-115 du 4 février 1995 d'orientation pour l'aménagement et le développement du territoire, bien des difficultés d'application. Les administrations centrales et les hauts fonctionnaires qui y travaillent renâclent à se séparer de compétences qu'ils exerçaient auparavant, et plus encore, à quitter Parie pour la province. A cet égard, l'objectif fixé, à savoir le transfert avant l'an 2000 de 10 % des effectifs des administrations centrales dans les services déconcentrés (circulaire Juppé du 26 juillet 1995 – JORF, 28 juillet p. 11217) est loin d'être atteint ; de même, les applications juridiques tardent même si le décret n° 97-34 du 15 janvier 1997 relatif à la déconcentration des décisions administratives individuelles (JORF, 18 janvier, p. 920) réalise une avancée intéressante.

Il faut, cependant, affirmer que le thème de la réforme de l'Etat est plus que jamais à l'ordre du jour. Le président de la République et le Premier ministre en font un des points majeurs de leur politique. Témoin en est le nouveau comité interministériel pour la réforme de l'Etat, créé pour une durée de trois ans, en remplacement du comité interministériel de l'administration territoriale de 1982, par le décret n° 95-1007 du 13 septembre 1995 (JORF, 14 septembre, p. 13558). Ce comité est chargé d'arrêté un plan triennal de réforme de l'Etat et de fixer les orientations de la politique gouvernementale autour des objectifs suivants : clarifier les missions de l'Etat et des services publics, simplifier et alléger les procédures, améliorer l'efficacité des services de l'Etat, déléguer les responsabilités au sein de l'Etat et moderniser la gestion publique. Sur la base de ces orientations, un commissariat à la réforme de l'Etat, créé par le même décret, établit des propositions concrètes qu'il adresse au ministre chargé de la réforme de l'Etat. Le commissariat doit, dans le cadre de sa mission, recenser

l'ensemble des travaux accomplis par tous les organismes, qui, sur tel ou tel point, auraient pu réfléchir à la réforme de l'Etat.
Nul doute que le plan triennal d'actions n'aboutisse à un approfondissement réel de la déconcentration dans notre pays.

36 – Conclusion

La décentralisation était incontestablement une nécessité. Mais il restait d'une part à assurer son irréversibilité – dans un pays de tradition centralisatrice –, d'autre part à démontrer son efficacité. La nouvelle étape franchie en 1992 va dans le bon sens en permettant la cohésion de l'action, absolument indispensable dans le cadre de la construction européenne.

Mais dans quels cadres s'exerce cette action ?

CHAPITRE II

LES STRUCTURES TERRITORIALES

37 – Sauf si l'on applique la centralisation parfaite, l'administration d'Etat ne constitue pas un bloc monolithique, ne se résume pas à l'administration centrale mais comporte sur le territoire, un certain nombre de circonscriptions (nous les avons déjà nommées en étudiant la déconcentration (*supra* n° 34)) ; quant à l'administration locale, elle suppose par définition une multiplicité de centres particuliers d'intérêts, chacun constituant une collectivité locale. Ces découpages territoriaux – circonscriptions et collectivités – ne sont nullement indifférents à qui étudie les institutions administratives de tel ou tel pays. En effet, et la remarque s'applique tant pour les circonscriptions que pour les collectivités, *si la pyramide administrative comporte plusieurs niveaux, ceux-ci ne doivent être ni trop nombreux, ni trop proches les uns des autres*. Sans cela, les conflits de compétence sont nombreux, les différends fréquents, les retards dans l'action considérables. La *multiplication des circonscriptions*, comme celles des collectivités, en favorisant la concurrence entre elles, permet à l'administration d'Etat dans un cas, à son appareil central dans l'autre cas, de récupérer indirectement les compétences décentralisées ou seulement déconcentrées, sous prétexte d'arbitrage ou de conciliation.

Avant de voir quels sont les différents niveaux d'administration, il est bon de répéter ce qui différencie précisément collectivités et circonscriptions.

– *La circonscription administrative* est une simple division de l'administration d'Etat, à l'intérieur de laquelle l'Etat pratique la déconcentration. A la tête de chacune d'elles est placé un agent de l'Etat, doté de certains pouvoirs de décision, mais étroitement soumis au pouvoir hiérarchique.

– *La collectivité locale est une personne morale décentralisée* qui gère par ses propres organes, pour son propre compte, ses intérêts particuliers, dans le respect de la légalité générale.

Géographiquement, il y a souvent coïncidence entre circonscription et collectivité, parfois aussi existe *le dédoublement organique*, la même personne étant à la fois organe de circonscription et organe de collectivité (le préfet avant 1982 – le maire encore aujourd'hui). Il est donc important de savoir dans quel cadre cette personne agit pour connaître la limite de ses pouvoirs.

Or, notre carte administrative présente, à cet égard, de profondes originalités et l'empilement récent des niveaux pose avec acuité le problème des relations entre ces différents niveaux. Ce n'est pas la création des « pays », prévue par le titre II de la loi n° 95-115 du 4 février 1995 d'orientation pour l'aménagement et le développement du territoire qui simplifie les problèmes.

Section I

LES PROBLEMES DE LA PYRAMIDE ADMINISTRATIVE FRANÇAISE

38 – A vrai dire, le problème de la pyramide administrative ne s'est posé que récemment en droit administratif français, à savoir lorsque les préoccupations régionales s'inscrivirent effectivement dans nos institutions. Auparavant, les niveaux traditionnels d'administration, la commune et le département, la commune qui était (est encore) collectivité plus que circonscription, le département qui était circonscription plus que collectivité, vivaient en bonne harmonie. Seule, alors, resurgissait périodiquement la question très délicate, car en partie psychologique, du regroupement communal.

§1 – LES NIVEAUX TRADITIONNELS : COMMUNES ET DEPARTEMENTS

39 – *Le découpage du territoire national en communes et départements date de la Révolution.*

Les communes, telles que nous les connaissons, naissent d'un mouvement spontanément déclenché lors des événements de 1789 par les forces révolutionnaires de la bourgeoisie qui substituent, partout, en quelques jours, des municipalités sauvages aux corps de ville officiels. La loi du 14 décembre 1789 ne fait que sanctionner la nouvelle physionomie territoriale de la France, que reconnaître l'existence d'environ 44 000 communes – qui correspondent pour l'essentiel aux « paroisses » du XIIIe siècle. Mais, dès 1789, le législateur incite aussi les nouvelles communes à fusionner ou à se regrouper (*infra* 3). Le département, quant à lui, est créé – artificiellement – par la loi du 26 février et 4 mars 1790. L'Assemblée constituante, en adoptant cette subdivision territoriale, désire à la fois s'opposer aux divisions complexes de la France de l'Ancien Régime et uniformiser en luttant contre les particularismes locaux. Deux conceptions s'opposent alors sans que l'une d'elles l'emporte nettement.

Thouret se prononçait en faveur d'un quadrillage régulier : « la France sera partagée en divisions de 324 lieues carrées chacune, c'est-à-dire de 18 lieues de longueur sur 18 lieues de largeur, autant qu'il sera possible à partir de Paris comme centre et en s'éloignant en tous sens jusqu'aux frontières du Royaume. Ces divisions seront appelées départements ». Mirabeau, à l'inverse, voulait que les données géographiques, historiques et économiques fussent prises en considération, pour aboutir à une division humainement vivante : « Je voudrais une division matérielle et de fait, propre aux localités, aux circonscriptions et non point une division mathématique presque idéale dont l'exécution me parait impraticable ». Finalement, on divise la France en 83 départements – auxquels on donne une appellation le plus souvent d'origine géographique – après avis des représentants des régions intéressées. Cette œuvre est durable puisque les limites départementales ne sont guère modifiées depuis 1790, hormis pour la région parisienne (loi du 10 juillet 1964) et la Corse (loi du 15 mai 1975). Il y a donc aujourd'hui 96 départements métropolitains auxquels s'ajoutent quatre départements d'Outre-Mer (Guadeloupe, Martinique, Guyane, Réunion).

Alors que *la commune représente essentiellement un groupe naturel de citoyens* qui gère ses intérêts propres par l'intermédiaire des autorités qu'il se donne, *le département est avant tout une circonscription administrative.* C'est ainsi qu'il est conçu en 1790, malgré l'application du principe révolutionnaire de l'élection pour les autorités dirigeantes (de type collégial). Le Consulat, par la loi du 28 pluviose An VIII, en tire toutes les conséquences et fait du département une circonscription extrêmement centralisée, dirigée par le préfet, représentant du pouvoir central. Cependant, la prise en compte des éléments humains lors de la création du département porte en germe son accession à la qualité de collectivité. Le département – circonscription n'a guère varié depuis 1800 mais toute son histoire, depuis cette date, tourne autour de son érection en collectivité locale de plein exercice.

40 – C'est précisément à propos de cette évolution qu'il est possible de voir le mieux *l'importance du facteur humain dans une collectivité locale.* Contrairement à la commune, le département résulte avant tout d'un démembrement étatique ou, autre forme de la même réalité, n'exprime pas, sauf exceptions, un groupe naturel spécifique. Il est toujours possible, dans n'importe quelle portion du territoire, de faire élire des représentants, de prélever des impôts, il est beaucoup plus délicat de saisir quelles en sont les affaires propres. *Pendant un siècle et demi, la pierre d'achoppement de la décentralisation au niveau départemental réside en la difficulté de* *déterminer la consistance des « affaires départementales »*. La loi du 10 mars 1830, puis celle du 18 juillet 1866, avant le grand texte du 10 août 1871 qui, modifié seulement sur quelques points secondaires, est encore, en 1982, la charte du département-collectivité, s'y essayent. Mais, malgré le dernier alinéa de l'article 48 de la loi de 1871, selon lequel le conseil général délibère « généralement sur tous les objets d'intérêt départemental dont il est saisi, soit par une proposition du préfet, soit sur l'initiative d'un de ses membres », malgré l'énumération fournie aux articles 46 et 48 du même texte, étendue plusieurs fois par la suite, *les affaires départementales apparaissent beaucoup plus comme imposées au département que comme l'expression d'un besoin ressenti à ce niveau*. La preuve en est, d'ailleurs, que l'exercice de ces compétences est obligatoire pour le département, la non-inscription au budget départemental de sommes suffisantes au fonctionnement des services concernés conduisant à la mise en œuvre des pouvoirs de substitution du préfet. Les dépenses entraînées par la gestion des voies et des bâtiments départementaux (les écoles normales ainsi que les cours d'assises, tribunaux de grande instance et d'instance, tribunaux de commerce sont, par exemple, considérés comme bâtiments départementaux...) les dépenses d'aide sociale (assistance médicale gratuite – protection de la santé publique, aide aux enfants assistés puis aux vieillards, infirmes, incurables, etc.), les frais du service des épizooties sont ainsi considérées comme obligatoires et représentent l'essentiel des dépenses de fonctionnement de la collectivité.

Il résulte de cette indétermination de la notion d'affaires départementales que jusqu'en 1982, le pouvoir central refuse d'appliquer la véritable décentralisation à ce niveau. Le conseil général, organe délibérant de la collectivité, est, certes, composé de membres élus (loi du 22 juin 1833 – suffrage restreint – puis loi du 3 juillet 1848 – suffrage universel) ; il prend des délibérations exécutoires sans, en règle générale, qu'aucune approbation ne soit nécessaire. Mais l'organe actif du département, celui qui non seulement exécute mais prépare les délibérations et dirige les services départementaux, *est un organe de l'administration d'Etat, le préfet*. Parce que l'on a peur que les conseillers généraux, élus mais peu accaparés par la gestion d'intérêts réellement propres, ne s'immiscent dans des domaines interdits, on applique *une autre sorte de « semi-décentralisation » en employant la technique du dédoublement fonctionnel* : le préfet n'intervient pas comme autorité de tutelle, extérieure à la collectivité (sauf exceptions) mais directement, en tant qu'organe de la collectivité, ce qui en réduit, de beaucoup, l'autonomie.

Cependant, depuis 1926 mais surtout après la seconde guerre mondiale, le conseil général, dans la mesure de ses disponibilités financières, *se met à pratiquer une action volontaire*, grâce à laquelle le département se transforme en une collectivité plus vivante et s'affirme comme un cadre plus réel de décentralisation. Il *devient le collaborateur de l'action des communes, surtout des petites communes.* Il contribue ainsi par ses investissements directs, ses subventions ou ses participations, à l'électrification des campagnes, à l'adduction d'eau et à l'amélioration des chemins ruraux, puis à l'équipement agricole, parfois même à la promotion industrielle, enfin au développement du tourisme, toutes opérations ayant de vastes incidences sur de larges fractions de la population du département. *Les « affaires du département » s'étoffent.* En même temps, les deux collectivités, département et commune, prennent l'habitude de coopérer. La première s'affirme sans porter ombrage à la seconde, tant s'en faut. La réforme de décentralisation s'effectuera dans un cadre affermi par cette action volontaire entreprise par le conseil général.

41 – Depuis la Révolution, les départements sont eux-mêmes divisés *en arrondissements et en cantons.* Il s'agit là seulement de circonscriptions et non de collectivités. Cela, pourtant, ne va pas de soi.

Pendant longtemps, d'abord, l'arrondissement – héritier, en l'an VIII, du district révolutionnaire – a une nature hybride. Circonscription d'action du sous-préfet, il est doté d'une assemblée élue : le conseil d'arrondissement. Cependant ce conseil qui, en vertu de l'article 27 de la vieille loi du 22 juin 1833, ne peut se réunir que sur convocation du préfet, n'a pas de pouvoirs réels ; il disparait après la dernière guerre. Utile en tant que circonscription, (les sous-préfets sont les collaborateurs principaux du préfet), l'arrondissement n'accède jamais à la dignité de collectivité décentralisée. Ou plutôt, il n'y a pas de place, au XIXe siècle et dans la première moitié du XXe siècle, pour une collectivité locale intermédiaire entre la commune naturelle et le département. Certains projets, élaborés après 1950, proposent l'instauration d'une nouvelle collectivité dans le cadre de cette circonscription qui correspond – plus ou moins – à l'ancien pays, mais au prix de la disparition du département-collectivité.

Le canton, quant à lui, est, (après l'épisode éphémère des « municipalités de canton » de la constitution de l'An III) pendant plus d'un siècle une véritable circonscription de l'administration de l'Etat, siège d'un certain nombre de services publics. Mais, au XXe siècle, le canton perd rapidement toute sa substance. Il n'est plus, aujourd'hui, que la circonscription électorale qui sert de cadre à l'élection des conseillers généraux. Cependant, des projets récents, là aussi, en font foi (voir *infra* n° 46), le canton peut également avoir un avenir en tant que second étage de l'administration communale.

§2 - LES PROBLEMES POSES PAR L'INTRODUCTION DE LA « REGION » DANS LA PYRAMIDE

42 – Dans le troisième quart du XXe siècle, la situation du département apparaît de plus en plus paradoxale. D'une part, on l'a montré (n° 40), le département s'affirme aussi bien comme circonscription que comme collectivité. D'autre part et en même temps, le département est de plus en plus critiqué (sous ses deux formes) si bien que, par exemple, le colloque de l'Association du corps préfectoral réuni en 1966 peut avoir pour thème : « le département est-il une collectivité locale et un cadre d'action de l'Etat adapté à notre époque ? ».

Notons l'unicité de la question posée : il va de soi, en effet, que si le département vacille en tant que circonscription, il ne survivra pas en tant que collectivité. Mais il faut surtout s'interroger sur le pourquoi d'une telle question. La réponse tient en ceci : *la région apparaît à beaucoup comme un niveau mieux adapté aux nécessités actuelles.*

En ce qui concerne *le département-circonscription, c'est son exiguïté qui est la cause de son insuffisance.* Depuis longtemps, la plupart des services de l'Etat sont amenés à créer, dans l'anarchie la plus complète, y compris au sein d'un même ministère, des échelons de superposition adaptés à leurs besoins. Il est de plus en plus souhaitable de créer un échelon nouveau qui permettrait d'harmoniser ces différentes « régions spécialisées ». Les nécessités économiques, celles de l'aménagement du territoire, rendent obligatoires la constitution de tels cadres d'action, axés autour d'un « *pôle de développement* » que la plupart des villes chefs-lieux de département ne constituent pas. Aussi, après la période des régionalisations de crise, marquée par les expériences des régimes de Vichy et de la Libération, puis par la création en 1948 des « inspecteurs généraux de l'administration en mission extraordinaire », ancêtres des préfets de région, on passe à la période de la régionalisation économique, préparée par la création des comités d'expansion économique (Décret du 11 décembre 1954), l'annonce de programmes d'action régionale (décret du 30 juin 1955) et une première délimitation géographique (arrêté du 28 octobre 1956). Le décret du 7 février 1959, synthétisant les deux objectifs principaux du régionalisme, administratif et économique, prévoit « l'harmonisation des circonscriptions administratives en vue de la mise en œuvre des programmes d'action régionale » et celui du 2 juin 1960 établit 21 circonscriptions d'action régionale, en reprenant le cadre fixé en 1956. Les textes de 1964 dotent la nouvelle circonscription d'organes propres, le préfet de Région et la CODER, et de missions propres. Enfin, *la loi du 5 juillet 1972 donne le titre de « région »* aux circonscriptions d'action régionale dont les organes sont modifiés pour tenir compte de la création, dans chacune de ces circonscriptions, *d'un établissement public régional, amorce d'une décentralisation à ce niveau.*

Précisément, *le département-collectivité est contesté à cause*, on l'a déjà mentionné, *de son découpage, de ses frontières artificielles.* Il ne concorde – même de manière approximative – avec aucune des communautés humaines d'Ancien Régime. D'où l'existence de ce courant, (jamais éteint depuis 1789 même s'il ne sait pas, jusqu'à une époque récente, concrétiser ses aspirations dans un projet suffisamment mobilisateur) selon lequel les régions, héritières des anciennes provinces, constituent le meilleur cadre possible de décentralisation. C'est cette idée qui inspire le projet que le Général de Gaulle soumet au peuple français, le 27 avril 1969, projet qui tend à faire de la région une collectivité locale de plein exercice. Cette dernière, entièrement substituée à la circonscription d'action régionale, est particulièrement compétente pour l'ensemble des équipements collectifs. L'échec du référendum conduit à l'institution, par la loi du 5 juillet 1972, de ce modeste établissement public régional, doté de compétences très limitées mais conçu comme une structure ouverte, expérimentale, capable de susciter une action en commun dans un cadre élargi.

Il faut toutefois reconnaître qu'au début des années 1970, les deux notions de décentralisation et de régionalisation sont intimement liées, dans les discours politiques aussi bien que dans la doctrine juridique. C'est là, d'ailleurs, entretenir une confusion préjudiciable à elles deux : *il est parfaitement possible de décentraliser sans régionaliser ou, à l'inverse, de régionaliser sans décentraliser.*

Finalement, dans ces années 1970, le sort du département et, au-delà, la mise en place d'une nouvelle pyramide administrative dans notre pays, paraissent intimement liés à la réponse qui serait donnée à la difficile question de l'établissement de la carte définitive des régions. Car il convient de ne pas oublier que la délimitation faite par l'arrêté du 28 octobre 1956 – et reprise par la suite en 1960, 1964, 1969 et 1972 – était considérée à l'époque comme un simple cadre provisoire, insatisfaisant par lui-même.

43 – Or, sur ce point, il est difficile d'aboutir à un accord quelconque. En effet, selon l'objectif prioritaire qu'on lui assigne, la région ne s'accommode ni du même cadre géographique, ni de la même structure juridique. On présentera, ci-dessous, les trois modèles de structures territoriales le plus fréquemment proposés.

a) *Pour les régionalistes de sentiment*, pour qui la région correspond avant tout à une réalité humaine, spécifique au plan culturel, sinon linguistique, il importe d'instaurer, dans des limites géographiques suivant le plus possible les frontières des anciennes provinces, des collectivités vivantes et très largement autonomes. Les collectivités infra-régionales, vivant en symbiose avec ces régions-provinces, sont également calquées sur les communautés anciennes : la commune, bien sûr, mais aussi le pays, collectivité intermédiaire, dont l'étendue, assez souvent, n'est pas très éloignée de celle de l'arrondissement.

Dans un tel cadre, le département-collectivité disparaît. Il n'en va pas forcément de même pour le département-circonscription : l'administration d'Etat, dont les missions sont limitées au maximum, peut – c'est préférable – calquer ses circonscriptions sur les structures locales mais aussi en créer – ou en maintenir – d'autres selon les besoins. Cette conception, intéressante car fondée sur un vouloir-vivre ensemble, n'a pourtant jamais trouvé, en dehors de régions bien déterminées (Bretagne, Corse, Alsace, Occitanie) beaucoup d'écho en France, pays dans lequel, ne l'oublions pas, la centralisation reste très forte.

b) *Pour les régionalistes intéressés* avant tout par des préoccupations relatives à *l'efficacité au plan économique*, le cadre régional actuel – malgré ses origines – n'est plus, aujourd'hui, adapté aux réalités, étant donné l'exiguïté des régions par rapport à leurs homologues allemandes, italiennes ou anglaises et aussi le faible nombre de véritables « métropoles » dans l'hexagone. Alors, les « technocrates » de la DATAR comme de l'INSEE se prononcent volontiers en faveur *des grandes régions* – 7 ou 8 – dotées de toutes les ressources indispensables à la poursuite de leur mission principale : l'élaboration et la mise en œuvre du plan de développement régional.

Pour les tenants de la grande région, il n'est évidemment pas question que cette division territoriale soit autre chose qu'une circonscription de l'Etat. D'autre part, étant donné sa dimension, sa création n'est nullement incompatible avec le maintien du département. Enfin, la décentralisation – tout le monde en est partisan dans les années 70 – se fera dans les cadres traditionnels, départements-collectivités et communes (éventuellement regroupées).

c) Enfin, si on laisse de côté les tenants des « grands départements » – modèle proposé par M. Debré en 1945 et qui, s'il met en avant les préoccupations purement administratives, ne semble plus répondre aux grands problèmes actuels –, il reste *les « réalistes »* qui forment le groupe le plus nombreux, comprenant la plupart des hommes politiques. Pour eux, il faut simplement valoriser les institutions classiques, sans en modifier les contours géographiques. La région, en particulier, répond à plusieurs objectifs : il est donc nécessaire de réaliser un compromis et la solution actuelle, toute imparfaite qu'elle soit, est peut-être encore la meilleure. Le précédent de 1973 les fortifie dans leur conviction : l'article 2 de la loi du 5 juillet 1972 avait institué une procédure qui ouvrait pour chaque conseil général, avant l'entrée en vigueur de la loi, fixée au 1er octobre 1973, la possibilité de saisir le gouvernement de propositions tendant à la modification des limites des régions ; les propositions furent nombreuses mais si la plupart allaient dans le sens de l'extension de la superficie des régions (le conseil régional de Loire-Atlantique proposait, par exemple, une région Ouest-Armoricaine qui comprendrait la Bretagne, les Pays de Loire et Poitou-Charente), aucune ne concordait avec une autre... si bien que le *statu-quo ante* fut observé.

Toutefois, si ces hommes se rassemblent négativement pour ne pas modifier pour l'instant, ne serait-ce que faiblement, les structures existantes, ils ne s'accordent pas positivement sur la manière de voir l'avenir. Le maintien de la région dans ses dimensions actuelles permet de multiples combinaisons. D'abord, on peut y voir un échelon de déconcentration ou un cadre de réalisation de la décentralisation. Ensuite, on peut vouloir un peu plus ou beaucoup plus de déconcentration – ou de décentralisation – ; dans le second cas, la région devient l'échelon prioritaire et la question de l'avenir du département n'est pas résolue si, provisoirement, elle est laissée en l'état. Ainsi, les membres de l'ancienne majorité parlementaire se montrent-ils peu favorables à la région, qu'ils confinent dans des actions de coopération interdépartementale, la région « décentralisée » restant donc un établissement public étroitement spécialisé. Par contre, le programme commun de la gauche prévoit l'instauration, à ce niveau, de collectivités locales dirigées par des organes élus et dotées de compétences propres importantes, surtout dans le domaine économique.

§3 – LE VIEUX PROBLEME DU REGROUPEMENT INTERCOMMUNAL

44 – Depuis le début de la Ve République surtout, *la question de la pyramide administrative se pose avec acuité* et, au début du dernier quart de siècle, l'heure du choix paraît sonnée et met les gouvernements face à des problèmes délicats. Si celui du devenir de la région est essentiel, il ne doit cependant pas en occulter un autre, qui, de plus modestes dimensions, intéresse pourtant plus vivement encore « le petit monde des élus locaux ». Il concerne, en effet, l'ensemble des communes et peut se résumer comme suit : *est-il véritablement possible de procéder au renforcement de la* *décentralisation au niveau de chacune des communes existantes, ou faut-il, auparavant, promouvoir une vigoureuse politique de regroupement communal*, voire même imposer la création d'un échelon *supra*communal uniforme ?

Quelques chiffres montreront le contraste saisissant entre la situation française et celles des pays voisins. Il existe, à l'heure actuelle *(chiffres 1995)* 36 672 communes, dont 32 157 ont moins de 1 000 habitants et 10 663 moins de 200 habitants..., tandis que 813 seulement ont plus de 10 000 habitants. Le total n'est que de peu inférieur au nombre de communes des 14 autres pays de l'Europe des Quinze, qui ont mené à bien des politiques de réduction du nombre de leurs communes. Et encore, jusqu'à la réunification de l'Allemagne *(RFA : 8 487 communes, Allemagne réunifiée 16 068)*, le chiffre des communes françaises était supérieur au tolal des 11 autres pays européens *(33 174 communes).*

Le nombre de communes dans les 15 pays de l'Union européenne (1995)

Allemagne	16 068	
Autriche	2 031	
Belgique	589	
Danemark	273	
Espagne	8 082	
Finlande	460	
France	36 672	
Grèce	5 921	
Irlande	151	(districts)
Italie	8 074	
Luxembourg	118	
Pays-Bas	640	
Portugal	305	
Royaume-Uni	481	(districts)
Suède	286	

Source : « les collectivités locales en France » ; Les Notices ; la déconcentration française, 1996.

La population moyenne par commune s'établit en France à 1 391 habitants, alors qu'elle dépasse 4 000 en Espagne, 7 000 en Italie, 10 000 au Royaume-Uni et 16 000 en Belgique, Pays-Bas ou Danemark.

De plus, *les Français tiennent à leurs communes*. Leur nombre a augmenté (de 715 unités) depuis le 1er janvier 1977, date d'achèvement de la mise en œuvre de la grande loi du 16 juillet 1971 dont l'objectif avoué était de réduire de façon significative le nombre des communes françaises (37 650 à l'époque). Surtout, les résultats des derniers recensements généraux de la population montrent que *l'exode rural est stoppé* – du moins dans les zones non éloignées des agglomérations urbaines. L'urbanisation s'essouffle et la population reflue vers les bourgs ruraux (0, 50 % d'augmentation en faveur des communes exclusivement rurales, 1,93 % pour les bourgs dans des zones de peuplement industriel et urbain). Toutefois, ces habitants nouveaux, gagnés par les petites communes, sont des personnes ayant vécu en ville et, dès lors, exigeantes sur les équipements locaux. Et leurs exigences doivent être prises en compte d'autant plus impérativement que ce repeuplement des campagnes contribue à rétablir des équilibres gravement compromis avec la situation antérieure.

Or, du fait du morcellement, les petites communes sont dans l'incapacité de remédier à leur sous-équipement actuel. Pour mener une politique valable en matière d'investissement, il faut, selon M. Bénoit (« le droit administratif français », Dalloz 1968, p. 156) remplir simultanément les quatre conditions suivantes :

« ... avoir des *ressources* suffisantes car les investissements sont financièrement coûteux ; *concevoir rationnellement* les investissements en fonction de la population qui les utilisera effectivement... ; atteindre pour chaque type d'investissement *un niveau d'utilisation optimum*, ce qui conduit à considérer comme peu raisonnable d'envisager un investissement si un nombre minimum d'usagers n'est pas assuré ; disposer enfin de *terrains adaptés* ».

Les trois premiers impératifs sont hors d'accès de *chacune* des petites communes. Quant aux agglomérations urbaines, à l'inverse, elles ne sont pas, bien souvent, en mesure de répondre aux impératifs 2 et 4 : les investissements importants intéressent et la commune-centre et les communes limitrophes. Ils sont fréquemment financés par la seule commune-centre, à moins que celle-ci ne manque des sols disponibles, le problème étant, alors, encore plus complexe.

45 – *Le législateur a donc, depuis longtemps, imaginé des solutions* pour tenter d'éviter les conséquences les plus fâcheuses d'un tel état de fait. Deux remèdes sont proposés par le droit positif, en 1982 : l'un, radical, est la fusion de communes, l'autre, moins brutal, consiste en des formes plus ou moins élaborées de coopération intercommunale.

La fusion de communes est la solution la plus simple et aussi la plus radicale. A ce titre, elle fut constamment encouragée, jusqu'en 1976, la loi précitée du 16 juillet 1971 constituant la dernière en date et aussi la plus vigoureuse manifestation d'une telle politique. On sait, d'après les chiffres fournis ci-dessus, qu'elle s'est traduite par un échec malgré les moyens employés mais il est peut être intéressant de mentionner ici les mesures incitatives contenues dans cette loi et destinées à encourager et faciliter, de manière permanente, les opérations de fusion.

En premier lieu, la loi de 1971 distingue deux sortes de fusion : *la fusion classique*, qui entraîne disparition des communes anciennes, demeure, mais y est ajouté une nouvelle forme : *la fusion avec communes associées*. Dans ce cadre, il y a toujours création d'une personne morale unique à partir de plusieurs communes antérieurement existantes, mais, dans celles-ci, certaines manifestations de vie communale subsistent : une annexe de la mairie établit les actes de l'état civil ; un maire délégué porte l'écharpe tricolore et peut aujourd'hui exercer certaines attributions (celles conférées aux maires d'arrondissement par la loi n° 82-1169 du 31 décembre 1982 relative à l'organisation administrative de Paris, Lyon et Marseille – *infra*) ; une commission consultative, où siègent les conseillers municipaux élus dans la section électorale correspondante et trois à huit électeurs, formule des propositions destinées au conseil municipal de la nouvelle commune ; une section du bureau d'aide sociale fonctionne.

En second lieu, les habitants des communes intéressées peuvent être invités à donner leur avis sur l'opération de fusion projetée. A la demande de la moitié des conseils municipaux représentant les deux tiers de la population ou des deux tiers des conseils municipaux représentant la moitié de la population totale, *le préfet organise une consultation des habitants concernés*. La fusion n'est prononcée que si la majorité absolue des suffrages exprimés représentant au moins le quart des électeurs a voté en sa faveur.

En troisième lieu, *des incitations financières* intéressantes (majoration considérable des subventions d'équipement, aménagement avantageux de la procédure d'intégration fiscale) sont prévues.

Malgré tout cela, il est prouvé qu'en France, *une politique de fusion ne peut réussir que si elle est autoritaire et brutale*. Et, depuis 1976, bien que les incitations ci-dessus demeurent, cette politique est officiellement abandonnée. *Le principe est aujourd'hui que toutes les communes sont irremplaçables. L'action en commun est préférée* comme manière de régler le problème du morcellement communal.

46 – Le droit positif propose aux communes trois formules différentes d'action en commun :
– *une formule d'intégration : la communauté urbaine*
– *une formule souple de coopération : le syndicat de communes*
– *une formule mixte : le district.*

On étudiera, dans la section suivante, chacun de ces établissements publics intercommunaux, tels qu'ils se présentent aujourd'hui. Mais il importe aussi de noter immédiatement qu'à côté des formules reçues en droit positif, est de plus en plus fréquemment proposée l'institution *d'un échelon supra-communal* unique destiné à recevoir les compétences « lourdes » des communes.

En particulier, dans les années 1970, problème du regroupement communal et problème d'une décentralisation plus prononcée à l'échelon communal sont souvent appréhendés ensemble, dans la perspective suivante : l'Etat accepte l'accroissement des pouvoirs communaux si les communes sont regroupées dans un cadre qui ne soit pas trop lâche.

A cet égard, le rapport de la « commission de développement des responsabilités locales » présidée par M. Olivier Guichard, rapport intitulé – à dessein peut-être – « Vivre Ensemble » (la documentation française-septembre 1976 – 432 pages) est tout à fait explicite lorsqu'il préconise le regroupement forcé des communes : p. 63 – « Il convient de tracer une nouvelle carte administrative de la France... la carte du réseau de base, des lieux d'exercice en commun de certaines responsabilités communales.

Cette carte aura une importance majeure : le bon fonctionnement des communautés de communes, la possibilité de décentraliser sur elles, dépendront de sa qualité... »

p. 78 – « Ces communautés seront très nettement partagées en deux groupes :

– une centaine de grosses communautés centrées sur une ville de plus de 50 000 habitants et dont la population moyenne sera d'environ 175 000 habitants.

– le reste, dont la population moyenne sera comprise entre 5 000 et 20 000 habitants. La différence capitale avec l'organisation actuelle sera ce gain en homogénéité, et le fait qu'ainsi, la décentralisation pourra s'appuyer sur ce réseau simplifié, dont les plus petits éléments auront la taille, la force et la capacité d'une petite ville. »

Les conclusions du rapport Guichard se heurtent – on s'y attendait – à l'hostilité marquée des élus locaux. Il est alors « mis sous le coude » par M. Giscard d'Estaing. Cela ne signifie pas pour autant l'abandon total des propositions qu'il comporte et beaucoup d'élus, tant de droite que de gauche, y reviennent par plusieurs détours. Tout spécialement, beaucoup de projets proposent le *canton* comme second étage de l'administration communale, sauf, évidemment, au niveau des grandes villes, l'agglomération – divisée en plusieurs cantons – constituant le seul niveau acceptable pour organiser l'aire urbaine. Cette solution, porteuse d'une longue histoire, est retenue tant par M. Alain Peyrefitte, pour qui le nouveau « district » respecterait à peu de choses près les limites cantonales présentes, que par certains élus socialistes, comme en témoigne l'adoption d'une telle conclusion lors des Etats Généraux des communes rurales socialistes, les 7 et 8 octobre 1978 à

Limoges ; pour ces derniers, l'instauration d'un second niveau de gestion établi dans chaque canton, dirigé par un conseil élu au suffrage universel direct, doté de compétences définies par la loi et de ressources propres, permettrait seule de gérer efficacement les grands intérêts communaux.

De toute manière, même s'il ne paraît pas nécessaire d'imposer un échelon absolument uniforme de regroupement communal, il importe que le périmètre de coopération soit *assez large* pour que tous les équipements jugés indispensables y figurent et surtout qu'il soit *unique* afin que le même groupement soit compétent pour la totalité de ces équipements. Une telle question trouvera sa réponse avec la loi n° 92-125 du 6 février 1992.

Section II

LES CHOIX DU LÉGISLATEUR

47 – La loi du 2 mars 1982, on l'a dit, est révolutionnaire lorsqu'elle exprime une volonté nette de rompre avec le passé quant aux rapports entre l'administration d'Etat et l'administration locale. Mais, paradoxalement, elle est classique sur le problème des structures territoriales en ce sens qu'elle se contente de valoriser les institutions traditionnelles – y compris, toutefois, la région – alors qu'à cette occasion, il était possible de faire autre chose, de transformer la physionomie de la pyramide administrative. Décentralisation, oui, *mais sur le modèle ancien de la commune*, transposé dans les autres collectivités locales, car, pour les parlementaires de 1982, c'est là un modèle institutionnel qui a atteint sa perfection.

La loi du 2 mars 1982 inscrit dans le droit français *une pyramide administrative respectueuse des cadres anciens*, ces derniers étant toutefois considérablement renforcés, surtout en tant qu'échelons d'administration locale. C'est prendre un pari difficile car, au-delà des problèmes suscités par la mise en place effective des différents niveaux – qui, auparavant, n'existaient pas en tant que structures véritablement décentralisées –, il faut résoudre la délicate question des rapports entre des collectivités proches mais égales.

Même le problème crucial du renforcement de la coopération intercommunale était renvoyé à plus tard, bien que le regroupement des communes constitue une des conditions fondamentales de la réussite de la décentralisation : le principe de liberté est essentiel mais il ne doit pas faire perdre de vue la nécessaire cohérence de l'action et aussi son efficacité. Sur ce point, la loi du 6 février 1992 tente également d'apporter certaines solutions, qui vont dans le sens de la constitution d'un cinquième niveau d'administration.

La pérennisation de toutes les structures territoriales existantes pose, depuis peu, un autre problème : toute tentative de rénovation doit être effectuée, du moins provisoirement, à l'extérieur de la pyramide officielle. La loi du 4 février 1995 d'orientation pour l'aménagement et le développement du territoire tente une expérience intéressante au niveau de l'expression des solidarités en créant le « pays ». Mais cette entité nouvelle, qui connaît le succès, n'est nullement intégrée à la pyramide et ne constitue ni une circonscription, ni une collectivité, de peur, peut-être, qu'elle ne prenne la place de certains structures territoriales actuelles et n'entraîne, au bout du compte, une réforme en profondeur de cette pyramide (*infra* n° 78).

§1 - UNE PYRAMIDE A QUATRE NIVEAUX

A) La constitution de la pyramide

48 – *Maintenir et revivifier*, tels sont les objectifs poursuivis par le législateur. Tous les niveaux existants antérieurement sont conservés mais tous – du moins au stade de l'intention – sont fortifiés par l'effet de la volonté décentralisatrice des pouvoirs publics.

Maintenir, cela signifie qu'aucune des réformes de structures proposées (qui aboutissaient, dans le but de régler au mieux les problèmes d'administration, à redécouper le territoire) n'est acceptée. Les points suivants sont à noter :

– *Le département est confirmé* en tant qu'échelon de l'administration d'Etat et de l'administration locale. La réforme est avant tout départementaliste.

– *Les frontières de la région* ne sont pas modifiées. La vieille carte de 1956 sert encore à la mise en place de la réforme actuelle.

– *La commune ne subit aucune réorganisation institutionnelle* en 1982. Il était pourtant facile, en cette occasion, d'imposer plus ou moins le regroupement.

Fortifier, c'est appliquer les principes de la décentralisation à chacun des niveaux – sans pour cela réduire la déconcentration. A cet effet, on fait *naître* la région ; le petit établissement public régional – qui souvent, s'était affirmé *præter, sinon contra legem* – a vocation, le législateur l'affirme, à devenir une véritable collectivité locale, dès que son organe délibérant, le conseil régional, sera élu au suffrage universel direct. C'est chose faite depuis le 16 mars 1986.

Mais immédiatement, *le champ de ses compétences est considérablement élargi.* L'article 59 de la loi du 2 mars fixe – d'une manière assez peu précise – le cadre général dans lequel il accomplit ses missions : « Il a compétence pour promouvoir le développement économique, social, sanitaire, culturel et scientifique de la région et

l'aménagement de son territoire et pour assurer la préservation de son identité, dans le respect de l'intégrité, de l'autonomie et des attributions des départements et des communes ». Les articles 64 et 68 détaillent certaines rubriques nouvelles. On soulignera surtout le rôle essentiel joué par l'établissement public régional en matière d'interventionnisme économique (voir *infra* n° 180) et les pouvoirs à lui accordés dans le domaine de la planification : il « élabore et approuve le plan régional » et « propose aux collectivités de la région les mesures qui doivent favoriser la coordination des investissements publics locaux ». Le conseil régional est également consulté pour ce qui relève du plan national et des crédits de l'Etat. Il a la possibilité, aujourd'hui, de participer à des dépenses de fonctionnement liées à des opérations d'intérêt régional direct (cela était interdit dans le dispositif de 1972) ou encore de participer au capital des sociétés de développement régional et des sociétés d'économie mixte.
– On *transfère le pouvoir exécutif* de la collectivité départementale ou de l'établissement public régional – la collectivité régionale depuis le 16 mars 1986 – *du préfet au président du conseil général ou régional.* C'est peut-être là le plus grand changement opéré par la loi du 2 mars : ses articles 25 et 61 constituent à eux seuls, dans le court terme, l'essentiel de la reforme puisqu'ils produisent sur-le-champ des transformations fondamentales au sein de l'administration locale, alors que – on l'a dit – l'inscription du principe de liberté juridique dans notre droit local peut ne revêtir, dans l'immédiat, qu'une portée pratique réduite.

49 – Effectivement, *la réforme de décentralisation exige que soit fait sans délai du président du conseil général ou du conseil régional un chef de services qui en soit un.* Dans cette perspective, *il est procédé à une nouvelle organisation des services de la préfecture du département ou de la région* Les services ou parties de services des préfectures qui assumaient des tâches départementales – ou régionales – sont transférées sous l'autorité des présidents des assemblées élues. Tel est l'objet des *conventions de transfert de services* prévues aux articles 26 et 73 § 7 de la loi.

Dans l'élaboration de ces conventions, la liberté laissée à la négociation entre président et préfet est restreinte. La loi dispose, en effet, que la convention doit être soumise à l'approbation du ministre de l'intérieur et de la décentralisation. De plus, elle prescrit un délai de trois mois pour son adoption, faute de quoi, un décret en Conseil d'Etat en tiendrait lieu. Finalement, il s'agit seulement, comme le reconnaît d'ailleurs expressément l'article 26 § 3 de la loi d'adapter « à la situation particulière de chaque département les dispositions d'une convention-type approuvée par décret » (D n° 82-242 (région) et 82-243 (département) du 15 mars 1982).

La tâche à accomplir était délicate : il fallait, en effet répartir des locaux, des biens, des dossiers et surtout des personnels sans que cela entraîne de désorganisation dans le fonctionnement quotidien des services. Certaines interventions conflictuelles ont été difficiles à surmonter, davantage dans le cadre de la constitution des services propres au département-collectivité (partage du service intérieur – découpage des locaux – question de personnels) que dans celui de la mise sur pied des services régionaux moins nombreux et moins étoffés. Mais la menace du décret en Conseil d'Etat permit de trouver des solutions à chacun des problèmes d'organisation, la technique des mises à disposition réciproques permettant de résoudre, temporairement, la question des personnels.

Depuis le 1er janvier 1986, le système transitoire des conventions et des « prestations réciproques » institué par la loi du 2 mars 1982 est définitivement caduc.

50– *Les transferts de services*

Les transferts des services extérieurs de l'Etat chargés de la mise en œuvre de compétences accordées aux collectivités locales par les différentes lois mettant en œuvre la décentralisation se sont réalisés plus lentement. Il n'est d'ailleurs pas exclu qu'il se pose encore, ça et là, certains problèmes.

N'oublions pas, en effet, qu'avant 1982, les administrations implantées dans les circonscriptions assumaient un double rôle : développer les actions de l'Etat et prendre en charge les intérêts locaux. Il y a, aujourd'hui séparation entre les fonctions de l'Etat et celles des collectivités locales et des administrations parallèles à celles de l'Etat doivent donc se constituer pour mettre en œuvre les compétences dévolues aux collectivités territoriales et gérées, jusqu'alors, par les services de l'Etat.

En ce qui concerne les communes, aucun transfert de services de l'Etat n'est prévu. En tant que de besoin, la formule de la mise à disposition est appliquée, comme en matière d'urbanisme. En revanche, la mise à disposition n'est, en ce qui concerne départements et régions – collectivités, qu'une solution transitoire pour permettre de démarrer la réforme avant même que des réponses juridiques ne soient apportées particulièrement aux problèmes de personnel qu'elle posait.

La technique de mise à disposition des services techniques, peut, cependant, produire des effets pervers si elle est utilisée plus longtemps que prévu. Or, les deux parties intéressées, l'Etat, d'une part, le département et la région, d'autre part, n'ont pas paru très pressées de sortir du provisoire. Pour l'Etat : les réticences à jouer le jeu de la partition (voir pour celle des directions départementales de l'Equipement le décret n° 85-812 du 31 juillet 1985, remplacé par le décret n° 87-100 du 13 février 1987, après les véhémentes protestations des présidents des conseils généraux) et les difficultés pratiques posées par l'exercice du droit d'option reconnu aux agents, expliquent la lenteur des restructurations ; pour les collectivités, le système, indolore financièrement, permet de constituer, dans le calme, les infrastructures de direction.

Aussi, la seconde étape, celle de la partition des services n'est-elle pas encore entièrement terminée, alors même que les textes fixent au 31 décembre 1990 la date ultime des partages (l'article 26 de la loi n° 85-1098 du 11 octobre 1985 qui fixe un tel délai prend déjà en compte les retards constatés), ce délai ayant encore été prolongé d'un an par l'article 1er de la loi n° 89-17 du 13 janvier 1989 portant diverses dispositions relatives aux collectivités territoriales.

B) La question des relations entre collectivités

51 – *Position du problème*

La question des relations entre collectivités est plus ardue à résoudre que celles des relations entre circonscriptions. Ces dernières sont les éléments constitutifs d'une seule et même administration. Un éventuel conflit entre elles sera naturellement tranché par l'administration centrale. Si des problèmes surgissent, ils relèvent davantage de la science administrative que du droit strict. Il faut dire, à ce propos, que la tendance manifeste de récupération, au profit de l'administration centrale, de la plupart des pouvoirs de décision va peut-être s'inverser sous l'effet de la loi du 6 février 1992 qui fait de la déconcentration le mode de droit commun d'intervention de l'Etat.

Les relations entre collectivités s'établissent entre personnes publiques autonomes. Le principe de liberté, fer de lance de la réforme, postule, en effet, on l'a dit, la libre administration de chacune des collectivités sous le seul contrôle du juge et le partage entre elles des compétences et des moyens. Toutefois, un autre principe, *le principe de coopération* est également inscrit dans la loi tout simplement, d'ailleurs, parce qu'il est imposé par les faits. Etat, région, départements, communes, œuvrent sur le même territoire, dans le même but : l'intérêt commun. Il existe aussi des affaires qu'il n'est pas possible de « fixer » à un niveau déterminé. Comme l'affirme l'article 1 §2 de la loi du 7 janvier 1983 : « Ils (les communes – les départements – les régions) concourent avec l'Etat à l'administration et à l'aménagement du territoire, au développement économique, social, sanitaire, culturel et scientifique, ainsi qu'à la protection de l'environnement et à l'amélioration du cadre de vie ». Il faut, de toute manière, empêcher les oppositions, les conflits ; *la coordination des actions, la cohérence entre elles sont nécessaires*. Il serait, d'autre part, désastreux que la disparition de la tutelle – d'opportunité – de l'administration d'Etat sur l'administration locale soit compensée par *l'établissement d'un contrôle d'une collectivité territoriale supérieure sur une collectivité territoriale inférieure* parce que plus petite et moins riche. S'il en allait ainsi, les mécanismes de centralisation se reproduiraient, mais dans un cadre plus restreint, ce qui serait d'autant plus inacceptable.

Il est donc indispensable non seulement que les textes prévoient une *répartition stricte des affaires, des hommes et des finances* entre les divers échelons décentralisés mais aussi qu'ils organisent la nécessaire coordination entre les actions entreprises à quelque niveau que ce soit. En d'autres termes, chacun des partenaires doit « jouer le jeu » et ne pas tenter de profiter de la réforme entreprise pour essayer d'imposer sa loi à tout ce qui se trouve au-dessous.

1) Une redistribution des compétences et des moyens

52 – Lorsque des collectivités très proches géographiquement les unes des autres sont obligées de cohabiter, il importe absolument et de savoir qui fait quoi et de faire en sorte que chacune ait – indépendamment des autres – les moyens d'assurer le fonctionnement correct des services publics mis à sa charge. Il ne s'agit certes pas de préconiser un repli de chaque collectivité sur elle-même mais de veiller à ce qu'aucune ne dépende obligatoirement d'une autre dans la gestion de ses propres affaires, une collaboration libre entre entités égales étant, à l'inverse souhaitable et souhaitée.

A cet égard. il faut rappeler que la situation de départ à laquelle étaient confrontés les pouvoirs publics se révélait des plus complexes. Jusqu'en 1982, les notions de collectivité locale et de compétence générale étaient étroitement liées et chaque collectivité avait vocation, d'après les textes, à s'occuper « des affaires de la commune », « des affaires du département ». Mais ces affaires, tout au moins pour la commune puisque, comme on l'a dit plus haut, la difficulté de trouver des affaires départementales avait conduit le législateur à procéder à certaines énumérations, n'avaient guère été définies plus avant. C'était en réalité l'Etat, qui, au gré de ses intérêts, souvent par de simples circulaires, déterminait les compétences des collectivités et les contraignait, en se servant des pouvoirs de tutelle, à accepter la délimitation. La clause générale de compétence était devenue prétexte à tous les dessaisissements comme à tous les transferts de charges ; l'enchevêtrement des compétences comme les financements croisés étaient la règle. Sans insister, on voit ce qu'aurait donné la décentralisation dans un contexte inchangé... Chaque collectivité aurait pu, librement, s'occuper de tout, d'où d'innombrables conflits. Mais elles n'auraient eu les moyens pour rien, d'où la nécessité de recourir aux subventions étatiques et d'utiliser les services de l'Etat, qui aurait continué à décider de tout... à moins que cette fonction n'ait été en fait transférée aux collectivités les plus riches. Le législateur devait donc déterminer avec précision les domaines dans lesquels chaque collectivité pourrait décider et prévoir les moyens dont elle disposerait à cette fin.

Pour régler le problème des rapports entre collectivités et en même temps entre ces collectivités et l'Etat, le législateur, par les lois du 7 janvier et du 22 juillet 1983, est donc conduit à modifier très sensiblement la perspective antérieure en énumérant précisément les compétences de chacune des collectivités, *une compétence d'attribution se substituant à la compétence générale* qui leur était jusqu'alors reconnue (*infra* n° 165 et s.). Et puis, surtout, il fixe un certain nombre de principes de base destinés à empêcher tant les empiétements que la création de nouvelles tutelles.

Ainsi, la loi édicte trois principes essentiels qui sont les suivants :

– *La répartition des compétences doit se faire par blocs homogènes.* Il s'agit d'augmenter les domaines d'intervention des collectivités locales et en même temps de clarifier, en déterminant, pour chaque secteur, les missions assurées par chacune d'entre elles (article 3 de la loi du 7 janvier 1983). Force est pourtant de reconnaître le relatif échec de la mise en œuvre de ce principe (*infra* n° 172 et suivants). Le législateur avait voulu fixer chaque bloc de compétence au niveau d'un seul échelon de collectivité. Or, les cas de compétences concurrentes sont fréquents, l'Etat étant conduit, du fait des circonstances économiques, à réintervenir dans des domaines qui avaient été décentralisés (aide aux entreprises, au logement, formation professionnelle, etc.). Les financements croisés sont redevenus fréquents. De réels problèmes se posent, que le législateur de 1995 a signalé sans pouvoir les traiter directement dans la loi d'orientation sur l'aménagement et le développement du territoire ; la matière devrait faire l'objet d'un futur projet de loi à brève échéance.

– *Tout transfert de compétences doit être accompagné d'un transfert de ressources correspondantes.* Il ne faut pas que la réforme se traduise par une inflation administrative, par la constitution de nouvelles bureaucraties successives entraînant allongement des délais, obstructions, luttes d'influence (et aussi quelques emplois supplémentaires). Les moyens financiers, matériels, humains actuels font l'objet d'un partage équitable entre les quatre niveaux d'administration. Sauf exceptions obligées (la création d'une *infra*structure de « commandement », jusqu'alors inexistante, au niveau départemental et régional, par exemple), l'opération doit être « blanche » si l'on veut que la décentralisation

réussisse (article 5 de la loi du 7 janvier 1983). On sait déjà que la réforme de la fiscalité locale et, plus globalement, le partage des ressources entre Etat et collectivités locales ne sont toujours pas entrepris.
– Les transferts de compétence ne peuvent autoriser l'une des collectivités à établir ou exercer une tutelle sur une autre collectivité, de même qu'ils ne peuvent rendre obligatoire un regroupement de communes. Le principe de liberté doit être respecté par tous et pour tous, ce dans tous les domaines (article 2 et 6 de la loi du 7 janvier 1983). Il n'est cependant pas certain qu'en pratique, la superposition des niveaux d'administration n'engendre pas des conséquences quelque peu défavorables pour les communes...

On peut d'ailleurs se demander quel sort sera finalement réservé à cette interdiction. Le législateur avait prévu, en effet, dans la loi du 4 février 1995, une révision ultérieure de la loi du 7 janvier 1983, dans laquelle seraient définies les conditions dans lesquelles une collectivité territoriale pourrait assumer le rôle de « chef de file » pour l'exercice d'une compétence ou d'un groupe de compétences relevant de plusieurs collectivités. L'introduction d'une telle notion dans la répartition des compétences aurait signifié l'institution d'une certaine hiérarchie entre les collectivités concernées, donc l'instauration d'une tutelle. Toutefois, le Conseil constitutionnel, dans sa décision du 26 janvier 1995, a invalidé cette disposition mais pour des motifs de compétence, ce qui laisse subsister le problème de fond.

Ces principes, excellents dans leur formulation, ne sont donc pas – ne peuvent pas être, dans les faits, – rigoureusement appliqués. Mais le seraient-ils que cela ne serait pas obligatoirement suffisant. Il est difficile, en effet, d'éviter les matières mixtes, d'échapper à la rareté des moyens, d'écarter toute possibilité de conflits. Il importe donc de prévoir des techniques qui permettent d'harmoniser les relations entre échelons, d'articuler les diverses interventions. Indiscutablement, les pouvoirs publics ont une prédilection marquée pour la *technique contractuelle* en ce domaine.

2) L'utilisation de la technique contractuelle pour régler les rapports entre collectivités

53 – Le recours à la passation de contrats pour permettre à une collectivité plus faible de réaliser ses objectifs grâce à l'aide d'une collectivité plus puissante, le plus souvent l'Etat, était de plus en plus fréquent depuis une décennie. Les contrats de communauté urbaine (décret du 23/12/1970), puis les contrats de ville moyenne et les contrats de pays (en particulier, circulaire du 4 juillet 1974 pour les premiers, du 15 novembre 1975 pour les seconds) en portent témoignage. Aujourd'hui, dans le cadre de la réforme de décentralisation, c'est cependant à une toute autre échelle qu'il convient de se situer : *l'usage du procédé est absolument généralisé et la convention* – dont les stipulations sont librement débattues entre les parties – *devient le document de base dans lequel sont formalisées les relations entre collectivités.* Sur ce point, l'article 6 §2 et 3 de la loi du 7 janvier 1983 est particulièrement net, lorsqu'il dispose qu'outre la possibilité ouverte aux collectivités de créer entre elles des structures de coopération nouvelles, il leur est toujours loisible de conclure un contrat aux termes duquel telle collectivité s'engage à fournir à telle autre les moyens nécessaires à l'accomplissement de sa mission. Ce que la loi du 2 mars 1982 ne prévoyait expressément que dans les relations entre départements et communes (article 23 §2 : « Le département apporte aux communes qui le demandent son soutien à l'exercice de leurs compétences ») est donc érigé en règle générale, valable aussi bien au sein de toute l'administration locale que dans les rapports entre cette dernière et l'administration d'Etat.

Le législateur entend ainsi faire prévaloir partout le principe de liberté, dans l'association. Liberté, parce que hormis certaines hypothèses dans lesquelles des circonstances de fait obligent à la conclusion d'une convention (exemple : lorsqu'un établissement scolaire comporte à la fois un collège et un lycée, une convention doit évidemment être signée entre la région, autorité compétente pour le lycée et le département, responsable pour le collège), nulle collectivité ne peut être contrainte à signer un contrat. Liberté aussi car le contenu du contrat n'est nullement imposé par les textes.

Il convient, d'ailleurs, à cet égard, de mentionner immédiatement le risque majeur de cette politique : l'administration centrale peut tenter d'utiliser la procédure contractuelle pour affirmer ses propres choix et uniquement ses propres choix, afin de maintenir sa prépondérance traditionnelle. Les collectivités locales, qui auraient besoin d'investissements sans avoir les ressources financières adéquates, seraient obligées d'accepter les stipulations qui leur seraient imposées ; mais l'efficacité de la décentralisation dans la gestion de la société serait pratiquement nulle.

Le législateur, toutefois, ne se contente pas de préconiser généralement l'emploi de la technique contractuelle. Il va aussi plus loin lorsque, pour tenter de faire progresser l'association, il propose diverses formules neuves qui pourraient aboutir à la globalisation des rapports entre échelons différents de la pyramide administrative ou entre composantes du même échelon. On voudrait présenter ici trois de ces formules, qui paraissent les plus intéressantes pour illustrer notre propos : la première est celle *des chartes intercommunales*, documents dans lesquels les communes intéressées peuvent définir – et mettre en œuvre – un projet local de développement. La seconde concerne également la planification, mais au niveau supérieur : il s'agit *des contrats de plan* entre Etat et régions. Enfin, la troisième est susceptible de manifester avec éclat la solidarité départementale en globalisant les rapports entre départements et communes : il s'agit d'un établissement public, dénommé *agence départementale*, destiné à apporter « aux collectivités territoriales et aux établissements publics intercommunaux du département qui le demanderaient une assistance d'ordre technique, juridique ou financière » (article 32 de la loi du 2 mars 1982).

54 – *Décentralisation et Planification*

Dans le cadre de la décentralisation, la technique contractuelle se voit conférer deux fonctions. D'une part, elle supplée l'absence de moyens de certaines collectivités : l'agence technique départementale (n° 56) répond à cette première fonction. D'autre part, c'est un instrument de coordination des politiques de l'Etat et des collectivités locales (ou de celles des collectivités locales entre elles). La décentralisation ne se traduit pas par une séparation radicale Etat-collectivités (ou des collectivités entre elles). L'Etat, de toute façon, doit garder les intérêts de la nation : la décentralisation ne doit pas entraîner une régression de la planification mais, à l'inverse, son approfondissement et aussi – pour la première fois – son imprégnation par le principe de liberté. Cela veut dire que la planification souple, indicative mais entièrement centralisée, cède la place à une planification peut-être plus contraignante mais elle aussi « décentralisée », dans la mesure où elle monte de la base au lieu de descendre du sommet. Il est d'ailleurs évident que, s'il n'en était pas ainsi, le plan national et, plus bas, le plan régional seraient des instruments incomparables de recentralisation. Les « chartes intercommunales d'aménagement » au niveau communal et surtout les contrats régionaux de plan manifestent une telle intention.

La loi du 7 janvier 1983 attribue aux communes la compétence normative concernant les documents d'urbanisme local : plan d'occupation des sols et schémas directeurs. Ces derniers seront élaborés par un établissement public de coopération regroupant les communes « présentant une communauté d'intérêts économiques et sociaux ». Mais, bien qu'il existe une forte incitation pour les communes à se regrouper dans un tel cadre (par exemple, le plan d'occupation des sols rendu public par le maire d'une commune couverte par un schéma directeur est immédiatement opposable aux administrés, tandis que ce document reste soumis à une forte tutelle *a priori* dans le cas contraire), le schéma directeur ne sera plus positif que par le passé que s'il est véritablement l'expression spatiale d'une ambition de développement manifestée par les communes concernées. Les « chartes intercommunales d'aménagement » prévues à l'article 29 de cette loi du 7 janvier 1983 répondent à cette préoccupation.

La charte intercommunale d'aménagement résulte d'une initiative purement locale. Certes, le projet local de développement doit être fait à la bonne échelle, mais le préfet, s'il est chargé d'arrêter le périmètre du regroupement, ne possède aucun pouvoir de décision ou de réformation en la matière : il ne fait qu'officialiser le périmètre de la zone, lequel résulte des propositions communales. L'avis du conseil général – éventuellement du conseil régional – ne modifie évidemment pas non plus l'option géographique adoptée par les communes (voir les circulaires du Premier ministre en date du 17 décembre 1984 et du ministre de l'Agriculture et de la Forêt en date du 25 novembre 1985).

Au plan de son contenu, la charte se présente comme *un document de planification* définissant les perspectives à moyen terme du développement économique et social des communes membres et déterminant des programmes d'action correspondants. Par exemple, une des toutes premières chartes signées en France (novembre 1985), celle du pays du Méné, prévoit trois points forts : le développement économique par la modernisation de l'agriculture, du commerce et de l'artisanat, la recherche d'activités de pointe, l'animation collective (vie associative, tourisme, action sociale, et culturelle etc.). En même temps, et ceci est particulièrement intéressant, la charte se révèle « *un outil de rationalisation dans la gestion publique* puisqu'elle établit les conditions d'organisation et de fonctionnement des équipements et services publics dans son périmètre d'intervention » (J.L. Albert « La charte intercommunale : un outil au service du développement local ? », *Revue Administrative* 1984, p. 637) et qu'elle est également susceptible de prévoir des procédures telles que celles du remembrement et de la réglementation des boisements.

Au stade de la mise en œuvre, pourtant, le devenir des chartes est incertain. Il est prévu que les communes associées doivent être consultées lors de l'élaboration du plan régional et que, lors de l'établissement par le département de son programme d'équipement rural, les projets définis par les chartes sont « pris en compte ». D'autre part, le dernier alinéa de l'article 29 décide que les chartes « peuvent servir de base à des conventions avec le département, la région ou l'Etat pour la réalisation des projets et programmes » qu'elles ont définis. Mais aucun financement spécifique direct n'est véritablement organisé si bien que la réalisation effective des actions envisagées suppose « l'intégration de la charte dans des politiques dont la maîtrise relève d'autres collectivités » (J.L. Albert Revue du droit rural juin-sept. 1986 p. 281).

Malgré ce handicap, les chartes intercommunales apparaissent particulièrement intéressantes comme illustration de notre propos de départ : il y a, en effet, planification à la base, puis utilisation de la technique contractuelle pour aider à sa réalisation. Le schéma qui lie planification, décentralisation et concertation est parfaitement mis en lumière, ce qui apparaît encore plus nettement dans le cadre de la planification nationale.

Il faut reconnaître, toutefois, que la loi du 6 février 1992, en créant de nouveaux établissements de coopération intercommunale qui intègrent cette dimension, diminue quelque peu l'intérêt de cette formule, qui n'a plus, comme avantage, que sa souplesse. Au 1/1/1991 304 périmètres étaient arrêtés ou en projet.

55 – *Les contrats régionaux de plan*

La loi n° 82-653 du 29 juillet 1982 portant réforme de la planification *tente, en réformant profondément la méthode de préparation du Plan, de prendre en compte la décentralisation.* Les régions, dès le stade préliminaire de l'élaboration, sont consultées sur les priorités qu'elles souhaitent voir retenues dans le plan national et, parallèlement, définissent leurs propres plans, en élargissant à leur initiative la consultation au niveau local. Dès lors, les régions participent à la définition des choix stratégiques et des objectifs nationaux (qui font l'objet de la première loi de plan) et, en même temps, définissent librement leur programme de développement régional, en tenant compte des aspirations des collectivités infra-régionales, tout en intégrant les objectifs de la politique nationale. Le plan de région (qui ne comporte qu'un seul document alors que pour le plan national, deux phases sont distinguées : la définition des objectifs, celle des mesures juridiques, financières et administratives à mettre en œuvre pour atteindre ces objectifs, mesures contenues dans la seconde loi de Plan qui détaille douze plans prioritaires d'exécution) « prévoit les programmes d'exécution mis en œuvre par la région soit directement, soit par voie contractuelle avec l'Etat, d'autres régions, les départements ou les communes, les entreprises publiques ou privées ou toute autre personne morale » (article 14 de la loi du 29 juillet). C'est évidemment le contrat signé – seulement si elle le désire – entre la région et l'Etat qui revêt la plus grande importance, ne serait-ce que pour les sommes en jeu.

Une telle innovation nous semble fondamentale du fait de la *mutation des comportements* qu'elle doit entraîner. D'une part, le conseil régional doit se servir du plan régional comme *d'un document qui rassemble* – qui mobilise si possible – tous les partenaires : collectivités de base, entreprises, etc., tout comme le plan national doit être la synthèse des priorités régionales. D'autre part, *la mise en œuvre de ces documents par contrat assure la cohérence de l'ensemble tout en garantissant la liberté de chacun.* Ainsi, le contrat Etat-région, unique et facultatif, est négocié souvent âprement, entre président du conseil régional et préfet de région ; sa signature n'intervient que si les projets locaux retenus par la région sont conformes aux programmes prioritaires d'exécution du Plan national : il y aura donc *réalisation conjointe et simultanée*, par exécution des stipulations contractuelles, du plan national et du plan régional. Le processus se continue avec les contrats régionaux de plan, dont les stipulations, librement débattues, comporteront les engagements réciproques, par exemple des régions et des communes, ces dernières essayant, à l'occasion de leur conclusion, d'y faire inscrire les programmes définis dans les chartes intercommunales d'aménagement.

Certes, le scénario décrit ci-dessus est optimiste. Il n'est pas facile de trouver le point d'équilibre entre planification et décentralisation, entre liberté régionale et solidarité nationale, et aussi entre maîtrise régionale en matière de développement et vœux légitimes des départements et des communes ; et il n'y a pas de véritable coordination entre plan national, plan régional et contrats de plan. De même, la technique contractuelle peut elle-même receler des inconvénients : elle est susceptible de constituer un instrument, sinon de contrôle, du moins de pression sur la partie la moins puissante : ainsi, les contrats de plan peuvent permettre à l'Etat de contraindre les collectivités locales à participer au financement d'opérations qui ne révèlent pas de leur compétence (dépenses d'investissement dans l'enseignement supérieur, par exemple : les 2/3 des dépenses d'investissement du plan Université 2000 soit 22 milliards de francs sont à la charge des collectivités...). L'enchevêtrement des compétences et les financements croisés, tant décriés avant la réforme, perdure de cette façon, avec, de plus, un certain risque d'incohérence puisque l'Etat a la possibilité de conclure des contrats avec qui il veut, département, communes, en dehors du contrat de plan Etat-région.

Mais, malgré ces difficultés, les contrats de plan Etat-région connaissent un succès qui ne se dément pas. Trois générations se sont succédé : 1984-1988 ; 1989-1993 ; 1994-1998. Pour ceux de la période 1994-1998, 165 milliards de dépenses sont en jeu, dont 84 à la charge des collectivités locales, le pourcentage de participation des collectivités étant d'autant plus fort que la région considérée est plus riche. L'engouement pour ce type de contrat s'explique par la certitude de financement dont bénéficient les opérations qui y sont inscrites, opérations qui, il faut le reconnaître, sont, à l'analyse, assez peu différentes d'un contrat de plan Etat-région à l'autre. La mise en œuvre de cette politique n'a, en effet, donné lieu qu'à une seule « grosse affaire » qui connaît des prolongements contentieux, l'affaire du Synchrotron, équipement important promis à la région

Alsace et en voie de réalisation près de Grenoble (Le jugement du Tribunal administratif de Strasbourg du 5 décembre 1985 Communauté urbaine de Strasbourg, R.F.D.A. 1986, p. 369, Concl. J. Raymond, note H.G. Hubrecht, jugement qui annulait la décision du Premier ministre d'implanter la synchrotron à Grenoble, est annulé par le Conseil d'Etat qui, dans son arrêt du 8 janvier 1988, Rec. Lebon p. 3, AJDA, 1988, p. 159, décide, selon sa jurisprudence traditionnelle, que la méconnaissance des stipulations d'un contrat, si elle est susceptible d'engager la responsabilité d'une partie vis-à-vis de son cocontractant, ne peut être utilement invoqué comme moyen de légalité à l'appui d'un recours pour excès de pouvoir).

56 – *L'agence départementale*

La possibilité offerte par l'article 32 de la loi du 2 mars 1982 est susceptible de revêtir une très grande importance pour la réussite de la réforme de décentralisation sur le terrain. Sa portée dépasse, en effet, de beaucoup ce que suggère la première lecture de l'article précité, à savoir la constitution d'un nouvel organisme d'aide et de conseil aux communes, si l'on veut bien tenir compte de la réalité sociologique qui est celle de nos campagnes.

On le sait, le département s'est depuis longtemps créé une vocation d'aide aux communes rurales (*supra* n° 40). Dans cette optique, quelques-uns ont déjà constitué, ces dernières années, un organisme unique plus ou moins étoffé, chargé de mettre à la disposition des élus locaux un certain nombre de services et de moyens financés par le département, jusqu'alors inexistants à ce niveau ou dispersés. Le plus connu d'entre eux est « l'Agence d'Aménagement de Développement et d'Aide aux collectivités », créé en 1976 par le conseil général de Savoie et qui offre aux communes associées une documentation précise, un service d'assistance juridique et un appui technique pour la constitution de leurs dossiers, la promotion de leurs produits, etc. Cependant, la mise en place de la décentralisation modifie assez profondément les données du problème et autorise à être plus ambitieux, même si la loi, en proposant la généralisation – là encore – du procédé, se borne à définir un cadre général, laissant aux départements le soin d'adapter ce service suivant les désirs exprimés par les élus, afin de donner, progressivement, pleine satisfaction aux nombreuses collectivités demanderesses. Cette solution, originale, peut permettre de dénouer beaucoup de problèmes en progressant vers une décentralisation véritable ; elle comporte aussi quelques risques qu'il faut correctement analyser pour mieux les prévenir.

L'avantage essentiel que présente la formule réside en ceci : la création d'une agence départementale contribuerait puissamment à opérer les mutations psychologiques indispensables à la modification des rapports qu'entretiennent les élus des petites communes avec les fonctionnaires locaux de l'administration d'Etat. Il s'agit, en effet, *d'inverser les circuits* que les traditions séculaires de l'Etat centralisé ont engendrés. Aujourd'hui, la situation encore la plus usitée est la suivante : le maire d'une petite commune – en plein accord, d'ailleurs, avec son conseil municipal – confie aux fonctionnaires de l'Etat de niveau infra-départemental, percepteur, subdivisionnaire de l'équipement, etc., la conception et la réalisation de tous les projets communaux. Ce sont les agents de l'Etat, qui ont les ressources techniques et financières, qui connaissent parfaitement le terrain et qui, le plus souvent, entretiennent les meilleurs rapports avec les élus locaux, qui arrêtent et définissent les choix politiques des maires (V.F. Dupuy-J.C. Thoenig, « Sociologie de l'administration française », A. Colin, 1983 – surtout p. 110 et s.). Les fonctionnaires de l'Etat « contrôlent » les élus, ces derniers y trouvent leur compte et cela constitue un puissant facteur de centralisation. A l'inverse, la constitution d'une agence départementale d'aide et de conseil aux collectivités locales permettrait de faire en sorte que les actions essentielles qui préparent l'avenir des communes et donc du département, dans le domaine, par exemple, de l'aménagement du territoire et de l'urbanisme, soient prises en mains par les élus eux-mêmes, y compris ces élus locaux qui n'ont pas les moyens de disposer de services polyvalents de haut niveau pour mettre en œuvre les nouvelles compétences qu'ils reçoivent. Les collectivités rurales, qui ont de plus en plus besoin de conseils et d'assistance, pourraient ainsi exercer pleinement leurs responsabilités sans être obligées de s'adresser aux services extérieurs de l'Etat. On ajoutera que l'agence manifesterait, en raison de la diversité de ses membres, *la solidarité départementale*, en l'absence de tout clivage politique. C'est au sein de cet organisme que pourraient être mis au point et affinés les projets communaux qui feraient l'objet d'une subvention du département et, de cette manière, les conseillers généraux auraient aussi une meilleure connaissance de la façon dont sont utilisés les crédits qu'ils ont la charge de distribuer. Son utilité apparaît alors incontestable. On notera que plusieurs départements ont déjà expérimenté avec bonheur la formule, la Dordogne et les Landes ayant été les pionniers en la matière (voir le dossier présenté dans « Conseils Généraux de France » n° 13 – décembre 1983).

A titre d'exemple, l'agence technique départementale de Dordogne fonctionne depuis le début de l'année 1983 avec un budget de 2, 5 millions de francs, alimenté par la cotisation du département (1,1 M), celle des 320 communes qui ont actuellement adhéré (0,5 M.) (la Dordogne comporte 553 communes), les prestations de service représentant 0,9 M. Cet établissement, présidé par le président du conseil général, est géré par un conseil d'administration composé paritairement de 12 conseillers généraux et de 12 maires, élus à la représentation proportionnelle pour que tous les courants de pensée soient représentés. Il se voit confier trois tâches principales : être un conseil en amont des décisions communales pour les opérations d'investissement (étude de faisabilité, plan de financement, etc.) ; fournir ensuite une assistance administrative, juridique et financière, en assurant la rédaction des contrats, des marchés et des baux engageant les collectivités et en réalisant le montage des dossiers techniques complexes (expropriations, etc.) ; enfin, former et informer les élus. De plus, l'agence peut, si les communes le souhaitent, conduire directement les opérations, moyennant une rémunération de 1 % du montant hors taxes des travaux. On voit ainsi comment les élus peuvent prendre en mains leurs destinées, comment *la décentralisation ouvre un extraordinaire champ d'expérimentation.*

57 – Il existe toutefois un double risque : que l'agence apparaisse comme une « contre DDE » ou « contre DDA » ; que cette structure ne devienne une nouvelle forme de tutelle sur les communes.
– D'abord, on doit, à notre sens, éviter de créer des services parallèles, qui se cumulent et entraînent une inflation bureaucratique. En d'autres termes, l'agence départementale ne se conçoit que pour répondre à des demandes qui ne sont pas ou qui sont mal satisfaites par les services de l'Etat ou encore par les services des villes. Elle ne doit pas servir avant tout à court-circuiter les DDE et DDA. Autant il ne faudrait pas que les maires ruraux soient toujours obligés d'aller à la DDE ou DDA pour avoir les renseignements dont ils ont besoin, autant il ne faudrait pas que l'agence ait immédiatement pour ambition de doubler les structures déjà existantes. L'organisme à créer est davantage un complément – complément indispensable pour que la décentralisation se réalise dans les faits – et non un concurrent, rendant les mêmes services dans les mêmes domaines, exerçant des missions et des compétences déjà exercées par d'autres, ce qui fausserait l'intérêt réel de la démarche et l'originalité de l'institution.

Il importe, d'ailleurs, de réaliser le coût de l'opération. Jamais l'agence ne pourra avoir les moyens – ni la vocation – de se substituer aux services de l'Etat dans les missions qu'elle exerce pour le compte des collectivités territoriales. L'agence, finalement, apparaît plutôt comme *une administration de mission* qui imagine, innove, conçoit, propose, comme un organisme d'impulsion et non de gestion ou de réalisation directe. Dans le département des Lan des, par exemple, « l'agence départementale d'aide aux collectivités locales », la mieux structurée de France, fonctionne actuellement avec seulement huit personnes : un directeur, deux collaborateurs de haut niveau chargés du service « SVP Maires », un responsable financier, un responsable des problèmes d'urbanisme et un pool dactylographique. S'il est possible, avec ce personnel, de faire beaucoup et, en particulier, de « peser » auprès des directions départementales, au profit des communes rurales, il n'est pas concevable de se substituer à ces directions, de prétendre les remplacer dans leur rôle de prestataires de services techniques. L'agence doit fournir aux élus ruraux les éléments nécessaires à la prise de la décision, assurer le suivi des dossiers jusqu'à l'aspect contentieux, il n'est pas question qu'elle réalise elle-même ce que DDE et DDA ont l'habitude de faire et font bien, au moindre coût.

– Ensuite, dans son organisation comme dans son fonctionnement, l'agence départementale doit respecter le grand principe de liberté. Instrument au service de la décentralisation, elle ne peut aller à son encontre en devenant le moyen privilégié pour le département d'imposer son « leadership » aux communes qui s'adresseraient à elle par obligation. Elle ne doit pas se substituer aux élus locaux dans l'exercice de leurs responsabilités ; elle doit seulement leur donner la possibilité de les assurer. Pour cela, il est nécessaire de prendre certaines précautions pour interdire l'émergence d'une tutelle du département sur les communes :

– En premier lieu, *la création de l'institution ne peut être en aucun cas imposée*. Elle correspond à un besoin ressenti par des collectivités de base qui se tournent vers le président du conseil général, et non à un désir du conseil de montrer sa nécessité ou son efficacité. Comme cela est fait jusqu'à présent, le conseil général doit engager un processus relativement long de concertation avec les communes et se plier aux vœux de la majorité de celles-ci. Les élus ruraux étant généralement prudents, l'agence départementale verra le plus souvent ses objectifs réduits par rapport au projet initial, tout du moins dans un premier temps. De ce fait, l'organisme nouveau sera une construction continue qui s'étoffera à mesure qu'elle prouvera son utilité et sa capacité à répondre à de nouvelles exigences.

– En second lieu, *l'institution ne doit pas être investie de prérogatives juridiques*. Elle ne détient pas le pouvoir de décision à la place des communes membres. Elle ne gère pas de dossiers, elle ne contrôle pas l'action des collectivités, le principe de liberté constitue sa ligne de conduite, sa déontologie.

– En troisième lieu, il serait bon que les structures de l'agence, ses mécanismes internes soient tels que les « décisions » ne puissent être prises qu'avec l'accord de certaines des communes représentées au conseil d'administration afin que les conseillers généraux – qui sont, pour la plupart, des élus ruraux... – n'aient pas la possibilité de s'opposer en corps aux représentants des maires.

– Enfin, il est essentiel que *l'agence ne devienne pas un intermédiaire obligé* : aucune collectivité ne doit être tenue d'adhérer à l'agence ou d'y rester contre sa volonté, (dans les Landes, l'adhésion à l'agence intervient pour une période de trois ans renouvelable, le retrait étant possible de plein droit à l'issue de cette période) comme aucune ne peut être écartée, par exemple pour des motifs politiques. En d'autres termes, l'aide du département aux communes ne doit pas passer entièrement par l'intermédiaire de l'agence : des conventions particulières relatives à tel ou tel point déterminé, passées entre le département et telle ou telle commune, membre ou non de l'agence, ne sont jamais à exclure du champ des rapports entre ces deux collectivités traditionnelles.

58 – *Conclusion*

Finalement, ce qu'il faut surtout pour assurer le succès de la réforme, *c'est un changement des mentalités* : le partenaire que l'on respecte doit remplacer l'assisté que l'on dirige. Et ceci est aussi valable pour les autorités de l'administration d'Etat, habituées à enjoindre et à censurer, que pour les autorités locales qui ne doivent pas essayer de recréer à leur profit les techniques dont elles ont pâti dans le passé. Il existe des préfets – peu nombreux – qui entendent encore exercer une sorte de droit de commandement sur les collectivités locales et qui encombrent les tribunaux administratifs de recours peu justifiés pour contraindre les autorités locales à céder. Il existe aussi des « potentats locaux » qui non seulement dénient aux représentants de l'Etat les pouvoirs qui sont légalement les leurs, mais qui encore rêvent d'asseoir leur puissance sur toutes les collectivités inférieures, transformées en vassales. L'une et l'autre attitude sont à proscrire pour qu'administration d'Etat et administration locale et, à l'intérieur de cette dernière, les diverses collectivités, deviennent *complémentaires et non concurrentes.*

Des siècles d'habitudes, de pratiques, ne s'effacent pas en dix ans. Mais il est bon que le législateur ait essayé de contractualiser au maximum les relations nouvelles au sein de l'administration française. Il faut, en effet, *apprendre à vivre autrement* et l'approche contractuelle paraît la meilleure pour atteindre ce but.

§2 – LA COOPERATION INTERCOMMUNALE
(Vers la constitution d'un cinquième niveau d'administration)

59 – La coopération intercommunale est chose ancienne. L'émiettement des collectivités de base, dénoncé depuis la reconnaissance d'environ 44 000 communes en 1789, lié à l'uniformité du statut juridique malgré la très grande inégalité de taille et de ressources entre celles-ci, l'a vite rendue nécessaire. Mais les formules progressivement introduites en droit positif pour mettre en œuvre et élargir la coopération intercommunale, formules toujours actuelles puisque le nombre des communes françaises n'a pu être réduit de façon significative, n'ont pas suffi, jusqu'à présent, à régler ce problème délicat, puisqu'il intervient dans le domaine de l'autonomie des communes et se heurte à des obstacles de nature psycho-politique, ce qui explique la prudence des gouvernements successifs en la matière (V.P. Bernard, « Point de vue d'un représentant de l'Etat sur la coopération entre les collectivités locales "la solidarité aujourd'hui : s'organiser pour servir une œuvre commune"», les Cahiers du CNFPT, n° 25, juin 1988, p. 4-14).

Mais surtout, le problème se pose aujourd'hui dans un contexte nouveau qui renforce l'exigence d'une réelle coopération et en modifie la nature. Le défi européen et l'ample mouvement de décentralisation, en effet, réclament beaucoup de cohérence dans l'action et ouvrent nécessairement de nouveaux champs à la coopération : la coopération à finalité essentiellement technique doit se doubler d'une autre coopération qui a pour objet l'aménagement rationnel d'une portion de territoire homogène. La loi n° 92-125 du 6 février 1992 tente de l'instaurer.

Après avoir étudié les deux grandes étapes de la coopération intercommunale, on verra les diverses formes de cette coopération.

A) Les deux grandes étapes de la coopération intercommunale

60 – *La coopération intercommunale à finalité technique*

Avant même que soit mise en application la loi du 6 février 1992, la coopération intercommunale, active et souvent efficace, présentait un bilan positif, quantitativement du moins, surtout que les chiffres donnés ci-dessous, chiffres qui ont fort peu varié avec la réforme sauf pour le nombre de districts à fiscalité propre, ne tiennent pas compte de toutes les formes de coopération ne débouchant pas sur la constitution d'établissements publics. Officiellement, il y avait au 1er janvier 1990, 14 596 syndicats à vocation unique (14 490 au 1/01/95), 2 478 syndicats à vocations multiples (2 298 en 1995), 214 districts (322 districts à fiscalité propre en 1995). Il faut ajouter 9 communautés urbaines (11 en 1996) quoique la formule dépasse le champ de la coopération technique. Toutefois, qualitativement, la coopération telle qu'elle est pratiquée, si elle continue à être nécessaire, n'est plus suffisante puisqu'elle ne permet pas d'intégrer des données nouvelles, extrêmement importantes à l'époque actuelle.

Syndicats de communes et districts répondent surtout, en effet, à des besoins toujours présents mais qui sont ceux d'un Etat dans lequel la centralisation est forte. Avant 1982, les communes devaient surtout faire fonctionner un certain nombre de services techniques et les formules de regroupement proposées par le droit positif se révèlent, le plus souvent, efficaces. Comme le note B. Perrin (« Loi Marcellin (1971) et projet Joxe (1990) : essai d'analyse comparée », Rev. adm. 1990, p. 225) : « la coopération intercommunale privilégie l'immédiat et l'utile : 30 % des SIVU ne s'occupent que d'eau, 63 % des SIVOM traitent prioritairement des ordures ménagères, 50 % des syndicats mixtes donnent dans l'hydraulique agricole, l'eau et l'assainissement, les districts exerçant l'essentiel de leurs compétences dans le domaine des services de secours contre l'incendie ou des réseaux d'assainissement ». Les transports scolaires, l'entretien de la voirie, l'électrification rurale constituent d'autres domaines pour lesquels la formule syndicale est tout à fait adaptée. Par contre, cette coopération technique ignore largement la programmation et l'organisation de l'avenir d'un territoire déterminé. Cette carence est, d'ailleurs, parfaitement compréhensible lorsque l'Etat prend à sa charge les planifications économique et spatiale et s'occupe pour l'essentiel du développement économique. Elle est, cependant, grave dans le contexte actuel qui impose un renouvellement de la coopération intercommunale.

61 – *Le contexte nouveau*

Il faut, d'abord, à cet égard, faire état d'un élément important : le défi européen. L'Union européenne exige, en son sein, beaucoup de cohérence dans l'action et des initiatives économiques en ordre dispersé desservirait fortement les acteurs nationaux, en particulier au niveau de l'octroi des subventions.

Mais c'est surtout l'ample mouvement de décentralisation auquel on assiste depuis 1982 qui oblige à revoir la question.

En premier lieu, est consacré par le droit le principe de l'autonomie des collectivités locales envers l'administration d'Etat. La suppression des différentes sortes de tutelles qui pesaient sur elles est imposée. Les communes, de la plus petite à la plus grande, peuvent agir librement dans le domaine de leurs compétences et leurs décisions sont exécutoires de plein droit, n'étant plus soumises qu'à un contrôle *a posteriori*.

Précisément, en second lieu, les compétences directement mises en œuvre par les collectivités locales s'étendent considérablement. Beaucoup de domaines, auparavant entièrement régis par l'Etat, sont rétrocédés à ces collectivités par l'effet des lois des 7 janvier et 22 juillet 1983.

Certains services publics techniques nouveaux ont été transférés vers l'une ou l'autre des collectivités locales ; lorsqu'ils intéressent la commune, ils peuvent donner lieu à la mise en œuvre des formules traditionnelles de coopération. Mais l'Etat ne détient plus non plus le monopole dans le domaine de la planification et du développement économique. En particulier, les communes sont, aujourd'hui seules compétentes en matière de planification spatiale, elles s'occupent de tout ce qui concerne l'aménagement de proximité, élaborent des programmes locaux d'habitat, etc. Pour ces secteurs nouveaux, hormis les communautés urbaines instituées par la loi du 31 décembre 1966 pour tenter de résoudre les problèmes des agglomérations multicommunales, les formules traditionnelles, telles qu'elles sont pratiquées, ne suffisent plus.

La coopération à finalité technique conduit, en effet, à l'émiettement, au morcellement de cette coopération. Il existe, le plus souvent, autant de périmètres de coopération que de services gérés d'une manière intercommunale. « L'extrême hétérogénéité des cartes de la coopération intercommunale » (J.F. Auby, « Communautés de villes », Etudes foncières, n° 48, septembre 1990, p. 7) constitue un obstacle majeur à la création d'une véritable vie intercommunale, préalable obligé à toute réflexion sur un avenir commun. Il faut donc, sans abandonner les anciennes, susciter d'autres formes de coopération intercommunale qui intègrent les perspectives nouvelles.

62 – *Les tentatives préalables à la loi de 1992*

Avant même les lois de décentralisation, quelques essais de réformes des regroupements de communes sont effectués, dans le sens d'une rationalisation de la carte territoriale française. A ce titre, la loi du 31 décembre 1966 créant la communauté urbaine est intéressante car il s'agit de la première tentative pour dépasser, dans le cadre de l'agglomération, le niveau purement technique pour atteindre un niveau prospectif. La communauté urbaine est compétente pour gérer de multiples services publics communaux ; mais, tout ce qui concerne la planification spatiale et le développement des zones industrielles est conçu également à l'échelle de la communauté toute entière. Si cette loi n'a eu qu'un très faible écho, c'est dans la perspective tracée par elle que se situent toutes les tentatives ultérieures de réforme de la coopération intercommunale. Ainsi, la loi du 16 juillet 1971 tente, à défaut de fusions, de relancer, plus ou moins autoritairement, la politique de regroupement « avec la pression du corps préfectoral et par des incitations financières » (P. Bernard, *op. cit.*). Le processus alors mis en œuvre connaît l'échec, échec consacré par l'accueil très défavorable réservé au rapport Guichard de 1976 qui préconisait déjà la constitution de communautés de communes en milieu rural et de communautés urbaines en milieu urbain, tournées vers le développement en commun. Le poids des 500 000 élus locaux qui refusent toute idée de coopération imposée, joint à l'absence d'utilité immédiate, explique le sort réservé à de semblables tentatives et aussi la timidité des tentatives postérieures (y compris celle de 1992) fondées sur une démarche volontariste et non sur l'idée de contrainte.

Première initiative après 1982 : la charte intercommunale de développement et d'aménagement, née de la loi du 7 février 1983 et déjà examinée ci-avant. Il s'agit là de la toute première institution de coopération intercommunale utilisée dans le sens du développement local. Toutefois, ces regroupements purement volontaires ne connaissent pas une énorme faveur (304 périmètres arrêtés ou en projet au 1/1/91) et ne devraient plus avoir d'utilité avec la mise en œuvre de la loi de 1992.

Seconde innovation dans le sens du renouveau de la coopération intercommunale : le syndicalisme « à la carte » ou syndicalisme optionnel rendu possible par la loi du 5 janvier 1988 d'amélioration de la décentralisation. Une telle modalité est présentée comme permettant de pallier l'hétérogénéité des cartes de la coopération intercommunale par une restructuration des périmètres. Le principe est, en effet, le suivant : la décision institutive dresse la liste des compétences que le syndicat est habilité à exercer mais les communes comprises dans le périmètre syndical peuvent n'adhérer au syndicat que pour une partie seulement des compétences proposées. Il est, certes, possible dans un tel cadre, d'en rester au stade de la coopération technique. Mais une structure unique est capable de proposer, sur un territoire géographiquement homogène, une panoplie très large de services et alors, l'émergence d'une vie intercommunale est possible puisque toute coopération voulue se fera avec les mêmes communes. De plus, comme on le verra plus loin, si le fonctionnement du syndicat optionnel en est davantage compliqué, certaines réticences communales n'ont plus lieu de se manifester.

63 – *La loi du 6 février 1992*

La loi du 6 février 1992, sans supprimer la coopération à finalité technique, va donner véritablement aux communes la possibilité de se regrouper pour déterminer ensemble leur avenir et ce, quel que soit le milieu, urbain ou rural. Certes, dans les agglomérations urbaines, les communautés de villes bénéficient de compétences plus étendues que les communautés de communes créées en zone rurale ; de même, la solidarité financière est beaucoup plus forte dans le premier cas que dans le second. Mais, dans les deux cas, il existe un noyau dur de compétences qui s'étend à tout ce qui concerne l'aménagement de l'espace et le développement économique. Dans ce cadre là, ce n'est plus l'utilité immédiate qui prime, c'est la réflexion en commun sur les aspirations du développement futur, créateur d'une solidarité réelle sur laquelle il n'est plus possible de revenir. Beaucoup d'élus locaux comprennent, en effet, que dans le contexte actuel, l'espace communal est insuffisant pour assurer les fonctions de planification spatiale et de développement économique et la loi de 1992 offre les dispositifs institutionnels qui permettent d'organiser cette nouvelle coopération intercommunale.

L'objectif principal poursuivi par la loi de 1992 en ce qui concerne la coopération intercommunale va donc dans la bonne direction. Cela ne signifie cependant pas que le législateur ait posé, dans toute son ampleur, la question de la coopération, en se débarrassant totalement de sa timidité en la matière et un nouveau projet de loi est annoncé qui, sans remettre en cause les avancées réalisées par la loi de 1992, devrait en gommer les imperfections. Déjà, les nouvelles structures de coopération sont dotées d'un régime fiscal suffisamment attractif pour favoriser une coopération plus intégrée ; mais, pour vaincre tout à fait les réticences, il aurait peut être fallu aller plus loin et, par exemple, prévoir un financement spécifique des projets de développement communs. Mais, surtout, les modes actuels de coopération intercommunale sont trop nombreux puisque, rappelons le, la mise en place des nouvelles structures n'a pas entraîné la suppression des anciennes. A la dispersion des communes répond celle des établissements publics de coopération. Coopération technique et coopération prospective devraient pouvoir s'accomplir dans le même cadre géographique, alors qu'aujourd'hui seules les communautés de villes ou les communautés de communes qui sont constituées dans le même périmètre que des organismes de coopération existants se substituent à ceux-ci dans l'exercice de leurs compétences.

En ce sens, l'article 78 de la loi du 4 février 1995 d'orientation pour l'aménagement et le développement du territoire annonce une prochaine réforme et détermine les grandes lignes de ce qu'elle devra comporter :

Art. 78 – I – Dans le délai de dix-huit mois suivant la publication de la présente loi, le Gouvernement soumettra au Parlement un rapport contenant des propositions sur les points suivants :

1° les modalités selon lesquelles le nombre des catégories d'établissements publics de coopération intercommunale pourrait être réduit et leur régime juridique simplifié ;

2° dans quelle mesure et à quelles conditions ces établissements pourraient être dotés de compétences assumées progressivement, selon les besoins constatés par leurs responsables, dans le cadre d'une fiscalité additionnelle ou fondée sur la taxe professionnelle d'agglomération ;

3° les conditions dans lesquelles l'organisation et le fonctionnement des groupements de communes à fiscalité propre ainsi que l'élection des représentants des communes qui en sont membres pourraient être adaptés par référence aux dispositions de la loi n° 82-1169 du 31 décembre 1982 relative à l'organisation administrative de Paris, Marseille, Lyon et des établissements publics de coopération intercommunale.

Quoiqu'il en soit, de nombreuses possibilités de coopération sont proposées aujourd'hui aux communes françaises. Il convient d'étudier, avec quelques détails, les diverses formes de regroupements de communes prévus par le droit.

B) Les organismes institutionnels de coopération intercommunale

64 – Les organismes institutionnels de coopération intercommunale sont multiples, bien qu'ils se fondent tous dans le même moule juridique : celui de l'établissement public territorial. Syndicats sous leurs diverses formes, districts, communautés urbaines, mais aussi communautés de communes et communautés de villes sont des établissements publics qui, à ce titre, sont dotés de la personnalité morale et de l'autonomie financière et sont contrôlés dans leurs actes de la même manière que les communes.

Nous étudierons les formes anciennes de coopération avant d'examiner les formules nouvelles proposées par la loi de 1992.

1 – *Les structures organiques traditionnelles de coopération intercommunale*

65 – Avant la loi de 1992, le droit positif proposait aux communes :
– des formules de coopération intercommunale à finalité technique qui varient selon leur degré de souplesse : S.I.V.U., S.I.V.O.M., district ;
– une formule d'intégration, proposée seulement aux agglomérations de plus de 50 000 habitants : la communauté urbaine.

a) Les syndicats de communes

66 – Sous ses diverses formes, syndicats à vocation unique (S.I.V. U.), syndicats à vocation multiple (S.I.V.O.M.), syndicats « à la carte » et même syndicats mixtes (ces syndicats associent collectivités territoriales, compagnies consulaires et autres établissements publics, y compris de l'Etat voir *infra*), les syndicats de communes constituent une forme de coopération intercommunale qui comme on l'a déjà écrit, marche bien. A cela une raison principale : cette institution permet de sauvegarder l'égalité formelle entre communes, puisque chaque partenaire pèse du même poids que les autres dans le fonctionnement du syndicat. Voilà pourquoi la formule, qui convient particulièrement au milieu rural dans lequel les communes ne sont pas de taille très inégale et les activités étroitement imbriquées, est également choisie fréquemment en milieu urbain, les diverses entités composant l'agglomération répugnant souvent – dans le cadre ancien – à créer une institution plus fédérative.

Pour parachever son succès, la loi du 5 janvier 1988 a modifié le régime juridique syndical dans le sens de la libéralisation : le législateur veut convaincre les communes réticentes de l'absence de risque à coopérer, quitte d'ailleurs à affaiblir les solidarités communales existantes en favorisant le retrait des membres de l'établissement public.

Le régime juridique du syndicat de communes se caractérise par un degré de liberté très poussé, tempéré par le recours à la majorité qualifiée dans l'expression de la volonté syndicale. Ainsi, pour la création d'une telle structure, le préfet soit enregistre l'accord unanime des communes soit fixe, après avis du conseil général, la liste des membres en cas d'accord de la majorité qualifiée des communes (deux tiers des communes représentant la moitié de la population ou l'inverse). Le groupement est ouvert : de nouveaux membres peuvent être accueillis sur décision favorable du comité syndical, à moins que le tiers des conseils municipaux ne s'y oppose.

Les mêmes règles s'appliquent quant aux attributions du syndicat. Les statuts constitutifs doivent déterminer avec précision les compétences déléguées au syndicat mais cette liste peut être modifiée par décision du comité et accord exprès de la majorité qualifiée des conseils municipaux. Sur ce point, le législateur de 1988 introduit *le syndicalisme à la carte,* modalité nouvelle de SIVOM : la décision institutive dresse la liste des compétences que le syndicat est habilité à exercer mais les communes peuvent n'adhérer que pour une partie seulement de ces compétences. Ainsi, une structure unique de coopération peut proposer, dans un périmètre déterminé, une panoplie très large de services, chaque commune ne retenant que ce qui l'intéresse directement. Le fonctionnement du syndicat en est, certes, compliqué, mais certaines réticences communales n'ont plus lieu de se manifester.

Le syndicat de droit commun est administré par un comité dans lequel chaque commune est représentée par deux délégués. Ce comité fonctionne comme un conseil municipal. Dans le syndicat à la carte, des modalités particulières de représentation des conseils municipaux peuvent être appliquées, selon leur degré de participation au syndicat. Il en va de même pour le calcul de la contribution de chaque commune aux charges syndicales, dont le pourcentage figure dans la décision institutive.

Un droit de sécession est ouvert à toute commune membre du syndicat. Sur demande de la commune, le comité syndical se prononce à la majorité, étant donné que l'opposition du tiers des conseils municipaux fait échouer la procédure. La loi du 5 janvier 1988 prévoit, en outre, qu'une commune qui adhère depuis au moins six ans au syndicat peut déclencher le processus du retrait si elle estime qu'est compromis de manière essentielle son intérêt à participer à l'objet syndical : cette commune, faute de décision favorable selon la procédure habituelle dans le délai de six mois, peut demander au préfet d'autoriser son retrait, après avis de la commission départementale de conciliation, nouvelle instance créée par le législateur.

b) La formule du district

67 – Le district, institué par l'ordonnance du 5 janvier 1959 sous le nom de « district urbain » puis également proposé aux zones rurales depuis la loi du 31 décembre 1970, constituait une formule hybride qui semblait ne pas beaucoup présenter d'intérêt. Selon la volonté des communes-membres, en effet, le district soit se rapprochait fortement du SIVOM, si ce n'est que deux compétences lui était imposées *(le service du logement et les centres de secours et de lutte contre l'incendie)*, soit était le cadre d'une véritable intégration avec fiscalité propre et compétences nombreuses. De même, au niveau du nombre et de la répartition des délégués des communes au conseil de district, la liberté était la règle : l'égalité entre les communes n'était nullement imposée mais pouvait être aussi édictée par la décision constitutive.

Aujourd'hui, pourtant, l'intérêt de la formule parait plus fort et, corrélativement, le nombre des districts augmente régulièrement. La liberté, en effet, est toujours présente dans le choix du mode de gestion ou dans celui des compétences du district. L'intégration peut donc être progressive, au gré de la majorité qualifiée. Mais le district qui, depuis la loi du 29 novembre 1985 recevait une attribution de la dotation globale de fonctionnement à la condition d'être doté d'une fiscalité propre additionnelle aux quatre taxes directes locales, doit obligatoirement retenir cette fiscalité à compter de 1995. Le district est en passe de devenir la structure d'intégration des villes moyennes. Il faut, d'ailleurs, noter que la loi n° 95-1350 du 30 décembre 1995 (JORF, 31 décembre, p. 19098), tend à faciliter la transformation des districts en communautés urbaines.

c) La communauté urbaine

68 – Il existe, aujourd'hui, onze communautés urbaines. Aux quatre communautés créées directement par la loi n° 66-1069 du 31 décembre 1966 (Bordeaux, Lille, Lyon et Strasbourg), aux cinq communautés créées volontairement entre 1968 et 1973 (dans l'ordre de leur création : Dunkerque, le Creusot-Montceau-Les-Mines, Cherbourg, Le Mans et Brest) se sont ajouté, au début de 1996, Nancy et Saint-Etienne. Il n'y avait eu, en effet, aucune création entre 1973 et 1996, probablement parce que cette formule d'intégration poussée faisait peur, d'autant plus qu'elle connaissait des difficultés spécifiques dues à la nature des compétences transférées (urbanisme opérationnel, transports...) et aux surcoûts financiers. Mais, si les modifications substantielles apportées à la formule originaire par la loi n° 82-1169 du 31 décembre 1982, dans le sens d'une plus grande liberté et d'une participation accrue des membres n'a produit aucun effet pratique, la loi du 6 février 1992, en apportant simplification et précisions et, surtout, en relançant le débat sur une plus grande intégration au sein des agglomérations a, peut-être, redonné un avenir à une structure qui paraissait ne pas en avoir.

Réservée, à l'origine, aux agglomérations de plus de 50 000 habitants, la formule de la communauté urbaine intéresse, depuis 1992, les agglomérations de plus de 20 000 habitants.

La communauté est créée par arrêté du préfet lorsque les communes concernées font partie du même département ou par arrêté conjoint des préfets intéressés dans le cas contraire, sur la demande des deux tiers au moins des conseils municipaux des communes intéressés représentant plus de la moitié de la population totale ou vice-versa. Cette majorité doit comprendre le conseil municipal de la commune dont la population est supérieure à la moitié de la population totale concernée.

Sur l'initiative d'un ou plusieurs conseils municipaux demandant la création d'une communauté urbaine, le ou les représentants de l'Etat fixent par arrêté la liste des communes intéressées.

Il y a donc simplification de la procédure (il fallait un décret pour créer une communauté urbaine) et diminution importante quant au nombre d'habitants à réunir. Cette formule, où l'intégration reste la règle, est donc plus facile à mettre en œuvre, puisqu'elle va, elle aussi, dans le sens voulu par le législateur de 1992.

La Communauté urbaine dispose de compétences de plein droit très étendues qui concernent à peu près tout ce qui touche au domaine de l'équipement : planification urbaine, zones industrielles, constructions scolaires, eau, assainissement, ordures ménagères, voirie et parcs de stationnement, transports urbains, abattoirs et marchés, cimetières. Les compétences économiques de la communauté urbaine sont précisées. Elles s'étendent à « la création et réalisation de zones d'aménagement concerté ; actions de développement économiques ; création et équipement de zones d'activité industrielle, tertiaire, artisanale, touristique, portuaire ou aéroportuaire ; actions de réhabilitation d'intérêt communautaire ». Il est prévu, d'autre part, que la communauté peut attribuer des fonds de concours aux communes membres afin de contribuer à la réalisation ou au fonctionnement d'équipements d'intérêt communautaire, (loi de 1992).

Les transferts de compétences postérieurs à la création de la communauté urbaine sont facilités. Jusqu'à présent, tous les conseils municipaux des communes membres devaient manifester leur accord. Depuis la loi du 6 février 1992, la majorité qualifiée de ces conseils municipaux suffit. De plus, il est prévu que l'établissement public et l'une ou l'autre des communes membres peuvent, par simple convention, se confier mutuellement la tâche de créer ou gérer certains services ou équipements relevant de leurs compétences propres. Les compétences des communautés urbaines peuvent donc varier de l'une à l'autre et encore il peut y avoir participation différenciée de chacune des communes à la communauté.

La communauté est administrée par un conseil de communauté qui fonctionne comme un conseil municipal. Dans sa composition, on recherche la représentation directe de chacune des communes membres et, dans ce but, le législateur de 1982 augmente le nombre des délégués (de 50 à 140 alors qu'auparavant le nombre maximal était de 90) et propose l'application de formules nouvelles quant à la répartition de ces délégués. A défaut d'accord amiable, passé à la majorité qualifiée renforcée dans les trois mois du renouvellement général des conseils municipaux, deux formules sont applicables selon que le pourcentage des communes dont la population est inférieure au quotient (population totale divisée par nombre de communes) dépasse ou non 50 %. Dans le second cas, on attribue d'office un siège à chaque commune et on répartit les sièges restants à la proportionnelle à la plus forte moyenne entre les communes dont la population est supérieure au quotient. Dans le premier cas, on revient au système ancien : la représentation proportionnelle au plus fort reste. Mais alors, les communes non directement représentées au conseil sont associées aux décisions prises par l'intermédiaire de leurs maires regroupés dans un organe consulté avant la réunion du conseil sur les grandes questions à débattre.

Il existe obligatoirement une fiscalité communautaire directe, fondée sur les quatre taxes directes locales. Le conseil de communauté vote directement les taux d'imposition de ces quatre taxes au bénéfice de la communauté. Cette dernière, qui reçoit une part de la dotation globale de fonctionnement, perçoit également le produit de la taxe locale d'équipement et de la taxe d'enlèvement des ordures ménagères. Les subventions de l'Etat en direction des communautés sont également majorées.

Il est, enfin, essentiel de noter que le conseil d'une communauté urbaine existante à la date de publication de la loi du 6 février 1992, de même que le conseil d'un district doué d'une fiscalité propre existant à cette même date et exerçant les deux groupes de compétence obligatoires des communautés de villes, peut, à la majorité des trois quarts de ses membres, décider de percevoir la taxe professionnelle dans les mêmes conditions que les communautés de villes. Dans les mêmes conditions de majorité, ces conseils peuvent opter pour le régime fiscal prévu en faveur des communautés de communes.

Cela montre bien que le législateur de 1992 ne souhaite aucunement la disparition des formules existantes de coopération, à condition que celles-ci exercent déjà des compétences liées à la programmation du développement. Par contre, toute création nouvelle en ce domaine doit emprunter les formules prévues par la loi du 6 février 1992.

2 – *Les formules nouvelles de coopération intercommunale*

69 – En ce qui concerne la coopération intercommunale, le législateur ne se contente pas de créer de nouvelles formules, la communauté de communes et la communauté de villes, avec un régime financier relativement attrayant, mais il commence par affirmer le principe de concertation en la matière, en instituant le vecteur permanent de cette concertation et en organisant la procédure provisoire de lancement de cette concertation autour des formules nouvelles.

70 – *Le principe de concertation*

L'article 66 de la loi du 6 février 1992, qui ouvre les chapitres consacrés à la coopération intercommunale, se veut parfaitement clair :

« Le progrès de la coopération intercommunale se fonde sur la libre volonté des communes d'élaborer des projets communs de développement au sein de périmètres de solidarité. »

Ainsi est fixé à la fois le but : le projet de développement commun et le fondement de la coopération : la libre volonté des communes. Cependant, la volonté des collectivités doit s'exercer en veillant à la cohérence de l'ensemble, d'où l'institution, dans chaque département, d'une commission départementale de la coopération intercommunale, cette dernière jouant, au départ un rôle d'incitation en offrant aux différentes communes des perspectives auxquelles elles n'auraient peut-être pas pensé, faute de disposer des éléments de réflexion suffisants.

La commission départementale de la coopération intercommunale est une institution permanente chargée d'établir et de « tenir à jour un état de la coopération intercommunale dans le département » (article L 5211-16 du CGCT). A ce titre, elle peut, à tout moment, adresser aux communes concernées des *propositions* tendant à renforcer la coopération intercommunale et formuler des *observations* sur tout projet en ce domaine, l'information de la commission étant obligatoire. Propositions et observations sont rendues publiques.

La commission est présidée par le préfet, arbitre et garant de l'intérêt général, assisté d'un rapporteur général et de deux assesseurs élus parmi les maires. Elle est composée de la façon suivante :

– 60 % de maires, adjoints, conseillers municipaux élus à la représentation proportionnelle par les maires regroupés au sein de collèges électoraux déterminés en fonction de l'importance démographique des communes ;
– 20 % de représentants d'établissements publics de coopération intercommunale élus à la représentation proportionnelle par le collège des présidents de ces établissements et de représentants des communes associées dans le cadre de chartes intercommunales de développement et d'aménagement élus de la même manière par le collège des maires de ces communes ;
– 15 % de représentants du conseil général et 5 % de représentants du conseil régional dans la circonscription départementale élus selon le même mode de scrutin.

Le décret n° 92-417 du 6 mai 1992, relatif à la commission départementale de la coopération intercommunale (JORF, 7 mai, p. 6233) fixe à 40 le nombre de base des membres de la commmission, ce chiffre pouvait se trouver augmenté pour tenir compte de la population globale du département, du nombre des communes et de leur importance démographique. Ce décret précise également les modalités d'élection des membres de la commission et les règles de fonctionnement de celle-ci.

La commission départementale de la coopération intercommunale s'est vu confier pour première tâche l'élaboration d'un schéma départemental de la coopération intercommunale qui devait comporter des propositions de création ou de modification de communautés de communes, de communautés de villes, de communautés urbaines, de districts ou de syndicats de communes.

Un calendrier précis et rigoureux avait été fixé mais n'a pu être tenu : initialement prévu pour le 8 février 1993, l'établissement du schéma a été repoussé à deux reprises par la loi et le terme du 31 décembre 1993 n'a été tenu que par peu de départements, la plupart d'entre eux retardant la publication de schéma jusqu'à la fin de l'année 1994. Quant à la procédure suivie, il est intéressant de noter les points suivants :

– l'initiative partait des communes, chacune d'elles devait proposer à la commission, dans les six mois, la forme de coopération qu'elle souhaitait et ceci sans aucune contrainte ;

– au vu de ces propositions, la commission départementale établit un projet de schéma départemental de la coopération intercommunale.

– Ce projet est transmis pour avis aux conseils municipaux et aux organes délibérants des établissements publics de coopération intercommunale concernés par les propositions de création ou de modification. Il est également transmis pour information au conseil général, aux chambres consulaires, aux autres communes et établissements publics de coopération.

– L'avis doit être donné dans les trois mois de la saisine. Toutefois, les autorités concernées peuvent demander à disposer d'un délai supplémentaire de trois mois, au terme duquel elles sont tenues de transmettre leur délibération.
– Au vu de ces avis, la commission procède, le cas échéant, à une nouvelle délibération, puis le schéma départemental de la coopération intercommunale est publié par arrêté préfectoral et fait l'objet d'une insertion dans la presse.

C'est à partir de la publication que les procédures spéciales de mise en œuvre du schéma sont lancées.
– Les propositions de création de communautés de communes, de communautés de villes ou de communautés urbaines sont transmises aux communes concernées par le préfet. Ces dernières disposent alors d'un délai de 4 mois pour prendre leur décision, décision relative aussi bien à la création de la communauté qu'à son périmètre.

Seule particularité qui concerne les propositions de création des communautés de communes : il n'est pas possible d'intégrer contre son gré dans le périmètre concerné une commune qui propose de participer à un autre établissement public de coopération intercommunale exerçant des compétences en matière d'aménagement de l'espace et de développement économique, dont le territoire est contigu au sien et qui accepte d'accueillir cette commune.

Donc, le schéma départemental n'a qu'une valeur indicative et ne s'impose nullement aux collectivités locales. D'autre part, le dispositif n'est censé privilégier aucune forme de coopération particulière : les nouvelles formules ne sont pas créées dans le but d'enterrer les anciennes mais celui de fournir aux communes qui veulent aller plus loin en élaborant un projet de développement commun les instruments nécessaires. Cela, il est difficile de le faire dans le cadre des structures de coopération existantes : puisqu'il n'est pas prévu d'imposer des compétences nouvelles, et surtout d'obliger les établissements existants à se doter d'une fiscalité propre, avec harmonisation des taux de la taxe professionnelle, le maintien de ces seuls établissements conduirait à conférer le même nom à des structures qui ne fonctionneraient plus selon les mêmes modalités. L'enrichissement de la coopération intercommunale demande l'adoption de nouvelles formules.

71 – *Communautés de communes et communautés de villes*

Il existe une profonde parenté entre ces deux formes nouvelles de coopération. Au plan des modalités de création, des compétences, des institutions, du régime financier, il semble qu'il n'y ait qu'une différence de degré entre communautés de villes et communautés de communes. Ceci ne surprend d'ailleurs nullement puisque le but poursuivi est le même, la nécessité d'intégration n'étant toutefois pas exactement identique en milieu urbain et en milieu rural. Alors, certaines modalités, nécessaires donc obligatoires ici, ne sont qu'optionnelles là.

Cependant, alors que la loi du 6 février 1992 l'avait réservée aux communes et aux agglomérations de moins de 20 000 habitants, la loi n° 93-122 du 29 janvier 1993 permet d'utiliser la formule de la communauté de communes en milieu urbain : des agglomérations comme Marseille et Grenoble ont ainsi créé de telles communautés, moins contraignantes que la communauté de villes.

72 – *Modalités de création*

Elles sont exactement les mêmes que celles qui président à la création des établissements de coopération existants, syndicats de communes ou districts (seule différence : la majorité qualifiée que demande la création d'une communauté de communes doit comporter nécessairement les conseils municipaux des communes dont la population est supérieure au quart de la population totale concernée, tandis que, pour la communauté des villes, la majorité doit comprendre le conseil municipal de la commune « dont la population est supérieure à la moitié de la population totale concernée », cette disposition étant inutile car, sans cela, la majorité qualifiée ne serait pas atteinte).

73 – *Administration*

Communautés de communes et communautés de villes sont administrées par un conseil composé de délégués des communes élus par les conseils municipaux. Pour les premières, la répartition des sièges au sein du conseil est assurée en fonction de la population, chaque commune disposant au minimum d'un siège et aucune commune ne pouvant disposer de plus de la moitié des sièges. Les autres règles – nombre de sièges, répartition précise – sont fixées par accord entre les membres, à la majorité qualifiée. Pour les secondes, à défaut d'accord amiable intervenu dans les trois mois, la répartition des sièges est assurée en fonction de la population à la représentation proportionnelle à la plus forte moyenne. Le nombre des sièges est calculé en prenant pour base le tableau du code des communes relatif au conseil de la communauté urbaine, étant donné pourtant que, pour les communautés de villes, chaque commune doit disposer d'au moins un siège et aucune de plus de la moitié des sièges. La désignation des délégués de chaque commune est opérée, au sein de chaque conseil municipal, au scrutin uninominal à deux tours s'il y a un délégué, au scrutin de liste majoritaire dans le cas contraire.

Les règles relatives à l'administration, au fonctionnement, aux modifications et à la durée du syndicat de communes sont applicables à la communauté de communes, hormis celles relatives au syndicalisme à la carte et aux modalités de retrait des communes fixées par la loi du 5 janvier 1988.

Les règles relatives au fonctionnement du conseil, à la durée du regroupement ou aux effets des transferts de compétences applicables à la communauté urbaine le sont à la communauté de villes.

74 – *Compétences*

Si l'on compare, dans le Code général des collectivités territoriales, les articles L 5214-16 (ancien article L 167-3 du Code des communes) (compétences des communautés de communes) et L 5216-16 (ancien article L 168-4 du Code des communes) (compétences des communautés de villes), on constate la communauté de but, la nature identique des compétences exercées pour y parvenir mais aussi la différence possible d'intensité des transferts.

Communauté de but

« La communauté de communes a pour objet d'associer des communes au sein d'un espace de solidarité, en vue de l'élaboration d'un projet commun de développement et d'aménagement de l'espace en milieu rural... ».

« La communauté de villes a pour objet d'associer des communes au sein d'un périmètre de solidarité urbaine en vue du développement concerté de l'agglomération... ».

Nature identique des compétences exercées

Pour les deux communautés, les compétences transférées portent obligatoirement sur l'aménagement de l'espace et les actions de développement économique ; s'y ajoutent les compétences relevant d'au moins un des quatre groupes suivants :
– protection et mise en valeur de l'environnement,
– politique du logement et du cadre de vie (politique du logement et actions de réhabilitation pour les communautés de villes),
– création, aménagement et entretien de la voirie (+ plans de déplacements urbains et transports urbains pour les communautés de villes),
– construction, entretien et fonctionnement d'équipements culturels et sportifs et d'équipements relevant de l'enseignement préélémentaire et élémentaire (+ action et animation culturelle dans les communautés de villes).

Intensité différente

La liste ci-dessus en rend déjà compte mais elle est surtout marquée par l'emploi, dans la seconde phrase du premier alinéa des articles précités, d'un article indéfini dans un cas, d'un article défini dans l'autre cas :

Article L 5214-16 : « Elle exerce de plein droit, aux lieu et place des communes membres, pour la conduite d'actions d'intérêt communautaire, *des* compétences relevant de chacun des deux groupes suivants… ».

Article L 5216-16 : « Elle exerce de plein droit, aux lieu et place des communes membres, pour la conduite d'actions d'intérêt communautaire, *les* compétences ainsi que les règlements y afférents relevant de chacun des deux groupes suivants… ».

Cette différence d'article a pour conséquence directe la rédaction des deux alinéas suivants. Pour les communautés de communes, le législateur cite seulement les deux groupes de matières (aménagement de l'espace ; action de développement économique) sans autre précision. Pour les communautés de villes, il détaille *les* compétences transférées :

« 1° Aménagement de l'espace : schéma directeur, schéma de secteur, charte intercommunale de développement et d'aménagement, élaboration des programmes locaux de l'habitat visés à l'article L 302-1 du code de la construction et de l'habitation, création et réalisation de zones d'aménagement concerté.

2° Actions de développement économique, création et équipement des zones d'activité industrielle, tertiaire, artisanale, touristique, portuaire et aéroportuaire. »

Il est facile de comprendre le pourquoi de cette différence de rédaction, mais elle pourrait connaître des difficultés pratiques d'application dans le cadre des communautés de communes. Suffirait-il, par exemple, que les communes concernées s'entendent pour transférer à l'établissement public de coopération la définition d'un programme local de l'habitat et la création d'une zone artisanale, en retenant pour elles toutes les autres compétences relatives aux deux secteurs, pour qu'il y ait communauté de communes ? Il y a là une indétermination peut-être regrettable.

Par ailleurs et à tout moment, dans les deux structures, les communes membres peuvent transférer, en tout ou partie, à la communauté certaines de leurs compétences et les équipements ou services publics utiles à l'exercice de celles-ci. Il suffit pour cela des délibérations concordantes du conseil de communauté et de la majorité qualifiée des conseils municipaux des communes membres. Par contre, il n'est pas prévu le mouvement inverse, comme pour les communautés urbaines.

Au-delà du minimum imposé (et même, il y a indétermination quant au contenu de ce minimum pour les communautés de communes), il peut donc y avoir des communautés qui exercent des compétences diversifiées. Cela est d'autant plus vrai que le législateur prévoit que les communautés urbaines et les districts regroupant une population de 20 000 habitants ou plus peuvent se transformer en communautés de villes, par décision du conseil prise à la majorité des deux tiers, en conservant l'intégralité des compétences antérieurement exercées, tandis que les districts – tous– existant peuvent se transformer en communautés de communes en conservant également l'intégralité des compétences antérieurement exercées.

75 – *Régime financier*

Sur ce plan, il faut d'abord citer un certain nombre de mesures qui constituent autant d'incitations pour les communes à se regrouper.

– Communautés de villes et communautés de communes bénéficient d'une attribution au titre de la dotation globale de fonctionnement dès la première année de fonctionnement du groupement (d'ailleurs, étant donné les très fortes tensions dans la répartition de la DGF pour 1993, la loi n° 93-1436 du 31 décembre 1993 tente de favoriser une réelle intercommunalité de projet sur la base d'un coefficient d'intégration fiscale).

– Les communautés bénéficient de la dotation globale d'équipement avec le bénéfice d'une majoration.

Ces groupements bénéficient également des remboursements des versements de TVA qu'ils effectuent pour leurs investissements au titre de l'année même d'engagement de la dépense et non pas avec un décalage de deux ans selon les règles appliquées aux autres groupements.

– Les communautés de communes de moins de 35 000 habitants peuvent accéder à la première part de la dotation de développement rural.

– Bien entendu, comme tous les autres groupements, les communautés disposent aussi des différentes recettes fiscales perçues à la place des communes membres, en fonction des compétences qu'elles exercent effectivement.

– Mais, ce qu'il y a de plus intéressant en ce qui concerne le régime financier des communautés de villes et des communautés de communes, obligatoirement établissements de coopération à fiscalité propre, a trait à la taxe professionnelle. Le problème de la localisation de cette taxe, en effet, constitue, entre autres, un obstacle à la coopération intercommunale. Or, il est prévu (article 1609 *noniès* C du code général des impôts) que « les communautés de villes sont substituées aux communes membres pour l'application des dispositions relatives à la taxe professionnelle... Elles perçoivent le produit de cette taxe ». La communauté, ensuite, verse à chaque commune une attribution égale au produit de taxe professionnelle perçu par elle l'année précédant l'institution du taux de taxe professionnelle communautaire diminué du coût net des charges transférées, calculé par une commission locale composée d'au moins un représentant du conseil municipal de chacune des communes concernées. S'il existe un solde restant disponible sur le produit de la taxe professionnelle à la suite du versement des attributions de compensation et du prélèvement communautaire, il est réparti librement entre les communes membres, à la majorité des deux tiers ou, à défaut, selon des règles fixées par le texte. Il est à noter que le taux communautaire de la taxe professionnelle s'applique progressivement dans chacune des communes, les disparités constatées étant réduites chaque année.

En ce qui concerne les communautés de communes, le régime normal consiste en la perception des différents impôts locaux selon les règles applicables aux communautés urbaines (fixation par la communauté du taux d'imposition s'appliquant aux bases communales imposables). Mais deux autres possibilités existent quant à la perception de la taxe professionnelle :
– les communautés de communes ayant créé, créant ou gérant une zone d'activités économiques, peuvent décider, par délibération du conseil de communauté statuant à la majorité des deux tiers, de se substituer à la ou aux communes sur le territoire desquelles se situe cette zone pour la perception de la taxe professionnelle acquittée par les entreprises implantées dans la zone ;
– les communautés de communes peuvent, purement et simplement, par délibération du conseil statuant à la majorité des trois quarts, adopter le régime des communautés de villes, la décision pouvant être rapportée dans les mêmes conditions.

Ce nouveau régime de la taxe professionnelle, qui lie logiquement la perception et la fixation du taux de cette taxe aux prérogatives des organismes de coopération intercommunale en matière d'aménagement et de développement économique, apporte une solution cohérente au grave problème de la localisation de cette taxe. Il faut cependant noter qu'avec ce système, le gouvernement tente de promouvoir le regroupement communal « à l'aide d'un système d'auto-incitations reposant sur l'affectation aux communautés de ressources provenant exclusivement des communes et non de l'Etat » (M. Bourjol, cité *in* JO Débats, Sénat, séance du 3 juillet 1991, p. 2459). Les nouveaux groupements, rappelons le, ne sont pas imposés ; la coopération intercommunale est une nécessité ; mais il est également évident que le dispositif mis en place aura pour effet de déposséder certaines communes de pouvoirs importants et de les vider de l'essentiel de leurs ressources. Est-il absolument nécessaire, dans ce cas, de garder l'enveloppe...

76 – *Bilan*

Il faut reconnaître que, malgré leur parenté, les deux structures nouvelles connaissent un sort totalement différent. La communauté de communes, parce qu'elle permet des expériences et conduit à une intégration très progressive, se révèle une formule attrayante qui connaît un développement rapide : au 01/01/1995, 756 communautés de communes étaient créées. En revanche, à la même date, 4 communautés de villes seulement s'étaient constitué (Aubagne, La Rochelle, Flers et Cambrai). Les chiffres traduisent le dynamisme actuel de la coopération intercommunale, en pleine mutation. Mais il ne faut pas leur donner trop d'importance, dans la mesure où la même enveloppe cache des réalités fort différentes et qu'une évolution négative du nombre pourrait révéler éventuellement un changement bénéfique.

En effet,

– les communautés de communes sont de taille très variable : elles rassemblent de deux communes à cent trente communes. On note, dans de nombreux endroits, une tendance forte au regroupement des communautés de communes. De nombreuses voix s'étaient, d'ailleurs, élevé, aussi bien lors de l'élaboration de la loi du 6 février 1992 que lors de la concertation menée dans le cadre de la réforme de l'aménagement du territoire, pour que, finalement, la communauté de communes corresponde à l'arrondissement, ou mieux, aux futurs pays, si ces deux notions se coïncident pas.

– de même, les communautés de communes quoiqu'intervenant toutes dans les mêmes secteurs, aménagement de l'espace et développement économique, sont loin d'exercer toutes les mêmes compétences. Un bon nombre d'entre elles ont joué le jeu d'emblée et sont dotées des principales compétences en ces deux domaines. Mais d'autres structures, plus prudentes, se sont constitué surtout pour profiter des incitations fiscales et ne détiennent, pour un temps du moins, que des compétences minimales. Là encore, il y aura évolution, l'important étant de démarrer une action commune.

Enfin, on peut constater que la logique de solidarité est beaucoup plus affirmée dans l'Ouest du pays (en Bretagne, la quasi-totalité des communes sont regroupées dans des communautés de communes) que dans le Centre, le Sud et surtout la région parisienne où le bilan est encore relativement médiocre. La réforme annoncée sera peut être susceptible, dans ces régions, de débloquer les mécanismes.

77 – La loi du 6 février 1992 favorise aussi d'autres types de regroupements, peut-être moins cruciaux que les regroupements de communes mais également fort intéressants, surtout dans l'optique européenne. Si les possibilités existant depuis 1871 au niveau interdépartemental (conférences et ententes interdépartementales) n'ont jamais prouvé véritablement leur utilité, il n'en va pas nécessairement de même des institutions interrégionales, précisément parce que nos régions apparaissent trop étroites pour être compétitives au sein de l'Union européenne. Dès lors, après quelques essais peu convaincants (les conférences interrégionales organisées par le décret n° 74-967 du 22 novembre 1974 ou les institutions d'utilité commune interrégionales dont le régime est précisé par le décret n° 83-471 du 9 juin 1983), le législateur de 1992 propose aux régions une nouvelle formule, *l'entente interrégionale*, dont le régime vient d'être modifié par l'article 81 de la loi n° 95-115 du 4 février 1995 pour permettre à une région d'adhérer à plusieurs ententes.

Une entente intérégionale associe de deux à quatre régions limitrophes. Elle comporte un organe délibérant : le Conseil de l'entente, composé de délégués des conseils régionaux dont le nombre et la répartition sont déterminés par la décision institutive et qui règle par ses délibérations les affaires relevant des compétences transférées à l'entente. Ce conseil peut déléguer ses attributions, à l'exception des attributions financières, à une commission permanente formée de conseillers élus à la proportionnelle. Le président du conseil représente l'entente, prépare et exécute les délibérations du conseil et peut prendre l'initiative de consulter les conseils économiques et sociaux des régions membres.

L'entente interrégionale exerce les compétences qui lui sont reconnues par la décision institutive. Le législateur insiste sur le rôle d'harmonisation qui pourrait être conféré à l'entente à l'égard des programmes des régions membres et, en ce sens, c'est à l'entente qu'il revient de conclure avec l'Etat des contrats de plan à la place des régions membres relativement aux compétences transférées. La loi précise, conformément aux grands principes de la réforme de décentralisation (*supra* n° 52), que tout transfert de compétences doit être accompagné d'un transfert de ressources correspondantes.

L'entente interrégionale, créée par décret en Conseil d'Etat sur délibérations concordantes des conseils régionaux intéressés, prises après avis des conseils économiques et sociaux régionaux, peut, dans les mêmes formes, évoluer quant au nombre de régions associées, à leur représentation au sein du conseil, aux compétences transférées. Elle peut aussi être dissoute, à la demande d'un conseil régional. De même, toute région membre de l'entente peut s'en retirer, mais seulement si la décision de retrait est adoptée à l'unanimité par le conseil de l'entente.

78 – *Conclusion* : vers une réforme en profondeur de la pyramide administrative ?

Il apparaît certain, aujourd'hui, que la recomposition du paysage administratif français est en marche. Les autorités compétentes entendent opérer en douceur et aucun texte n'envisage une quelconque suppression d'une ou plusieurs des structures actuelles ni même une quelconque modification de la pyramide ci-dessus étudiée. Pourtant, la création du « pays » pourrait constituer le ferment, à terme, d'innovations profondes en la matière.

Certes, le pays ne constitue pas, actuellement, une division nouvelle du territoire : loin des découpages autoritaires, trop artificiels, le pays repose sur le vécu ; c'est « le résultat d'une démarche ascendante émanant des acteurs locaux reconnue par les pouvoirs publics » « La loi du 4 février 1995 le définit comme un territoire de développement, un territoire-projet qui présente une cohérence géographique, culturelle, économique ou sociale », qui « exprime la communauté d'intérêts économiques et sociaux ainsi que, le cas échéant les solidarités réciproques entre la ville et l'espace rural » afin de définir et d'exécuter un projet commun de développement. Une expérience concerne 42 pays-tests et volontaires, puis les commissions départementales de la coopération intercommunale font des propositions de délimitation au préfet (de département ou de région) qui reconnaît le pays (Circulaire du 21 avril 1995 – Mon-T-P. Textes officiels du 15 mai 1995, p. 337).

Selon le législateur, le pays ne constitue ni une circonscription administrative nouvelle, ni une nouvelle collectivité locale. Mais ce même législateur prévoit que la délimitation des arrondissements doit tenir compte de l'existence des pays (*infra* n° 117), que l'organisation des services de l'Etat doit être remodelée en fonction des pays et que ces pays, cœur des solidarités villes-campagnes, doivent être unité de base du développement local, l'espace de coordination des actions de l'Etat, des collectivités locales, des groupements et associations, en la matière. Le pays, dès le départ, est doté de nombreux atouts... De plus, en moins de deux ans, des « pays » ont émergé partout (on en compte 250 au 1/03/97) ce qui prouve que la structure est porteuse d'attentes.

Alors, bien que les pays s'inscrive « plus dans une logique de mission que de gestion » (P. Houée, Association pour la promotion des pays de Bretagne), s'affirme la nécessité d'une instance où pourraient travailler ensemble tous les acteurs du pays. L'association pour la promotion des pays propose de faire de chaque pays « une fédération de communautés des communes, ouverte à des partenaires socio-professionnels et associatifs, qui comporterait un Conseil de pays composé d'élus et un comité de pays, organe de réflexion et de proposition qui regrouperait les autres partenaires ».

Mais si le pays évolue vraiment de cette manière et s'il remplit effectivement le rôle que lui fixe le législateur, il deviendra à terme et une collectivité locale – qui exprimera de réelles solidarités, fondement de la notion d'affaires locales – et une circonscription qui remplacera l'arrondissement. Le pays sera le relais normal de la région, responsable de la planification et de l'aménagement du territoire régional. La coopération intercommunale elle-même pourrait être pensée à l'échelon des pays à moins, solution extrême, que l'on ne fasse des communautés de communes les communes de demain, celles d'aujourd'hui devenant des communes associées.

Finalement, il nous semble que deux voies différentes soient possibles. La première consisterait à doubler la pyramide actuelle, pyramide de « gestion », par une pyramide de programmation et de développement, fondée sur les structures suivantes : région, pays, communes. La seconde consisterait à faire de cette nouvelle pyramide l'unique dispositif institutionnel et pour l'administration de l'Etat et pour l'administration locale.

TITRE II

L'administration d'Etat

79 – Il est essentiel de comprendre que la réussite de la vigoureuse réforme menée depuis 1982 est liée à la capacité de se réformer dont fera preuve ou non l'administration d'Etat. La décentralisation est souvent présentée comme la panacée qui réduira, sinon supprimera, tous les maux dont souffre notre système administratif : elle est donc – plus ou moins – acceptée par tous en cette période de mutation obligée. Mais, d'une part, cette politique implique une redéfinition du rôle de l'Etat qui ne doit plus accaparer l'exercice de toutes les fonctions, et, d'autre part, une modification profonde de la manière dont les missions étatiques sont accomplies. A cet égard, il faut insister sur ce point *: la déconcentration est nécessairement liée à la décentralisation.* Il est essentiel de faire coïncider au mieux les niveaux de gestion, ceux des collectivités locales, considérablement renforcées au plan des compétences par l'effet des lois des 7 janvier et 22 juillet 1983, et ceux de l'Etat : en d'autres termes, ce qui est fait au profit du président du conseil général ou du président du conseil régional doit être fait, au sein de l'administration d'Etat, au profit du préfet de département ou de région pour établir un seul niveau de correspondance dans la prise de la décision.

Or, force est d'admettre qu'il y a peu encore, la déconcentration, qui implique transfert des pouvoirs de décision et aussi des hommes de la capitale dans les chefs-lieu de préfecture, passait mal. Dans notre pays fortement centralisé, les ministères ont eu tendance à accaparer une part toujours plus grande des tâches administratives et à constituer pour les mener à bien, des structures très fortes dans le cadre desquelles œuvrent les fonctionnaires (il faudrait dire aujourd'hui fonctionnaires d'Etat puisque les agents de collectivités locales sont devenus également fonctionnaires depuis la loi du 13 juillet 1983) les plus nombreux et les plus compétents. *Les administrations centrales tentaient de garder le plus possible de prérogatives.* Déjà, par une lecture plus ou moins « orientée » des textes, elles essayaient parfois de limiter les conséquences des transferts de compétence vers les collectivités locales. Aussi ne considéraient-elles pas avec un excès de faveur les appels du ministre de l'Intérieur et de la Décentralisation en faveur d'une déconcentration importante.

Certes, le *comité interministériel d 'administration territoriale* (CIATER), prévu à l'article 25 du décret n° 82-389 du 10 mai 1982 relatif aux pouvoirs des préfets et à l'action des services et organismes publics de l'Etat dans les départements était chargé de proposer toutes mesures de déconcentration, au profit des préfets, des pouvoirs détenus par les ministres et la circulaire interprétative du 1er Ministre, en date du 12 juillet 1982, affirmait la volonté gouvernementale d'aller fort loin en ce sens. Certes, plusieurs décrets avaient déjà, à partir du 21 juillet 1982, appliqué effectivement ces instructions. Mais la redistribution des tâches et des moyens humains entre organes centraux et organes locaux de l'administration d'Etat était seulement amorcée et, comme le signalait Paul Bernard dans son beau livre « l'Etat et la décentralisation. Du préfet au commissaire de la République » (Notes et Etudes Documentaires n° 4711-4712. La Documentation française 31 mars 1983) : « Les relations sont très souvent marquées par la concurrence, l'incompréhension ou l'ignorance des rôles respectifs. Cette situation traduit un climat de méfiance qui nuit à l'efficacité de l'action de l'Etat » (p. 209). En bref, la déconcentration ne suivait pas, la décentralisation.

La situation, aujourd'hui se modifie dans la bonne direction : la loi du 6 février 1992 y oblige... Les plus hautes autorités de l'Etat interviennent en ce sens. La circulaire du Premier ministre, M. Alain Juppé, sur la réforme de l'Etat et des services publics du 27 juillet 1995 fixe comme premier objectif le redéploiement de 10 % des effectifs des administrations centrales d'ici la fin de 1996. Le 3 janvier 1996, devant les corps constitués, à l'occasion des vœux du nouvel an, le président de la République lui-même confirme que la réforme de l'Etat fait partie des grandes ambitions de son septennat et reprend l'objectif fixé par le Premier ministre... objectif qu'il réaffirme à nouveau, dans les mêmes circonstances, au début de 1997, preuve qu'il n'a pas encore été atteint. Toutefois, entre temps, le décret n° 95-1007 du 13 septembre 1995 remplace le comité interministériel d'administration territoriale par le comité interministériel pour la réforme de l'Etat et charge ce nouveau comité (*supra* n° 34) d'arrêter le plan triennal de réforme de l'Etat... qui était prévu pour la fin de novembre, époque à laquelle le nouvel organisme était à peine constitué. Le plan triennal, finalement rendu public, avant discussions avec les syndicats de fonctionnaires, le 7 mars 1996, met la déconcentration au cœur du dispositif ; elle irait de pair avec une réorganisation des services déconcentrés, qu'il s'agirait de décloisonner et corrélativement avec une simplification de la gestion des fonctionnaires de l'Etat dont il faudrait réduire le nombre de corps. Par ailleurs, sont préconisées la simplification des procédures, l'amélioration de la qualité des services publics par la définition d'objectifs et, surtout, la rédaction d'une charte des citoyens et des services publics, faisant figurer leurs droits et obligations respectifs. Bref, le thème de la réforme de l'Etat est omniprésent, mais ne s'accommode guère de délais impératifs trop brefs.

80 – Cette question fondamentale de la réforme obligée des administrations centrales constitue la toile de fond de ce titre. Mais il est tout aussi évident qu'il importe de *préserver l'unité du système qui garantit l'égalité des citoyens devant le service public*. Partager les rôles, distribuer les fonctions ne signifie aucunement démembrer l'Etat-collectivité. Les collectivités territoriales ne bénéficient ni d'un quelconque pouvoir législatif, ni même d'un pouvoir réglementaire initial (*infra* n° 169). Leur action s'inscrit toujours « dans le cadre de la complémentarité avec l'action de l'Etat » (Gontcharoff et Milano. *op. cit.*, p. 45). Il s'agit donc simplement de rendre à l'administration centrale le rôle pour lequel elle est faite, rôle qu'elle remplissait bien mal dans la dernière décennie, encombrée qu'elle était par des problèmes de détail. La fonction de conception, entre autres, ne peut être remplie qu'à l'échelon central. A l'inverse, les agents locaux de l'administration d'Etat, rattachés aux administrations centrales et aux ministres par le pouvoir hiérarchique, doivent avoir le pouvoir de régler sur place les différents problèmes d'adaptation que pose l'application locale des politiques définies à Paris. Mais le principe d'unité de représentation est absolument essentiel à tous les échelons pour maintenir la cohérence de l'action.

Il convient de dire que ce titre s'occupera uniquement des questions de structures pour la simple et bonne raison que les problèmes de compétences et de moyens – que nous étudierons pour l'administration locale – ne se posent guère pour l'administration d'Etat. L'Etat possède, en effet, la compétence de sa compétence à savoir qu'il a vocation à s'occuper de tout et peut déterminer ce qu'il se réserve et ce qu'il cède à l'administration locale. C'est à ce seul niveau que s'exerce le pouvoir réglementaire initial. Quant aux moyens, ils appartiennent pratiquement tout entiers à l'Etat qui devrait précisément songer à les redistribuer dans le cadre de la politique de décentralisation. On dira seulement que tous les impôts vraiment productifs sont des impôts d'Etat et que les agents qui travaillent pour les collectivités locales sont jusqu'à présent en-dessous des fonctionnaires d'Etat tant au plan des compétences que des avantages. Les difficultés réelles, qui ne peuvent être surmontées qu'au prix de modifications considérables du droit existant en 1982, ne se situent nullement – pour le moment – au plan qui nous intéresse présentement.

CHAPITRE I

L'ADMINISTRATION CENTRALE

81 – *Problèmes généraux actuels*

L'administration centrale a la charge de promouvoir l'action administrative de l'Etat sur l'ensemble du territoire. Peu importe la localisation du service : il existe, depuis quelque temps, des services centraux installés hors de la capitale, en vertu précisément de la « délocalisation » (*supra* n° 16). Ce qui compte est la vocation à exercer son activité dans tout le pays, sous l'autorité directe d'un ministre. Cela veut dire que les nouveaux « services à compétence nationale », reconnus et organisés par le décret n° 97-464 du 9 mai 1997, services qui sont chargés de missions présentant un caractère national et qui sont placés directement sous l'autorité d'un ministre ressortissent organiquement de l'administration centrale même s'ils dépassent le strict champ des compétences de cette administration tel que fixé par la charte de la déconcentration.

Les services centraux traditionnels ou verticaux forment un univers complexe et curieux, que MM. Dupuy et Thoenig (*op. cit.*, p. 128) qualifient « d'univers éclaté », à fort juste titre. En effet, cette administration centrale toute puissante, dans laquelle travaillent moins de 5 % des fonctionnaires d'Etat (de catégorie A ou C) est excessivement compartimentée. Si l'actuel gouvernement de M. Lionel Jospin ne comporte que 26 ministères (16) et secrétariats d'Etat (10), il s'agit là d'un des chiffres les plus faibles pour un gouvernement de la Ve République et il n'est nullement certain que le resserrement du nombre des portefeuilles comporte une réduction du nombre des structures au sein de l'administration centrale. Chaque département ministériel est, en effet, divisé en de multiples « services » qui, malgré les efforts de coordination déjà accomplis, apparaissent encore séparés par des cloisons pratiquement étanches. Une multitude d'« organismes rattachés », sans parler de toute l'administration consultative, œuvrent chacun de leur côté, ce qui fait la part belle aux cabinets ministériels qui ont tendance à confisquer l'essentiel du pouvoir. D'autre part, les services centraux dont la tâche essentielle est – devrait être – de concevoir une politique d'ensemble, n'ont souvent pas une claire vision de l'impact réel sur les administrés des mesures qu'ils élaborent mais que d'autres appliquent. Nous sommes dans un monde concurrentiel, chaque ministère, chaque bureau, étant en compétition avec le voisin, et quelque peu irréel puisque n'étant que rarement en prise avec les réalités. Monde, cependant, où les hommes de talent abondent : la plupart sortent de l'Ecole nationale d'administration, ont le sens du service de l'Etat et, ne serait ce que du fait de leur formation, sont capables d'adaptations... Il est, certes, de bon ton, en 1997, de critiquer la technocratie et ses produits : les hauts fonctionnaires qui sortent de l'ENA. Certains hommes politiques réclament même la suppression de cette école... Toutefois, si des réformes sont, certes, envisageables, (par exemple que les élèves ne puissent entrer dans les grands corps de l'Etat qu'après plusieurs années d'expériences acquises hors de la capitale) cette école, qui a su maintenir l'esprit du service public et qui nous est enviée partout, doit être maintenue.

L'administration centrale, cependant, n'est pas exempte de défauts parfois criants et des adaptations sont absolument nécessaires. Depuis plus de trente ans, d'une part, des besoins toujours plus grands de coordination se font sentir. On y répond par la création de structures horizontales – c'est-à-dire interministérielles – qui obtiennent souvent des résultats honorables et sont parfois indispensables mais révèlent aussi souvent l'incapacité à s'attaquer aux faiblesses des structures verticales. Avec la politique de déconcentration, d'autre part, un redéploiement géographique des moyens doit accompagner une redéfinition du rôle des administrations centrales. *Coordination, redistribution* sont donc les maîtres-mots qui devraient guider la réforme indispensable des services centraux.

82 – *Coordination et inflation administrative*

La coordination entre services qui font souvent preuve d'un excès de corporatisme s'effectue, d'abord au plus haut niveau, à celui du chef de l'Etat, du Premier ministre, du Conseil des ministres ou des comités interministériels (réunissant quelques ministres concernés par le même problème). Elle revêt alors une coloration politique fortement marquée et son moment de prédilection est celui de la préparation du budget. Mais aussi, au plan administratif, les cloisonnements de l'administration traditionnelle suscitent la création d'institutions interministérielles, qui ont tendance à proliférer sans que cela soit toujours indispensable, au risque de créer de nouvelles « querelles de frontière » et des oppositions avec les structures traditionnelles.

Parfois, la création d'organismes nouveaux correspond à l'apparition de besoins qui couvrent le champ de compétences de plusieurs départements ministériels. On a, dans ce cas, souvent recours à la technique de *l'administration de mission*, qui se développe à côté de l'administration de gestion. L'idée consiste à regrouper dans un même organisme des fonctionnaires venus de divers ministères, afin de mener à bien une tâche déterminée, sans être arrêtés par des questions relatives à la définition des compétences respectives. Des délégations de pouvoirs, un budget autonome suffisamment étoffé, constituent les conditions du succès de ces structures nouvelles. La technique de l'administration de mission est ainsi utilisée soit directement sur le terrain dans le cadre d'opérations exceptionnelles ou transitoires (mise en valeur de la région Languedoc-Roussillon) soit, à l'échelon central, pour assurer un rôle d'impulsion et d'animation dans un secteur interministériel par nature (Délégation à l'Aménagement du Territoire et à l'Action Régionale – DATAR – ou, exemple récent, le secrétariat général de la mer, créé auprès du comité interministériel de la mer, le 26 octobre 1995. Ce secrétariat est chargé de proposer au comité une politique ambitieuse de la mer et de coordonner les interventions pour son exécution, en veillant tout particulièrement à l'aboutissement des tâches qui sont, par nature, interminsitérielles – réglementation et mise en œuvre de moyens communs, dossiers économiques, aménagement du littoral et protection du patrimoine maritime, etc). Quelquefois, d'ailleurs, le besoin nouveau qui, au départ, donne naissance à une « administration de mission » conduit finalement à la création d'un nouveau service vertical, c'est-à-dire d'un département ministériel (Environnement ; droits de la femme).

Parfois aussi, la création d'institutions interministérielles résulte purement et simplement du refus des administrations centrales concernées d'agir de concert et de l'absence de courage des autorités politiques pour imposer la concertation. Les services de gestion seraient parfaitement capables, dans le cadre des structures existantes, de s'occuper de la tâche en cause, sous réserve de se réformer quelque peu. Mais on préfère, car c'est plus commode, créer quelque chose de nouveau, d'où *prolifération administrative* condamnable, doubles emplois et aussi affranchissement de certaines règles statutaires.

Francis de Baecque et André Holleaux, dans leur article « les problèmes posés par la diversité de l'organisation des administrations centrales » (Etudes et Documents – 1982-1983, p. 99 et s.) indiquent la clef qui devrait toujours guider les responsables : « les structures nouvelles ne doivent être crées qu'après constatation, au vu d'un examen objectif, du fait que les structures traditionnelles ne sont pas en mesure d'atteindre l'objectif que l'on s'est fixé ».

La récente circulaire du Premier ministre du 9 mai 1997 relative aux règles d'organisation des administrations centrales et des services à compétence nationale reconnaît, dans le cadre de la réforme de l'Etat, la nécessité de la cohérence, garantie par le resserrement des structures. « L'organisation des administrations centrales doit tendre à répartir les attributions entre quelques unités homogènes aux compétences bien définies... Il faut éviter absolument le morcellement des attributions entre des structures trop nombreuses qui sont un obstacle à la clarté des missions, à la cohérence et à la compréhension de l'action de l'Etat et à sa capacité d'arbitrage ». Le nouveau principe posé est donc le suivant : en présence de besoins nouveaux, il convient d'adapter les structures et non d'en créer de nouvelles.

Le recentrage des administrations centrales sur leurs missions essentielles, impliqué par la réforme de déconcentration, va dans le sens de cette réorganisation générale.

83 – *Les autorités administratives indépendantes*

Une place à part doit pourtant être faite aux « autorités administratives indépendantes » qui constituent, selon la formule de M. Chauvin (*Administration de l'Etat*, Mémento Dalloz, 4e éd., 1994, p. 12) « la création la plus originale de ces dernières années ». Ces instances, en effet, dont la création a pour objectif de soustraire telle activité à toute influence politique ou professionnelle, ne subissent aucune subordination hiérarchique – contrairement aux corps d'inspection – alors qu'elles participent, pour certaines d'entre elles du moins, au contrôle de l'administration dans des secteurs sensibles pour lesquels la protection des libertés pose des problèmes tout à fait nouveaux. A ce titre, les fonctions dont sont chargées ces autorités ne peuvent être prises en charge par des structures existantes.

Parmi les autorités administratives indépendantes, on peut citer le Médiateur de la République (loi n° 73-6 du 3 janvier 1973), mais surtout des organismes collégiaux qui contrôlent certaines activités ou services : la Commission nationale de l'informatique et des libertés (loi n° 78-17 du 6 janvier 1978), la commission d'accès aux documents administratifs (loi n° 78-753 du 17 juillet 1978) puis, plus récemment, le Conseil supérieur de l'audiovisuel (loi n° 89-24 du 17 janvier 1989), la commission des opérations de bourse (créée par l'ordonnance du 28 septembre 1967, elle est qualifiée d'autorité administrative indépendante, avec des pouvoirs renforcés, par la loi du 2 juillet 1996 de modernisation des activités financières), le Conseil de la concurrence (ordonnance du 1er décembre 1986) ou la commission nationale des comptes de campagne et des financements politiques (loi du 15 janvier 1990).

Ces autorités ne sont pas dotées de la personnalité morale : bien que se situant hors de la hiérarchie de l'administration, elles agissent au nom de l'Etat. Leur indépendance n'est, d'ailleurs pas totale puisque leurs crédits dépendent de l'Etat et que leurs décisions sont soumises au contrôle juridictionnel du Conseil d'Etat, sauf exception (les décisions du Conseil de la concurrence relevent de la Cour d'appel de Paris).

Les autorités administratives indépendantes disposent généralement d'un pouvoir réglementaire spécial et prennent des mesures individuelles dans le cadre de leur *mission de régulation* d'un secteur d'activité.

Dans son rapport 1995, le Conseil d'Etat préconise la création de nouvelles autorités administratives indépendantes dans des domaines aussi variés que la police, la défense, la communication, etc.

84 – *Administration centrale et redistribution*

La réforme de l'Etat, en cours, entraîne une redistribution à la fois des rôles et des moyens.

La redistribution des rôles, on vient de le voir, est fondamentale ; très délicate, allant contre des habitudes séculaires, elle doit être mise en œuvre si l'on désire un Etat moderne et efficace. Elle doit être accompagnée d'une vigoureuse redistribution des moyens.

Il ne s'agit certes pas de vider l'administration centrale qui garde, dans un cadre rénové, toute son utilité. Mais il faut que, dans chaque ministère, on tire rapidement les conséquences de l'esprit nouveau pour modifier les relations avec les services territoriaux et alléger les effectifs surabondants ou correspondants à des tâches que les services centraux ne devraient plus accomplir.

Il est évidemment hors de question, dans le cadre de cet ouvrage d'étudier toutes les composantes de l'administration centrale. Etant donné l'extrême variété et le caractère souvent transitoire des structures interministérielles, que nous venons de rencontrer, nous nous contenterons de décrire les rouages traditionnels qui restent encore les plus importants dans le système et qui, répétons le, sont capables en eux-mêmes d'adaptations. Nous décrirons :

– les autorités administratives suprêmes, investies de compétences générales dans l'ordre administratif : le président de la République et le Premier ministre ;

– les autorités spécialisées dans la direction d'un service ou d'un groupe de services : les divers ministres individuellement considérés, placés à la tête des différentes branches de l'administration d'Etat ;

– enfin, on consacrera un développement particulier à l'organe consultatif du pouvoir central dans son ensemble : le Conseil d'Etat.

Section I

LES AUTORITES ADMINISTRATIVES SUPREMES

85 – *Le bicéphalisme administratif*

La Constitution de 1958 donne au président de la République et au Premier ministre une mission générale de direction des corps administratifs. Notre Constitution introduit, sur ce point, une conception nouvelle par rapport à celle de 1946, le bicéphalisme administratif, notion qui désigne la dualité des organes compétents pour exercer le pouvoir réglementaire. Il est possible, après deux « cohabitations » pendant lesquelles président de la République et Premier ministre sont de tendance politique opposée, de s'interroger sur la réalité de ce bicéphalisme.

Les textes, dans le domaine administratif, semblent privilégier le Premier ministre. L'article 20 affirme que ce dernier, en tant que chef du gouvernement, « dispose de l'administration et de la force armée », tandis que l'article 21 le charge directement « d'assurer l'exécution des lois » et d'exercer le pouvoir réglementaire. De même, l'article 19 dispose que les actes signés par le président de la République sont soumis au contreseing du Premier ministre qui en endosse ainsi la responsabilité (ceux qui ne sont pas contresignés : nomination du Premier ministre, décision de recourir au référendum, dissolution de l'Assemblée nationale, mise en œuvre de l'article 16, ne concernent pas la fonction administrative). Cependant, il est incontestable que toutes les dispositions relatives au président de la République doivent être entendues au sens fort : lorsqu'il est dit à l'article 13 que le président signe les ordonnances et les décrets délibérés en Conseil des ministres, cela veut dire qu'il peut refuser de les signer, donc que ceux-ci doivent avoir son assentiment. La raison en est que, politiquement, le chef de l'Etat apparaît comme la « clef de voûte de l'édifice », l'organe prépondérant, et qu'alors, la confiance du chef de l'Etat est nécessaire pour le maintien dans ses fonctions du Premier ministre, premier des ministres mais seulement premier des ministres. Cette subordination politique réagit obligatoirement sur le domaine administratif et, si, en période normale du moins, (car en période exceptionnelle, en vertu des dispositions de l'article 16, le président de la République détient tous les pouvoirs), le Premier ministre assume la direction de l'administration, il doit agir en accord avec le président qui a des moyens de faire prévaloir sa volonté, ne serait ce qu'en révoquant son Premier ministre. Tout dépend, finalement, du caractère des deux hommes en présence. Hormis les questions touchant « la haute politique », il semble que le Général de Gaulle et Monsieur Pompidou aient laissé à leur Premier ministre la conduite journalière des services administratifs, se réservant la fixation des grandes options, avant que MM. Giscard d'Estaing et Mitterrand ne donnent une orientation plus présidentielle au régime.

La première « cohabitation », qui a duré du printemps 1986 à celui du 1988, n'a pas profondément altéré ce schéma. Pourtant, pour la première fois depuis 1958, le Premier ministre exerça la plénitude de ses attributions, en disposant au Parlement d'une majorité hostile au président de la République. Or, ce dernier n'a nullement abdiqué ses prérogatives et, par exemple a refusé de signer les textes qui lui paraissaient contraires à « l'intérêt national qu'il incarne » (voir les ordonnances sur la privatisation – 14 juillet 1986 – ou sur la fixation des circonscriptions pour l'élection des députés - 24 septembre 1986).

La seconde cohabitation (mai 1993 – mai 1995) donne lieu, comme la première, à une application stricte – mais cette fois sans heurts majeurs – de la lettre de l'article 21 de la Constitution. La troisième est commencée et devrait, cette fois, durer cinq ans...

86 – *Attributions précises*

Président de la République et Premier ministre exercent trois types d'attributions essentielles en matière administrative,

– Ils disposent, dans les conditions examinées ci-dessus, du *pouvoir réglementaire*, c'est-à-dire qu'ils édictent les textes de portée générale et impersonnelle nécessaires à l'exécution des lois ou à la détermination des règles dans les matières qui échappent au domaine législatif (pouvoir réglementaire autonome de l'article 37). Aucun texte n'établit de critères qui permettraient de distinguer ceux qui sont délibérés en Conseil des ministres et ceux qui ne le sont pas. Ce sont le secrétaire général de l'Elysée et le secrétaire général du gouvernement qui établissent le programme du Conseil des ministres qu'ils soumettent au président de la République.

– Ils disposent d'un *pouvoir de nomination* aux emplois civils et militaires de l'Etat. L'article 13 § 2 de la Constitution le prévoit pour le président de la République, mais également l'article 21 § 1 pour le Premier ministre. L'article 13 § 3 dresse cependant une liste constitutionnelle des emplois supérieurs de l'Etat qui relèvent du pouvoir de nomination du chef de l'Etat, tandis que le § 4 prévoit qu'une « loi organique détermine les autres emplois auxquels il est pourvu en Conseil des ministres ». Aussi, l'ordonnance n° 58-1136 du 28 novembre 1958, portant loi organique, complète la liste constitutionnelle des emplois pourvus par décrets en Conseil d'Etat et aussi des emplois qui relèvent d'une nomination par décret simple du président de la République. Sont ainsi nommés par décret en Conseil des ministres : les conseillers d'Etat, les ambassadeurs, les conseillers-maîtres de la Cour des comptes, les préfets, les recteurs, les directeurs d'administration centrale, les directeurs des établissements publics nationaux, des entreprises publiques, des sociétés nationales, les procureurs généraux près la Cour de cassation. Sont nommés par décret simple du Chef de l'Etat : les autres membres du Conseil d'Etat et de la Cour des comptes, les magistrats, les professeurs de l'enseignement supérieur, les membres des corps dont le recrutement est assuré par l'ENA. Le Premier ministre est compétent pour nommer à tous les autres emplois de l'administration d'Etat, mais il délègue très largement ce pouvoir aux ministres. Notons que, dans sa décision n° 95-177 L du 8 juin 1995, le Conseil constitutionnel, saisi par le Premier ministre décide « qu'il revient au pouvoir réglementaire de dresser la liste des emplois de direction des établissements publics, des entreprises publiques et des sociétés nationales dont l'importance justifie qu'ils soient pourvus en Conseil des ministres ». Cette décision met fin à une polémique survenue à propos de textes législatifs qui prévoyaient eux-mêmes le mode de nomination des dirigeants des structures qu'ils concernaient.

– Enfin ces deux autorités *assument la coordination de l'activité des divers ministères et opèrent donc les arbitrages nécessaires.* C'est sur ce point que le changement a été le plus net pendant la période de cohabitation : tant qu'il y a coïncidence des majorités présidentielle et parlementaire, le président de la République oriente l'action du gouvernement, au besoin par le moyen de lettres directives adressées au Premier ministre (dans le domaine administratif, voir, par exemple, la directive présidentielle du 15 juin 1983, par laquelle le Président Mitterrand demande que la décentralisation soit assortie d'une déconcentration plus énergique). Dans le cadre fixé par la loi, il opère un certain nombre d'arbitrages. En période de cohabitation, cette fonction semble relever essentiellement du Premier ministre (étant donné qu'ici, le terme « arbitrage » s'applique à la gestion quotidienne et non aux grands principes comme le fait l'article 5 de la Constitution – *supra* n ° 85). De toute manière, en la matière, la formalité substantielle du contreseing ministériel revêt un grand intérêt. Les actes du président de la République sont *contresignés* par le Premier ministre (on l'a déjà dit n° 76) mais aussi par le ou les ministres « responsables ». Les actes du Premier ministre sont contresignés (art. 22 de la Constitution de 1958) par les ministres « chargés de l'exécution » (sur la distinction entre les deux termes, voir CE 10 juin 1966 Pelon – AJDA 1966 p. 492 Conclusions Galabert). Le contreseing traduit, par la présence simultanée de plusieurs signatures, l'accord du président, du Premier ministre et des ministres, ce qui donne un aspect collectif à la décision administrative réglementaire et met fin juridiquement aux éventuels différends entre ces diverses autorités.

Ces attributions générales très importantes expliquent pourquoi nos deux autorités disposent de collaborateurs de plus en plus nombreux (bien que les services de la présidence de la République emploient environ 2 % des personnels employés par la Maison Blanche) pour les informer, les conseiller, préparer leurs décisions etc. Traditionnellement, les services du Premier ministre sont plus étoffés que ceux du président puisqu'il est le chef du Gouvernement. Même aujourd'hui où les services du président se sont accrus, ils sont conçus un peu différemment et demeurent plus légers et plus souples malgré les dénominations identiques : cabinet, secrétariat général, services rattachés.

87 – *Les services de la présidence de la République*

Aucun texte ne fixe leur statut, leur composition ou leurs fonctions. Il est donc possible au président de les aménager – de les modifier – à son gré. De même, leur poids est très variable. Les auteurs de science politique ont souvent spéculé là-dessus sans pouvoir apporter de preuves irréfutables. Pour les uns, tout se décide dans ces services, pour d'autres, les services de la Présidence se résument à une officine de relations publiques. En tout cas, le secret est bien gardé et nous ne nous hasarderons pas à prendre parti. Disons seulement qu'on y trouve des hommes et des femmes de diverses origines, avec, jusqu'alors, une majorité de hauts fonctionnaires, tous et toutes jouissant de la confiance personnelle du président.

Le *cabinet du président* est composé officiellement d'une dizaine de collaborateurs très proches sous l'autorité d'un directeur de cabinet. Il est chargé de tout ce qui touche la personne du président lui-même, que ce soit dans sa vie privée (fonctionnement du Palais de l'Elysée, organisation du temps du président), ou dans sa vie publique (voyages – audiences – maintien des attaches politiques avec sa circonscription etc.).

Le secrétariat général de la présidence de la République, dirigé par le secrétaire général, premier collaborateur du président qu'il voit chaque jour, a pour tâche d'informer celui-ci sur tout ce qui se passe d'important aussi bien à l'étranger qu'en France, (conjoncture politique et économique, fonctionnement des ministères). Le secrétaire général est assisté d'un secrétaire général adjoint, de conseillers techniques permanents chargés chacun d'un secteur spécialisé, d'un porte-parole et d'un attaché de presse, auxquels s'ajoutent des chargés de mission.

Divers organes peuvent être rattachés au secrétariat général, en particulier lorsque le président désire s'occuper lui-même de tel ou tel dossier. Alors se forme une sorte d'administration de mission auprès du président, qui a la possibilité de court-circuiter les hiérarchies en place. L'exemple de la « mission antiterroriste » nommée en août 1982 par F. Mitterrand et animée à l'Elysée par le chef d'escadron de gendarmerie C. Prouteau, cellule composée d'une quinzaine de gendarmes et de policiers, en constitue actuellement l'exemple le plus célèbre et aussi le plus fâcheux (antérieurement, on peut citer le secrétariat général pour les affaires africaines et malgaches qui a siégé à l'Elysée jusqu'en 1969 et a été supprimé en 1974 par M. Giscard d'Estaing).

Au titre des services permanents rattachés à la Présidence, il faut citer l'Etat-Major particulier du président – qui est le « chef des armées » – et aussi le commandement militaire du Palais qui dirige la garnison affectée à la sécurité de l'Elysée.

88 – *Les services du Premier ministre*

Les moyens opérationnels du Premier ministre sont fort importants. Non seulement on trouve auprès de lui des ministres délégués et des secrétaires d'Etat (voir *infra* n° 90), mais encore les organes directement placés à ce niveau sont plus fournis et les services rattachés plus nombreux.

Le *cabinet* est, comme celui du président, composé des collaborateurs personnels du Premier ministre qui les choisit tout à fait librement et les charge de toutes les missions qu'il désire. Normalement, c'est au sein du cabinet que s'élaborent les grandes stratégies administratives, que se règlent les questions administratives délicates par leurs implications politiques, que s'opèrent les arbitrages et que s'effectuent les négociations avec les partenaires sociaux. Le cabinet du Premier ministre dispose de correspondants – ceci depuis 1974 – dans chacun des cabinets ministériels pour être effectivement au courant de ce qui se passe dans tous les bureaux. C'est un instrument efficace de centralisation au niveau central. Aussi s'explique-t-il facilement que son effectif – contrairement à celui des ministres – ne soit nullement fixé et que le nombre des conseillers techniques et des chargés de mission soit relativement grand (une bonne trentaine de permanents).

Le secrétariat général du gouvernement joue un rôle fondamental autour du secrétaire général (souvent un conseiller d'Etat), dans la mesure où il veille à l'organisation des travaux et au fonctionnement du gouvernement. En amont, il prépare le travail (calendrier des réunions interministérielles, organisation matérielle de ces réunions, saisine préalable des organismes consultatifs, et aussi mise au point juridique définitive des projets de lois ou des décrets). En aval, il assure le suivi (actes divers de procédures, publication au journal officiel, conservation des décisions et aussi exploitation pratique des réunions – articulation et échelonnement de textes d'application – mise au point de procédures contentieuses, etc.). Il intervient aussi, dans le même sens, dans les relations gouvernement-parlement (navette, transmission des questions parlementaires et des réponses ministérielles etc.). Enfin, le secrétariat général remplit certaines tâches de gestion concernant les services rattachés au Premier ministre. Pour s'acquitter de toutes ces fonctions, le secrétaire général est assisté par un directeur et des chargés de mission, auxquels s'ajoute, évidemment, le personnel d'exécution, en tout près de deux cents personnes.

Un nombre considérable de services sont rattachés à Matignon, soit en raison de leur vocation générale, soit pour marquer leur importance. On citera comme exemples dans la première hypothèse la direction des Journaux Officiels, la direction de la Documentation française, le centre interministériel des renseignements ou le comité interministériel de l'administration territoriale déjà rencontré ; pour la seconde hypothèse, on mentionnera la DATAR et le commissariat général au Plan, ou le comité permanent des réformes administratives. Ces services, bien d'autres encore, permettent au Premier ministre de diriger lui-même des secteurs administratifs indispensables pour l'élaboration et la mise en œuvre d'une politique d'ensemble.

On indiquera, pour terminer, l'existence, auprès du Premier ministre, d'un cabinet militaire, composé d'un aide de camp, d'un représentant de chaque armée et d'un membre de la gendarmerie, le tout dirigé par un chef de cabinet. Cet organe conseille le chef du gouvernement sur les mesures à prendre pour la mise en œuvre de la politique générale de défense plutôt conçue à l'Elysée et coordonne, en la matière, l'action des différents ministères. Sur ce dernier point, le secrétariat général de la défense nationale, créé par le décret n° 62-809 du 18 juillet 1962, semble cependant prédominant.

Section II

LES DEPARTEMENTS MINISTERIELS

§1 – LES MINISTRES

89 – Les ministres ont, d'abord, eux aussi, *une fonction politique en tant que membres du gouvernement.* Ils sont, à ce titre, reliés aux autorités suprêmes que sont le président de la République et le Premier ministre non par les mécanismes du pouvoir hiérarchique mais par un principe de subordination politique qui traduit la solidarité gouvernementale. Mais surtout, *chaque ministre est le chef de la branche d'administration* qui lui est confiée, donc la première des autorités administratives spécialisées. En cette qualité, il dispose de compétences importantes mais qui, contrairement à celles exercées par le président de la République ou le Premier ministre (qui sont générales), sont marquées par cette idée de spécialisation ministérielle : ses pouvoirs sont étroitement limités au département à la tête duquel il est placé.

Même dans ce cadre restreint, le ministre ne dispose pas du pouvoir réglementaire, réservé aux deux autorités suprêmes. Mais il participe à son exercice de diverses manières. D'abord, il prépare tous les textes généraux qui concernent les divers services et matières que le découpage ministériel fait rentrer sous son autorité. Puis il contresigne, en qualité de « ministre responsable » ou de « ministre chargé de l'exécution », les actes respectivement signés par le Chef de l'Etat ou le Premier ministre. Qui plus est, le ministre détient un pouvoir réglementaire spécial dans plusieurs hypothèses :
– lorsqu'une loi particulière l'habilite à l'effet de prendre, dans tel secteur précis, des mesures de portée générale par arrêtés réglementaires (réglementation des prix – police des chemins de fer – certains régimes d'assurances sociales agricoles, etc.) ;
– en dehors de tout texte, lorsqu'il s'agit « de prendre les mesures nécessaires au bon fonctionnement de l'administration placée » sous son autorité (Conseil d'Etat, 7 février 1936, Jamart). Ainsi, par voie d'arrêtés ou de circulaires, le ministre peut fixer les modalités d'organisation du service, mettre fin à son fonctionnement, réglementer la situation des agents placés sous ses ordres (pour l'exercice du droit de grève, par exemple). De plus, le juge administratif admet aussi que le ministre a la possibilité de déterminer par directive les conditions auxquelles il entend accorder aux administrés tel ou tel avantage prévu par la loi, étant entendu toutefois que des dérogations à ces critères objectifs sont toujours possibles si elles sont justifiées par des situations particulières (CE 11 décembre 1970 Crédit Foncier de France). Cette « norme d'orientation » permet à l'administration d'élaborer « une doctrine d'action » sans pour autant méconnaître l'obligation de procéder à l'examen particulier de toutes les demandes. Il n'y a donc pas là véritable pouvoir réglementaire, puisque les critères fixés peuvent ne pas s'appliquer, mais, pour le ministre « un moyen privilégié et efficace d'intervention » (G. Darcy, *op. cit.*, p. 35).

Hormis ce pouvoir de prendre, dans certains cas, des mesures de portée générale, le ministre dirige l'action des agents de son département, agents qu'il nomme par délégation ou, du moins, qu'il propose. Il exerce sur eux le pouvoir hiérarchique. Le ministre est ordonnateur principal des dépenses de son ministère et, enfin, il représente l'Etat pour tout ce qui concerne les affaires qui relèvent de sa compétence (ester en justice, passer les contrats, etc.).

90 – Ces différents pouvoirs sont ceux des ministres en tant que tels. Mais, dans un gouvernement, surtout depuis quelque temps, on ne rencontre pas que des ministres. Il existe des dénominations diverses et il importe de savoir si tous les membres du gouvernement, quelle que soit leur dénomination, ont les mêmes pouvoirs ou si, à l'inverse, des distinctions sont à opérer.

Curieux est le sort réservé à la notion de *ministre d'Etat*. Tel gouvernement en comporte un nombre respectable, le suivant, parfois dirigé par le même homme et composé du même nombre de membres, n'en a aucun. Ainsi, les trois premières moutures du gouvernement Mauroy (22 mai 1981 – 23 juin 1981 – 29 juin 1982) comptent cinq ministres d'Etat ; la dernière (24 mars 1983) consacre leur suppression. Le gouvernement Bérégovoy en comportait trois (M. Jacques Lang, ministre de l'Education nationale et de la Culture, M. Roland Dumas, ministre des Affaires étrangères et M. Michel Delebarre, ministre de la Fonction publique et des Réformes administratives) tandis que le gouvernement Juppé ou le tout nouveau gouvernement Jospin n'en comporte pas. Mais l'appellation n'entraîne aucune conséquence, à l'heure actuelle, au plan administratif : si les ministres d'Etat bénéficient d'une préséance protocolaire par rapport à leurs collègues, ils sont chargés, comme eux, d'un ministère (sous la IVe République, les ministres d'Etat n'étaient, souvent, pas titulaires d'un portefeuille ministériel) et exercent, à ce titre, les mêmes prérogatives. La signification est surtout politique et, sur ce point, les premiers gouvernements Mauroy renouent avec la tradition qui consiste à nommer ministres d'Etat les chefs des « familles de la majorité présidentielle ».

Sous les septennats de M. Mitterrand, est, par contre, adoptée une conception tout à fait nouvelle en ce qui concerne la notion de *ministre délégué*. Jusqu'alors, les ministres délégués étaient des ministres à part entière qui exerçaient leurs activités par délégation du Premier ministre auprès duquel ils étaient placés. Et même, généralement chargés d'un secteur névralgique (dans le gouvernement Barre, M. Durrafourg était ministre délégué auprès du Premier ministre, chargé de l'Economie et des Finances) ou dans lequel les besoins de coordination interministérielle étaient importants, (la condition féminine – les réformes administratives), ils pouvaient s'appuyer sur le Premier ministre pour faire triompher leurs points de vue sur ceux de leurs collègues ministres.

Aujourd'hui, le ministre délégué ne semble plus participer entièrement de cette conception. Quatre différences, à cet égard, se font jour :

– La première est quantitative. Jusqu'en 1982 (3e gouvernement Mauroy constitué le 29 juin 1982), il y avait, lorsqu'il y en avait, fort peu de ministres délégués, 2 ou 3 maximum. Il y en avait 10 dans le gouvernement de juin 1982, 8 – pour seulement 14 ministres de plein exercice – dans celui de 1983, toujours 8 dans le gouvernement Chirac de 1986 pour le même nombre de ministres à part entière. Le gouvernement actuel, dirigé par Lionel Jospin, comporte seulement 2 ministres délégués pour 14 ministres de plein service.

– La seconde a trait à la place occupée par ces ministres délégués. Depuis le gouvernement Bérégovoy, il n'y a plus de ministres délégués auprès du Premier ministre, et tous sont placés auprès d'un ministre (dans le gouvernement Jospin, un ministre délégué aux Affaires européennes, placé auprès du ministre des Affaires étrangères et un ministre délégué à l'Enseignement scolaire, placé auprès du ministre de l'Education nationale, de la recherche et de la technologie).

– La troisième peut intervenir dans le domaine politique – Elle concerne l'assistance au Conseil des ministres. Dans le dernier gouvernement Fabius, les ministres délégués ne siégeaient au Conseil que sur l'invitation expresse du président de la République, et seulement pur traiter des dossiers dont ils avaient la charge. Leur rôle était donc plus technique que politique. Aujourd'hui, à l'inverse, les ministres délégués participent habituellement au Conseil. Ils retrouvent donc leur fonction purement politique.

– Enfin, la quatrième intéresse l'ordre administratif. Chacun des ministres délégués est placé à la tête d'un groupe de services, s'occupe d'une branche d'administration. Mais il connaît une certaine situation de subordination vis-à-vis du ministre de rattachement qui peut « superviser » l'action de son ministre délégué, dans l'exercice de sa mission de coordination générale des divers secteurs placés sous sa direction ou auprès de lui. Cette situation produit des effets très nets en matière de contreseing. Etant « ministres », les ministres délégués contresignent les textes généraux, qui interviennent dans leur domaine de compétence. Toutefois, en règle générale, le ministre de rattachement contresigne également et, à l'inverse, il n'est pas certain que l'absence de contreseing du ministre délégué vicie substantiellement l'acte en cause, si le ministre de rattachement a signé. Sauf évidemment, si le contreseing du ministre délégué est prévu par un texte spécial (CE, 3 octobre 1986, François Poncet, Rec. p. 224).

Il subsiste, malgré ce qui vient d'être dit, beaucoup plus que des nuances entre un ministre délégué et un secrétaire d'Etat. Les secrétaires d'Etat sont normalement les simples assistants du Premier ministre ou d'un ministre pour un secteur déterminé. Ils agissent sous l'autorité directe de ce ministre qui a seul le pouvoir de contresigner les textes relatifs aux attributions qui leur sont confiées. Ils n'ont pas de budget propre et ne siègent pas au Conseil des ministres sauf réunion exceptionnelle du gouvernement dans son ensemble ou convocation individuelle lorsqu'une question de leur compétence est inscrite à l'ordre du jour du conseil.

Il faut, cependant, faire une place à part aux secrétaires d'Etat qui ne sont placés auprès d'aucun ministre particulier. Ils rappellent les « secrétaires d'Etat autonomes », innovation introduite dans le gouvernement Messmer du 6 avril 1973 et maintenue tout au long du septennat de M. Giscard d'Estaing. Ces secrétaires d'Etat dirigent seuls un certain nombre de services et contresignent les textes qui intéressent ces services. Mais ils n'assistent pas, sauf exception, au Conseil des ministres. Il n'en existe aucun dans le gouvernement Jospin.

§ 2 – LES STRUCTURES MINISTERIELLES

91 – Avant d'étudier les structures internes des ministères, il convient d'insister sur le trouble que tout changement de gouvernement apporte dans l'organisation de l'administration centrale. Chacun est, en effet, l'occasion de modifier, parfois profondément, la répartition des compétences entre les ministres, ce qui, bien entendu, produit des conséquences sur l'organisation des services. Les gouvernements passent, l'administration reste a-t-on coutume de dire ; il faudrait ajouter cependant qu'elle demeure « selon un découpage souvent différent », ce qui est susceptible d'entraîner des transferts de services d'un département ministériel à un autre. Les effets de ces modifications sont quelque peu amortis par le jeu d'un facteur contingent : la quasi-impossibilité matérielle de « déménager » un service central. Celui-ci reste dans les mêmes locaux et continue à étudier les mêmes dossiers de la même manière, bien qu'ait changée l'autorité de laquelle il relève. Il y a là, en contrepartie, un obstacle appréciable pour la mise en œuvre pratique d'une politique ministérielle désireuse de modifier les traditions. Toutefois, l'administration gagne à la stabilité : lorsqu'un service est rattaché successivement à plusieurs autorités ministérielles, il a tendance à s'affranchir de toute dépendance et à s'affirmer dans son corporatisme. Sous ce rapport, notons que les grands secteurs restent stables, si les appellations diffèrent...

On mentionnera seulement, en restant au plan administratif, alors que les changements au niveau gouvernemental répondent tout autant à des motifs politiques, que l'accroissement – sur la longue période – du nombre des ministères correspond à la recherche d'une plus grande adaptation des structures aux missions, tandis que le souci d'assurer une meilleure efficacité de l'action administrative conduit à resserrer le nombre de ces ministères.

Le très faible nombre de membres du gouvernement Jospin : 27 y compris les secrétaires d'Etat et le Premier ministre (depuis 1981, les gouvernements comportaient au moins 41 membres, hormis le gouvernement Balladur, qui comportait 30 ministres, mais pas de secrétaires d'Etat), s'explique probablement par le désir de renforcer l'homogénéité du groupe (16 ministres) pour mieux maîtriser la situation économique, en période de crise.

92 – *L'organisation interne d'un ministère*

Les structures des administrations centrales sont extrêmement diverses. Mais un type d'organisation à peu près uniforme est adopté : auprès du ministre, ses collaborateurs directs sont regroupés dans le cabinet (il n'y a pas de secrétariat général au niveau ministériel, hormis deux exceptions notables au ministère des relations extérieures et au ministère de la défense. Dans les autres ministères, une direction de l'administration générale et du financement s'occupe souvent de coordonner l'action des services communs à tout le ministère, vocation horizontale habituelle d'un secrétaire général). Puis, organismes permanents, verticaux, les services centraux constituent effectivement « l'administration centrale ». Enfin, on trouve aussi des organismes de consultation et de contrôle propres à chaque ministère.

93 – *Le cabinet ministériel* est un organisme restreint, constitué par chaque ministre lors de son entrée en fonctions. Le nombre de ses membres reste théoriquement fixé à dix mais une circulaire du 7 janvier 1993 retient d'autres chiffres, qui sont, d'ailleurs, eux-mêmes souvent dépassés : 15 pour un ministre d'Etat, 12 pour un ministre, 9 pour un ministre délégué. Il est composé de personnes choisies discrétionnairement en raison soit de liens personnels avec le nouveau titulaire du portefeuille, soit de leur compétence technique. Sauf dans les cabinets des secrétaires d'Etat, théoriquement limité à 5 membres, on trouve un directeur de cabinet, chargé de coordonner l'action du cabinet, un directeur adjoint, un chef de cabinet qui assure l'organisation matérielle de l'organisme et prend en charge les fonctions politiques et protocolaires, quelques conseillers techniques (dont l'« œil » du Premier ministre), auxquels s'ajoutent quelques chargés de mission, généralement en dehors du cabinet. Le plus fréquemment, toutes ces personnes sont des hauts fonctionnaires, ayant, au moins pour la moitié d'entre eux, une formation juridique et qui, soit viennent des grands corps, soit espèrent y entrer au tour extérieur, grâce à leur passage au cabinet.

Pendant longtemps, le cabinet ministériel a eu tendance à remplir un rôle qui n'était pas le sien : s'occuper des dossiers administratifs en imposant ses vues aux services du ministère. A l'époque (est-elle terminée ?) où l'administration centrale s'occupait de tâches de gestion, administration et cabinet apparaissaient comme deux mondes rivaux, antagonistes. Le cabinet constituait un écran entre ministre et administration placée sous ses ordres. Cette tendance devrait aujourd'hui s'estomper si la réforme de l'Etat est véritablement engagée et la déconcentration respectée. Alors, le cabinet jouera le rôle, politique et administratif, qui doit être le sien.

– Rôle de conseil du ministre, d'abord, qui consiste pour les membres du cabinet à concourir à la définition de la politique à suivre, avant de l'expliquer et de l'impulser dans les différentes directions.

– Rôle d'organisation de la vie publique du ministre ensuite : établissement du programme des audiences, des réceptions, des déplacements ; promotion de son action auprès des médias et des personnes directement intéressées par l'action du ministère.

94 – *Les services sont composés de fonctionnaires permanents.* L'arrivée d'un nouveau ministre, même après changement de majorité à l'Assemblée nationale, n'entraîne pas de bouleversement majeur au niveau des services des administrations centrales. Il y a, habituellement, changement des directeurs d'administration centrale, le renouveau n'allant pas au-delà. Le trait principal, au sein de ces services, est donc la stabilité qui, selon M. Debbasch « permet aux fonctionnaires d'avoir leur propre conception des objectifs à poursuivre, conception dont la réalisation est menée avec continuité, quels que soient les changements de ministres » (« Institutions et Droits Administratifs » 1 – Les structures administratives Thémis 1991 4e ed. page 147). On comprend mieux, alors, les conflits avec le cabinet.

La stabilité du personnel n'implique pas celle des structures. Un ministre qui désire mettre en œuvre une nouvelle politique s'attache fréquemment, dès son arrivée au ministère, à modifier (il faut dire à proposer de modifier, car la structure d'un ministère est fixée par décret) l'organisation interne de ses services. Toutefois, on rencontre partout le même type de structures, agencées différemment, à savoir les directions générales et les directions d'administration centrale au niveau supérieur puis, à l'intérieur de ces directions, les services, sous-directions et bureaux.

La circulaire du 9 mai 1997 précitée précise à nouveau les principes qui s'appliquent à chaque structure.

Le texte rappelle d'abord les règles de compétence qui président à l'organisation des ministères (décret n° 87-389 du 15 juin 1987). L'organisation des administrations centrales du ministère en directions générales, directions et services est fixée par décret en Conseil d'Etat ; l'organisation des directions générales, directions et services en sous-directions est fixée par arrêté conjoint du Premier ministre et du ministre concerné ; l'organisation des sous-directions relève d'un arrêté du ministre compétent. Puis le texte énonce les règles relatives à chacun des échelons.

La structure la plus élevée d'un ministère est, normalement, la *direction*. Le maintien ou la création d'une direction générale ne peut, en effet, être envisagé que dans deux hypothèses précises et relativement exceptionnelles : s'il est absolument nécessaire de regrouper plusieurs directeurs sous l'autorité d'un directeur général ou si les effectifs ou les attributions d'une seule direction sont particulièrement importants. A la tête de chacune des directions est placé un directeur.

Les directeurs sont nommés discrétionnairement en Conseil des ministres et devraient être des collaborateurs privilégiés du ministre s'ils n'étaient parfois barrés par les membres du cabinet. Il est nécessaire, dans certains ministères, de modifier un tel état de fait qui entraîne duplication, souvent anarchique, des compétences et difficultés pour les titulaires du portefeuille de faire accepter leur politique par les bureaux.

Quant au découpage des missions d'un ministère entre ses différentes directions, l'essentiel est que l'identification de la structure responsable d'une question déterminée soit parfaitement claire pour éviter tout conflit de compétences (positif ou négatif) à l'intérieur du ministère. Dans ce cadre, de multiples combinaisons sont possibles. Les deux principales sont les suivantes :

– *division par types d'affaires* (personnel – équipement – affaires sociales – affaires budgétaires, etc)

– *division par types d'objets*. L'initiateur d'une telle division fut, en 1961, M.E. Pisani, ministre de l'Agriculture, qui eut l'idée de diviser son ministère selon trois types d'objets : produits – hommes – espace.

Souvent, aujourd'hui, on trouve les deux divisions à l'intérieur du même ministère. Les deux tableaux suivants montrent les divers types de liaison à propos du ministère délégué à l'Industrie et au Commerce extérieur (gouvernement Cresson), exemple souvent reproduit depuis.

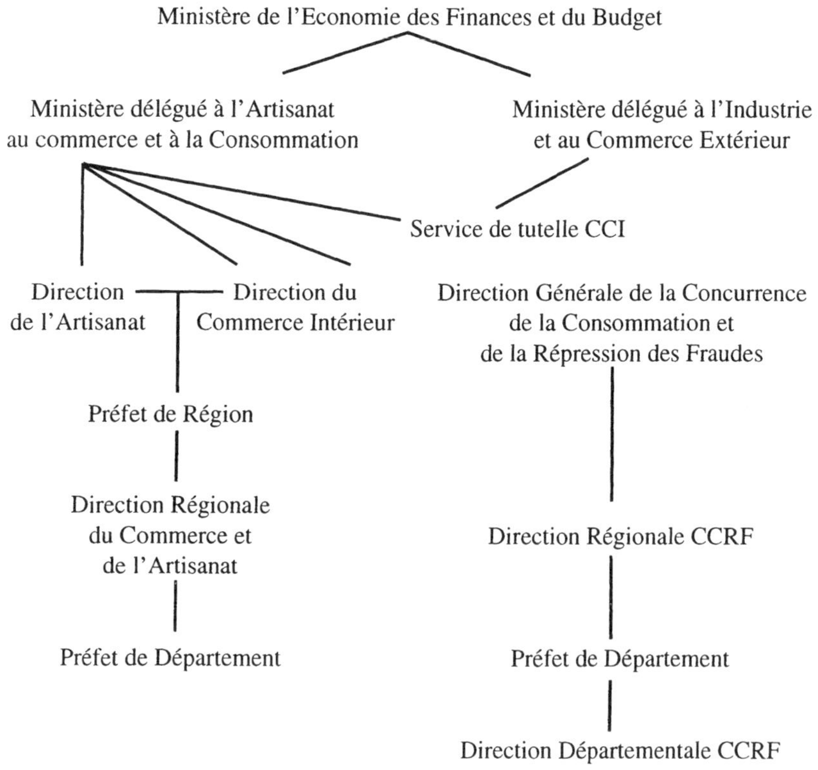

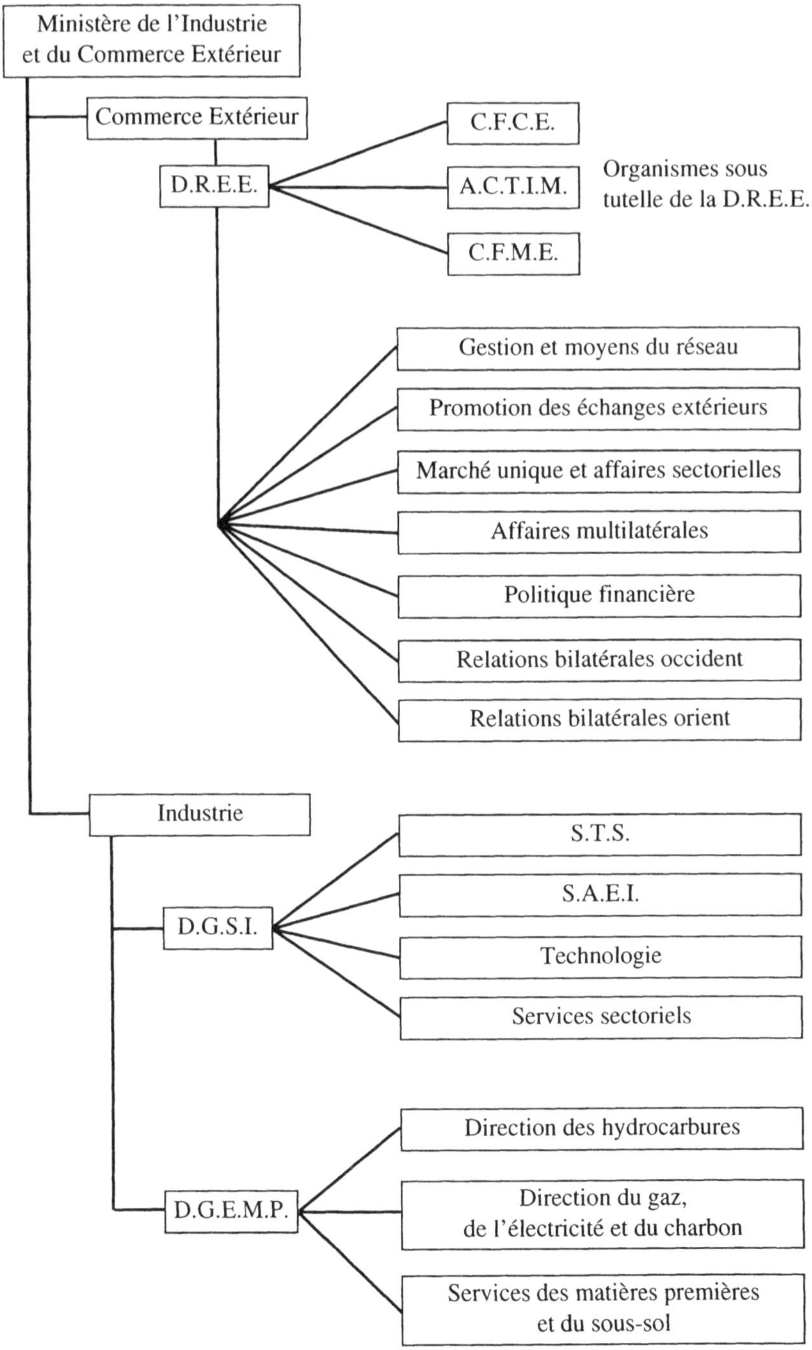

S.T.S. = Service de la Technologie et de la Stratégie.
S.A.E.I. = Service des Affaires Economiques et Internationales.

Le « *service* » constitue une entité un peu particulière au sein d'un ministère. Un service, en effet, est, en principe, rattaché directement au ministre et a vocation à remplir une mission commune à l'ensemble des directions du ministère. Il participe donc d'une conception horizontale et non plus verticale. Exemple : le service des relations publiques ou les service de la documentation. Plus rarement, un service de ce type peut exister à l'intérieur d'une direction particulièrement importante par ses missions ou ses effectifs et, dans ce sas, la règle du rattachement direct au ministre peut souffrir une dérogation.

Le service mis à part, la *spécialisation fonctionnelle* de type hiérarchique se poursuit au sien de chaque direction. Des unités collectives de plus en plus petites se partagent les différentes activités relevant de la direction : sous-directions et bureaux sont les subdivisions traditionnelles, ce qui n'exclue pas certaines variations, parfois considérables, dans les appellations sinon dans les structures elles-mêmes. Les sous-directeurs et chefs de bureau sont généralement des administrateurs civils sortant de l'ENA.

Il faut toutefois noter, comme le fait le Premier ministre dans la circulaire du 9 mai 1997, que le rôle nouveau des administrations centrales – qui exclut les tâches de gestion – « n'implique plus nécessairement la structure hiérarchique traditionnelle des sous-directions en bureaux ».

Là encore, il est possible de retrouver le phénomène déjà décrit à propos des relations entre directeurs et ministre. Le directeur d'administration centrale peut travailler directement avec ses sous-directeurs et chefs de bureau (que, cependant, il ne choisit pas...) ou être entouré – du fait de la complexité toujours croissante des tâches – d'un état-major plus ou moins nombreux qui a tendance à former écran entre le directeur et ses subordonnés les plus hauts placés dans la hiérarchie. Cet état-major est formé souvent de chargés de mission recrutés selon des formules parallèles aux formules prévues par des textes trop rigides. Les situations irrégulières ne sont pas rares, ainsi que les double-emplois mais elles sont la marque de l'inadaptation croissante des structures aux missions. Il est probablement temps, et le thème de la réforme de l'Etat en fournit l'occasion, de repenser le problème dans son ensemble.

95 – *Les organismes consultatifs*

A l'intérieur des différents ministères, il existe des organismes spécialisés qui soit sont destinés à éclairer le ministre avant la prise de la décision, soit sont chargés de contrôler la bonne marche des services, en maintenant l'unité d'ensemble du ministère malgré la dispersion géographique de ses agents en province.

On assiste, de nos jours, à une multiplication des organismes consultatifs. Dans leur « Dictionnaire de la Constitution », (Ed. Cujas, 2e ed. 1978) au terme « Consultation » (p. 83), les auteurs notent : « l'administration contemporaine est caractérisée par le développement de ces procédures. On a pu faire état de cinq cent conseils, deux cents comités, trois mille commissions, et le nombre de ces organismes divers tend probablement à se développer. Ainsi se crée un secteur administratif particulièrement rebelle aux exigences de rationalité : un désordre voisin de l'anarchie règne dans ce domaine ». Si, en effet, des mécanismes de consultation sont intéressants lorsqu'ils font participer des spécialistes à l'élaboration de la décision, ils sont susceptibles d'entraîner une certaine dilution des responsabilités. Le ministre se retranche derrière l'avis et trop fréquemment, il sert d'alibi : au lieu d'une véritable démocratisation dans la préparation des décisions, on consulte des commissions composées toujours des mêmes fonctionnaires désignés par leur ministre, fonctionnaires qui, par leur participation à ces organes consultatifs, sont censés favoriser la coordination administrative. Or, en droit, l'avis, s'il doit être obligatoirement sollicité, ne s'impose pas à l'autorité compétente sauf de rares exceptions (avis conforme).

Parfois, cependant, la compétence de ces organes va plus loin : certains sont dotés de pouvoirs de gestion (le Conseil général des mines ou celui des ponts et chaussées) tandis que d'autres ont des attributions en matière contentieuse et disciplinaire (Conseil supérieur de l'éducation – D. n° 90-468 du 7 juin 1990).

Parmi les grands organes de conseil, on citera le Conseil économique et social, le Conseil supérieur de la défense nationale, le Conseil supérieur du travail. Une place à part doit, toutefois, être faite au Conseil d'Etat, auquel on va consacrer une section spéciale, après avoir dit quelques mots des organes de contrôle au sein des différents ministères.

96 – *Les organismes de contrôle*

Enfin, à la plupart des ministères sont rattachés des *inspections générales* qui jouissent d'un grand prestige : inspection générale de l'Education Nationale, inspection générale de la police nationale et, la plus connue, l'inspection générale des finances (qui agit non seulement dans le cadre du ministère des finances mais encore a vocation à contrôler tous les services « dépensiers »). Les fonctionnaires des inspections générales ont un statut qui assure leur indépendance et leur autorité. En effet, recrutés à un niveau élevé, en interne ou par la voie de l'ENA, les inspecteurs sont généralement rattachés à des corps spéciaux placés hors-hiérarchie, afin qu'il n'y ait pas de lien de subordination entre eux et les directeurs des corps à contrôler. D'autre part, ils dépendent directement du ministre.

Les attributions des inspecteurs généraux sont diversifiées. Chargés avant tout de contrôler le fonctionnement des services, aussi bien centraux que déconcentrés, ils ont aussi un rôle de conseil important, et, à ce titre, présentent des suggestions écoutées relatives à l'organisation et à l'action des administrations et sont chargés d'études relatives aux réformes à mettre en œuvre en ces secteurs. Les inspecteurs procèdent par visites périodiques – inopinées – dans les services extérieurs, qu'ils contrôlent et conseillent. Cette mission revêt une grande utilité et pourtant, il semble qu'elle soit en déclin ; l'inspection systématique des services laisse de plus en plus de place aux tâches de conception, aux études générales, à la coordination, toutes activités qui ne rentrent pas dans la vocation traditionnelle de ces corps (voir Pierre Milloz « les inspections générales ministérielles » Economica 1983).

L'existence et le prestige de ces corps de contrôle sont susceptibles, à l'heure actuelle, de poser problème, en constituant un obstacle – imprévu – à la mise en œuvre d'une politique de déconcentration. Leur principale raison d'être est, en effet, de mettre en pratique, au sein de chacun des ministères, le grand principe de l'unité de l'administration d'Etat, en assurant, par exemple, que l'interprétation des textes sera la même à Lille et à Perpignan. Il pourrait y avoir là un puissant instrument de re-centralisation dans la mesure où le préfet n'aurait ni les moyens juridiques, ni la compétence technique pour exercer lui-même ce rôle et imposer ses points de vue en cas de divergence avec l'inspecteur général. Les inspections générales participent toujours d'une conception verticale, centralisée et cloisonnée de l'administration (et non, comme le préfet d'aujourd'hui, d'une conception horizontale, déconcentrée). Paradoxalement, la qualité du travail accompli par leurs membres, qui a pesé d'un grand poids dans la constitution d'une administration moderne, s'opposerait à une autre modernisation, aujourd'hui mise en route, du système administratif français.

Section III

L'ORGANE CONSULTATIF DU POUVOIR CENTRAL : LE CONSEIL D'ETAT

97 – Créé en l'an VII par Bonaparte, toujours maintenu même en dehors de toute disposition constitutionnelle, régi par des lois ordinaires, le Conseil d'Etat, « grand corps » de l'Etat, exerce une influence considérable. Il occupe, en effet, une place très particulière dans nos institutions, puisqu'il « participe tout à la fois du corps gouvernemental et des corps administratifs » (F.P. Benoit « Le droit administratif français » Dalloz 1968, n° 178), sans parler de sa fonction de juge administratif suprême.

Le Conseil d'Etat est exclusivement composé de fonctionnaires qui peuvent faire toute leur carrière en son sein, sans être un corps fermé : des personnalités qualifiées peuvent devenir membres du Conseil d'Etat, comme des conseillers d'Etat quitter le Palais Royal pour être affectés dans des cabinets ministériels, des entreprises nationales etc. Le premier grade de la hiérarchie est celui des auditeurs. Les auditeurs de 2e classe (9) sont tous recrutés parmi les élèves de l'Ecole nationale d'administration classés en tête à l'issue des épreuves de classement qui terminent leur scolarité. Les auditeurs de première classe – 24 – sont tous des auditeurs de seconde classe. Le recrutement se diversifie pour les deux autres grades de la hiérarchie. Les maîtres des requêtes (une centaine) sont choisis pour les 3/4 parmi les auditeurs justifiant de huit années au moins de service et pour le 1/4 restant au « tour extérieur », parmi les fonctionnaires justifiant de 10 années de service public et âgés de plus de trente ans. Quant aux conseillers d'Etat en service ordinaire (une petite centaine), ils proviennent pour les 2/3 des maîtres des requêtes ayant dix-huit ans de service dans ce grade et pour 1/3 du tour extérieur, sous la seule réserve que le fonctionnaire soit âgé de 45 ans au minimum (notons que les conseillers d'Etat en service extraordinaire, une douzaine, recrutés parmi les « personnalités » qui peuvent être étrangères à l'administration elle-même, n'ont pas vocation à faire carrière au sein du Conseil, ne sont nommés que pour une durée limitée et ne participent pas à toutes les activités du Conseil, en particulier à l'activité contentieuse).

Le président du Conseil d'Etat est, de droit, le Premier ministre ou, en son absence, le ministre de la justice. C'est ce dernier qui propose au Conseil des ministres le conseiller d'Etat qui, en tant que vice-président du Conseil d'Etat, sera le fonctionnaire le plus élevé de France et qui assurera en fait la présidence de l'organisme.

98 – *Organisation*

Le Conseil d'Etat est divisé en six sections, depuis que, par décret du 24 janvier 1985, la commission du rapport et des études a été érigée en « section du rapport et des études », section chargée d'élaborer les propositions de réformes que le Conseil présente aux Pouvoirs Publics (soit sur demande du Premier ministre, soit à l'initiative du vice-président), de rédiger le rapport d'activité des diverses formations du conseil et de tenter de régler les difficultés rencontrées dans l'exécution des arrêts rendus par le Conseil statuant au contentieux.

Quatre des cinq autres sections – les sections traditionnelles – exercent les activités consultatives du Conseil : la section de l'intérieur, la section des finances, la section des travaux publics et la section sociale. La cinquième est la section du contentieux qui accomplit les fonctions juridictionnelles du Conseil. Elle ne sera pas traitée ici, ne faisant pas partie de l'« Administration ».

Chaque section administrative se compose : d'un président, d'une douzaine de conseillers en service ordinaire, de 2 ou 3 conseillers en service extraordinaire, auxquels sont adjoints des maîtres de requêtes et des auditeurs. C'est par arrêté du Premier ministre que les affaires sont globalement réparties entre les sections administratives du Conseil d'Etat (la section de l'intérieur connaît, par exemple, des textes concernant l'Education ou la Justice, celle des finances des textes relatifs à la Défense, celle des travaux publics de ceux concernant l'agriculture, la section sociale des affaires relatives à la santé). Si l'urgence est déclarée par le Premier ministre, c'est la « commission permanente » (composée de 2 conseillers par section + 2 conseillers de la commission du rapport et des études) qui examine l'affaire. L'Assemblée générale est chargée, soit en formation ordinaire (le vice-président du Conseil d'Etat, les présidents des sections et 28 conseillers) soit en formation pleinière (tous les conseillers) d'examiner une deuxième fois les textes les plus importants préalablement étudiés en section.

99 – *Attributions*

Le Conseil d'Etat est obligatoirement consulté :

– sur les projets de lois, avant qu'ils ne soient délibérés en conseil des ministres ; dans les mêmes conditions sur tous les projets d'ordonnances prises sur la base de l'article 38 de la Constitution ;

– sur les projets de décrets pris pour l'application des lois lorsque celles-ci prévoient l'intervention du Conseil (« décrets en Conseil d'Etat ») ou pris dans des matières qui sont réglementaires par application de l'article 37 de la Constitution mais qui avaient fait, antérieurement, l'objet d'une intervention législative ; également sur tous projets de décrets individuels, dès qu'un texte le prévoit.

Le Conseil d'Etat est consulté facultativement sur tous projets de décret simples. Il peut, en outre, être saisi par l'un quelconque des ministres, d'une demande d'avis sur toute question, en particulier sur « les difficultés d'ordre juridique » qui s'élèvent en matière administrative.

Le tableau ci-contre rend compte de l'activité consultative du Conseil d'Etat pour la période la plus récente.

RECAPITULATIF DES STATISTIQUES (du 1er janvier au 31 décembre 1994)

L'activité de l'ensemble des formations administratives du Conseil d'Etat

	Section de l'intérieur	**Section des finances**	**Section des travaux**	**Section sociale**	**Commission permanente**	**Commission spéciale**	**Total**	**dont Assemblée générale**
Lois	25	69	9	9	3	2	**117**	*114*
Décrets réglementaires	183	222	116	138	–	–	**659**	*10*
Décrets individuels, arrêtés et décisions	373	124	105	207	–	–	**809**	–
Avis et divers	9	10	19	9	–	–	**47**	*17*
Total	590	425	249	363	3	2	**1632**	*141*

L'évolution de l'activité des formations administratives au cours des cinq dernières années

	1990	**1991**	**1992**	**1993**	**1994**
Lois et ordonnances	127	118	122	118	117
Décrets réglementaires	641	660	822	717	659
Décrets individuels arrêtés et décisions	1 396	1 311	1 159	1 389	809
Avis	20	29	36	58	47
Total	2 184	2138	2 141	2 286	1 632

Comme tous les avis, – hormis les « avis conformes » relativement rares, (déchéance de la nationalité française) qui s'imposent à l'autorité administrative si celle-ci veut agir –, les avis du Conseil d'Etat, s'ils doivent être obligatoirement sollicités, ne lient pas le gouvernement et les ministres qui peuvent passer outre. Mais ils pèsent en pratique d'un grand poids, en raison du prestige du Conseil et de la compétence de ses membres. Juridiquement, d'ailleurs, les avis du Conseil d'Etat ne sont pas traités – au contentieux – exactement comme les avis rendus par les multiples organismes que nous avons rencontrés auprès des différents ministres. D'une part, si le Conseil d'Etat n'a pas été consulté alors qu'il aurait dû l'être, le décret, arrêté ou autre est entaché d'incompétence et non pas d'un simple vice de forme (CE 10 juin 1966, Pelon – AJDA 1966, p. 492 Concl. Galabert ; D. 1967, p. 280 note Leclercq). Or, l'incompétence est d'ordre public et peut être soulevée d'office par le juge à l'occasion d'un litige. D'autre part, le gouvernement, lorsqu'il a consulté le Conseil d'Etat, n'a le choix qu'entre 2 solutions : suivre l'avis émis ou reprendre intégralement son texte initial ; il ne peut, comme en ce qui concerne tous les autres avis, apporter des modifications non fondamentales à ce texte initial. Toutefois, si le Conseil d'Etat est saisi au contentieux d'un texte pour lequel il a rendu un avis favorable, rien ne s'oppose à ce qu'il annule ce texte pour illégalité... même si de telles hypothèses sont très rares (il en va de même pour les tribunaux administratifs qui « peuvent être appelés à donner leur avis sur les questions qui leur sont soumises par les préfets des départements de leur ressort ». L'avis émis ne saurait lier le juge dans l'hypothèse où la décision finalement prise serait déférée au contentieux).

CHAPITRE II

LES ORGANES NON-CENTRAUX DE L'ADMINISTRATION D'ETAT

100 – Les organes non-centraux de l'administration d'Etat exercent leurs compétences (juridiques) et attributions (matérielles) sur une *fraction* du territoire national : *la circonscription administrative*, non dotée de la personnalité morale bien que ses limites coïncident exactement, aujourd'hui, avec celles d'une collectivité locale (voir *supra* n° 37) du moins en ce qui concerne la région, le département et la commune, l'arrondissement et le canton étant seulement circonscription et non collectivité.

Dans les circonscriptions agissent :

– des fonctionnaires exerçant des attributions matérielles importantes dans des domaines spécialisés, techniques : les agents des services déconcentrés de l'Etat ;

– des fonctionnaires polyvalents qui, eux, détiennent des compétences, c'est-à-dire ont une aptitude à faire des actes juridiques : les « préfets ». Le principal problème à l'échelon départemental – et régional – a été et est encore d'assurer la suprématie effective du préfet sur les directeurs départementaux – ou régionaux – c'est-à-dire de faire en sorte que la liaison horizontale (entre chefs des services déconcentrés et préfet) l'emporte sur l'organisation verticale (entre chefs des services déconcentrés et ministres dont ils dépendent).

Cette question est très importante pour l'avenir de la réforme aujourd'hui engagée car, comme on l'a dit (*supra* n° 11), la déconcentration ne peut être réelle que si elle s'effectue au profit d'un unique représentant, toute tentative pour ressusciter la relation verticale signifiant en pratique – sinon en droit – reprise par le centre des pouvoirs laissés à la périphérie. Elle paraît toutefois réglée au profit des préfets avec les décrets du 14 mars 1964, puis ceux du 10 mai 1982 qui renforcent singulièrement la tendance manifestée en 1964.

Avant 1982, le préfet exerçait, dans chaque département, dans chaque région, une « triade de pouvoirs solidaires ». Il était à la fois :

– représentant du pouvoir central (pouvoir de nature politique) ;
– chef des services de l'Etat (pouvoir de nature administrative) ;
– organe de tutelle des communes et exécutif des départements et des régions.

Aujourd'hui, le 3e pouvoir est plus ou moins complètement remis en cause : il y a disparition officielle de la tutelle et suppression du dédoublement fonctionnel qui était autrefois la règle. Les préfets ne sont plus *que* des organes de l'administration d'Etat. Il n'est toutefois pas certain qu'à terme, la disparition de l'ambivalence signifie perte de pouvoir et d'influence. Outre la consolidation de son rôle de chef des services de l'Etat qu'elle permet, on constate en effet, qu'à l'égard des collectivités locales, le rôle du représentant de l'Etat certes se transforme mais ne disparaît pas, tant s'en faut.

D'autre part, cette supériorité affichée des autorités administratives à compétence générale sur les services extérieurs permet au préfet de garder une position éminente dans le département ou la région alors même que ses fonctions ont subi le contrecoup de la réforme de décentralisation.

Enfin, la loi n° 92-125 du 6 février 1992 concerne directement les préfets. C'est, en effet, vers eux seuls que doivent s'effectuer les transferts de compétence impliqués par la mise en œuvre du principe général de déconcentration au sein de l'administration de l'Etat. Leur pouvoir va être ainsi considérablement augmenté. Mais, dans le même temps, innovation qui pourrait avoir dans l'avenir des conséquences importantes, *une certaine hiérarchie est établie entre région et département* : dans certains domaines essentiels, le préfet de département ne détiendra que des compétences subordonnées, son homologue de région détenant le pouvoir de fixer les grandes orientations de l'action.

Malgré cela, le département reste encore, aujourd'hui, la circonscription de base de l'administration déconcentrée de l'Etat.

Section I

LE STATUT DES PREFETS

101 – C'est le décret n° 64-805 du 29 juillet 1964 modifié qui fixe les dispositions réglementaires applicables aux préfets. Ceux-ci sont nommés discrétionnairement par décret du président de la République pris en Conseil des ministres sur proposition du Premier ministre et du ministre de l'Intérieur.

Ils sont choisis dans la plus grande proportion, quatre cinquièmes au moins de l'effectif, parmi les sous-Préfets de première classe et les administrateurs civils selon les conditions posées, actuellement, par le décret n° 96-117 du 6 mars 1996. Ce sont donc des fonctionnaires recrutés en principe, par le concours de sortie de l'Ecole nationale d'administration. Le cinquième de l'effectif global, au plus, peut être pourvu librement, sans condition particulière, pas même celle d'appartenir à la fonction publique (décret n° 82-1101 du 23 décembre 1982, article 3). Cependant, dans un tel cas, la titularisation ne peut intervenir qu'après trois ans d'exercice des fonctions.

Les membres du corps préfectoral exercent un emploi « à la discrétion du gouvernement » (article 25 de la loi n° 84-16 du 11 janvier 1984). Ils sont révocables à tout moment et leurs obligations sont strictes, mêmes si, récemment, certaines garanties de carrière ont été acquises. Fonctionnaires politiques, les préfets sont soumis à une stricte obligation de loyalisme à l'égard du gouvernement mais, représentants de l'Etat, ils sont également soumis à l'obligation de réserve et doivent remplir leurs fonctions administratives avec impartialité et neutralité. Les garanties accordées aux fonctionnaires de l'Etat leur sont, pour la plupart, refusées, ils ne possèdent ni le droit syndical (mais l'association du corps préfectoral et des hauts fonctionnaires du ministère de l'intérieur est puissante...) ni le droit de grève. Leurs opinions politiques, philosophiques, religieuses sont prises en considération et figurent au dossier. Les sanctions disciplinaires sont prononcées sans intervention d'un conseil de discipline, tandis que les mutations d'office dans l'intérêt du service et les mises en disponibilité pour une durée de cinq ans, mesures qui ne sont pas considérées comme des sanctions, ne donnent même pas lieu à communication du dossier.

Représentants de l'Etat dans leur circonscription, les préfets sont soumis à une obligation très stricte de résidence puisqu'ils ne peuvent quitter leur département sans autorisation du ministre de l'Intérieur.

En contrepartie, les préfets bénéficient d'avantages matériels importants obtenus surtout grâce à l'action de l'association du corps préfectoral. Traitement élevé, logement et automobile de fonction, frais de représentation pris en charge par l'Etat constituent leurs principaux privilèges.

Il convient, d'ailleurs, de souligner qu'avec la réforme de décentralisation, la position du préfet affecté dans un poste territorial est de plus en plus difficile. D'une part, en effet, les préfets doivent toujours être de loyaux serviteurs du gouvernement en place (même s'ils n'en partagent pas – ce qui est possible en période de changement – l'idéal politique). Mais, d'autre part, pour agir avec efficacité, ils doivent entretenir de bonnes relations avec les élus locaux... Alors qu'ils peuvent se conduire en fonctionnaires politiques si le gouvernement est fort, assuré de son avenir, une telle conduite les amènerait à l'échec dans le cas contraire... Claudel faisait déjà dire à son préfet Turelure « ne me prenez pas pour un fanatique. La France d'abord. Je suis l'homme du possible » (« L'otage », Gallimard, Collection Folio p. 79).

102 – *Positions et affectations*

On l'a déjà dit, la situation normale du préfet en activité est l'affectation dans un poste territorial.

Le décret du 23 décembre 1982 met fin à la liaison obligatoire préfet-fonction territoriale. Il prévoit, en effet, l'affectation possible dans des « emplois supérieurs comportant une mission de service public relevant du gouvernement », ceci dans la limite de six pour cent de l'effectif budgétaire du corps (article 1er du décret n° 88-73 du 20 janvier 1988). De même, un préfet peut être placé dans la position « hors cadre » pour accomplir des missions diverses auprès des pouvoirs publics. C'est ainsi que des préfets détiennent des fonctions importantes dans les directions des administrations centrales, à la tête de sociétés nationales ou d'organismes publics, etc. On notera, enfin, que les préfets peuvent obtenir le bénéfice d'un congé spécial, à leur demande, lorsque sont remplies les conditions posées par le décret n° 94-676 du 8 août 1994 : condition d'âge, cinquante cinq ans au moins et condition de durée des services, vingt ans au moins de services civils ou militaires. Un tel congé ne peut dépasser cinq ans.

Section II

LES POUVOIRS DES PREFETS

103 – Vue d'ensemble.

L'article 1er du décret n° 82-389 du 10 mai 1982 relatif aux pouvoirs des préfets et à l'action des services et organismes publics de l'Etat dans les départements marque, par les termes employés, le renforcement voulu de ces pouvoirs, détenus par eux en tant que représentants de l'Etat dans le département.

On l'a dit plus haut, le préfet a perdu, en application de la loi du 2 mars 1982, l'exécutif du conseil général ; il ne dispose plus que d'un pouvoir de contrôle limité sur les collectivités territoriales. Mais, par ce décret du 10 mai 1982, il reçoit d'autres attributions, qui se développent et qui sont marquées par la reconcentration à son profit des compétences exercées autrefois directement par les services extérieurs dépendant des ministères techniques, et par la déconcentration, toujours plus forte, des tâches étatiques.

Sur ce dernier point, la loi du 6 février 1992 consacre une certaine prééminence du préfet de région. Ce dernier, qui, dans la décennie précédente, s'est d'abord affirmé parallèlement à la reconnaissance de la collectivité régionale, va détenir, par le jeu de cette loi, un véritable pouvoir de direction, en certains domaines essentiels, vis-à-vis de ses collègues départementaux.

Malgré cette innovation, considérable, on continuera à étudier d'abord les pouvoirs du préfet de département, qui pour une bonne part, sont traditionnels, avant d'aborder ceux reconnus au préfet de région, qui d'ailleurs, est toujours, d'abord, un préfet de département.

§1 – LES POUVOIRS DU PREFET DE DEPARTEMENT

104 – Le préfet représente l'Etat dans le département. C'est pourquoi, aujourd'hui encore, il l'emporte sur toutes les autorités dans le protocole des cérémonies officielles. La plupart des fonctions qu'il exerce traditionnellement à ce titre ont été peu ou pas touchées par la réforme de décentralisation : fonctions politiques, fonctions de police judiciaire, fonctions administratives ; certaines de ses attributions, plus nouvelles, sont toutefois précisées par des textes récents ; elles le sont à nouveau dans le cadre de la mise en place de la loi du 6 février 1992. Par contre, ses compétences à l'égard des collectivités locales se sont totalement modifiées, tandis que celles qu'il exerce à l'égard des services déconcentrés de l'administration d'Etat se sont considérablement élargies.

105 – *A) Les pouvoirs traditionnels de représentation de l'Etat*
– Le préfet représente l'Etat. C'est pourquoi, aujourd'hui encore, il l'emporte sur toutes les autorités dans le protocole des cérémonies officielles. A ce titre, il cumule traditionnellement trois sortes de fonctions : politiques, judiciaires et administratives.

– Les fonctions politiques

Lorsque le Premier Consul créé les préfets en l'an VIII, il en fait d'abord des agents politiques, pour ne pas dire des agents électoraux. Il fut un temps – presque tout le XIXe siècle – où le préfet participait officiellement aux consultations électorales (candidats officiels soutenus par le préfet sous le IIe empire). La littérature, après le droit, en porte témoignage. Il est évident que, depuis longtemps, le rôle politique du préfet n'est plus prédominant. Il n'en reste pas moins qu'il conserve un certain nombre de pouvoirs en la matière et l'on pourrait même assister, de nos jours, à une re-politisation de la fonction, du fait de la coupure de plus en plus manifeste du pays en deux camps qui se retrouvent et s'affrontent dans les départements tenus par l'opposition. C'est là un risque qu'il vaut mieux ne pas voir se concrétiser si l'on veut qu'il existe une réelle – et indispensable – collaboration entre les deux autorités départementales.

Le préfet est le *principal agent d'information du gouvernement.* Il le renseigne sur tout ce qui se passe dans sa circonscription : mouvements d'opinion, manifestations, grèves, etc. Pour ce, il doit être en contact avec toutes les personnes influentes du département, les élus locaux mais aussi les dirigeants d'associations, les responsables syndicaux, les autorités ecclésiastiques, etc. La préfecture, à cet égard, doit être ouverte à tous, demeurer le centre où est recensé et analysé l'ensemble des informations, de plus en plus nombreuses.

La fonction de représentation extérieure se rattache également à ce domaine. Le préfet participe à la majorité des cérémonies officielles locales. Il reçoit tous les visiteurs de marque ou, à l'inverse, c'est lui qui visite, en tant que représentant de l'Etat, communes, entreprises, exploitations agricoles, etc.

106 – *Les fonctions judiciaires*

Bien qu'il ne puisse intervenir dans le fonctionnement de la justice, le préfet est officier de police judiciaire en vertu de l'article 30 du code de procédure pénale. Cette disposition exceptionnelle – puisqu'elle constitue une atteinte au principe de séparation des pouvoirs – permet au représentant de l'Etat de « faire personnellement tous actes nécessaires à l'effet de constater les crimes et délits... et d'en livrer les auteurs aux tribunaux ». Ces pouvoirs sont pourtant, en temps de paix, sérieusement limités par trois conditions :

a) ils ne s'appliquent qu'en cas de crimes et délits intéressant la sûreté intérieure ou extérieure de l'Etat ;

b) l'intervention du représentant de l'Etat doit être justifiée par l'urgence ;

c) le procureur de la République doit, dans les 48 heures suivant l'ouverture des opérations (perquisitions, saisies, arrestations), recevoir le dossier aux fins d'exercice des poursuites selon la procédure normale.

Une telle mission peut, en période troublée, devenir extrêmement importante (lutte contre l'OAS, au début des années 1960, par exemple).

107 – *Les fonctions administratives*

Elles sont, de nos jours, les plus nombreuses et les plus variées. Elles ont été rappelées, parfois même étendues, par le décret du 10 mai 1982. A ce titre, le préfet veille à l'exécution des lois et des règlements dans le département. Il assume la représentation juridique de l'Etat aussi bien dans toutes les relations conventionnelles (par exemple avec les personnes morales qui bénéficient du concours financier de l'Etat – article 12 – ou avec les collectivités décentralisées et leurs établissements publics

– article 10) qu'en matière juridictionnelle (représentation de l'Etat devant les tribunaux, intervention dans le cadre des conflits de compétence : déclinatoire de compétence devant le juge judiciaire, élévation du conflit). Mais surtout, c'est lui qui est chargé du maintien de l'ordre public dans le département.

En ce qui concerne la police générale, les textes (lois du 2 mars 1982 et 7 janvier 1983) précisent clairement les hypothèses dans lesquelles le représentant de l'Etat intervient :
a) il est seul compétent pour prendre des mesures relatives au bon ordre, à la sûreté, à la sécurité et à la salubrité publique dont le champ d'application excède le territoire d'une commune (art. 34 III de la loi du 2 mars 1982) ;
b) lorsqu'une seule commune est concernée, le préfet, après mise en demeure non suivie d'effet, se substitue au maire qui néglige de prendre les mesures nécessaires au maintien de l'ordre public (article L 131-13 du Code des communes, expressément cité à l'article 2 de la loi du 2 mars 1982) ;
c) dans les communes où a été institué le régime de la police d'Etat (l'article 88 de la loi du 7 janvier 1983 prévoit à la demande du conseil municipal, l'extension de ce régime sous certaines conditions), le préfet, déjà compétent pour assurer le maintien de l'ordre en cas de manifestations, est désormais chargé de la répression des atteintes à la tranquillité publique (article 89 de la loi du 7 janvier 1983) : rixes et disputes accompagnées d'ameutement dans les rues, tumulte dans les lieux publics, bruits et rassemblements nocturnes qui troublent le repos des habitants font maintenant intervenir le préfet dans le cadre de la récupération par l'Etat de certaines compétences régaliennes auparavant exercées par le maire ;
d) il importe enfin, de faire une place à part aux pouvoirs du préfet en cas de calamité publique ou de catastrophe. L'article 101 de la loi du 2 mars 1982 dispose : « lorsqu'il déclenche le plan « ORSEC » ou tout autre plan d'urgence, le représentant de l'Etat dans le département a autorité sur l'ensemble des moyens des régions, des départements et des communes, qui concourent à la mise en œuvre de ces plans... » C'est ainsi qu'il doit tenir à jour une quinzaine de plans de secours (qui couvrent des accidents de la route à ceux dûs aux produits toxiques ou radioactifs etc.) qu'il déclenche, s'il le juge utile, en disposant alors de tous les services de sécurité de l'Etat, des collectivités publiques et même des associations privées, ainsi que des moyens des armées mais par réquisition. C'est ce qui a fait dire que le préfet « semble se positionner dans une sphère d'action et d'influence qui est celle des événements exceptionnels, non de la vie quotidienne ». (Denieul *op. cit.*)

Le préfet est également responsable de nombreuses polices spéciales qui permettent une action déterminée sur certaines activités précises (depuis la loi du 22 juillet 1983, certaines polices spéciales sont transférées au président du conseil général dans le domaine de l'action sanitaire et sociale, par exemple la lutte contre les fléaux sociaux). A ce titre, il prend des mesures à l'égard d'individus (expulsion des étrangers dans les départements frontières, interdiction d'office et placement des aliénés) ; il délivre nombre d'autorisations (ouvertures d'abattoirs, d'établissements classés, créations d'appareils crématoires) ou de pièces diverses (cartes d'identité, passeports, cartes de séjour des étrangers, récépissé de déclaration d'association, etc.).

Tous ces pouvoirs ne seront pas concernés par la mise en œuvre de la loi du 6 février 1992.

108 – B) *Les pouvoirs dans la mise en œuvre de la politique gouvernementale.*

Si le préfet a toujours été chargé d'expliquer et de mettre en œuvre la politique du gouvernement dans sa circonscription, ses compétences en la matière, surtout en matière économique et sociale, ont été singulièrement élargies par les textes intervenus depuis 1982. D'autre part, ces compétences nouvelles s'appliquent dans le cadre des orientations de la loi du 6 février 1992.

On mettra à part le domaine de la défense du territoire qui n'est pas touché par la loi de 1992. Le préfet est désigné comme le responsable de la préparation et de l'exécution des mesures de défense civile (art. 11 du décret du 10 mai 1982). Il dispose, à ce titre, d'un centre opérationnel de défense (D. n° 86-1231 du 2 décembre 1986).

Le préfet de département, depuis 1982, joue un rôle spécifique tout à fait neuf en matière économique et sociale (articles 22 à 24 du décret du 10 mai 1982). La conjoncture se prête d'ailleurs fort bien à la reconnaissance, à son profit, de pouvoir particuliers en matière d'emploi. Il dispose donc de toute une gamme de compétences en ce domaine.

A ce titre, le préfet décide de l'emploi des investissements d'intérêt départemental. Il est obligatoirement consulté sur toutes les demandes de concours de l'Etat ou d'exonérations fiscales liées à la réalisation de projet d'investissements.

En ce qui concerne l'aide aux entreprises, le préfet intervient obligatoirement, à titre consultatif, dans deux hypothèses : lorsqu'un établissement situé dans le département sollicite des services de l'Etat une aide quelconque pour investir, se développer ou se restructurer ; lorsqu'une entreprise en difficulté, dont la situation est de nature à affecter l'équilibre du marché local de l'emploi sollicite une décision administrative favorable, notamment en matière fiscale. Notons aussi que le préfet assure la représentation de l'Etat dans toutes les entreprises qui bénéficient, d'une façon ou d'une autre, du concours de l'Etat. En période de chômage comme aujourd'hui, il est évident que le préfet, qui préside par ailleurs le comité départemental d'aide aux entreprises en difficulté (CODEFI), joue, en ce domaine, un rôle extrêmement important.

La charte de la déconcentration (*supra* n° 34) en décide généralement ainsi, sous réserve des attributions établies au niveau de la région ou de l'arrondissement. Toujours est-il que les décisions intervenant au niveau de la gestion ne devraient plus remonter à Paris. La « réforme de l'Etat » favorise à l'évidence l'échelon local et le préfet.

Il est évident que, pour l'accomplissement de ces tâches, le préfet doit disposer de moyens importants. La direction des services civils de l'Etat en constitue le principal.

109 – *C) Les pouvoirs de direction des services civils de l'Etat dans le département.*

C'est peut être à ce niveau, répétons-le, que réside une des clefs de la réussite de la réforme. Or, la position du préfet en ce domaine dépend sans doute beaucoup plus de la *pratique* que des textes. Il en va ainsi, d'abord, de l'autorité exercée sur les services extérieurs de l'Etat. Les textes de 1982 non seulement confirment mais renforcent ceux de 1964 (voir *supra* n° 11) ; ils affirment, le double principe d'unité et d'exclusivité de la représentation de l'Etat au profit du préfet, les chefs de services extérieurs n'étant que ses collaborateurs spécialisés. Toutefois, un tel problème est d'actualité depuis... 1926 et, malgré les progrès du droit en la matière, force est de dire que l'habitude, les intérêts de carrière, le désir de reprise en main des services extérieurs par l'administration centrale etc. engendrent des comportements qui, parfois, sont assez loin des procédures inscrites dans les textes. Il en ira probablement de même dans la mise en œuvre de la politique actuelle de déconcentration des décisions de l'Etat. Les administrations centrales sont déjà peu empressées à déconcentrer, mais faut-il encore tenir compte des conditions de la déconcentration : un abus, non point juridique mais pratique, du pouvoir hiérarchique est susceptible de réduire à néant, dans la réalité, l'autorité des préfets. Pareillement, le refus de renforcer leurs moyens matériels, financiers, en personnel, aboutirait à l'échec de cette nouvelle tentative. Enfin, les élus locaux, ceux des villes, beaucoup moins ceux des campagnes attachées aux notabilités locales, peuvent également, volontairement ou non, faire « capoter » la déconcentration, s'ils refusent le plus possible les contacts avec le préfet. Auparavant, les relations entre la collectivité partiellement décentralisée et les services extérieurs de l'Etat étaient obligatoirement médiatisées par le préfet, exécutif du département – ou de la région. Aujourd'hui, au moins pour les affaires rentrant dans leur compétence, présidents des conseils généraux ou régionaux ont la possibilité de traiter directement avec les chefs de service et ces derniers y trouvent parfois avantage, surtout dans les départements tenus par l'opposition : dans ceux-ci, il peut ne pas y avoir de collaboration entre président du conseil général et préfet et les directeurs départementaux peuvent tenter d'en profiter pour recouvrer ou garder une certaine autonomie.

110 – *La direction des services déconcentrés de l'Etat*

Le décret n° 64-250 du 14 mars 1964 confiait au préfet le soin « d'animer » et de « coordonner » les services extérieurs de l'Etat et « d'assurer la direction générale de l'activité des fonctionnaires » en poste dans ceux-ci. L'article 34, I § 2 de la loi du 2 mars et, pour son application, les articles 1 § 2 et 6 du décret du 10 mai 1982 vont beaucoup plus loin : le préfet ne se contente plus de coordonner, il dirige. L'article 6 tire clairement les conséquences d'une telle affirmation :

« Le préfet prend les *décisions* dans les matières entrant dans le champ des compétences des administrations civiles de l'Etat exercées à l'échelon du département.

Il *dirige*, sous l'autorité de chacun des ministres concernés, les services extérieurs des administrations civiles de l'Etat dans le département. Il a *autorité directe* sur les chefs des services, les délégués ou correspondants de ces administrations, quelles que soient la nature et la durée des fonctions qu'ils exercent ».

Le texte est formel. Il s'agit d'éviter toutes les déviations que le décret de 1964 avait autorisé en employant la notion de coordination. De plus, au niveau des moyens dont dispose le préfet pour remplir sa mission de direction, l'autorité réglementaire tire toutes les conséquences de la pratique antérieure et tente de s'opposer par avance à la pente naturelle des administrations centrales à rétablir les liens verticaux avec les services extérieurs. Dès lors, aux prérogatives que le préfet détenait déjà depuis 1964, les dispositions de 1982 ajoutent de nouveaux instruments fort importants (commentés dans la circulaire du 1er ministre en date du 12 juillet 1982 – *JO* 13 juillet) pour le respect du principe de l'unité de la représentation de l'Etat dans le département.

La modification la plus décisive par rapport au système en vigueur depuis 1964 est contenue dans l'article 15 § I du décret 82-389 : le préfet devient *l'unique ordonnateur secondaire des services extérieurs* des administrations civiles de l'Etat dans le département (à la seule exception des décisions directement liées à l'assiette et au recouvrement des impôts et des recettes publiques). Certes, il s'agit le plus souvent de dépenses obligatoires, comme les rémunérations des agents ; d'autre part, le préfet utilise largement les possibilités de délégation de signature aux chefs des services extérieurs, n'intervenant directement, par le biais du visa préalable, que pour les opérations qui, par leur nature ou par leur montant, lui semblent particulièrement importantes (conclusion de gros marchés publics par exemple). Mais c'est là « une des clefs déterminantes de l'exercice d'un contrôle et d'une direction effective » des grandes directions départementales (J.F. Auby « le commissaire de la République » AJDA 1982 p. 384). Autre innovation prévue à l'article 15 § 3 : le préfet a *la responsabilité de la gestion du patrimoine immobilier et des matériels des différents services civils de l'Etat* dans le département, sans exception (sauf les organismes et missions à caractères juridictionnel, et les organismes chargés d'une mission de contrôle des comptes mentionnés a l'article 9 du décret du 10 mai). Dans l'exercice de cette prérogative, le préfet a la possibilité « de promouvoir une politique cohérente dans ce domaine, par exemple pour l'amélioration de la localisation et le regroupement des services ou la création de services communs pour l'entretien ou l'achat de matériels » (circulaire du 12 juillet 1982). Encore une façon, au-delà des domaines de la gestion courante laissés aux chefs de service, d'imposer la liaison horizontale au niveau du département. Dans ce cadre, le préfet élabore un « schéma départemental des implantations des services de l'Etat » qui indique, pour dix ans, les orientations de la politique immobilière de l'Etat dans le département. Chaque année, un « programme départemental d'équipement et d'entretien » précise les opérations à mettre en œuvre pour l'année suivante.

Enfin, le préfet, rappelons le, sous réserve des pouvoirs importants confiés à son homologue dans la région, se voit conférer une double mission spécifique dans le domaine économique et social (articles 22 à 24), mission confisquée jusqu'alors par les services financiers. D'une part, il met en œuvre les mesures prises par l'Etat dans le cadre du plan et en matière d'aménagement de territoire. « Il ne s'agit pas là seulement du choix des investissements de catégorie III, mais surtout de l'application à l'échelon local des priorités retenues par le gouvernement dans le Plan, ce qui suppose des actions concertées avec les différents partenaires de l'Etat ». Cette prérogative ne connaît pas d'exception. D'autre part, il doit être obligatoirement consulté – au moins – sur toute demande d'aide, instruite par les services de l'Etat, destinée soit à la réalisation des projets d'investissement soit à l'aide aux entreprises en difficulté.

Ces nouvelles dispositions complètent heureusement celles qui, mises en œuvre en 1964, sont reprises, plus ou moins modifiées. Relevons que maintenant, le préfet établit une proposition de notation (note chiffrée + appréciation générale) qu'il adresse au ministre compétent, pour chacun des chefs de service. Il est informé de toute nomination ou mutation les concernant ou concernant les agents de leur service ; il donne alors un avis (art. 16). Il reste le destinataire de toute correspondance entre administrations centrales et services extérieurs (article 18) et préside de droit toute commission administrative intéressant les services extérieurs, y compris toutes les commissions financières chargées d'étudier les modalités des concours aux entreprises (article 13). Evidemment, il a seul qualité pour recevoir les pouvoirs de décisions nouvellement déconcentrés au niveau du département dans le cadre des compétences de l'Etat (article 14). Tout cela va dans le même sens : l'instauration d'un type nouveau de relations entre préfet et chefs de services, sans équivalent jusqu'alors, dans la mesure où ces derniers restent soumis au pouvoir hiérarchique de leur ministre, au contrôle « technique » des organes d'inspection de leur ministère (de qui ils dépendent donc pour leur carrière), tout en n'agissant que par délégation du préfet « représentant direct de chacun des ministres ».

111 – *Les exceptions*

En 1982 comme en 1964, le double principe de l'unité et de l'exclusivité de la représentation de l'Etat en la personne du préfet connaît des exceptions limitativement énumérées. La liste en est peu différente d'un texte à l'autre puisque les raisons qui justifient ces limites et qui tiennent aux principes constitutionnels ou aux traditions administratives n'ont nullement varié.

– En premier lieu, les autorités militaires ne sont pas soumises aux dispositions du décret du 10 mai 1982. Le préfet est seulement « tenu informé par l'autorité militaire de toutes les affaires qui peuvent avoir une importance particulière dans le département » (art. 11 § 2).

– En second lieu, les organismes ou missions à caractère juridictionnel, les organismes chargés d'une mission de contrôle des comptes et, en général, l'ensemble des services du ministère de la Justice ne relèvent pas de la direction du préfet (hormis en sa qualité d'ordonnateur secondaire unique) (article 9).

– En troisième lieu, le préfet ne doit pas s'immiscer dans l'exercice de certaines missions (art. 7) : le contenu de l'organisation de l'action éducative ainsi que la gestion des personnels et des établissements qui y concourent ; la législation du travail ; le contrôle et le paiement des dépenses publiques, l'assiette, le contrôle, le recouvrement des impôts, taxes, et toutes recettes publiques ; les évaluations domaniales ; les statistiques.

Enfin, échappent à l'autorité du préfet toutes les missions accomplies, à quelque niveau que ce soit, par les nouveaux services à compétence nationale qui viennent d'être reconnus, au sein de l'administration de l'Etat, à coté des services centraux et des services déconcentrés, par le décret du 6 mai 1977 (*supra* n° 34).

Malgré ces exceptions, dont certaines ne sont peut-être plus justifiées, c'est probablement là que se traduit le mieux le désir de doter le préfet d'une autorité renforcée dans son département. La perte de certaines des prérogatives exercées à l'égard des collectivités locales s'en trouve largement compensée.

112 – *D) Les pouvoirs conservés à l'égard des collectivités décentralisées*

– La réforme de décentralisation a, sur ce point, totalement modifié les perspectives, sans toutefois faire disparaître toute intervention préfectorale à l'égard des collectivités territoriales. Il importe de rappeler dès l'abord que le préfet n'agit plus qu'en tant qu'organe de l'administration d'Etat et a perdu sa fonction d'organe de l'administration locale (organe actif du département et de la région). Ensuite, par rapport au préfet de 1981, il a perdu, avec la disparition des tutelles, tout pouvoir de commandement à l'encontre de ces collectivités. S'il intervient encore, c'est sur un tout autre registre, dans l'accomplissement d'une toute autre mission qu'un seul terme peut résumer : *dialogue,* et qui se situe dans un ensemble relationnel nouveau.

Dialogue, en premier lieu, dans le cadre des pouvoirs de contrôle administratif, déjà étudiés (*supra* n° 23 et s.). Le dispositif mis en œuvre par la loi du 2 mars 1982 ne supprime aucunement la fonction d'aide et de conseil toujours exercée par les membres du corps préfectoral en poste territorial. Plus directement, une procédure de conciliation est même expressément prévue lorsque le préfet considère qu'un acte qui lui est transmis est illégal : avant d'intenter un recours devant le juge administratif ou, s'il n'a, pas été possible de le faire avant, lors du dépôt du recours, le représentant de l'Etat informe l'autorité locale en lui donnant toutes précisions utiles pour corriger l'illégalité supposée. C'est seulement si le dialogue ne peut s'instaurer ou n'aboutit pas que la saisine du juge devient nécessaire.

Dialogue, en second lieu, lorsque le législateur érige le représentant de l'Etat en arbitre, voire en censeur, dans le cadre des relations entre institutions décentralisées. Les exemples abondent, par exemple, dans les domaines de l'urbanisme et de l'éducation.

Dialogue, enfin, lorsque le préfet reçoit la mission de coordonner activités de l'Etat et activités des collectivités. Ce rôle, particulièrement net en matière d'urbanisme, puisque le représentant de l'Etat impose aux communes la compatibilité de leurs documents avec les prescriptions générales ou particulières émanant de l'Etat, avec les projets d'intérêt général de l'Etat, des régions et des départements ainsi qu'avec les servitudes d'utilité publique, explique aussi qu'il soit toujours intéressé d'une manière quelconque aux activités des nombreuses instances de coordination créées par le législateur dans les secteurs les plus variés. Citons la conférence d'harmonisation des investissements, destinée à « échanger des informations sur les programmes d'investissements de l'Etat et du département » (art. 18 de la loi du 7 janvier 1983), la commission départementale de conciliation en matière d'élaboration des documents d'urbanisme, dont le préfet désigne la moitié des membres (art. 39 de la loi du 7 janvier), les conseils de l'éducation nationale présidés selon les questions par le représentant de l'Etat ou celui de la collectivité (art. 12 de la loi du 22 juillet 1983). La cohérence des actions publiques ne doit pas souffrir de la décentralisation et le préfet, par la concertation, y veille dans chacun des cas où il existe encore des chevauchements de compétences ou des possibilités de litiges.

On constate donc que, si le rôle du préfet a évolué, il n'a certainement pas été réduit dans une proportion significative. Le préfet reste présent dans toutes les activités qui se font dans sa circonscription soit qu'il les dirige, s'il s'agit d'activités d'Etat, soit qu'il en contrôle la légalité ou en assure la cohérence, s'il s'agit d'activités décentralisées.

§ 2 – LES POUVOIRS DU PREFET DE REGION

113 – La nouvelle politique de déconcentration, impulsée par le législateur de 1992, met en avant le préfet de région. Or, ce dernier est encore, à l'heure actuelle, le préfet du département où se trouve le chef-lieu de la région, ce qui paraît difficilement compatible avec les nouveaux pouvoirs reconnus au préfet de région sur le préfet de département. Il n'y avait aucun problème lorsque la région était encore une circonscription qui se cherchait et n'était chargée que de missions d'animation et de coordination. La reconnaissance en 1982, de la collectivité régionale, avait conduit, par contrecoup, à l'extension des pouvoirs du préfet de région, du fait de l'augmentation de ses fonctions de représentation et du nécessaire renforcement des services extérieurs de l'administration de l'Etat dans la circonscription régionale, et déjà le cumul préfet de région-préfet de département devenait contestable. L'innovation essentielle réalisée par la loi du 6 février 1992 semble logiquement impliquer la différenciation nette des deux postes de préfet de région et de préfet de département, ce que refuse obstinément, on ne sait pourquoi, le gouvernement.

La loi du 6 février 1992, en effet, affirme l'échelon régional au sein de l'administration de l'Etat, en établissant une hiérarchie entre la région, pivot de l'exercice des compétences étatiques essentielles, et le département, de plus en plus simple échelon de gestion.

Quoiqu'il en soit, le préfet de région, à l'heure actuelle, assume donc, d'abord... les tâches d'un préfet de département. Mais, en sus, il dispose et de pouvoirs comparables, mais exercés à l'échelon régional, et de pouvoirs spécifiques particulièrement en matière économique.

a) Les attributions comparables

Le préfet de région :
– assume la représentation juridique de l'Etat dans la région ; à ce titre, il conclut au nom de l'Etat toutes les conventions passées avec la région ou ses établissements publics (le fameux contrat de plan Etat-Région, par exemple) ;
– assure le contrôle administratif des actes pris par la région-collectivité et les établissements publics régionaux ;
– dirige les services extérieurs de l'Etat dans la région en mettant en œuvre les mêmes prérogatives que celles étudiées ci-dessus à propos du département.

Notons toutefois que depuis peu, les services de l'Etat ont tendance à s'étoffer au niveau de la région.

b) les attributions spécifiques

Elles s'étoffent avec la mise en œuvre de la loi du 6 février 1992.
– La fonction principale du préfet de région reste définie à l'article 4 du décret n° 82-390 du 10 mai 1982 : « le préfet de région met en œuvre la politique du gouvernement concernant le développement économique et social et l'aménagement du territoire de la région ». Mais, le second alinéa de cet article (« Dans ce domaine, il anime et coordonne l'activité des préfets des départements de la région ») n'est plus compatible avec l'article 5 § 2 de la loi du 6 février 1992, lequel dispose : « Le préfet de région met en œuvre les politiques nationale et communautaire concernant le développement économique et social et l'aménagement du territoire. Dans ces domaines, les représentants de l'Etat dans les départements compris dans la circonscription régionale prennent des décisions conformes aux orientations qu'il fixe et lui en rendent compte ».

Cette novation, inspirée par un souci de meilleure efficacité de l'action de l'Etat sur l'ensemble du territoire, implique l'établissement par le préfet de région, de directives pour la réalisation dans la région des grands objectifs nationaux de développement et d'aménagement du territoire, directives qui devraient être mises en œuvre, à l'échelon local, par le préfet de département qui rendra compte de son action.

Dans ce cadre renouvelé, le préfet de région dispose de prérogatives importantes en matière de planification et en matière d'investissements publics. Ces prérogatives, issus du décret n° 82-

390 du 10 mai 1982, sont à nouveau reconnues par la charte de la déconcentration qui, par ailleurs, rappelons-le (*supra* n° 34), confie au préfet de région une nouvelle compétence d'animation et de coordination des politiques de l'Etat dans certains domaines, au risque d'aviver, en ces matières, la concurrence avec le département.

En ce qui concerne la planification, le préfet de région :
– rassemble les informations et prépare les propositions utiles à l'élaboration du plan national (article 21 du décret 82-390) ;
– suit l'exécution du plan national dans la région et adresse au Premier ministre un rapport annuel sur ce point (article 22) ;
– conclut les conventions passées entre l'Etat et la région, particulièrement le contrat de plan Etat-région qui, selon les dispositions de l'article II de la loi n° 82-653 du 29 juillet 1982 portant réforme de la planification, recense toutes les opérations conjointes par lesquelles la région participe à la réalisation des programmes prioritaires d'exécution du plan national et l'Etat à la mise en œuvre des priorités spécifiquement régionales (*supra* n° 55) ; il veille « à la cohérence entre le plan national et le plan régional » (article 23) ;

En ce qui concerne les investissements publics, le préfet de région bénéficie de pouvoirs plus importants qu'auparavant (chapitre V du décret 82-390 et circulaire du 1er ministre du 21 décembre 1982, *JO* 12 janvier 1983). Pour les investissements publics à caractère national, le préfet de région est tenu informé et formule ses observations ; même, le ministre peut lui déléguer sans individualisation préalable des autorisations de programme d'intérêt national (art. 25 § 3) : c'est là une possibilité de déconcentration financière ; enfin, le décret n° 83-32 du 21 janvier 1983 prévoit que, pour l'exécution des contrats de plan Etat-Région, les autorisations de programme inscrites dans les lois de finances pour ce type d'investissements lui sont déléguées directement. Les autorisations de programme relatives aux investissements d'intérêt régional ou départemental (les investissements d'intérêt communal disparaissent) donnent lieu à délégation globale au préfet de région ; celles relatives aux investissements d'intérêt régional sont individualisées par lui (article 27) ; celles concernant les investissements d'intérêt départemental sont réparties par lui entre les départements et subdélégués globalement aux préfets des départements concernés.

Pour assurer la complète information du préfet de région en la matière, il est prévu (article 18 § 2 de la loi n° 83-8 du 7 janvier 1983) qu'une Conférence d'harmonisation des investissements réunit, deux fois par an, préfet de région, préfets des départements de la région, président du conseil régional et présidents des conseils généraux pour échanger des informations sur le programme d'investissement de l'Etat et celui des collectivités départementales et régionales. Plus récemment (circulaire du Premier ministre du 13 juillet 1994 relative au plan de modernisation des procédures financières au service de la déconcentration), un mécanisme d'aide à la décision est mis en place : le trésorier-payeur général de la région peut procéder à une analyse économique et financière avant que ne soit prise, par le préfet de région, la décision d'investissement déconcentré.

D'autres compétences, en effet, pourraient être déconcentrées au niveau de la région. Dans cette intention, la charte de la déconcentration, suivant en cela la loi du 6 février 1992 (article 5 § 2), charge le préfet de région de l'animation et de la coordination des politiques de l'Etat dans quatre domaines : la culture, l'environnement, la ville et l'espace rural. On peut, surtout pour les trois derniers domaines, comprendre cette attribution de compétence puisque la place de la planification peut être importante en ces matières. Mais on peut y voir aussi un nouveau signe du lent grignotage des compétences du département par la région... On signalera, en tout cas, qu'il existe de ce fait un certain décalage entre les compétences des échelons déconcentrés de l'administration de l'Etat et des échelons décentralisés de l'administration locale.

Les attributions du préfet de région sont donc considérablement renforcées, parallèlement à l'affirmation de la circonscription régionale.

Section III

LES COLLABORATEURS DES PREFETS

114 – L'article 4 du décret 82-389 du 10 mai 1982 désigne les différents collaborateurs du préfet de département. Dans l'ordre, sont cités : le secrétaire général, les chefs des services déconcentrés de l'Etat, les sous-préfets, le directeur de cabinet, un ou plusieurs chargés de mission. Les uns travaillent à la préfecture, les autres dans les services techniques ou encore dans les arrondissements. Le préfet de région est assisté, pour sa part, d'un secrétaire général pour les affaires régionales, de chargés de mission placés auprès de lui, et des chefs des services de l'Etat dans la région (article 12 du décret 82-390) ; il faut aussi ajouter, en ce qui le concerne, la conférence administrative régionale dont le rôle, en matière économique, n'est pas négligeable.

115 – *A la préfecture même*, le préfet dispose, près de lui, de deux organes différents qui l'assistent dans sa tâche : le secrétariat général d'une part, le cabinet d'autre part. Le premier est dirigé par

un secrétaire général, placé à la tête des services de la préfecture ; le second constitue, sous la conduite du directeur du cabinet, l'« état-major » du préfet. Secrétaire général et directeur de cabinet sont habituellement des membres du corps préfectoral, des sous-préfets qui sont affectés à de tels postes de responsabilité.
1) *Le secrétaire général* est « directement associé à l'exercice des responsabilités, notamment à la direction générale des services extérieurs de l'Etat » (circulaire du 12 juillet 1982). Il est appelé à suppléer le préfet en cas d'absence ou d'empêchement : il reçoit délégation de signature en ce qui concerne toutes les actions du ministère de l'intérieur, le contrôle administratif des collectivités locales et, surtout, les matières relevant des services extérieurs des administrations civiles de l'Etat dans le département – ou la région – lorsqu'une coordination de l'activité de plusieurs d'entre eux est nécessaire. Selon la circulaire n° 83-152 du 1er juillet 1983 du ministre de l'Intérieur et de la Décentralisation (*le Moniteur* n° 39 – p. 37), sont aujourd'hui rattachés directement au secrétariat général :
– le service du personnel et de la formation ;
– le service départemental d'action sociale (qui est chargé des relations avec les partenaires économiques et sociaux) ;
– le service chargé de l'accueil, de l'information et de l'orientation du public dans les services de la préfecture et les autres services de l'Etat, service qui prend beaucoup plus d'importance qu'auparavant dans le cadre de la transformation des rapports entre administration et administrés (*supra* introduction) ;
– le service de l'organisation administrative, lui-même divisé en deux sections : le courrier, d'une part, l'orientation administrative, d'autre part, cette dernière section ayant la mission essentielle de préparer et d'assurer le suivi des conférences des chefs de service dont la réunion fréquente est désormais indispensable pour affirmer le rôle de direction du préfet.

En outre, le secrétaire général dirige les services administratifs de la préfecture. Deux thèses dominantes s'affrontent actuellement quant à l'organisation de ces services, toujours axées autour de la mission de direction des services déconcentrés. Selon une première proposition, il conviendrait d'intégrer l'ensemble des services extérieurs dans une unique structure départementale ou régionale : les directions de la préfecture seraient agencées dans une optique interministérielle et le préfet en personne ou par l'intermédiaire du secrétaire général exercerait une autorité semblable sur chacune d'entre elles. A l'inverse, on peut concevoir une préfecture-état major, une sorte d'administration de mission ; alors, les actuelles directions de la préfecture seraient placées sur le même plan que les services techniques de l'Etat dans le département – ou la région.

Il semble que la circulaire précitée du 1er juillet 1983 aille en ce sens, plus traditionnel. On a vu plus haut, d'une part, qu'une cellule

spéciale, au sein du secrétariat général, doit s'occuper de seconder le préfet dans la conduite de toutes les actions de l'Etat. D'autre part, les directions de préfecture que l'on pourrait qualifier de classiques demeurent (de même que les grandes directions départementales, pour la plupart actuellement inchangées) (à titre d'exemple, voir l'organigramme simplifié de la préfecture du Finistère.)
2) Le directeur de cabinet est le collaborateur personnel du préfet qui s'occupe surtout, au nom de ce dernier, de tout ce qui concerne les fonctions traditionnelles : études politiques, documentation et relations avec la presse d'une part, questions de sécurité publique et de protection civile d'autre part. Le cabinet est l'organe dont les tâches ont été le moins bouleversées par la réforme. Elles sont essentiellement de nature départementale : c'est pour cela que l'article 12 du décret 82-390 du 10 mai 1982 ne mentionne pas le directeur du cabinet parmi les collaborateurs du préfet de région. Cependant le directeur de cabinet, étant « un fonctionnaire dégagé de la plupart des impératifs de l'administration gestionnaire et par là disponible, doit s'attacher d'abord à faire circuler l'information au sein de l'administration et entre l'administration et son environnement » (B. Landrieu « le cabinet du préfet de région » colloque de Metz précité). Une telle fonction profite aussi bien, dans les chefs-lieux de région, au préfet de région qu'au préfet de département, seule et même personne.

Les chargés de mission sont, en général, des fonctionnaires désignés par les différents ministres et placés sous l'autorité du préfet pour suivre certains dossiers spécifiques (droits de la femme ; économie d'énergie, innovation technologique, etc.).

116 – *Dans les services techniques.* Les textes de 1982, pour la première fois, placent – pour ne pas dire ravalent – les chefs des services déconcentrés de l'Etat au rang de simples collaborateurs du préfet.

Ceci assure la volonté gouvernementale de substituer une logique horizontale à la logique verticale antérieure, y compris, d'ailleurs, dans le cadre de la mise à disposition des services extérieurs de l'Etat au profit du président du conseil général (régional), le préfet étant juridiquement seul responsable des conditions de fonctionnement de cette mise à disposition (*supra* n° 50). On sait, toutefois, que les directeurs départementaux peuvent avoir des rapports directs avec les chefs des collectivités (*supra* n° 109.)

Il va de soi que le préfet utilise largement les possibilités de *délégation* aux chefs des services extérieurs. Cependant, sur ce point, il importe de noter deux particularités importantes. D'une part, ces délégations sont des délégations de signature qui, comme on le sait, ne dessaisissent aucunement le délégant (article 17 du décret 82-389). D'autre part, les délégations de pouvoirs prévues dans le système de 1964 sont supprimées. Ceci dit, le directeur départemental dirige, par délégation, l'action des fonctionnaires d'un ministère en poste dans le département. Chaque direction départementale se trouve elle-même fractionnée en services qui correspondent souvent aux diverses directions centrales du ministère. Toutefois, certains regroupements ont été opérés (par exemple, lors de la création des directions départementales de l'agriculture, par le décret du 26 mars 1965, ont été fusionnés les corps du génie rural et des eaux et forêts, ce qui a suscité de vives oppositions).

Les chefs des services déconcentrés de l'Etat se réunissent en un « collège des chefs de service », sous la présidence du préfet. Ce collège examine surtout « les conditions d'organisation et de fonctionnement des services de l'Etat en vue de l'harmonisation de la gestion des moyens ou de la mise en œuvre d'actions communes » (art. 20 § 2 du décret du 10 mai 1982). Ce collège est consulté en particulier sur le schéma départemental des implantations des services de l'Etat dans le département et sur le programme départemental annuel (*supra* n° 110).

117 – *A l'échelon de l'arrondissement* œuvrent les sous-préfets. Ils sont dans une situation paradoxale : fonctionnaires importants car faisant partie du corps préfectoral, ils n'ont guère de pouvoirs qui leur soient reconnus en propre, si bien qu'avec la réforme, s'est posée à nouveau la question de leur maintien ou de leur suppression.

Le statut des sous-préfets est toujours régi par le décret n° 64-260 du 14 mars 1964, plusieurs fois modifié, le changement le plus récent étant réalisé par le décret n° 95-737 du 10 mai 1995.

Aujourd'hui, les règles posées, relativement complexes, sont les suivantes : pour six recrutements émanant de l'ENA, cinq autres nominations peuvent être prononcées : deux au moins au bénéfice des directeurs et attachés principaux de préfecture, âgés de trente-cinq à cinquante ans, une au bénéfice des autres fonctionnaires de l'Etat justifiant de dix ans de services dans un corps de catégorie A, aux mêmes conditions d'âge, deux au plus au bénéfice de candidats titulaires d'un diplôme requis pour le premier concours d'entrée à l'ENA, sur avis d'une commission spéciale chargée de vérifier leur aptitude. Tous ces personnels issus de la seconde voie doivent effectuer un stage d'un an renouvelable une fois.

Le sous-préfet est nommé par décret du président de la République. Il est soumis à des obligations comparables à celles du préfet. C'est donc un fonctionnaire d'un grade élevé (qui fait souvent l'apprentissage du métier de préfet, en passant par le poste de secrétaire général ou de directeur de cabinet du préfet). Toutefois, ses fonctions à la tête de l'arrondissement – qui est seulement une circonscription de l'administration d'Etat – sont relativement floues.

Avant 1982, en effet, il était possible de dire que la mission principale du sous-préfet consistait en la tutelle sur les communes : à ce titre, il était – beaucoup plus que le préfet trop éloigné et trop accaparé par ses autres tâches – le conseiller et le soutien des maires des petites communes. Avec la disparition de la tutelle et son remplacement par le contrôle administratif, on peut se demander si ce rôle doit encore exister. En tout cas, dans les faits, il continue à s'exercer, les municipalités préférant engager le dialogue avec le sous-préfet plutôt que de voir leurs actes déférés devant une instance juridictionnelle. A ce point de vue, en pratique, le sous-préfet manifeste encore son utilité.

Mais le sous-préfet est surtout le collaborateur direct du préfet de département. La loi n° 95-115 du 4 février 1995 réaffirme ce rôle en décidant : « le délégué dans l'arrondissement du représentant de l'Etat dans le département exerce, par délégation, tout ou partie des attributions dévolues à ce dernier. A ce titre, il anime et coordonne l'action des services de l'Etat dans l'arrondissement ». Le sous-préfet bénéficie donc de larges délégations de signature, dont le régime actuel est fixé par le décret n° 95-486 du 27 avril 1995. On sait, d'autre part, que la charte de la déconcentration précise que la mission d'animation et de coordination du sous-préfet s'applique au développement local et qu'à ce titre, il met en œuvre toutes les actions de proximité impulsées par l'Etat en liaison avec les collectivités locales (*supra* n° 34).

Le sous-préfet est donc le premier collaborateur territorial du préfet, au nom duquel il agit.

Il faut cependant noter que cette même loi du 4 février 1995, en créant les « pays », peut provoquer, à terme, la disparition de l'arrondissement (*supra* n° 78). L'article 24 prévoit, en effet, que l'Etat qui coordonne dans le cadre du « pays » son action en faveur du développement local et du développement urbain avec celle des collectivités locales, tient compte de cette nouvelle entité pour l'organisation de ses services et la délimitation des arrondissements. A moins de considérer l'arrondissement comme un regroupement de pays et d'accepter alors encore un autre échelon dans une pyramide administrative déjà trop pourvue, ne faut-il pas considérer qu'à moyen terme, l'espace de solidarité naturelle l'emportera sur le territoire parfois artificiel que représente la structure actuelle ?

(Bien que certains services de l'administration de l'Etat (services fiscaux, gendarmerie nationale) y soient implantés, le canton n'est ni la circonscription d'une autorité administrative à compétence générale, ni un véritable échelon de déconcentration. Il

LES SERVICES DE LA PREFECTURE ET LES SERVICES LOCAUX DE L'ETAT
(Finistère)

Pour accomplir ses diverses missions, le préfet dispose du personnel de la Préfecture (260 agents) et de celui des services locaux de l'Etat, qui assurent la préparation et l'exécution des décisions.

Compte tenu du nombre des affaires dans un département de près de 850 000 habitants et de la multiplicité des attributions préfectorales, la différenciation des services est assez poussée : l'organigramme et le schéma ci-après en donnent un aperçu. Cette répartition des tâches ne doit cependant pas masquer un objectif commun, qui est l'unité de l'action administrative.

La préfecture proprement dite comprend deux grandes unités fonctionnelles : le cabinet et le secrétariat général.

I - **Le cabinet du préfet** est chargé :

– du secrétariat particulier du préfet et du directeur de cabinet ;

– des affaires politiques et réservées, du maintien de l'ordre public, ainsi que des distinctions honorifiques.

Lui sont également rattachés :

– le Service des transmissions de l'intérieur (STI) ;

– le Service interministériel de défense et de protection civile, chargé des aspects civils de la défense nationale (notamment de l'organisation du ravitaillement), des problèmes de sécurité et plus particulièrement des plans de secours ;

– la Direction départementale des services de secours et de lutte contre l'incendie, qui coordonne l'activité des sapeurs-pompiers ;

– le Garage.

II - **Le secrétariat général**

Quatre directions sont placées sous l'autorité du secrétaire général.

1. **La Direction de l'Administration générale**, la plus connue du public, dont les attributions concernent :

– l'état des personnes : cartes d'identité, passeports, naturalisations, affaires militaires, élections politiques et professionnelles, associations de la loi de 1901 ;

– la circulation : permis de conduire, auto-écoles, cartes grises ;

– les mesures de police générale : chasse et pêche, armes, lieux publics et spectacles, professions réglementées, régime des étrangers ;

– les problèmes d'environnement et d'installations classées (activités dangereuses, insalubres ou incommodes).

2. **La Direction de l'Administration locale et du cadre de vie**, qui assure conjointement :

– les relations avec les collectivités locales (communes et département) ;

– les rapports avec les services locaux de l'Etat (instruction et suivi des dossiers, courrier, délégations de signature...) ;

– l'examen des questions d'urbanisme, de protection des sites, et des affaires culturelles.

3. **La Direction des Affaires économiques et de l'emploi**, dont les missions recouvrent :

– l'emploi et la formation professionnelle (apprentissage, formation des jeunes...) ;

– l'action et l'information économiques (aides de l'Etat dans les différents secteurs d'activité, conjoncture économique...) ;

– la réglementation économique (prix, urbanisme commercial...) et le tourisme (hébergements, aménagements touristiques...) ;

– la programmation des équipements publics, les finances et le patrimoine de l'Etat.

4. **La Direction du personnel, de l'organisation et des moyens** qui, outre la gestion du personnel, la formation et l'action sociale, a en charge le courrier (arrivée et départ), le budget et l'équipement de la Préfecture, et d'une manière générale les services communs : accueil, Service Intérieur (entretien et travaux courants), Imprimerie.

III - **Les services locaux de l'Etat :**

Outre **la Direction départementale des polices urbaines**, il s'agit notamment :

– de la **Trésorerie générale**, qui assure et contrôle l'exécution des dépenses de l'Etat ;

– de la **Direction départementale de l'équipement**, responsable des problèmes de voirie, d'équipement et d'urbanisme ;

– de la **Direction départementale de l'agriculture et de la forêt** chargée de l'aménagement foncier, des équipements ruraux, de la production agricole, de l'exploitation forestière... ;

– de la **Direction des affaires sanitaires et sociales**, compétente dans le domaine hospitalier, de l'hygiène publique... ;

– de la **Direction départementale du travail et de l'emploi**, qui veille au respect de la législation du travail et met en œuvre les mesures en faveur de l'emploi et de la formation ;

– de la **Direction départementale des affaires de la mer ;**

– de la **Direction des services départementaux de l'éducation nationale** (inspection Académique) ;

– de la **Direction départementale de la jeunesse et des sports ;**

– de la **Direction départementale de la concurrence, de la consommation et de la répression des fraudes ;**

– de la **Direction départementale des postes ;**

– de la **Direction opérationnelle des télécommunications.**

ne sert, en réalité, que de circonscription électorale pour l'élection d'un conseiller général.)

118 – *Dans la région : la conférence administrative régionale*

Composée des préfets des départements inclus dans la région, du secrétaire-général de la préfecture chef-lieu, du trésorier-payeur général de région et éventuellement des chefs des services extérieurs de l'Etat dans la région (pour les affaires qui les intéressent directement), la conférence administrative régionale joue, depuis sa création en 1964, un rôle plus important que les textes pourraient le laisser croire, ceci pour deux raisons principales : en réunissant souvent la conférence, en recueillant ses avis au-delà de ce qu'impose la réglementation, le préfet de région marque sa déférence envers ses collègues départementaux : en faisant les concessions nécessaires pour que les avis soient rendus sinon à l'unanimité, du moins à une large majorité, il recherche la manifestation de l'unité de la région. Aussi n'est-il pas étonnant de constater que cet organisme est maintenu. De plus, il ne faut pas, pour les raisons qui viennent d'être énoncées, tenir compte de la limitation du domaine obligatoire de la consultation.

En général, la conférence administrative régionale « connaît des incidences des investissements publics sur la vie économique et sociale de la région » (article 33 du décret 82-390). Son avis est expressément prévu à l'égard des observations et propositions lors de l'élaboration du plan national, pour les observations relatives aux investissements publics à caractère national, à propos de la répartition des autorisations de programme des investissements publics de catégorie II et III (articles 22-25-26-27 et 28 du décret 82-390). Elle est, dans la réalité, associée de très près à l'exercice des missions du préfet de région particulièrement, mais non exclusivement, en matière économique.

La loi du 6 février 1992, du fait de la place particulière qu'il accorde au préfet de région, ouvre de nouvelles perspectives à la conférence administrative régionale. Cet organe pourrait devenir un rouage essentiel de la déconcentration, qui serait chargé de définir les stratégies d'action de l'Etat dans la région et de programmer les crédits liés à la mise en œuvre des politiques interministérielles.

119 – *Conclusion*

Il convient, avant de terminer l'étude de l'administration d'Etat, de faire encore deux remarques de portée fort différente.

L'étude du préfet démontre qu'avec la réforme de 1982, l'administration française est quasiment débarrassée d'un des traits principaux qui en faisaient la complexité : le dédoublement fonctionnel (Darcy – *op. cit.* p. 145). Hier, le préfet remplissait à la fois les fonctions de représentant de l'Etat et d'exécutif du département, personne morale décentralisée, ou de l'établissement public régional, ceci dans le même cadre territorial. Il était donc « à la fois représentant de deux personnes morales et de deux personnes morales rivales (p. 147) ». Cette situation révélait le refus d'une décentralisation véritable, mais d'autre part, elle laissait place à l'éventualité d'un affaiblissement de la centralisation, si le préfet prenait le risque de défendre son département, au besoin contre le pouvoir central. Un tel système qui, curieusement pourtant, fonctionnait relativement bien, et constituait, aux yeux des observateurs étrangers, la marque la plus caractéristique de l'administration française, est abandonné, au niveau départemental et régional, à la suite du vote de la loi du 2 mars 1982, sans que ne s'ensuivent de quelconques difficultés. Il faut donc penser que, contrairement à l'opinion commune, il n'était pas fondamentalement lié à l'esprit français.

Le dédoublement fonctionnel se maintient, cependant, dans le cadre communal : le maire, organe actif de la commune est aussi agent de l'Etat dans la circonscription communale. Mais alors, il ne présente pas la même signification : il ne s'agit finalement que d'une question d'efficacité administrative, sans aucune coloration politique. Certaines affaires d'Etat sont mieux traitées à l'échelon le plus proche des administrés, c'est-à-dire la commune ; il est préférable de les faire accomplir par les services communaux, sous l'autorité du maire plutôt que par un autre organe directement dépendant de l'Etat et qui, aux yeux des citoyens, n'aurait pas la légitimité du maire.

120 – *La commune est, donc, une circonscription de l'Etat*, au niveau de laquelle sont déconcentrées des compétences étatiques. Déconcentrées car, lorsque le maire les exerce, il n'est pas soumis au contrôle administratif du préfet, mais se trouve dans une situation de subordination hiérarchique vis-à-vis du représentant de l'Etat (domaine administratif) ou du procureur de la République (domaine judiciaire).

Dans le domaine administratif, le maire assure les attributions suivantes :

– publication et application des lois et règlements dans la commune,
– organisation des élections (révision des listes électorales, organisation matérielle des scrutins : désignation des membres des bureaux de vote, aménagement des salles, fourniture d'emplacements pour la propagande, etc),
– participation aux opérations de recensement démographique,
– participation au recensement des jeunes gens en vue du service national,
– délivrance de certificats (de domicile, de concubinage, etc) ou réception de déclarations (ouverture de débits de boisson),

– légalisation des signatures, authentification des certificats,
– application des mesures de sûreté générale (surveillance du territoire, recherche des étrangers suspects. etc).

Dans le domaine judiciaire, sous l'autorité du procureur de la République, le maire exerce les fonctions :
– d'officier d'état civil : il célèbre les mariages, enregistre les naissances et les décès survenus dans la commune, veille à la tenue des différents registres s'y rapportant et délivre les copies et extraits de ces registres,
– d'officier de police judiciaire : le maire a qualité pour constater les infractions à la loi pénale et pour en dresser procés-verbal, lorsqu'il s'agit de contraventions ou de crimes et délits flagrants ; il recueille les plaintes et dénonciations qu'il transmet au procureur de la République en cas de crimes et délits non flagrants ; en fait, il ne remplit que rarement cette fonction, par exemple lorsqu'il n'y a pas de brigade de gendarmerie à proximité.
– Enfin, le maire établit la liste préparatoire communale pour le recrutement des jurés des cours d'assises (loi du 28 juillet 1978).

Il est toutefois évident que la commune est, avant tout, la collectivité territoriale de base : elle constitue le principal échelon de l'administration locale décentralisée.

TITRE III

L'administration locale

121 – Il est évident que la réforme de décentralisation menée depuis 1982 entraîne avant tout un bouleversement de notre administration locale. Tous les textes intervenus dans ce cadre ont d'abord pour objet et pour effet de modifier les structures, les missions, les moyens des collectivités territoriales. Le premier volet concerne les réformes de structures : ce sont surtout le département et la région qui sont intéressées par la loi du 2 mars 1982, les décrets des 15 mars et 14 avril 1982 relatifs à la mise à disposition des services de la préfecture et des services extérieurs de l'Etat, etc. Le second volet, marqué par les lois des 7 janvier et 22 juillet 1983 modifiées et complétées, réalise un transfert par l'Etat de compétences nouvelles aux collectivités décentralisées, après que la loi du 2 mars 1982 ait élargi le cadre d'intervention de ces collectivités en matière économique ; il opère aussi une œuvre de clarification des compétences en tentant de mettre fin à l'enchevêtrement (et au financement croisé) qui caractérisait la période précédente. Le troisième volet, celui qui a trait aux moyens, comporte la loi du 13 juillet 1983 concernant les principes généraux applicables aux deux fonctions publiques : la fonction publique d'Etat et la fonction publique territoriale, la loi du 26 janvier 1984 portant dispositions statutaires relatives à cette dernière, et la loi n° 92-108 du 3 février 1992 relative aux conditions d'exercice des mandats locaux, en ce qui concerne les moyens humains ; s'y ajoutent nombre de textes épars en ce qui concerne les moyens financiers mais aucune réforme générale de la fiscalité locale n'est encore à l'ordre du jour.

On étudiera successivement dans ce titre fort long car très neuf les structures actuelles de l'administration locale (Chapitre I), les compétences des collectivités décentralisées (Chapitre II), les moyens humains et financiers de ces collectivités (Chapitre III).

SCHEMA GENERAL DE L'ADMINISTRATION DECENTRALISEE

Superposition de personnes morales

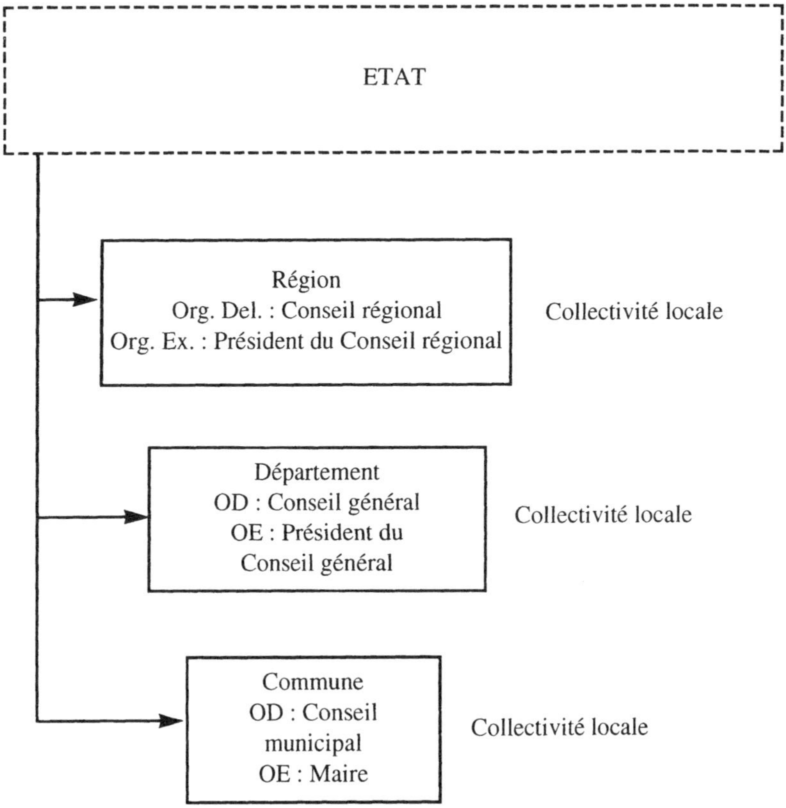

OD : Organe délibérant
OE : Organe exécutif

122 – Toutefois, avant d'entreprendre cette étude, il paraît indispensable de faire deux remarques ou plutôt deux rappels :
– *La décentralisation ne signifie aucunement démembrement de l'Etat.* La France doit garder son unité profonde, par et dans l'Etat. Il est donc indispensable qu'à tous les échelons, l'Etat soit présent, informé de tout ce qui se passe et capable, en cas d'abus, de faire prévaloir les intérêts nationaux à l'encontre d'entreprises démagogiques, particularistes ou génératrices de désordres graves.
– *La décentralisation doit profiter d'abord aux citoyens.* Pour cela, elle doit être efficace et non pas plus paralysante encore que la centralisation, ce qui sera s'il y a succession d'échelons bureaucratiques superposés. Dès lors, il n'est nullement certain, malgré les affirmations gouvernementales, malgré le parti-pris très clair du législateur de 1982-1983, que la pyramide administrative actuelle soit appelée à se survivre indéfiniment. Il est possible qu'après une période d'essai plus ou moins longue, on se rende compte de la difficulté de faire coexister sans heurts, sans surenchères, sans retards accumulés, donc sans perte d'efficacité, régions et départements ; de la difficulté aussi de maintenir un nombre si important de communes qui, pour la plupart, sont dans l'incapacité de subvenir seules à leur propre développement (*supra* n° 43).

Pour être acceptée, pour entraîner l'indispensable transformation des mentalités sans laquelle elle ne sera pas, la décentralisation devait probablement se faire dans ces cadres anciens qui vont faire l'objet de notre étude. Mais il ne nous semble pas que l'option soit définitive, sans appel et il n'est pas improbable que les pouvoirs publics ne doivent, dans l'avenir, remettre sur le métier leur ouvrage.

CHAPITRE I

LES STRUCTURES DE L'ADMINISTRATION DECENTRALISEE

123 – L'objet de ce chapitre est de présenter les cadres actuels de l'administration des collectivités locales ou si l'on préfère, l'organisation de l'administration décentralisée. On remarquera que, depuis la réforme réalisée par la loi du 2 mars 1982, toutes les collectivités locales sont dirigées par deux organes qui leur sont propres et qui sont indépendants du pouvoir d'Etat. On distingue *un organe délibérant dont les membres sont élus* au suffrage universel direct et *un organe exécutif, également élu mais au sein de l'organe délibérant* : les articles 25 et 73 de la loi du 2 mars font, en effet, du président du conseil général et du président du conseil régional les chefs de l'exécutif du département et de la région, tandis que le maire élu par le conseil municipal depuis... 1882 est le chef de l'exécutif communal. On notera aussi qu'aujourd'hui, toutes ces collectivités, commune, département, région, fonctionnent selon des règles identiques, décalquées sur le régime communal, et qui manifestent à chaque niveau le principe de liberté.

Organes exécutifs et organes délibérants présentent une autre caractéristique commune importante : l'homogénéité pour les premiers, et, à l'inverse, l'existence d'une majorité et d'une opposition dans les seconds, du moins le plus souvent. La loi du 6 janvier 1986, en son article 24 qui modifiait l'article 38 de la loi du 2 mars 1982 relatif aux règles de désignation des membres du bureau du conseil général autres que le président, avait voulu briser l'unité politique de l'organe actif du département et de la région en assurant une représentation équilibrée des diverses tendances de l'assemblée délibérante au sein du bureau, par la répartition des postes, entre ces diverses tendances, à la représentation proportionnelle à la plus forte moyenne. Mais cette nouvelle règle n'eut pas l'occasion de s'appliquer longtemps puisque la loi n° 86-972 du 19 août 1986 portant dispositions diverses relatives aux collectivités locales abroge cette réforme et retourne à la situation antérieure.

La loi n° 92-125 du 6 février 1992 revient sur ce point, en adoptant une solution qui ménage les deux intérêts contradictoires : elle double le bureau, homogène, par un autre organe, la commission permanente, dont les membres sont élus à la représentation proportionnelle.

Quant aux assemblées délibérantes, certains traits du mode d'élection de leurs membres assurent la possible présence en leur sein de conseillers d'étiquettes politiques différentes : ce sont le panachage dans les communes de moins de 3 500 habitants, l'introduction de mécanismes proportionnels (partiellement pour les communes de plus de 3 500 habitants, intégralement pour les régions) ou le nombre des circonscriptions à l'intérieur des départements. Le principe démocratique qui, dans la conception libérale, va de pair avec le principe de liberté, est ainsi mieux appliqué.

Section I

L'ADMINISTRATION COMMUNALE

124 – La commune est un groupement naturel de citoyens formant sur un territoire déterminé, une communauté soumise à une autorité supérieure, habilitée à exercer les compétences qui lui sont conférées par la loi, (J.M. Becet « La commune dans le système administratif français », 260 pages – CFPC 1983, p. 12). L'ensemble des citoyens qui forment la communauté humaine qu'est la commune doit tirer bénéfice de la décentralisation. Pour cela, il faut d'abord qu'ils se sentent effectivement représentés par les organes qui dirigent la cité : le conseil municipal, organe délibérant, le maire (aidé de ses adjoints qui, avec lui, composent la municipalité) organe « actif » plus qu'exécutif ; il faut aussi que le fonctionnement de ces organes soit le plus transparent et le plus efficace possible.

§1 – COMPOSITION ET ELECTION DES ORGANES DU POUVOIR COMMUNAL

A) Le conseil municipal

125 – Les règles relatives à la composition et au mode d'élection des conseils municipaux sont fixées par la loi du 19 novembre 1982. Ce texte a pour ambition de réconcilier représentation des minorités et efficacité du pouvoir local par l'introduction du mécanisme proportionnel dans le système majoritaire, lorsque le seuil démographique de 3 500 habitants est atteint ou dépassé. Il augmente également le nombre de conseillers municipaux pour tenir compte et de l'augmentation des missions imparties aux conseillers et de l'existence d'une minorité qui n'accepte pas de – ou n'est pas incitée à – participer aux diverses tâches.

Aujourd'hui, l'effectif du conseil municipal, toujours en nombre impair et déterminé en fonction de la population communale, est le suivant (tableau).

Les conseillers municipaux sont élus tous les six ans, le même jour dans toutes les communes de France, selon les modes de scrutin suivants :

– *dans les communes de moins de 3 500 habitants*, les conseillers municipaux sont élus au scrutin de liste majoritaire à deux tours, avec possibilité de panachage. Dans celles qui ont moins de 2 500 habitants, les candidats peuvent se présenter à titre individuel ou former des listes complètes ou non. Dans celles qui ont entre 2 500 et 3 499 habitants, les listes complètes sont cependant obligatoires. Dans toutes ces communes, sont élus au premier tour les candidats qui ont obtenu la majorité absolue des suffrages exprimés représentant au moins le quart des inscrits. Si tous les sièges ne sont pas pourvus, il y a lieu à second tour et, entre les deux tours, les listes peuvent être remaniées, même par la présentation de nouveaux candidats.

EFFECTIFS DES CONSEILS MUNICIPAUX

Nombre d'habitants	Nombre de conseillers
Moins de 100	9
De 100 à 499	11
De 500 à 1 499	15
De 1 500 à 2 499	19
De 2 500 à 3 499	23
De 3 500 à 4 999	27
De 5 000 à 9 999	29
De 10 000 à 19 999	33
De 20 000 à 29 999	35
De 30 000 à 39 999	39
De 40 000 à 49 999	43
De 50 000 à 59 999	45
De 60 000 à 79 999	49
De 80 000 à 99 999	53
De 100 000 à 149 999	55
De 150 000 à 199 999	59
De 200 000 à 249 999	61
De 250 000 à 299 999	65
300 000 et plus	69

Sont élus au deuxième tour ceux d'entre eux qui ont obtenu le plus de voix sans qu'aucune majorité particulière ne soit requise.
– *Dans les communes de plus de 3 500 habitants*, le même mode de scrutin est retenu mais le panachage est interdit, la représentation des minorités étant recherchée par un tout autre moyen : *l'introduction d'un mécanisme proportionnel dans le scrutin majoritaire*. Au premier tour de scrutin, si une liste obtient la majorité absolue des suffrages, la moitié du nombre des sièges à pourvoir (arrondie à l'unité supérieure si ce nombre est supérieur à 4, à l'entier inférieur dans le cas contraire) lui revient. Cette liste participe avec toutes les autres listes ayant obtenu au moins 5 % des suffrages exprimés à la répartition, à la proportionnelle selon la règle de la plus forte moyenne, de l'autre moitié des sièges. Si aucune liste n'obtient au premier tour la majorité absolue, un second tour est organisé, auquel peuvent prendre part les listes qui ont atteint 10 % des suffrages exprimés. Ces listes sont susceptibles d'être modifiées et dans leur composition et dans leur ordre de présentation : elles ont la possibilité, entre autres, d'accueillir des candidats qui figuraient sur d'autres listes, si ces dernières ne se présentent pas au second tour, ont obtenu au moins 5 % des suffrages exprimés au premier et. évidemment, ne se partagent pas. La liste arrivée en tête emporte la moitié des sièges et participe, selon les mêmes modalités, à la répartition de l'autre moitié.

Ce système, relativement complexe, a fonctionné très correctement lors des trois élections générales auxquelles il s'est appliqué, en 1983, 1989 et 1995. Il n'a pas été la cause d'un accroissement significatif du contentieux, toujours abondant, suscité par ces élections. A l'inverse, il est question d'étendre certains de ses principes, en particulier la prime majoritaire à la liste arrivée en tête dans les communes de 3 500 habitants et plus, à d'autres élections telles les élections régionales (*infra* n° 148).

Le candidat – Le candidat aux élections municipales doit être agé de dix-huit ans révolus au jour de l'élection (article L 228 du Code électoral). Il doit avoir la nationalité française ou la citoyenneté européenne (article 88-3 de la Constitution révisée préalablement à la ratification du traité de Maastricht et directive communautaire n° 94-80 du 19 décembre 1994). Il est inscrit sur la liste électorale de la commune ou justifie d'une attache avec cette commune, attache qui se démontre, généralement, par l'inscription au rôle des contributions directes au 1er janvier de l'année de l'élection. Il ne doit pas être dispensé de subvenir aux charges de la commune.

Existent aussi de nombreuses inéligibilités (articles L 228 à L 236 du Code électoral) et incompatibilités (article L 237 et L 238 du même code). Des inéligibilités absolues visent les personnes indignes, incapables ou indigentes. Mais les articles susvisés du

Code s'intéressent surtout aux inéligibilités relatives parce que fonctionnelles. Elles sont d'abord instituées pour éviter que certains agents de l'Etat ou les salariés de la commune ne se trouvent dans la situation inconfortable de juge et partie, mêlant des intérêts contraires qui risqueraient de nourrir des conflits inextricables ou ambigus.

Ainsi, par exemple, l'article L 231 du Code électoral fixe la liste des personnalités inéligibles dans le ressort où elles exercent leurs fonctions ou ont exercé leurs fonctions, l'inéligibilité étant parfois prolongée au-delà de la cessation des fonctions dans la collectivité et ce pendant une durée variable (trois ans pour les préfets, un an pour les sous-préfets, secrétaires généraux de préfecture, directeurs de cabinet de préfet, secrétaires généraux ou chargés de mission pour les affaires régionales, six mois pour les magistrats membres des tribunaux administratifs, officiers des armées, fonctionnaires des corps actifs de police, comptables des deniers communaux et entrepreneurs de services municipaux, directeurs et chefs de bureaux de préfecture, directeurs et chefs de bureaux de conseil général ou régional, ingénieurs des travaux publics et chefs de section de travaux publics).

De même, les incompatibilités, qui s'opposent au maintien du mandat municipal, concernent les titulaires de la plupart de ces fonctions publiques, exercées en dehors de la circonscription considérée et que les élus refusent d'abandonner. Mais elle visent également, dans les communes de plus de 500 habitants, les ascendants, frères et sœurs et alliés au même degré, limités à deux, pour éviter l'influence dominante d'une même famille au conseil municipal.

On ajoutera que la loi n° 90-55 du 15 janvier 1990, remplaçant sur ce point la loi n° 88-227 du 11 mars 1988 adjoint une préoccupation de moralisation en autorisant l'inéligibilité pour un an de celui qui a transgressé les règles relatives aux dépenses de campagne.

Contentieux des élections municipales

Tout recours concernant les opérations électorales doit être porté devant le tribunal administratif dans un délai de cinq jours lorsqu'un particulier est demandeur, de 15 jours à dater de la réception du procès-verbal de l'élection lorsque le préfet saisit (ce ne sont pas des délais francs). Le Tribunal administratif doit statuer dans un délai de trois mois. Il peut annuler les opérations, mais aussi rectifier les résultats erronés et proclamer élus les candidats qui doivent l'être selon les résultats exacts. L'appel est possible – dans le délai d'un mois – devant le Conseil d'Etat, tout électeur pouvant l'interjeter si le jugement a modifié les résultats de l'élection contestée. L'appel a un effet suspensif, les élus restant en fonction jusqu'à la décision du Conseil d'Etat.

B) La municipalité

126 – *Elle comprend le maire et des adjoints.*

Le maire est élu par le conseil municipal en son sein, lors de la première réunion du conseil qui suit les élections. La majorité absolue des conseillers est requise lors des deux premiers tours, la majorité simple suffisant au troisième. L'âge minimum pour être maire est de vingt et un ans. Dans le département où il exerce ses fonctions, un agent d'une administration financière, un agent des forêts ou un garde-chasse ne peut être candidat. De même, en vertu de l'article 88-3 de la Constitution, les citoyens de l'Union européenne n'ayant pas la nationalité française, élus au conseil municipal, ne peuvent exercer les fonctions de maire ou d'adjoint.

Le nombre des adjoints était jusqu'alors strictement déterminé par la loi qui distinguait les adjoints réglementaires – obligatoires – et les adjoints supplémentaires dont les postes étaient ou non pourvus. La loi du 19 novembre 1982 supprime cette distinction et restaure la pleine et entière liberté des communes en la matière, hormis la fixation d'un plafond : 30 % au plus de l'effectif du conseil. Le nombre des adjoints varie donc, aujourd'hui, de un à vingt. Les agents salariés du maire ne peuvent être candidats. L'élection de chaque adjoint a lieu successivement (ce qui détermine « l'ordre du tableau »), dans les mêmes conditions que celle du maire. En pratique, dans les communes de plus de 3 500 habitants, l'existence d'une minorité n'a pas conduit, sauf cas exceptionnels ou tradition bien ancrée, à confier un poste d'adjoint à l'opposition. Une telle attitude est parfaitement compréhensible dans la mesure où il paraît difficile de confier à un élu minoritaire le soin de mettre en œuvre une politique qui n'est pas la sienne.

Maire et adjoints sont élus pour la même durée que le conseil municipal. Ils ne sont pas, en effet, responsables devant l'assemblée qui ne peut forcer un maire à abandonner ses fonctions de même que ce dernier ne peut démissionner un adjoint, s'il a la possibilité de lui retirer ses délégations.

Cependant, leur mandat est susceptible d'être abrégé :

– par démission volontaire adressée au préfet ;

– par l'intervention, postérieure à l'élection, d'une inéligibilité ou d'une incompatibilité ;

– par révocation, intervenant sur décret motivé en Conseil des ministres, en cas de négligence grave, incapacité manifeste ou refus d'exercer leurs fonctions. (Une suspension d'un mois, prononcée par arrêté du ministre de l'Intérieur, précède souvent la révocation).

Il y a lieu à nouvelle élection des adjoints si le maire vient à changer (du fait du décès, de la démission ou de la révocation du premier titulaire). Le conseil municipal est également en droit de décider qu'il y a lieu de procéder ainsi après chaque élection partielle destinée à combler les postes vacants de conseiller. Une élection partielle se déroule lorsque le conseil municipal a perdu le tiers de ses membres (ou qu'il y a lieu de procéder à nouvelle élection du maire). Cependant, cette disposition n'est pas appelée à jouer fréquemment dans les communes de 3 500 habitants et plus puisque, compte tenu du nouveau mode de scrutin, la loi prévoit que « le candidat venant sur une liste immédiatement après le dernier élu est appelé à remplacer le conseiller municipal élu sur cette liste dont le siège devient vacant pour quelque cause que ce soit ».

§ 2 – LE FONCTIONNEMENT DES ORGANES ET LEURS POUVOIRS RESPECTIFS

A) Le conseil municipal

127 – *Règles de fonctionnement*

La liberté est la règle dans le fonctionnement du conseil municipal, sous la direction du maire. Le Code des communes contient, cependant, certaines règles destinées à éviter les truquages. Ces règles viennent d'être modifiées et complétées par la loi du 6 février 1992 qui, tout particulièrement, reconnaît à chaque conseiller le droit d'être complètement informé des affaires de la commune qui font l'objet d'une délibération (art. L 2121-13 du CGCT). De plus, depuis 1983, pour tenir compte de l'existence d'une minorité au conseil municipal, certaines communes avaient adopté un règlement intérieur pour fixer « la règle du jeu » en la matière. Aujourd'hui, un tel règlement est obligatoire pour toutes les communes de 3 500 habitants et plus (art. L 2121-8 du CGCT).

– *Règles générales* – Le conseil municipal se réunit au moins une fois par trimestre. En outre, le maire peut le convoquer autant de fois qu'il le juge utile. Il est tenu de le convoquer, dans un délai maximal de trente jours, quand la demande motivée lui en est faite par le représentant de l'Etat dans le département ou par le tiers au moins des membres du conseil municipal en exercice dans les communes de 3 500 habitants et plus et par la majorité des membres du conseil municipal dans les communes de moins de 3 500 habitants. Toute convocation est faite par le maire et *comporte obligatoirement la liste des questions portées à l'ordre du jour* (art. L 2121-10 du CGCT).

– Chaque conseiller doit être individuellement prévenu de toute réunion par une convocation adressée à son domicile.

Sauf urgence, la convocation doit être adressée à son destinataire trois jours francs au moins avant le jour de la réunion (un jour franc en cas d'urgence constatée) dans les communes de moins de 3 500 habitants, cinq jour francs dans les communes de plus de 3 500 habitants.

Dans ces dernières communes, principale manifestation du droit du conseiller municipal à être informé des affaires de la commune qui font l'objet d'une délibération, *une note explicative de synthèse sur ces affaires doit être jointe à la convocation.* Le maire n'est donc pas tenu de délivrer une information exhaustive, ce qui pourrait être difficile, mais il ne lui est plus possible, comme auparavant, de tenir certains conseillers dans l'ignorance totale des données qui expliquent la décision (art. L 2121-12 du CGCT).

Le fondement même *du droit à l'information des conseillers municipaux* est donc, aujourd'hui, transformé. Auparavant, ce droit ne reposait que sur le principe posé par la jurisprudence Commune de Pointe-à-Pitre (Conseil d'Etat, Assemblée, 9 novembre 1973 ; AJDA 1974, p. 93, R.D.P. 1974, p. 1143, note Waline). Alors, l'information n'était donc due qu'au conseiller à qui était confié, par le maire, une délégation ; elle était liée à l'accomplissement d'une fonction déterminée. Aujourd'hui, *le droit à l'information est lié au mandat lui-même* : il intéresse chaque conseiller, que celui-ci soit ou non titulaire d'une délégation.

Si dans nombre de communes, les membres de l'opposition se plaignaient de la manière dont était réglée la question, il y avait, certes, d'autres communes où l'information circulait très bien. Dans certaines d'entre elles, par exemple, chaque conseiller pouvait, s'il le désirait, consulter le double des lettres envoyées par le maire ou les adjoints, ou encore recevait, en même temps que la convocation à la réunion du conseil, toutes les pièces servant de justification à l'ordre du jour. Le règlement intérieur réglait la question et pouvait prévoir d'autres procédés. Mais il est bon que le problème relatif au droit d'être informé soit réglé législativement, par les dispositions nouvelles analysées ci-dessus.

– De plus, la loi du 6 février 1992 prévoit également deux autres procédés nouveaux, qui renforcent le droit à l'information, assurent la réalité du débat et pourraient, quoique profitant à tous, être l'amorce d'une « charte » de l'opposition municipale.

Il est d'abord prévu que, dans les communes de 3 500 habitants et plus, *un débat sur les orientations générales du budget* ait lieu deux mois avant son examen en conseil municipal. Un tel débat est susceptible d'accroître la participation des élus qui connaissent ainsi à l'avance (ce qui permet de proposer des solutions alternatives) les grandes masses budgétaires et donc les priorités de l'action municipale envisagée (art. L 2312-1 du CGCT).

Ensuite, l'article L 2121-19 du CGCT décide que les conseillers municipaux ont le droit d'exposer, en séance du conseil, *des questions orales* ayant trait aux affaires de la commune et ceci dans toutes les communes. Les modalités d'exercice d'un tel droit sont fixées soit par le règlement intérieur, lorsqu'il en existe un, soit par une délibération du conseil. Si l'on désire faire de ce procédé un moyen d'information sur des questions qui ne figurent pas à l'ordre du jour, il faut probablement que soit prévu le dépôt de telles questions quelque temps (un jour ?) avant la séance, pour permettre au moins d'avoir le temps de réunir les éléments pertinents de réponse. Mais le procédé, emprunté aux assemblées politiques, est en lui-même intéressant et pour l'affirmation du conseiller municipal en tant que tel et pour la nécessaire transparence de la vie municipale.

– Pour qu'une réunion puisse se tenir valablement, il faut que la majorité des conseillers en exercice soient physiquement présents à l'ouverture de la séance. Si le quorum n'est pas atteint, une seconde convocation est envoyée et le conseil peut délibérer quel que soit le nombre de présents.

– Les séances sont publiques. Cependant, sur la demande de trois membres ou du maire, le conseil municipal peut décider, sans débat, à la majorité absolue des membres présents ou représentés, qu'il se réunit à huis clos. Hormis ce cas, il est expressément prévu (article L 2121-18 du CGCT) que les séances peuvent être retransmises par les moyens de communication audiovisuelle, sauf menace de trouble appréciée par le maire qui détient la police de l'assemblée.

Le maire préside les séances, conduit les débats, organise les votes, etc. Un secrétaire est élu à chaque séance, qui note l'essentiel des débats et les délibérations prises à leur issue. Ces délibérations sont inscrites au registre des délibérations, dont les différents exemplaires continuent à être soumis au paraphe du préfet.

Commissions – Pour améliorer le fonctionnement du conseil municipal il est possible de créer des commissions chargées de préparer, étudier et proposer des projets de décisions au conseil. En réalité, c'est au sein de ces commissions spécialisées dans tel ou tel domaine (finances, urbanisme, affaires sociales...) que s'effectue la réalité du travail. Ces commissions sont, de droit, présidées par le maire et il est prévu (article L 2121-22 § 3 du CGCT) que, dans les communes de plus de 3 500 habitants, « leur composition *doit respecter le principe de la représentation proportionnelle* pour permettre l'expression pluraliste des élus au sein de l'assemblée communale ».

Ces commissions municipales doivent être distinguées des commissions dites « extra-municipales » (la loi du 6 février 1992 autorise la création sur tout problème d'intérêt communal de « comités consultatifs » ayant la même fonction) qui ne sont pas composées seulement de conseillers municipaux mais qui sont ouvertes aux habitants de la commune et tout particulièrement aux représentants des associations locales : ce sont des instances de dialogue qui ne sont nullement habilitées à prendre ou même à proposer des décisions.

128 – *Pouvoirs propres*

La grande loi n° 82-213 du 2 mars 1982, relative aux droits et libertés des communes, des départements et des régions, n'a pas modifié la formule de l'article L 2121-29 du CGCT, selon laquelle « le conseil municipal règle par ses délibérations les affaires de la commune ». On examinera dans la section suivante la portée de cette « clause générale de compétence » quant aux domaines dans lesquels les organes du pouvoir communal peuvent effectivement intervenir. Mais, dans le cadre de la répartition des compétences entre autorités communales, la disposition ci-dessus est sans équivoque. Elle signifie que, juridiquement, le conseil municipal est l'autorité de droit commun et qu'il n'est nul besoin d'un texte spécial pour établir sa compétence à propos de telle ou telle affaire à traiter à l'échelon communal. A l'inverse, il faut un texte législatif spécial pour confier à propos d'une de ces affaires le pouvoir de décision à une autre autorité.

Il n'est pas possible, dans le cadre restreint de cet ouvrage, d'étudier, ne serait-ce que succinctement, les illustrations principales de cette compétence de principe du conseil municipal. On mentionne seulement ici les objets principaux sur lesquels portent les délibérations les plus significatives prises par le conseil, délibérations qui, rappelons le, sont toutes soumises à l'obligation de transmission au représentant de l'Etat aux fins d'exercice du contrôle administratif.

a) Les finances

Le conseil municipal vote chaque année le budget primitif de la commune, avant le 31 mars. Par l'intermédiaire du vote de ce document qui prévoit et autorise les dépenses et les recettes de la commune, il peut exercer un contrôle global sur l'ensemble de l'activité de la commune et fixer une politique générale. Il vote également les décisions budgétaires modificatives puis, après la fin de l'exercice, se prononce sur le compte administratif présenté par le maire.

b) La création et l'organisation des services publics communaux

Le conseil municipal ne bénéficie pas d'une entière liberté en la matière. Certains services doivent obligatoirement être créés (citons le service extérieur des pompes funèbres, le service de secours et de lutte contre l'incendie, le service de la voirie, le service d'enlèvement des ordures ménagères, le service de conservation des archives, le service du placement, la caisse des écoles, etc.). A l'inverse, sont interdites les créations de services dans des domaines expressément réservés à d'autres autorités, ou encore la création de services publics industriels et commerciaux qui ne répondraient pas à certains buts et principes. En ce domaine, toutefois, le conseil municipal peut aller très loin en vertu de la jurisprudence sur le

« socialisme municipal » qui admet facilement la carence quantitative ou qualitative de l'initiative privée à satisfaire un besoin local (CE 20 novembre 1964, ville de Nanterre - AJDA 1964, p. 686 - ch. Puybasset-Puissochet).

Le conseil municipal choisit le mode de gestion du service créé (régie – concession – établissement public, etc.), sans être tenu, depuis la loi du 2 mars 1982, par le respect des règlements-types et cahiers des charges types établis par le ministre de l'Intérieur. Il est à noter que, ces dernières années, les communes s'orientaient de plus en plus vers l'utilisation des formules du droit privé (associations de la loi de 1901) pour éviter d'être tenues par certaines règles relatives, surtout, à la comptabilité publique. La Cour des comptes s'est élevée vivement contre de telles pratiques (voir en particulier le rapport de 1982).

c) La gestion des biens du domaine public et du domaine privé communal (acquisition – entretien – affectation – aliénation)

Il importe de préciser à cet égard que les biens devront suivre le sort de la compétence à laquelle ils servent de support matériel et qu'il serait peut-être bon, dans le cadre de la réforme de décentralisation, de songer à réduire le contrôle exercé par l'Etat sur les opérations immobilières des communes (prérogatives du service des domaines).

d) La création et la suppression des emplois communaux

Il est à noter qu'en ce qui concerne le personnel communal, il s'agit là du seul pouvoir conservé par le conseil. Tout ce qui concerne le recrutement, la gestion, la carrière des fonctionnaires communaux relève des pouvoirs du maire ou des nouveaux centres de gestion créés par la loi n° 84-53 du 26 janvier 1984 portant dispositions statutaires relatives à la fonction publique territoriale.

e) L'aménagement et l'urbanisme

Depuis la loi n° 83-8 du 7 janvier 1983, le conseil municipal est compétent pour prescrire l'élaboration d'un plan d'occupation des sols sur le territoire de la commune et les modalités de cette élaboration, pour arrêter le projet de POS et pour approuver ce document. Il lui appartient aussi, avec les conseils municipaux d'autres communes concernées, de proposer le périmètre d'un schéma directeur et de se prononcer sur le schéma élaboré par l'établissement public de coopération intercommunale créé à cet effet. Les conseils municipaux peuvent également élaborer et approuver des chartes intercommunales d'aménagement dans lesquelles ils définissent les perspectives de développement économique, social et culturel des communes concernées ainsi que les programmes d'action correspondants.

De plus, la « clause générale de compétence » autorise le conseil municipal à intervenir en tout domaine dans lequel la commune est intéressée, même s'il n'a pas pouvoir de décider. La délibération est, en effet, susceptible de revêtir deux expressions selon qu'elle constitue ou non une véritable décision : il est possible qu'elle prenne la forme d'un vœu ou encore d'un avis, d'une proposition. Cette dernière hypothèse est, en général, prévu expressément par les textes mais un vœu peut être émis spontanément sur tout objet présentant un quelconque intérêt local. Depuis la loi du 2 mars 1982, l'interdiction d'émettre des vœux politiques est, d'ailleurs, supprimée. Dans l'article L 2121-29, « régler » veut certes dire « décider » et, sous ce rapport, la « clause générale de compétence » ne correspond peut-être plus exactement au droit positif ; *le domaine d'intervention du conseil n'en est pas moins illimité dans son principe.*

B) La municipalité

129 – *Fonctionnement*

C'est un organe permanent composé du maire et d'un ou plusieurs adjoints. Au plan de son fonctionnement, le seul problème provient de ce que les adjoints ne sont investis d'aucune charge propre du fait de leur désignation, hormis leur qualité d'officier d'état civil et d'officier de police judiciaire. L'article L 122-11 du Code des communes (art. L 2122-11 du CGCT) affirme le principe de l'exclusivité de la compétence du maire pour tout ce qui concerne l'administration communale. Les adjoints bénéficient seulement d'un droit de priorité initial par rapport aux conseillers municipaux pour l'attribution des délégations éventuellement consenties par le maire et pour exercer la suppléance de ce dernier.

Quant aux délégations, elles peuvent porter sur n'importe quelle compétence du maire, excepté celles qui lui sont déléguées par le conseil municipal. Ce sont des délégations de signature, puisque consenties par le maire « sous sa surveillance et sa responsabilité », susceptibles d'être retirées à tout moment, dans l'intérêt de la bonne marche de l'administration municipale. Sur ce point, et compte tenu de l'expérience acquise entre 1977 et 1983 dans certaines municipalités de gauche où le maire socialiste avait été contraint de retirer leurs délégations aux adjoints communistes, l'article 15 de la loi du 19 novembre 1982 modifie les effets du retrait. Maintenant, si le maire procède au retrait des délégations antérieurement données à un adjoint et que ce dernier ne démissionne pas, « ces délégations peuvent être attribuées à un conseiller municipal nonobstant les dispositions de l'article L 122-11 ».

En cas d'empêchement du maire (absence – maladie – suspension), la suppléance est assurée par un adjoint, dans l'ordre des nominations. C'est la seule hypothèse dans laquelle l'ordre du tableau a une importance, puisqu'il n'en revêt aucune en matière de délégations. Le suppléant a théoriquement vocation à exercer la plénitude des fonctions du maire, ce qui n'implique pas qu'il le fasse en pratique. D'ailleurs, le régime des délégations l'emporte sur celui de la suppléance. En cas de vacance (décès-cessation des fonctions), le suppléant se contente d'expédier les affaires courantes avant que le conseil municipal, réuni dans les quinze jours, ne procède au remplacement du maire.

La municipalité forme une sorte d'état major sous la direction du maire. Le plus souvent, elle recense en commun les questions à traiter, puis chaque adjoint – éventuellement entouré de quelques conseillers, au sein d'une commission municipale – étudie celles qui relèvent des domaines dans lesquels il a reçu délégation. Les décisions : arrêtés du maire ou propositions de délibérations, sont prises soit par la municipalité entière soit par un petit groupe autour du maire ou d'un des principaux adjoints.

Outre les adjoints, le maire peut également s'appuyer, pour résoudre les problèmes délicats, sur un *cabinet* dont il recrute librement les membres. Jusqu'alors simple pratique ayant cours dans les villes importantes, le cabinet est, aujourd'hui, institutionnalisé par l'article 110 de la loi n° 84-53 du 26 janvier 1984 portant dispositions statutaires relatives à la fonction publique territoriale. Selon cet article : « L'autorité territoriale peut, pour former son cabinet, librement recruter un ou plusieurs collaborateurs et mettre librement fin à leurs fonctions ». Ce simple ajout au plan des structures est révélateur de la nouvelle dimension politique prise par les questions locales : beaucoup de cabinets se sont créés autour du maire, dont les membres agissent de la même manière qu'au sein d'un cabinet ministériel (*supra* n° 93) en court-circuitant plus ou moins le secrétaire général qui – comme les directeurs dans les ministères – a une vue plus « administrative » (ou, si l'on préfère, pragmatique) des problèmes concrets qui se posent dans la commune.

Dans quels domaines principaux le maire intervient-il ?

130 – *Pouvoirs propres*

Il s'agit, évidemment, des pouvoirs propres du maire, en vertu du principe d'exclusivité ci-dessus mentionné. Le maire, outre son rôle d'agent déconcentré de l'administration d'Etat (*supra* n° 120), exerce deux grands types de compétences. C'est, en premier lieu, l'organe actif de la commune qui agit alors avec ou à la place du conseil municipal. C'est, en second lieu, en tant que représentant de la commune mais en dehors de toute intervention du conseil, l'autorité de police municipale.

a) *Le maire est le chef de l'équipe municipale.* A ce titre, il détient des pouvoirs qui dépassent considérablement la simple exécution des délibérations que, du reste, il prépare. Selon les secteurs, le lien qui existe entre actes du maire et délibérations du conseil est plus ou moins lâche.

– Pour un premier groupe de matières, le maire agit effectivement sous le contrôle du conseil (dont la sanction ne peut être que politique). Il « exécute » le budget, signe les titres de recettes, est l'ordonnateur des dépenses, exerce éventuellement, depuis la loi du 2 mars 1982, son droit de réquisition sur le comptable communal. Il dirige (régies) ou contrôle (établissements publics, voir *infra* n° 229) les services publics communaux dont le bon fonctionnement quotidien lui incombe. Il représente la commune dans tous les actes de la vie juridique, conclut les contrats, dirige les travaux communaux, assure la représentation de la commune en justice, sauf divergences d'intérêt.

– Dans un second groupe de matières, la liberté du maire par rapport au conseil municipal est encore plus grande. Ainsi, le maire est le chef du personnel communal. En ce domaine, le conseil intervient seulement pour créer ou supprimer les emplois ; le maire nomme aux emplois communaux, gère la carrière des personnels, exerce le pouvoir hiérarchique, selon les modalités étudiées *infra* Ch. III. C'est lui qui, dans le cadre des nouvelles dispositions relatives à l'urbanisme, délivre les permis de construire et les diverses autorisations d'utilisation du sol.

– Enfin, le maire peut être délégataire du conseil municipal. L'article L 2122-22 du CGCT permet, en effet, au conseil municipal de déléguer au maire, par délibération expresse, certaines missions qu'il énumère (fixation et modifications de l'affectation des propriété communales, exercice du droit de préemption, etc.).

Alors, le maire doit seulement « rendre compte » à chacune des réunions trimestrielles obligatoires. Le retrait de la délégation, possible à tout moment en droit, est très improbable en fait puisqu'il signifierait motion de défiance à l'égard du premier magistrat de la commune, avec toutes les conséquences y attachées...

b) Le maire est, en qualité d'élu local mais indépendamment du conseil municipal, *autorité de police municipale*. Il a donc le pouvoir de prendre toutes mesures, générales ou individuelles, tendant à prévenir les troubles menaçant « le bon ordre, la sûreté, la sécurité, la salubrité publiques » (art. L 2212-2 du CGCT). Cette fonction, qui recèle d'innombrables possibilités d'intervention, est d'autant plus importante que la conception de l'ordre public va en s'élargissant.

Les pouvoirs du maire en la matière sont cependant limités de deux manières. D'une part, ils s'exercent « sous le contrôle administratif du représentant de l'Etat dans le département ». Le préfet peut donc déférer toute mesure prise par le maire à la censure du juge administratif qui exige traditionnellement que la mesure de police soit nécessaire, efficace et proportionnelle à la menace de troubles (CE 28 novembre 1980 – Commune d'Ardres – Rec. p. 449).

D'autre part, les autorités étatiques ont le pouvoir de prendre des mesures de police que le maire doit appliquer dans sa commune, en trois hypothèses :
– lorsque le préfet en tant que responsable du maintien de l'ordre public dans le département, prend des mesures dont le champ d'application excède le territoire d'une commune (art. 34-1 de la loi du 2 mars 1982) ; le maire, dans ce cas, garde la possibilité de superposer à ces mesures générales des mesures complémentaires adaptées aux nécessités de sa commune ;
– lorsque le préfet intervient en vertu de ses pouvoirs de substitution si le maire, après mise en demeure, néglige d'agir ;
– lorsque les forces de police sont étatisées, le préfet est substitué au maire pour assurer le maintien de l'ordre en cas de manifestations, rassemblements et attroupements publics, ainsi que pour réprimer les atteintes à la tranquillité publique (art. 89 de la loi du 7 janvier 1983 – voir *supra* n° 107) ; il est à noter que l'article 88 de la loi du 7 janvier 1983 prévoit que l'institution du régime de police d'Etat est de droit, à compter du 1er janvier 1985, à la demande du conseil municipal, si certaines conditions sont remplies (effectifs et qualification professionnelles du corps municipal de police, seuil démographique). C'est intéressant pour une commune, car l'article 95 de la loi du 2 mars 1982 supprime la contribution communale aux dépenses de police d'Etat.

131 – *Conclusion*

Tels sont donc les organes qui dirigent nos communes. En leur sein se dévouent près de 500 000 élus locaux qui trouvent, dans le nouveau statut de l'élu local (*infra* n° 188 et s.), des moyens mieux adaptés pour remplir efficacement leurs fonctions.

Toutefois, le panorama de l'administration communale française doit être complété de deux manières :
– d'une part, il faut rappeler ici que certaines des missions communales peuvent être accomplies par des structures de coopération intercommunale (voir *supra* n° 64 et s.) ;
– d'autre part, certaines communes particulières connaissent d'autres organes placés soit au-dessus, soit au-dessous des organes traditionnels, maire et conseil municipal. C'est à leur étude que l'on va maintenant procéder.

§ 3 – LES COMMUNES A STATUT PARTICULIER

132 – Etudier les communes à statut particulier se révèle particulièrement intéressant dans la mesure où ces communes constituent de *véritables « laboratoires »* où peuvent être expérimentés (pour répondre à des besoins absolument impératifs pour elles mais existant aussi à un degré moindre dans d'autres communes) des procédés et formules originales qui, s'ils réussissent, sont susceptibles de voir leur champ d'application étendu par la suite. Dès lors. il ne faut pas s'arrêter au petit nombre de communes effectivement touchées mais voir sur quels points essentiels les solutions retenues s'éloignent du droit commun municipal et se demander s'il n'y a pas là certaines clefs destinées à faire sauter les pesanteurs, à remédier à l'inadaptation des règles traditionnelles.

Deux sujets d'importance capitale méritent ici d'être développés, qui concernent tous deux le milieu urbain, mais répondent à des problèmes diamétralement opposés.

Dans le premier cas, il s'agit d'organiser les nébuleuses urbaines, en créant, sur quelques sites choisis à proximité d'une grande ville-centre, des agglomérations nouvelles qui seront les pôles directeurs du développement autour de cette ville. Un certain degré de contrainte s'avère alors indispensable pour atteindre l'objectif qui consiste à unir ce qui est séparé. Dans le second cas, il s'agit à l'inverse, non pas certes d'émietter, de parcelliser la grande ville, mais dans la ligne de la décentralisation, de rapprocher l'administration des administrés en créant des structures-relais entre ces derniers et le pouvoir communal.

La loi n° 83-636 du 13 juillet 1983, modifiée par la loi n° 89-550 du 8 août 1989 fixe actuellement le statut des villes nouvelles tandis que la loi n° 82-1169 du 31 décembre 1982 (modifiée successivement par la loi n° 83-663 du 22 juillet 1983, la loi n° 85-729 du 18 juillet 1985 et la loi n° 87-509 du 9 juillet 1987) détermine l'organisation administrative de Paris, Lyon et Marseille.

On commencera par l'étude de cette dernière avant de dire quelques mots sur les villes nouvelles qui, semble-t-il, n'ont pas véritablement réussi dans notre pays.

A) L'organisation administrative de Paris, Lyon et Marseille

133 – Hormis quelques particularités au niveau de l'élection des conseillers municipaux, élus par arrondissements, et de l'effectif du conseil municipal, Lyon et Marseille vivaient jusqu'alors sous le régime du droit commun municipal. Par contre, Paris a connu, jusqu'en 1982, un statut particulier moins libéral qui, en son dernier état – beaucoup moins autoritaire qu'auparavant –, dérivait de la loi n° 75-1331 du 31 décembre 1975. La grande loi de décentralisation du 2 mars 1982 pose le principe de l'extension à Paris de toutes les règles décentralisatrices nouvelles, tout en précisant, dans son article 107 ; « Sans préjudice des dispositions des articles précédents, une loi fixera les modalités d'application à Paris du régime de droit commun dans un délai de six mois. » Devant les réactions de l'opposition au projet de loi, le ministre de l'Intérieur et de la Décentralisation étend sa portée à Marseille, ville dont il est le maire et à Lyon, c'est-à-dire aux trois villes « millionnaires » françaises. Après intervention du conseil constitutionnel qui, dans sa décision du 28 décembre 1982, déclare les dispositions législatives qui lui étaient déférées conformes à la Constitution, les lois n° 82-1169 et 1170 du 31 décembre 1982 sont publiées au Journal Officiel du 1er janvier 1983.

La loi, d'abord, reste fidèle au découpage électoral par secteurs : Paris, Lyon et Marseille sont respectivement divisés en 20, 9 et 16 arrondissements. Dans les deux premières villes, chaque arrondissement correspond à un secteur électoral. A Marseille, par contre, sans que l'on sache exactement pourquoi..., les 16 arrondissements sont regroupés en six secteurs électoraux. Le conseil de Paris – qui exerce à la fois les compétences d'un conseil municipal et d'un conseil général – compte 163 sièges, celui de Lyon 73, celui de Marseille 101, les conseillers municipaux étant élus selon les règles posées par la loi du 19 novembre 1982 (voir *supra* n° 125).

134 – L'arrondissement n'est pas seulement une circonscription électorale. Il est surtout conçu en tant que *structure administrative légère qui soit un relais de l'administration municipale vers les citoyens*. L'unité communale est sauvegardée mais les habitants d'un arrondissement disposent, auprès d'eux, d'organes propres dotés de certaines compétences à l'effet de résoudre leurs problèmes immédiats.

Il faut donc, d'abord, comprendre que si cette réforme s'intègre dans la politique générale de décentralisation, elle n'aboutit pas à la création d'un échelon décentralisé au sein de la commune. L'arrondissement n'est pas doté de la personnalité morale, il n'a ni personnel propre, ni patrimoine propre, ni ressources propres. Comme l'affirme le conseil constitutionnel dans sa décision précitée, il constitue seulement une « *division administrative* » *au sein de la commune*. Il s'agit donc de déconcentration, même si les organes de cette « division » sont élus, même si – curieusement – le conseil d'arrondissement peut prendre des délibérations que le maire de la commune peut seulement déférer à la censure du juge administratif (alors qu'habituellement, le pouvoir hiérarchique s'applique dans le cadre de la déconcentration). Comme on l'a déjà remarqué, les communes à statut particulier sont des « laboratoires » dans lesquels sont expérimentées des solutions originales qui ne cadrent pas toujours avec les principes traditionnels.

L'arrondissement est dirigé par des autorités propres, qui ressemblent aux autorités communales. Il y a, en effet, un organe délibérant : le conseil d'arrondissement et un organe exécutif, élu par le conseil, le maire d'arrondissement. Le conseil d'arrondissement est composé des conseillers municipaux élus dans le secteur, d'une part, et pour un nombre double (sous réserve qu'il soit compris entre 10 et 40) de conseillers d'arrondissement, élus sur les mêmes listes que les premiers dans l'ordre de présentation, d'autre part. Il n'y a donc pas d'élection spéciale : l'électeur vote une seule fois pour une liste donnée ; selon le pourcentage obtenu, les premiers de la liste seront à la fois conseillers municipaux et conseillers d'arrondissement, les suivants seront seulement conseillers d'arrondissement.

135 – De nombreuses attributions sont dévolues par la loi à ces organes mais le domaine dans lequel ils exercent de véritables compétences décisionnelles est très étroitement spécialisé. En premier lieu, le conseil d'arrondissement dispose d'un *droit intégral à l'information, complété d'un droit de proposition sur toutes les affaires intéressant le secteur.* Des procédures minutieuses sont prévues par la loi pour assurer l'effectivité de tels droits. Les organes de la « division » bénéficient également d'une compétence d'avis étendue. Outre les matières expressément indiquées par le législateur (consultation sur les opérations d'urbanisme et d'aménagement dont la réalisation est prévue – en tout ou en partie – dans les limites de l'arrondissement – : art. 9 modifié par l'article 38 de la loi n° 85-729 du 18 juillet 1985 relative à la définition et la mise en œuvre de principes d'aménagement ; consultation sur l'attribution des subventions aux associations œuvrant dans l'arrondissement, etc., et aussi, au bénéfice du maire d'arrondissement, avis en matière d'autorisations d'occupation des sols, de permissions de voirie, d'acquisitions ou d'aliénations d'immeubles), le conseil d'arrondissement est saisi pour avis « des rapports de présentation et des projets de délibération concernant les affaires dont l'exécution est prévue, en tout ou partie, dans les limites de l'arrondissement ». Il y a là un moyen intéressant d'assurer la diffusion de toutes les informations concernant la cité jusqu'à la base, jusqu'aux intéressés eux-mêmes, et, en ce sens, la nouvelle structure favorise effectivement la démocratisation du pouvoir.

– Le conseil d'arrondissement prend aussi *des décisions* en ce qui concerne *soit l'opération de création de certains équipements, soit la gestion de ces équipements de proximité.* Dans le premier cas, l'organe délibérant déconcentré délibère – lorsque l'investissement en cause est décidé par le conseil municipal – sur le lieu d'implantation à l'intérieur de l'arrondissement et sur le programme des travaux. Cette compétence s'applique aux « crèches, jardins d'enfants, haltes-garderies, maisons des jeunes, clubs de jeunes, maisons de quartier, espaces verts dont la superficie est inférieure à un hectare, bains-douches, gymnases, stades et terrains d'éducation physique, et à tout équipement équivalent », lorsque ces équipements sont principalement destinés aux habitants de l'arrondissement. Puis, le conseil est également compétent, en second lieu, pour gérer les équipements sus-visés sauf décision contraire du... préfet, prise après avis du président du Tribunal administratif, compte tenu des caractéristiques propres à l'un d'entre eux ou en cas de désaccord avec le conseil municipal. Cette compétence ne s'étend pas, évidemment, aux questions de personnel, puisque l'arrondissement n'a pas de personnel propre. Là encore, des mécanismes assez complexes sont prévus (manière de dresser l'inventaire des équipements, système de délégation de gestion – et bien sûr, transmission et contrôle des délibérations, normalement par l'intermédiaire du maire de la commune). Mais, la principale difficulté est de nature financière, car la gestion des services entraîne des dépenses alors que l'arrondissement n'a ni ressources propres ni budget propre, étant dépourvu de personnalité juridique.

136 – Chaque arrondissement est, en quelque sorte, individualisé dans un « état spécial d'arrondissement » annexé au budget communal et où sont inventoriées dépenses et recettes de fonctionnement de l'arrondissement. Ces dernières comprennent une allocation constituée des recettes résultant du fonctionnement des équipements gérés par l'arrondissement et *une dotation globale versée par la commune* qui se décompose en deux parts. La première, égale à 80 % du montant est calculée en fonction « de l'importance relative des dépenses de fonctionnement, à l'exclusion des dépenses de personnel et des frais financiers, effectuées par la commune dans chacun des arrondissements, au cours des trois dernières années budgétaires, au titre des équipements et services qui relèveront des attributions du conseil d'arrondissement ». La deuxième est fondée sur les caractéristiques propres à l'arrondissement et notamment la composition socio-professionnelle de sa population, un décret en conseil d'Etat précisant la part revenant à chacun d'entre eux. Ces modalités compliquées montrent l'ambiguïté de la situation qui consiste à déconcentrer le pouvoir de décision en voulant sauvegarder l'unité budgétaire de la commune.

Il faut reconnaître, d'ailleurs, que le fait de doter les organes de l'arrondissement de pouvoirs, même minimes, de décision est susceptible d'engendrer des conflits et de mettre en cause l'unité de responsabilité dans la commune. Déjà, des désaccords profonds se sont fait jour à Paris, dans un domaine pour lequel le maire de l'arrondissement est seulement consulté, en tant que membre de la « conférence de programmation des équipements » : la ventilation des investissements par arrondissement. Les conséquences juridiques de tels désaccords seraient toutes autres pour les affaires dans lesquelles l'arrondissement décide. Le maire de la commune, par l'intermédiaire duquel s'effectue la transmission des délibérations au préfet, peut demander une seconde délibération et saisir éventuellement le tribunal administratif. Mais si la délibération est légale bien qu'inopportune, elle n'est pas annulée... Que devient alors le principe de la libre administration des communes ? Même s'il s'agit d'expérimenter des solutions, il n'est pas toujours bon de violer les principes en confondant décentralisation et déconcentration, qui plus est à l'intérieur d'une même commune. La structure nouvelle aurait peut-être plus facilement trouvé sa place dans notre organisation administrative si elle était restée une structure d'avis, de proposition et aussi d'accueil des initiatives particulières.

– Car c'est là une autre fonction intéressante que peuvent remplir les arrondissements, sans bouleversements juridiques : celle d'être à l'écoute des administrés en suscitant leur participation à la vie du secteur. A cet égard, l'article 16 de la loi 82-1169 met en place un organisme original et novateur au plan de la participation : le *comité d'initiative et de consultation d'arrondissement*, comité qui réunit particulièrement les représentants des associations locales qui exercent leurs activités dans l'arrondissement. Entre ce comité et le conseil d'arrondissement. il y a d'abord échange réciproque d'informations : l'un fait savoir les sujets sur lesquels il souhaiterait débattre, l'autre fournit tous les renseignements voulus en sa possession. Puis, une fois par trimestre, le comité participe aux débats du conseil, expose toute question intéressant son domaine d'activité dans l'arrondissement et formule des propositions qui sont immédiatement discutées. Il faut attendre pour juger de la valeur de cette expérience mais il semble qu'elle pourrait constituer un bon moyen de promouvoir la concertation au niveau local. C'est là le tout premier pas en ce sens. On doit souhaiter qu'il soit suivi par beaucoup d'autres... La loi du 6 février 1992 en constitue un autre.

B) Le statut des agglomérations nouvelles

137 – La politique des « villes nouvelles » poursuit deux objectifs principaux : organiser le développement des banlieues de certaines grandes agglomérations, créer des unités offrant logement, travail et loisirs. Mais ces opérations sont effectuées sur le territoire de communes existantes, ce qui pose le problème des rapports entre ces communes et la nouvelle structure créée, à laquelle il faut d'ailleurs donner une organisation : il est donc nécessaire de prévoir des structures administratives transitoires pour « construire » et en même temps gérer une collectivité nouvelle en évolution.

Neuf agglomérations nouvelles sont ainsi créées dont cinq en région Ile-de-France (Cergy-Pontoise, Evry, Melun-Sénart, Marne-la-Vallée, St Quentin-en-Yvelines) et quatre en province : L'Isle d'Abeau (Isère), Rives-de-l'étang-de-Berre (Bouches-du-Rhône), le Vaudreuil (Seine-Maritime) et Villeneuve d'Ascq (Nord). Leur statut est d'abord déterminé par la loi n° 70-610 du 10 juillet 1970, loi très centralisatrice dont la réforme de décentralisation impose la révision.

La loi n° 83-636 du 13 juillet 1983, modifiée par la loi n° 89-550 du 8 août 1989, tente alors de consacrer un nouvel équilibre entre le principe de l'autonomie communale et les impératifs d'intérêt national qui s'attachent à ces neufs agglomérations nouvelles. La loi n° 91-1256 du 17 décembre 1991, dite la loi Marchand, complète ce statut par la mise en place d'un nouveau dispositif fiscal et financier.

Il est toujours juridiquement possible de créer des agglomérations nouvelles. Le législateur de 1983 prévoit que la création et le périmètre d'urbanisation sont décidés par le préfet après avis des conseils régionaux, généraux et municipaux intéressés. Un décret en Conseil d'Etat reste nécessaire en cas d'opposition au projet de l'une de ces collectivités. Quant aux villes déjà existantes, la loi de 1983, modifiée sur ce point par celle de 1989, prévoit la possibilité de réviser les périmètres d'urbanisation : une ou plusieurs communes peuvent soit demander leur retrait du syndicat ou de la communauté d'agglomération, soit à l'inverse, demander leur admission au sein de ces structures. Pour que soit constaté, par arrêté préfectoral, le retrait ou l'admission, il est nécessaire que l'organe délibérant du groupement, suivi par la majorité qualifiée renforcée des conseils municipaux (2/3 des conseils municipaux représentant les 3/4 de la population ou l'inverse), manifeste son accord, dans un délai de six mois.

A l'intérieur du périmètre d'urbanisation, le choix est ouvert entre trois formules :

– la création par fusion d'une nouvelle commune (ce choix n'a jamais été fait) ;
– l'institution d'une communauté d'agglomération, administrée par un conseil élu au suffrage universel ;
– la constitution d'un syndicat d'agglomération, composé de délégués désignés par les conseils municipaux et fonctionnant comme un syndicat de communes ordinaire.

C'est cette dernière formule qui est généralement choisie.

Les compétences des communautés et des syndicats d'agglomération nouvelle portent sur la programmation des investissements pour le développement économique, le logement, les transports et les réseaux et sur l'établissement, en matière d'urbanisme, des schémas directeurs. Elles ne s'étendent pas à la gestion de ces équipements, qui relève des communes elles-mêmes, sauf s'il s'agit d'équipements « d'intérêt commun » faisant l'objet de conventions communes.

En matière financière et fiscale, la taxe professionnelle est affectée d'office à la communauté qui peut bénéficier également d'une taxe additionnelle sur les trois autres impôts locaux en cas de ressources propres (hors emprunts) insuffisantes pour couvrir les dépenses obligatoires. L'établissement public bénéficie aussi de l'aide de l'Etat sous trois formes distinctes : des dotations en capital, des subventions d'équipement individualisées et, pour les cinq premiers exercices, une dotation spécifique d'équipement.

Sur ce point, la loi Marchand renforce la solidarité financière entre communes membres et agglomérations nouvelles en créant un fonds de coopération et une dotation de coopération. Le fonds est alimenté par un prélèvement sur la taxe professionnelle perçue, augmenté des compensations prévues par le Code général des impôts (article 1472) et par une contribution des communes les plus riches, dont le potentiel fiscal est trois fois plus élevé que le potentiel moyen de l'établissement. Le fonds de coopération verse une dotation de coopération aux communes membres de l'agglomération nouvelle qui comporte trois éléments : une attribution de garantie de ressources, une attribution pour accroissement de population et une attribution de péréquation. En outre, des « compléments de ressources » peuvent être accordés, à la majorité des deux tiers des membres. De telles mesures sont susceptibles d'assurer le développement équilibré au sein de l'agglomération nouvelle.

La loi de 1989 prévoit la possibilité transitoire de transformer une communauté d'agglomération en syndicat d'agglomération et vice versa.

Communautés ou syndicats d'agglomération sont des structures provisoires. Il est mis fin à ce régime juridique particulier, lorsque, par décret, il est constaté que les opérations de construction et d'aménagement sont terminées. Alors, il est possible de passer au statut municipal de droit commun, par fusion des communes ou partie de communes comprises dans le périmètre d'urbanisation.

Section II

L'ADMINISTRATION DEPARTEMENTALE

138 – La réforme de décentralisation est d'inspiration départementaliste. Alors que, jusqu'en 1982, le département était avant tout une circonscription et ne constituait que subsidiairement une collectivité dont le préfet était l'organe actif, alors que, jusqu'à cette date, son existence même était en cause (*supra* n° 41), il apparaît, aujourd'hui comme nettement renforcé au niveau de ses organes, dotés par ailleurs de compétences très élargies. Les textes, en effet, établissent au niveau départemental *la similitude avec la gestion des communes* : un organe délibérant, élu au suffrage universel direct, un exécutif, élu par et au sein de l'assemblée délibérante, dirigé par un président, seul chargé de l'administration de la collectivité. Toutefois, les tâtonnements du législateur quant au mode de scrutin à utiliser pour l'élection des membres de l'exécutif, débouchant sur l'instauration de deux structures différentes auprès du président, témoignent des recherches qui sont entreprises pour allier efficacité et légitimité démocratique.

§1 – COMPOSITION ET ELECTION DES ORGANES DU POUVOIR DEPARTEMENTAL

A) Le conseil général

139 – Le conseil général, assemblée délibérante du département-collectivité, procède des élections cantonales. Tous les cantons désignent un conseiller, au scrutin uninominal majoritaire à deux tours. Le choix du canton en tant que circonscription électorale engendre de fortes inégalités de représentation entre cantons ruraux et cantons urbains, bien que le nombre et donc les limites des cantons soient périodiquement révisés par décret en Conseil d'Etat pour tenir compte du facteur démographique, (318 cantons nouveaux en 1973, 379 depuis 1981 dont 33 créés pour les élections de 1992, en vertu de la règle suivante : un canton comptant deux fois plus d'habitants que la moyenne cantonale dans le département doit être subdivisé. Il y a en tout, dans les cent départements français, 4 031 cantons). Le conseil général apparaît donc encore comme une assemblée représentant surtout les populations rurales, ce qui explique l'évolution de ses missions, orientées vers le développement des petites communes. Il est, en outre, intéressant de noter que le conseil général est la seule assemblée locale – hormis les conseils municipaux des communes de moins de 3 500 habitants – pour l'élection de laquelle le mode de scrutin n'a pas été récemment modifié, lequel mode de scrutin ne met en œuvre aucun mécanisme proportionnel. Pour que la représentation proportionnelle puisse s'appliquer à ce niveau, il faudrait que le conseiller général ne soit plus le représentant d'un canton mais l'élu d'un département, ce qui modifierait considérablement l'image et les fonctions de l'assemblée délibérante départementale, composée, pour le moment encore, de notables locaux, du moins en partie. Or, dans la mesure où le Conseil constitutionnel a affirmé, dans sa décision du 2 décembre 1982, que le conseil général devait assurer « la représentation des composantes territoriales du département » tout changement paraît, sur ce point, difficile.

Le mandat de conseiller est de six ans. Mais le renouvellement des conseillers généraux se fait depuis 1871 par moitié tous les trois ans, afin d'éviter les brusques changement de majorité. Cependant, la désaffection des électeurs pour les élections cantonales est forte : 50,90 % d'abstentions aux cantonales de 1988... Sans doute convient-il de souligner que la participation est plus forte dans les campagnes qu'en ville, le canton bénéficiant d'une légitimité historique en zone rurale alors qu'il est perçu comme un découpage artificiel en zone urbaine. Il n'en demeure pas moins qu'aujourd'hui, le Conseil général détient des compétences importantes qui, principalement dans le secteur social et éducatif, intéressent l'ensemble de la population départementale. Aussi, le Parlement avait décidé, par une loi du 11 décembre 1990 qu'il serait procédé au renouvellement intégral des Conseils généraux tous les six ans, en le faisant coïncider, au terme d'un régime transitoire, avec les élections régionales. Toutefois, par la loi du 18 janvier 1994, la nouvelle assemblée est revenue sur cette réforme et réintroduit, à l'article L 129 du Code électoral, le renouvellement triennal : ainsi, les 20 et 27 mars 1994, 1 949 des 4 031 conseillers généraux ont été renouvelés. Leur mandat est, cependant, prorogé d'un an afin que les élections cantonales coïncident, en 2001, avec les échéances municipales. Ceux qui ont été élus en 1992, dans le cadre du calendrier établi par la loi de 1990, seront soumis à renouvellement en 1998, en même temps que les conseillers régionaux. L'objectif : éviter la dispersion des élections locales, est donc atteint sans que le principe traditionnel soit remis en cause.

Lors des cantonales, est élu au premier tour le candidat qui a obtenu la majorité absolue des suffrages exprimés représentant au moins le quart des inscrits. A défaut de la réunion de ces deux conditions (et l'abstention fait parfois que l'une existe sans l'autre), un second tour est organisé, auquel peuvent se présenter les candidats ayant obtenu au premier tour un nombre de suffrages au moins égal à 10 % des électeurs inscrits ou, si cette condition ne peut être remplie, toujours du fait des abstentions, les deux candidats ayant obtenu le plus grand nombre de voix au premier tour (quelquefois, le candidat arrivé en deuxième position se désiste et le second tour a lieu avec un seul candidat).

Il faut reconnaître que la composition des Conseils généraux demeure, aujourd'hui encore, originale. Les professions libérales s'approprient 21 % des cantons, alors qu'elles ne représentent que 1,4 % de la population active. Une telle sur-représentation, du fait de sa persistance, témoigne de la perpétuation d'un clientélisme auquel s'identifie les professions de vétérinaires, de médecins, de pharmaciens ou de notaires. Par contre, les fonctionnaires – hors enseignants – sont peu nombreux (6 % environ) comparativement à leur place au Parlement. Cependant, les formations politiques investissent de plus en plus dans ces élections et cette spécificité devrait, à terme, se réduire.

Le mandat de conseiller peut prendre fin avant l'expiration du terme normal de six ans en cas de démission, soit libre si le conseiller le décide et en avise par écrit le président du conseil général, soit forcée si un conseiller refuse d'exercer une fonction prévue par la loi et que le tribunal administratif, saisi par le préfet après mise en demeure restée sans effet, prononce cette sanction. En cas de vacance, le remplacement d'un conseiller général donne lieu à une élection partielle organisée dans un délai de trois mois, à moins que le renouvellement triennal se fasse dans les trois mois de la vacance : alors l'élection partielle se fait à la même époque (loi du 18 janvier 1994). Le mandat prend également fin d'une manière anticipée en cas de dissolution du conseil général, dissolution prononcée par décret en Conseil des ministres lorsque son fonctionnement se révèle impossible. De nouvelles élections doivent alors être organisées dans le délai de deux mois et le président est chargé de l'expédition des affaires courantes : alors, l'exécution de ses décisions est soumise à l'approbation préalable du préfet, ce qui est exceptionnel dans le cadre de la réforme de décentralisation.

Le candidat – Le candidat aux élections cantonales doit être âgé d'au moins vingt et un ans et souscrire une déclaration de candidature. Les causes d'inéligibilité et les incompatibilités sont, mutatis mutandis, les mêmes que pour les élections municipales. Quant au lien avec le département, domicile ou inscription sur le rôle des contributions directes, on notera que ce lien ne se situe pas au niveau du canton mais à celui du département tout entier et que la loi exige que les trois quarts au moins des conseillers généraux soient domiciliés dans le département, l'inscription au rôle des contributions directes ne pouvant être suffisante que pour un quart d'entre eux.

Contentieux – Les élections au Conseil général peuvent être contestées devant le tribunal administratif qui doit se prononcer dans les deux mois de la réclamation. Les règles applicables pour le contentieux des élections municipales se retrouvent pratiquement à l'identique.

B) Le président du conseil général, la commission permanente et le bureau

140 – Le président du conseil général – avec son homologue régional – est le principal bénéficiaire de la loi du 2 mars 1982 puisque, de simple président de séance, il devient l'exécutif de l'assemblée départementale et le chef des services administratifs propres au département (*supra* n° 48) Auparavant, source d'étonnement pour tous les observateurs de l'organisation administrative française, un bon préfet faisait approuver et prendre à son compte par une assemblée locale élue les décisions de son gouvernement... Ce système explose avec facilité, ce qui prouve que le changement était mûr.

L'élection du président par le conseil général a lieu lors de la première réunion de droit qui suit chaque renouvellement triennal, le mandat présidentiel étant donc de trois ans renouvelables. Les 2/3 des conseillers généraux doivent être physiquement présents lors de cette élection et, si cette condition n'est pas remplie, la réunion se tient de plein droit trois jours plus tard, sans condition de quorum (article 38 de la loi du 2 mars 1982). Les modalités de l'élection sont les mêmes que celles examinées plus haut pour l'élection du maire (n° 126) : majorité absolue des membres du conseil général aux deux premiers tours, majorité relative au troisième. En cas d'égalité des voix, l'élection est acquise au bénéfice de l'âge (art. L 3122-1 du CGCT).

Aussitôt après l'élection du président et sous sa présidence, le conseil général fixe le nombre des vice-présidents et des autres membres de la *commission permanente.*

Depuis la loi du 6 février 1992, en effet, il faut soigneusement distinguer commission permanente et bureau. Le législateur de 1992 décide que, dans tous les textes qui fixent le statut du département collectivité, le terme « bureau » est remplacé par le terme « commission permanente ». Cependant, le bureau existe toujours : il s'entend aujourd'hui du président et des membres de la commission permanente ayant reçu délégation du président « seul chargé de l'administration du département » (art. L 3122-7 du CGCT).

Les candidatures aux différents postes de la commission permanente sont déposées auprès du président dans l'heure qui suit la décision de conseil relative à la composition de cette commission. S'il n'y a qu'un candidat par poste, les nominations prennent effet immédiatement. Dans le cas contraire (et on ne conçoit guère de conseil général politiquement monocolore...) les membres de la commission sont élus *au scrutin de liste* à la représentation proportionnelle à la plus forte moyenne, sans panachage ni vote préférentiel, les sièges étant attribués aux candidats d'après l'ordre de présentation sur chaque liste (art. L 3122-5 du CGCT).

Après la répartition des sièges, le conseil général procède à l'affectation des élus à chacun des postes de la commission permanente (vice-présidents – simples membres) au scrutin uninominal dans les mêmes conditions que le président et détermine l'ordre de leur nomination.

Les membres de la commission permanente sont nommés pour la même durée que le président. En cas de vacance de siège, le conseil général peut décider de compléter la commission. Là, ou les vacances sont alors pourvues par accord (un candidat par poste) ou alors, il y a lieu à renouvellement intégral de la commission à la représentation proportionnelle.

§2 – FONCTIONNEMENT DES ORGANES ET POUVOIRS RESPECTIFS

A) Le conseil général

141 – Avant 1982, l'assemblée départementale avait peu d'attributions et le pouvoir d'Etat se méfiait de lui (*supra* n° 40). C'est pour cela qu'un régime très strict des réunions était adopté : le conseil général ne pouvait se réunir de plein droit que deux fois par an, à l'automne et au printemps et les réunions extraordinaires étaient convoquées par le préfet qui fixait lui-même l'ordre du jour. Maintenant, le conseil général devient la véritable assemblée délibérante d'une collectivité décentralisée et bénéficie de la liberté de fonctionnement accordée au conseil municipal. Il se réunit au moins une fois par trimestre, comme l'assemblée communale, sur convocation de son président, soit à l'hôtel du département, soit dans tout autre lieu, au choix de la commission permanente Les membres de cette dernière et le tiers des conseillers généraux sont également en mesure de provoquer la réunion de l'assemblée (mais, dans le dernier cas, sur un ordre du jour déterminé et pour une durée n'excédant pas deux jours) (art. L 3121-10 du CGCT).

Les règles qui président au fonctionnement interne de l'assemblée départementale sont relativement peu différentes de celles qui s'appliquent pour le conseil municipal. La liberté est la règle. Mais la « soupape de sécurité » est maintenue : le gouvernement, par décret motivé pris en Conseil des ministres, peut prononcer la dissolution d'un conseil général lorsque son fonctionnement se révèle impossible (art. 43 L. 2 mars 1982 – art. L 3121-5 du CGCT).

– Pour qu'une réunion (autre que celle consacrée aux élections du président et du bureau) se tienne valablement, il faut que la majorité absolue des conseillers en exercice soit présente. Si le quorum n'est pas atteint, la réunion se tient de plein droit trois jours plus tard, quel que soit le nombre des présents (art. 41 L. 2 mars 1982 – art. L 3121-14 du CGCT).

– Les séances sont publiques. Néanmoins, sur la demande de cinq membres ou du président, le conseil général peut décider, sans débat, à la majorité absolue des membres présents ou représentés, qu'il se réunit à huis clos. Hormis cette hypothèse, et sans préjudice des pouvoirs de police des séances que détient le président du conseil général, ces séances peuvent être retransmises par tous les moyens de communication audiovisuelle (art. L 3121-11 du CGCT).
– Le conseil général établit librement son règlement intérieur dans le mois qui suit son renouvellement. Ce règlement intérieur, comme celui des communes de plus de 3 500 habitants, peut être déféré, ce qui est nouveau, devant le tribunal administratif.
– Tout membre de conseil général a le droit, dans le cadre de sa fonction, d'être informé des affaires du département qui font l'objet d'une délibération. Sur ce point, l'article 42 de la loi du 2 mars 1982 modifié par l'article 25 de la loi du n° 86-16 du 6 janvier 1986 règle d'une manière intéressante certains points relatifs à l'information des conseillers généraux. Il est prévu, ce qui est essentiel pour les discussions qui doivent précéder le vote des délibérations, que *le président du conseil général est tenu de faire parvenir à chaque conseiller, douze jours au moins avant la réunion, un rapport sur chacune des affaires qui doivent être soumises au conseil...* (art. L 3121-19 du CGCT). Chaque année, d'autre part, le conseil général entend deux rapports spéciaux : l'un, de son président, renseigne sur la situation du département, sur l'activité et le financement des différents services du département, sur l'exécution des délibérations votées ; l'autre, présenté par le préfet, informe le conseil de l'activité des services de l'Etat dans le département (art. L 3121-26 du CGCT). Ces rapports, qui donnent lieu à débat, assurent que les conseillers généraux ne se déterminent pas dans l'ignorance totale de la situation et des effets de leurs décisions, ce qui était malheureusement parfois le cas lorsque l'information était confisquée par le préfet et – éventuellement – les membres de la défunte commission départementale. Il en va de même de l'exigence posée à l'article 50 d'un débat sur les orientations budgétaires, dans les deux mois précédant l'examen du budget.

Enfin, comme les conseillers municipaux, les conseillers généraux reçoivent de la loi du 6 février 1992 le droit d'exposer en séance du conseil général des questions orales ayant trait aux affaires du département. Le règlement intérieur en fixe la fréquence ainsi que les conditions de présentation et d'examen.
– Le conseil général peut former en son sein des commissions dont il désigne librement les membres, généralement immédiatement après avoir élu la commission permanente (article 24II de la loi n° 86-16 du 6 janvier 1986 – art. L 3121-22 du CGCT). Le

règlement intérieur type établi par l'assemblée des présidents de conseils généraux prévoit quatre commissions : commission des affaires économiques, commission des finances, commission des travaux publics et des transports, commission des affaires sociales. Mais cette division n'a qu'un caractère indicatif : beaucoup de conseils généraux ont de nombreuses commissions, en particulier une commission de l'enseignement, une commission de la mer pour les départements littoraux, etc. Les affaires sont réparties entre les commissions qui les étudient mais ne possèdent, à leur égard, aucun pouvoir de décision, se contentant d'adopter un avis qui est présenté au conseil, en séance, par la voix de son rapporteur.

142 – Quant aux pouvoirs propres du conseil général, l'article 23 de la loi du 2 mars 1982 reprend encore la formule consacrée, appliquée à l'assemblée délibérante de chacune des collectivités locales : « Le conseil général règle par ses délibérations les affaires du département ». Cette clause générale de compétence emporte les mêmes conséquences que celles examinées plus haut à propos du conseil municipal (les vœux politiques demeurent toutefois interdits). On trouve donc, au titre des pouvoirs traditionnels du conseil général, les mêmes rubriques principales, à savoir : le vote du budget et des délibérations de nature financière (même si les dépenses obligatoires – dépenses de voirie, d'aide sociale – pèsent d'un poids fort lourd sur le budget d'un département – collectivité) ; la création et l'organisation des services publics départementaux : les attributions patrimoniales, la création et la suppression d'emplois départementaux. Ce sont là les domaines essentiels dans lesquels l'assemblée délibérante départementale intervient, à propos de matières que les lois de 1982 et 1983 précisent avec beaucoup plus de clarté qu'auparavant, tout en les élargissant singulièrement dans les domaines de l'interventionnisme économique, de l'équipement rural et, en général, de l'aide aux communes rurales. La vocation sociale du département, toutefois, est toujours très marquée : les prestations d'aide sociale, les actions en matière de santé, même si elles ne reposent pas sur un financement entièrement départemental, constituent toujours une part importante des dépenses qui figurent au budget de cette collectivité (voir *infra* n° 176)

B) L'organe actif

143 – Ici, le problème posé est moins simple que pour la municipalité. D'abord, il faut tenir compte de la présence de deux organes différents et non d'un seul ; ensuite, les membres de la commission permanente exercent en corps des pouvoirs propres, alors que les adjoints n'ont aucune compétence particulière du fait de leur élection.

– Les membres de la commission permanente ont des pouvoirs que ne possède pas la municipalité. Outre le pouvoir qu'elle reçoit de l'article 37 de la loi du 2 mars 1982 modifié par la loi du 4 février 1992 (art. L 3121 du CGCT) de provoquer la réunion du conseil général, c'est elle qui, en vertu des dispositions de l'article 24 de cette loi, reçoit délégation du conseil général sur toutes matières de sa compétence hormis le vote du budget, le vote sur le compte administratif ou les modifications budgétaires à intervenir après observations de la chambre régionale des comptes. On remarquera l'ampleur que peut revêtir la délégation mais aussi le caractère collégial du délégataire. C'est probablement le précédent de la commission départementale qui a inspiré ici le législateur et non point une quelconque motivation idéologique. Toutefois, de ce fait, le président du conseil général a les coudées moins franches que le maire dans la direction du département-collectivité.
– Quant au bureau, il apparaît beaucoup plus proche de la municipalité. L'article 31 de la loi du 2 mars 1982 reprend les termes employés dans le Code des communes : « Le président du conseil général est seul chargé de l'administration : mais il peut déléguer par arrêté, sous sa surveillance et sa responsabilité, l'exercice d'une partie de ses fonctions aux vice-présidents et, en l'absence ou en cas d'empêchement de ces derniers, à d'autres membres du conseil général. Les délégations subsistent tant qu'elles ne sont pas rapportées ». Il est également possible au président du conseil général de donner délégation aux directeurs des services extérieurs de l'Etat dans le département lorsque ces services interviennent dans la mise en œuvre des attributions transférées à la collectivité départementale.

Enfin, il ressort des dispositions de l'article 33 que la commission permanente – comme la municipalité – doit être intégralement renouvelée en cas de vacance du siège de président. Dans un tel cas, les fonctions de président sont provisoirement exercées par un vice-président, dans l'ordre du tableau. Le conseil général doit être au complet pour procéder à une nouvelle élection de la commission permanente (hormis l'hypothèse où des vacances se produiraient entre les élections complémentaires et la date prévue pour l'élection de la commission).

144 – *Pouvoirs propres du président du conseil général*
– Le président du conseil général « organe exécutif du département » est « seul chargé de l'administration » départementale. Il exerce donc, à ce titre, des pouvoirs propres qui sont peu différents, par nature, de ceux détenus par le maire, dans sa commune. Il « prépare et exécute les délibérations du conseil général » (art. 25) et, en particulier, il prépare et exécute le budget départemental, signe les titres de recettes, est l'ordonnateur des dépenses et exerce

éventuellement un droit de réquisition sur le comptable du département (art. 55). Il est le chef des services du département, ce qui se révèle être une tâche de plus en plus importante depuis que la simple mise à disposition des services extérieurs de l'Etat chargés à titre principal de la mise en œuvre d'une compétence attribuée au département fait place aux transferts effectifs de services (*supra* n° 50). Il peut consentir des délégations de signature aux responsables de ces services, mais « sous sa surveillance et sa responsabilité ». Il représente le département dans tous les actes de la vie juridique : en particulier, il intente les actions au nom du département, en vertu d'une décision du conseil général (art. 13 IV de la loi du 22 juillet 1982).

– Le président du conseil général est aussi, comme le maire, *autorité de police*. Mais, sur ce point, il n'est pas possible de poursuivre le parallèle avec le maire puisque le président ne se voit confier, par les articles 25 § 5 et 56 § 4 de la loi du 2 mars 1982, que des pouvoirs de police spéciale et non un pouvoir de police générale (contra, J.C. Douence, « L'extension des compétences des collectivités locales » in « La nouvelle décentralisation », *op. cit.*, p. 200).

La police administrative générale, en effet, ne se définit pas, contrairement à une compétence de police spéciale, par son objet (le maintien de l'ordre public est la finalité de n'importe quelle réglementation). Or, la loi précise clairement les objets sur lesquels porte le nouveau pouvoir de police reconnu au président du conseil général.

D'abord, au titre de la gestion du domaine du département, il exerce les pouvoirs de *police de la conservation*, police spéciale par excellence. Mais aussi, et c'est ce point qui fait difficulté, la loi lui confère (art. 25 § 5) *la police de la circulation sur la voirie départementale* ; or, cette compétence est généralement rattachée à la police générale, en tant qu'élément de la « sécurité publique ». Un tel objet est toutefois, dans ce contexte, détaché de l'ensemble « sécurité » et érigé en police spéciale. La loi précise, par ailleurs, que le président du conseil général intervient « sous réserve des attributions dévolues aux maires par le code des communes et au représentant de l'Etat dans le département ». Cela signifie, d'une part, que les maires conservent leurs pouvoirs sur les fractions de voies départementales situées à l'intérieur des agglomérations (police de la circulation rentrant dans la police municipale et non police de la conservation) et, d'autre part, que le représentant de l'Etat dans le département est toujours seul habilité à prendre des mesures de portée générale ; ce dernier se voit aussi reconnaître un pouvoir de substitution après mise en demeure non suivie d'effet.

En la matière, le président du conseil général établit également, pour chaque port départemental (les ports maritimes, de commerce et de pêche sont, pour la plupart, transférés aux départements –

infra n° 181), un règlement particulier qui doit être compatible avec le règlement général de police fixé par décret. Il est chargé de la police du port, hormis la police des eaux qui relève toujours des autorités étatiques compétentes.

Ensuite, les pouvoirs antérieurement exercés par le préfet sur *le service départemental d'incendie et de secours* sont transférés au président du conseil général, sous réserve de « ceux concernant la mise en œuvre opérationnelle des moyens relevant de ce service qui continuent d'être exercés par le représentant de l'Etat dans le département » (art. 56 § 4). Dans la mesure où ce dernier est l'autorité de police générale dans le département, chargée à ce titre de la sécurité et de la salubrité publiques, il eut été paradoxal de lui enlever toute possibilité d'utiliser librement ce service. Ce partage de compétences entre président du conseil général et préfet est susceptible de soulever certains problèmes épineux en cas de litiges suscités par l'action – ou l'inaction – de ce service dont la constitution relève du président mais la mise en œuvre du préfet (J.F. Auby, *op. cit.*, AJDA 1982, p. 335).

145 – Le président du conseil général est donc bien le nouvel « homme fort » du département. Il l'est d'autant plus que, du fait des transferts des services de l'Etat vers la collectivité départementale, il se trouve progressivement à la tête d'une vaste administration, est le chef d'un personnel nombreux.

Il bénéficie, d'autre part, du choix effectué par les auteurs de la réforme de décentralisation et confirmé par les gestionnaires de cette réforme en faveur de l'espace départemental, qui est le siège de nombreux services de l'Etat et qui, au plan de la gestion décentralisée, n'est pas susceptible de porter atteinte au grand principe de l'unité de l'Etat.

On voit donc se développer, dans le département, des mécanismes nouveaux de pouvoir, qui tournent tous, ont tous pour centre et principe moteur, le président du conseil général. Il n'est donc pas étonnant qu'anticipant sur la mise en œuvre de la loi sur le cumul des mandats (*infra* n° 191), certains hommes politiques aient fait leur choix en faveur du département, délaissant, en particulier, leur ancienne fonction au sein de la région. Il est vrai qu'un tel comportement dépend des diverses stratégies régionales qui peuvent être menées.

Toujours est-il que, pour faire face à l'accroissement considérable des tâches, le président du conseil général constitue auprès de lui une équipe de travail, dont l'existence n'était nulle part mentionnée avant 1982. Il est possible, à son propos, de faire des constatations intéressantes.

146 – Dans la plupart des départements français, les présidents affirment rapidement la volonté sans équivoque d'exercer leurs nouvelles responsabilités en se dotant de conseillers susceptibles de suivre très précisément les dossiers. A la structure de conception traditionnelle qui existe dans toutes les collectivités (on retrouve partout, quelle que soit la dénomination employée, secrétaire général, secrétaire général adjoint, directeur des services administratifs et directeur des services techniques) s'ajoute maintenant cette structure nouvelle politico-administrative, qui prospère aujourd'hui auprès des exécutifs locaux : le cabinet, autour duquel gravitent, en nombre plus ou moins grand, des chargés de mission. Les personnes qui composent l'entourage présidentiel sont, en règle générale, directement attachées à la personne du président qui exerce ses pouvoirs de manière extrêmement centralisée, sans beaucoup mettre en œuvre (provisoirement peut-être) le système de délégation prévu par la loi du 2 mars (V. sur tous ces points le rapport de J. Gatti et la communication sur les technostructures en Franche-Comté – Colloque de Besançon précité).

Actuellement, les équipes mises en place tentent parfois de mettre en place un mode de relations plus ou moins neuf avec les différents partenaires du département. Mais à notre avis, *le processus en cours* n'entraîne pas à ce niveau – pas plus qu'à celui de la région – *l'émergence de structures originales* dans l'entourage du président, hormis peut-être de rares expériences intéressantes dans les départements ayant mis sur pied une agence départementale (*supra* n° 56). C'est sur le modèle du maire qu'est conçue la fonction présidentielle, c'est sur celui des cabinets ministériels qu'est calquée l'équipe du président. Rappelons, d'ailleurs, que les présidents ont fait volontiers appel à des hommes ayant effectué une carrière dans les services de l'Etat et plus particulièrement aux énarques lors de la constitution de leur cabinet. Il y a, très certainement, transposition au niveau local des comportements de la haute administration d'Etat aussi bien au plan des structures qu'à celui des recrutements.

Sur ce dernier point, quinze années de pratique confirment la première impression. On ne peut aussi qu'être frappé de la tendance qui existe dans la plupart des départements à multiplier les délégations-représentations. On ne considère pas ici les délégations lourdes des vice-présidents, mais celles accordées à de simples conseillers qui représentent le président dans les réunions et manifestations relevant de tel ou tel secteur d'activité ou géographique. Il existe des conseillers généraux délégués d'arrondissements, délégué aux collectivités locales, chargé des relations avec la région, délégué au littoral, aux espaces naturels sensibles, au logement et à l'habitat, aux sports de masse, etc. Cela, d'après nous, revêt une signification précise : le département tisse sa toile jusqu'aux extrémités de son espace géographique, dans tous les domaines d'activités, mais c'est toujours le président qui est représenté. Il semble qu'à l'intérieur de l'administration française, il n'y a place que pour un seul système fortement imprégné de centralisation. Alors, la décentralisation permettrait seulement de démultiplier le modèle autoritaire, de le transposer du seul échelon central à l'échelon régional et départemental, voire même communal – pour les communes importantes. L'efficacité administrative n'y perdrait pas et la réforme engagée garderait son utilité mais la transformation des rapports au sein des collectivités serait évidemment plus difficile.

Section III

L'ADMINISTRATION REGIONALE

147 – La loi du 2 mars 1982 crée la Région collectivité territoriale : son article 59 § 1, est en effet, ainsi rédigé : « *Les régions sont des collectivités territoriales.* Elles sont administrées par un conseil régional élu au suffrage universel direct ». Pour bien souligner la nouvelle nature juridique de la région, le même article reprend dans son alinéa 2 – clause de style ? – la fameuse « clause générale de compétence » qui est, jusqu'à ce jour, le critère fondamental de distinction entre la collectivité territoriale et l'établissement public doté d'une compétence spécialisée : « le conseil régional règle par ses délibérations les affaires de la région ». C'est précisément ce nouveau statut régional qui a soulevé le plus de controverses au Parlement, l'opposition refusant tout compromis sur ce point. Evoquons à nouveau les difficultés pratiques qu'il y a à faire coexister deux collectivités locales de plein exercice dans un territoire relativement exigu.

Le principe de la réforme est donc posé dès 1982 et, d'ailleurs, les lois sur les transferts de compétence en tiennent immédiatement compte. Cependant, au plan des structures, l'application concrète d'une telle réforme est différée et les régions, provisoirement, demeurent des établissements publics territoriaux administrés par les organes institués par la loi du 5 juillet 1972 modifiée. C'est la loi n° 86-16 du 6 janvier 1986 relative à l'organisation des régions qui en assure la mise en œuvre dans la perspective de l'élection du 16 mars suivant. Aujourd'hui, donc, la région apparaît bien comme une collectivité locale bâtie sur le même modèle que la commune et le département, avec un organe délibérant dont les membres sont élus au suffrage universel direct et un organe actif élu par les membres de l'assemblée délibérante. Seule particularité : l'existence, au niveau régional, d'une assemblée consultative, le conseil économique et social régional, qui représente « les forces vives de la région » et assiste de ses avis le conseil régional.

L'article 3 de la loi du 5 juillet 1972 est ainsi rédigé : « Le conseil régional par ses délibérations, le président du conseil régional par l'instruction des affaires et l'exécution des délibérations, le conseil économique et social régional, par ses avis, concourent à l'administration de la région. » Ces organes jouissent aujourd'hui d'une grande liberté de fonctionnement, calquée sur le modèle communal.

§1 - COMPOSITION DES ORGANES DU POUVOIR REGIONAL

A) Le Conseil régional

148 – Le conseil régional, assemblée délibérante de la région collectivité locale, procède des élections régionales. C'est la loi n° 85-692 du 10 juillet 1985, modifiant le code électoral et relative à l'élection des conseillers régionaux, qui règle la matière. Les conseillers régionaux sont élus pour six ans, dans le cadre du département, au scrutin de liste, à la représentation proportionnelle à la plus forte moyenne, sans panachage ni vote préférentiel. Seules les listes ayant obtenu au moins 5 % des suffrages exprimés participent à la répartition des sièges. Nous sommes donc en présence, ici, du seul mode de scrutin exclusivement proportionnel appliqué en France, ce qui institutionnalise, au sein des conseils régionaux, une majorité et une opposition. D'autre part, le niveau départemental est choisi car il s'agit d'une réalité bien connue des électeurs (et aussi parce que l'élection des sénateurs à laquelle participent les conseillers régionaux se fait dans ce cadre départemental) ; mais, de ce fait, il existe deux collèges de représentants du département : les conseillers régionaux et les conseillers généraux, et, surtout, il est possible de s'interroger sur le point de savoir si un tel choix favorise l'éclosion d'une politique régionale... ce qui, d'ailleurs, n'était pas forcément recherché par le législateur (voir A. Delcamp « La région nouvelle collectivité territoriale » AJDA 1986, p. 195 et s. et P. Sadran « Les premières élections régionales » AJDA 1986 p. 209 et s.).

L'effectif des conseils régionaux ainsi que la répartition des sièges à pourvoir entre les départements de chaque région sont fixés par la loi. Quant au premier point, le principe posé par le législateur de 1972, selon lequel le nombre de conseillers régionaux est normalement égal, dans chaque région, au double du nombre des parlementaires de la région, n'est guère modifié sous réserve que le nombre de sièges est, aujourd'hui, toujours impair et sauf dans le cas de la région Ile de France (où le nombre de conseillers aurait été trop élevé) et dans celui des régions Limousin, Corse et des régions d'Outre-Mer (où le nombre des conseillers aurait été trop faible).

Entre les départements, la répartition des sièges s'effectue au prorata de la population, en appliquant la règle du plus fort reste.

EFFECTIFS DES CONSEILS REGIONAUX ELUS EN 1992

Alsace	**47**
Bas-Rhin	27
Haut-Rhin	20
Aquitaine	**85**
Dordogne	12
Gironde	36
Landes	10
Lot-et-Garonne	10
Pyrénées-Atlantiques	17
Auvergne	**47**
Allier	13
Cantal	6
Haute-Loire	8
Puy-de-Dôme	20
Bourgogne	**57**
Côte-d'Or	17
Nièvre	9
Saône-et-Loire	19
Yonne	12
Bretagne	**83**
Côtes-d'Armor	16
Finistère	25
Ille-et-Vilaine	24
Morbihan	18
Centre	**77**
Cher	11
Eure-et-Loir	13
Indre	8
Indre-et-Loire	17
Loir-et-Cher	10
Loiret	18
Champagne-Ardenne	**49**
Ardennes	11
Aube	11
Marne	19
Haute-Marne	8
Franche-Comté	**43**
Territoire de Belfort	6
Doubs	18
Jura	10
Haute-Saône	9
Guadeloupe	**41**
Guyane	**31**
Ile-de-France	**209**
Essonne	21
Hauts-de-Seine	27
Ville de Paris	42
Seine-et-Marne	21
Seine-Saint-Denis	27
Val-de-Marne	24
Val-d'Oise	21
Yvelines	26
Languedoc-Roussillon	**67**
Aude	10
Gard	18
Hérault	24
Lozère	3
Pyrénées-Orientales	12
Limousin	**43**
Corrèze	14
Creuse	8
Haute-Vienne	21
Lorraine	**73**
Meurthe-et-Moselle	22
Meuse	7
Moselle	31
Vosges	13
Martinique	**41**
Midi-Pyrénées	**91**
Ariège	6
Aveyron	10
Haute-Garonne	32
Gers	7
Lot	6
Hautes-Pyrénées	9
Tarn	13
Tarn-et-Garonne	8
Basse-Normandie	**47**
Calvados	21
Manche	16
Orne	10
Haute-Normandie	**55**
Eure	17
Seine-Maritime	38
Nord-Pas-de-Calais	**113**
Nord	72
Pas-de-Calais	41
Pays de la Loire	**93**
Loire-Atlantique	31
Maine-et-Loire	21
Mayenne	9
Sarthe	16
Vendée	16
Picardie	**57**
Aisne	17
Oise	23
Somme	17
Poitou-Charentes	**55**
Charente	12
Charente-Maritime	18
Deux-Sèvres	12
Vienne	13
Provence-Alpes-Côte-d'Azur	**123**
Alpes-de-Haute-Provence	5
Hautes-Alpes	4
Alpes-Maritime	28
Bouches-du-Rhône	49
Var	23
Vaucluse	14
Réunion	**45**
Rhône-Alpes	**157**
Ain	14
Ardèche	9
Drôme	12
Isère	29
Loire	22
Rhône	43
Savoie	11
Haute-Savoie	17

Avant les élections du 22 mars 1992, le législateur a modifié par la loi n° 91-1384 du 31 décembre 1991 l'effectif fixé par la loi du 10 juillet 1985, en fonction de la population de la région pour tenir compte de l'évolution démographique constatée par le recensement de 1990 : pour éviter de réduire la représentation des départements dont la population a diminué, il a opté pour la création de 50 sièges supplémentaires de conseillers régionaux dans les départements où la croissance démographique est la plus forte (1880 conseillers régionaux ont été élus le 22 mars 1992).

Ainsi, 11 régions gagnent 2 sièges
1 région 4 sièges (Midi-Pyrénées)
2 régions 6 sièges (PACA - Rhône Alpes)
et l'Ile de France 12 sièges.

Les élections régionales sont des élections fortement politisées, pour lesquelles il est facile de vérifier les effets multiplicateurs de la représentation proportionnelle intégrale. Un exemple : en 1986, lors des premières « régionales », les écologistes sont crédités de 2,40 % des suffrages exprimés ; ils atteignent 14,37 % en 1992. Cette incontestable réussite, qui représente l'apogée d'un mouvement écologiste qui se perdra ensuite dans de suicidaires querelles intestines, traduit la popularité des thèmes mobilisateurs concernant la protection de l'environnement ; mais elle doit aussi beaucoup à la logique amplificatrice de la représentation proportionnelle. D'autre part, la représentation proportionnelle ne facilite pas la constitution de majorités stables : un certain nombre de régions (Bourgogne, Haute-Normandie, Nord...) éprouvent de grandes difficultés, par exemple à voter leur budget annuel, du fait de l'absence de majorité. Aussi était-il question de modifier, avant les régionales de 1998, le mode de scrutin en introduisant une « prime majoritaire » en faveur de la liste arrivée en tête. Si cette réforme n'a pu voir le jour, le problème n'est pas moins posé. Bien entendu, les « régionalistes » souhaiteraient également que les listes soient constituées à l'échelon de la région toute entière et non à celui de chaque département.

Le mandat du conseiller peut prendre fin avant l'expiration du terme normal de six ans en cas de démission librement consentie (la loi ne prévoit pas de démission forcée du conseiller qui refuse d'exercer une fonction prévue par la loi). Le conseiller démissionnaire – ou celui qui décède – est remplacé par celui qui figurait après lui sur la liste de candidature à l'élection régionale.

Le mandat peut également prendre fin d'une manière anticipée en cas de dissolution du conseil régional, dissolution prononcée par décret en conseil des ministres lorsque son fonctionnement se révèle impossible. De nouvelles élections doivent alors être organisées dans un délai de deux mois et le président est chargé de l'exécution des affaires courantes.

Le candidat – Le candidat aux élections régionales est soumis aux mêmes règles que le candidat aux élections cantonales en ce qui concerne les conditions d'éligibilité (âge, nationalité française, liens avec la région), les causes particulières d'inéligibilité et le régime des incompatibilités.

Contentieux – Les élections régionales peuvent être contestées directement devant le Conseil d'Etat (et non, en première instance, devant le tribunal administratif, comme pour les élections cantonales). Le Conseil d'Etat peut être saisi, dans les dix jours de la proclamation des résultats, par tout candidat, tout électeur, ou encore par le préfet. En cas d'annulation de l'ensemble des opérations dans un département, il doit être procédé à de nouvelles élections, dans ce département, dans un délai de trois mois (art. L 363 du code électoral).

B) Le conseil économique et social régional

149 – Aux élus du conseil régional sont associés, dans une assemblée consultative indépendante, le conseil économique et social régional, les représentants des « forces vives » de la région, autrement dit des différents intérêts régionaux. Cette assemblée, dont l'existence est confirmée par l'article 63 de la loi du 2 mars 1982, fait l'objet d'assez sensibles modifications par rapport au texte de 1972, modifications contenues dans le décret n° 82-866 du 11 octobre 1982. Les textes de 1982 ont fait l'objet de modifications qui, quoique nombreuses (lois du 6 janvier 1988, 11 décembre 1990, 6 février 1992 et 18 janvier 1994) en ont laissé subsister les grandes lignes.

Les conseils économiques et sociaux régionaux comprennent entre 59 (Limousin) et 110 membres (Ile-de-France), désignés pour un mandat de six ans renouvelables. La répartition des sièges est effectuée selon les pourcentages suivants : 35 % des sièges reviennent aux entreprises et activités professionnelles non salariées : ils sont désignés par les organisations patronales et les organismes consulaires ; 35 % des sièges reviennent aux syndicats de salariés ; 25 % des sièges sont réservés aux « représentants des organismes qui participent à la vie collective de la région : secteur associatif, organisations familiales, mutualistes, coopératives, universités... ; 5 % des sièges reviennent aux « personnalités qui, en raison de leur qualité ou de leurs activités, concourent au développement de la région » : elles sont nommées par arrêté du Premier ministre. Le décret n° 95-990 du 4 septembre 1995 relatif à la composition et au fonctionnement des conseils économiques et sociaux régionaux comporte en annexe les tableaux de répartition des sièges à l'intérieur de chaque catégorie entre les organisations représentatives concernées.

C) Le président du conseil régional, la commission permanente et le bureau

150 – Dans le cadre de la loi de 1972, le préfet de région était l'organe exécutif de l'établissement public. Il devait, pour préparer et exécuter les délibérations du conseil régional, utiliser les services de l'Etat et eux seuls, n'étant assisté dans sa tâche que par une légère structure de type cabinet ministériel : la mission régionale. La région, en effet, n'avait pas de services propres, ceci pour bien marquer qu'elle n'était ni une collectivité nouvelle, ni même un échelon d'administration propre.

Avec la loi du 2 mars 1982 et avant même que la région ne devienne collectivité locale, elle possède son exécutif élu : le président du conseil régional qui devient le personnage important de la région.

Au-delà de cette transformation fondamentale, il ne paraît guère utile de s'arrêter au mode de désignation du président, de la commission permanente et du bureau, puisque, sur ces différents points, la loi du 6 janvier 1986 a rendu applicable aux régions les dispositions régissant les départements, en procédant, d'ailleurs, par simple renvoi, sans réécrire ces dispositions (le Code général des collectivités territoriales de 1996 procède, lui, à cette réécriture art. L 4133-1 et s. du CGCT). Dès lors, tout spécialement, le conseil régional aussitôt après l'élection du président et sous sa présidence, fixe le nombre des vice-présidents et des autres membres de la commission permanente et procède à leur élection, comme il l'a été expliqué pour le conseil général. De même, le président et les membres de la commission permanente ayant reçu délégation du président forment le bureau.

§2 – FONCTIONNEMENT DES ORGANES ET POUVOIRS RESPECTIFS

151 – Il n'y a pas lieu non plus de s'attarder sur ces points : ce qui a été dit à propos du fonctionnement du conseil général ou des rapports entre cette assemblée, son président et son bureau s'appliquent à l'identique au conseil régional, à son président et à son bureau (art. L 4132-7 du CGCT). On présentera donc seulement, sous cette rubrique, deux observations, l'une relative aux pouvoirs propres du président du conseil régional, l'autre concernant l'étendue du rôle consultatif du Conseil économique et social régional.

– Le président du conseil régional, à la différence du président du conseil général – et, *a fortiori*, du maire – ne détient pas de pouvoir de police. Il faut pourtant noter, bien que la loi ne le mentionne pas qu'il existe un domaine de la région et qu'alors, le président du

conseil régional doit naturellement exercer la police de la conservation sur ce domaine.
– Le rôle consultatif du conseil économique et social régional s'est constamment élargi depuis 1982. Selon les dispositions de l'article 63 de la loi du 2 mars 1982, le conseil n'était consulté obligatoirement que dans trois domaines : la préparation et l'exécution du plan national dans la région, le projet de plan régional de développement et son bilan annuel d'exécution, les orientations générales du projet de budget régional. L'article 7 de la loi n° 86-16 du 6 janvier 1986 ajoute à la liste des documents dont le comité doit être obligatoirement saisi pour avis, préalablement à leur examen par le conseil régional, les orientations générales de la politique régionale dans les domaines transférés à la région en application des dispositions des lois de 1983 sur la répartition des compétences. Puis, l'article 25 de la loi du 6 février 1992 procède à un nouvel élargissement des domaines d'intervention du conseil économique et social régional qui doit être saisi de tous les documents de planification, schémas directeurs, schémas et programmes prévus par les lois de répartition des compétences et, évidemment, de tous les documents de nature budgétaire. Le conseil économique et social reste donc étroitement associé à l'action régionale. Il faut ajouter, d'ailleurs, qu'en dehors de ces avis obligatoires, le CESR peut également émettre, de sa propre initiative, « des avis sur toute question entrant dans la compétence de la région » et être saisi par le président du conseil régional « de demandes d'avis et d'études sur tout projet à caractère économique, social et culturel ».

Etant donné l'importance de son rôle consultatif, le conseil peut être divisé en sections spécialisées, qui peuvent comprendre des personnes extérieures au conseil économique et social régional. Le règlement intérieur, établi librement par le conseil, fixe les règles de fonctionnement des sections dont le nombre ne peut $être supérieur à trois. Ces sections émettent des avis sur lesquels le conseil économique et social régional se prononce obligatoirement avant leur transmission au conseil régional.

Il appartient au conseil régional de mettre à la disposition du CESR les moyens de fonctionnement nécessaires, en hommes (secrétariat des séances, des réunions des sections et des commissions) et en crédits (une ligne distincte est ouverte au budget de la région).

§ 3 – LES REGIONS D'OUTRE-MER

152 – Par une décision en date du 2 décembre 1982, le Conseil constitutionnel déclarait non conforme à la Constitution des projets très novateurs que le parlement avait adoptés pour la Guadeloupe, la Martinique, la Guyane et la Réunion, c'est-à-dire les départements d'Outre-Mer (à l'exception des territoires d'Outre-Mer non concernés par la réforme, puisque ces derniers connaissent déjà l'autonomie interne – article 74 de la Constitution – et ignorent les institutions départementales et régionales). Ces projets étaient annoncés à l'article 1 de la loi 82-213 du 2 mars 1982, qui, dans son alinéa 3, disposait : « En ce qui concerne les départements d'Outre-Mer, la présente loi s'applique jusqu'à la promulgation de lois adaptant certaines de ses dispositions à la spécificité de chacune des collectivités concernées ».

C'est ainsi qu'en juillet 1982 est présenté au Parlement un projet de loi concernant la décentralisation dans les départements d'outre-mer, projet de loi dont la caractéristique principale consistait à substituer au conseil général et au conseil régional une assemblée unique élue au scrutin proportionnel dans une circonscription unique, ce pour éviter – dans une région mono-départementale – les risques de conflits (qui existent déjà, on le sait, dans les régions pluri-départementales) entre deux assemblées élues dans une même circonscription. Cependant, dans sa décision du 2 décembre 1982, le Conseil constitutionnel déclare ce texte non conforme à la Constitution : il décide, en effet, qu'« en confiant la gestion des départements d'outre-mer à une assemblée qui, contrairement au conseil général des départements métropolitains en l'état actuel de la législation, n'assure pas la représentation des composantes territoriales du département, la loi... confère à cette assemblée une nature différente de celle des conseils généraux... (et qu'alors) ces dispositions vont au-delà des mesures d'adaptation que l'article 73 de la Constitution autorise en ce qui concerne l'organisation des départements d'outre-mer. »

Le Gouvernement est alors contraint de modifier ses plans. Il propose au Parlement, sans toucher à l'administration départementale, de limiter la décentralisation spécifique à l'appareil régional.

La loi n° 82-1171 du 31 décembre 1982, au plan organique, présente une particularité marquante : l'existence, auprès du conseil régional, de deux et non d'un seul organe consultatif : le conseil économique et social régional, d'une part, mais aussi le conseil de la culture, de l'éducation et de l'environnement, dont l'existence s'explique par les compétences particulières dont sont dotées les régions d'outre-mer en ces domaines. La composition et les règles de fonctionnement de ces conseils sont fixés par le décret n° 84-207 du 26 mars 1984 modifie par le décret n° 95-1035 du 14 septembre 1995.

La loi n° 84-747 du 2 août 1984 précise les compétences des régions d'outre-mer : elle leur confère des pouvoirs importants que n'exercent pas les régions métropolitaines.

D'abord, ce qui explique l'existence du second conseil consultatif, le conseil régional, bénéficie pour tenir compte du particularisme culturel de ces régions, de compétences spécifiques dans les domaines du développement culturel, de l'éducation et de la recherche et de la communication audiovisuelle. En particulier, le conseil régional élabore un programme culturel régional qui concerne les langues régionales, la littérature, les arts plastiques, musicaux et cinématographiques ; ce programme prévoit des activités éducatives et culturelles qui peuvent être organisées dans les établissements scolaires ou universitaires.

Ensuite, les compétences de la région d'outre-mer sont plus développées que celles des régions métropolitaines dans les domaines dans lesquelles ces dernières peuvent intervenir : la planification régionale et l'aménagement du territoire, le développement de l'agriculture et de la forêt, la mise en valeur des ressources de la mer, les transports, l'énergie, les ressources minières et le développement industriel sont tour à tour envisagés par la loi de 1984, dans un sens le plus souvent extensif par rapport à l'état du droit en métropole, tel qu'il est analysé au chapitre II ci-dessous. Enfin, en matière d'emploi et de formation professionnelle, de santé, de logement, de protection de l'environnement, de tourisme et de loisirs, la même volonté se manifeste. Notons que ces compétences spécifiques s'accompagnent de ressources financières et fiscales particulières : subventions globalisées de l'Etat (dotation globale pour le développement culturel, dotation globale pour l'environnement et la qualité de la vie) et recettes fiscales (taxe spéciale de consommation sur les carburants, une partie de l'octroi de mer refondu par la loi du 17 juillet 1992 et les droits assimilés sur les rhums et spiritueux).

Enfin, on indiquera, que les régions d'outre-mer gardent de la loi du 31 décembre 1982 deux compétences particulières intéressantes. D'abord, un pouvoir de proposition au gouvernement ; le conseil régional peut adresser au Premier ministre des propositions tendant à la modification ou à l'adaptation des dispositions législatives et réglementaires en vigueur ou en cours d'élaboration, concernant les conditions du développement économique, social et culturel de la région. Le Premier ministre doit accuser réception dans les quinze jours, en fixant le délai dans lequel sera apportée une réponse de fond. Ensuite, le conseil régional est saisi pour avis de tout projet de coopération interrégionale entre la France et les Etats voisins en matière économique, sociale, technique, scientifique, culturelle, de sécurité civile ou d'environnement.

153 – *Conclusion*

Une réflexion s'impose au terme de ce chapitre :

Au plan des structures, les lois de 1982-1983 montrent qu'à l'évidence, nous sommes en présence *d'une réforme de continuité.* Il n'y a aucune innovation sur ce point. Alors que la situation est très moderne, on se tourne, pour la résoudre, vers les cadres anciens qui ont montré, du reste, leurs capacités d'adaptation. Probablement n'y a-t-il là qu'une étape. *Beaucoup de choses sont à inventer, au niveau des structures et de leur fonctionnement,* et le seront à l'expérience ; les difficultés à résoudre conduiront nécessairement à trouver « autre chose ».

Section IV

LES COLLECTIVITES TERRITORIALES SPECIFIQUES ET LES TERRITOIRES D'OUTRE-MER

154 – *La collectivité territoriale de Corse*

La région de Corse a été le premier établissement public régional à être transformé en véritable collectivité par l'effet de la loi n° 82-214 du 2 mars 1982. Cette dernière, qui fixe l'organisation de la région de Corse, ainsi que celle n° 82-659 du 30 juillet 1982 qui définit les compétences de la région de Corse liées à son statut particulier, ont été profondément modifiées par la loi n° 91-428 du 13 mai 1991 portant statut de la collectivité territoriale de Corse : l'élection des conseillers à l'Assemblée de Corse se fait selon des règles tout à fait particulières par rapport à ce qui se passe dans les régions métropolitaines et ses attributions sont considérablement étendues ; d'autre part, l'exécutif est organisé de façon spéciale et l'organe consultatif est, lui aussi original. Pour que ce régime spécifique soit constitutionnel, le législateur a dû extraire la Corse de sa catégorie d'origine : la région, pour l'ériger en collectivité territoriale de la République au sens de l'article 72 de la Constitution. Ce statut tout à fait particulier tient compte le plus possible du particularisme corse. Cependant, le Conseil constitutionnel, dans sa décision n° 91-290 DC du 9 mai 1991 a censuré certaines dispositions du texte qui lui était soumis, notamment celle qui consacrait la notion de « peuple corse composante du peuple français ».

155 – L'Assemblée de Corse est composée aujourd'hui de 51 membres élus pour six ans, le même jour que les conseillers régionaux de Métropole, cette indication donnée par le législateur devant s'entendre du 1er tour car l'élection se fait au scrutin de liste à deux tours, à la représentation proportionnelle à la plus forte moyenne, étant donné qu'une prime de trois sièges est accordée à la liste qui soit a obtenu le majorité absolue des suffrages au 1er tour, soit est arrivée en tête au second tour et que, pour être admise à la répartition des sièges, une liste doit avoir obtenu au moins 5 % des suffrages exprimés, ce même pourcentage étant exigé pour participer au second tour. Pour ce second tour, il est possible à plusieurs listes de fusionner (art. L 373 du Code électoral).

Contrairement à la situation antérieure, l'appellation « Assemblée de Corse » entraîne des conséquences appréciables sur l'organisation, le fonctionnement et surtout les compétences de cette assemblée par rapport au Conseil régional métropolitain.

156 – L'Assemblée de Corse tient, chaque année, sur convocation de son président, deux sessions ordinaires d'une durée maximale de trois mois (article 16 de la loi du 13 mai 1991). La première s'ouvre le 1er février, la seconde le 1er septembre. Des sessions extraordinaires peuvent être également organisées à l'initiative du président du conseil exécutif ou à la demande du tiers des conseillers à l'Assemblée, sur un ordre du jour déterminé fixé dans la convocation, pour une durée qui ne peut dépasser deux jours.

Lors de sa première réunion, l'Assemblée procède à l'élection de son président -au scrutin uninominal majoritaire à trois tours, puis à celle des dix membres du bureau, qui s'effectue, s'il y a plus de candidats que de postes à pourvoir, comme pour la commission permanente du conseil régional métropolitain, au scrutin de liste, à la représentation proportionnelle à la plus forte moyenne. Parmi ces dix élus, l'Assemblée choisit deux vice-présidents, au scrutin majoritaire à trois tours s'il y a plus de deux candidats. Alors que le président est élu pour la durée du mandat de l'Assemblée, les membres du bureau sont désignés chaque année, à l'ouverture de la 1re session ordinaire.

Le président de l'Assemblée de Corse est seul chargé de la police de l'Assemblée et de la tenue des séances, tandis que le bureau organise les travaux de l'Assemblée.

L'Assemblée de Corse « règle par ses délibérations les affaires de la collectivité territoriale de Corse et contrôle le Conseil exécutif » (article 25 de la loi du 13 mai 1991).

La collectivité territoriale de Corse détient par rapport à celles que les textes attribuent aux régions métropolitaines des compétences considérablement élargies dont certaines sont tout à fait spécifiques. Elles répondent à deux objectifs principaux : l'affirmation de l'identité culturelle de la Corse, la mise en œuvre du développement économique et social de la Région. Sur le premier point, la compétence de la collectivité territoriale de Corse s'étend, outre les lycées et établissements publics d'enseignement professionnel, aux collèges ; en outre, ses autorités déterminent les activités éducatives complémentaires que la collectivité organise, particulièrement dans le domaine de l'enseignement de la langue et de la culture corses. L'Assemblée de Corse bénéficie d'une compétence générale dans le domaine de la communication audiovisuelle, en matière culturelle et dans le secteur de l'environnement. Sur le second plan, les autorités corses détiennent des pouvoirs étendus dans les huit secteurs suivants : l'aménagement du territoire (la collectivité territoriale de Corse établit un schéma d'aménagement qui définit les orientations fondamentales en matière d'aménagement de l'espace, de protection et de mise en valeur de son territoire), l'aide au développement économique (est créé un comité de coordination pour le développement industriel de la Corse composé par tiers de représentants de l'Assemblée de Corse, de représentants de l'Etat et de représentants des sociétés nationales), l'agriculture (détermination des grandes orientations du développement agricole et rural de l'île, avec l'aide de deux établissements publics : l'office de développement agricole et rural de Corse, l'office d'équipement hydraulique de Corse), le tourisme (avec, là aussi, création d'une institution spécialisée), le logement, les transports inter-départementaux (établissement d'un schéma qui s'impose aux plans départementaux des transports et surtout, sur la base du principe de continuité territoriale, détermination des modalités d'organisation des transports maritimes et aériens entre l'île et toute destination de France continentale, avec l'aide de l'office des transports de la Corse), la formation professionnelle, l'énergie.

Dans ce champ de compétences fort large, l'Assemblée de Corse intervient, en vertu de la clause générale (sens interne) pour tout ce qui concerne les décisions budgétaires et financières, la création et l'organisation des services publics, la création et la suppression des emplois, ainsi que pour autoriser les contrats et travaux publics départementaux. C'est évidemment elle qui approuve les différents schémas et plans qui doivent être élaborés dans les divers domaines ci-dessus. De plus, l'Assemblée de Corse est consultée sur les projets de loi ou de décret comportant des dispositions spécifiques à la Corse et peut présenter des propositions tendant à modifier ou à adapter des dispositions législatives ou réglementaires en vigueur ou en cours d'élaboration concernant la Corse (article 26 de la loi du 13 mai 1991).

Avant de délibérer, l'Assemblée de Corse doit souvent recueillir l'avis d'une assemblée consultative particulière, le Conseil économique, social et culturel de la Corse. Sous le régime de la loi du 2 mars 1982, il existait deux conseils consultatifs : le conseil économique et social et le conseil de la culture, de l'éducation et du cadre de vie. Le législateur de 1991 a fondu ces deux conseils en un seul mais l'a divisé en deux sections : une section économique et sociale, une section de la culture, de l'éducation et du cadre de vie. La compétence consultative de ce nouveau conseil est obligatoirement plus large que celle des C.E.S.R. puisqu'elle s'étend à tous les projets de délibération concernant l'action culturelle et éducative.

157 – *Le Conseil exécutif et son président*

Lors de sa première réunion et après avoir élu son bureau, l'Assemblée de Corse procède, parmi ses membres, à l'élection du Conseil exécutif de Corse et de son président, au scrutin de liste majoritaire à trois tours. En cas d'égalité de suffrages entre les listes arrivées en tête au troisième tour, les sièges sont tous attribués à la liste dont les candidats ont la moyenne d'âge la plus forte. Le président est le candidat qui figure en tête sur la liste élue. Tout conseiller élu au Conseil exécutif est immédiatement regardé comme démissionnaire de l'Assemblée de Corse et remplacé au sein de cette dernière par le suivant sur la liste sur laquelle il a été élu à l'Assemblée.

Le président du Conseil exécutif détient les mêmes pouvoirs que le président d'une collectivité locale intermédiaire, hormis, bien sûr, les pouvoirs de président de séance, dévolus au président de l'Assemblée. Ainsi, il « prépare et exécute les délibérations de l'Assemblée », il est l'ordonnateur de la collectivité qu'il représente dans tous les actes de la vie juridique. Il gère le patrimoine de la collectivité et, surtout, il est le chef des services de la collectivité territoriale et gère, à ce titre, les personnels ; il peut également faire au Premier ministre toute suggestion sur l'organisation et le fonctionnement des services publics de l'Etat dans la collectivité territoriale. Enfin, il adresse chaque année, à l'Assemblée de Corse, un rapport spécial sur la situation de la collectivité, l'activité et le financement de ses différents services et l'état d'exécution du plan et des autres délibérations de l'Assemblée ; ce rapport donne lieu à débat.

Les autres membres du conseil exécutif reçoivent des délégations du président, délégations qu'ils exercent sous sa surveillance et sa responsabilité.

Le président et les conseillers exécutifs, qui ont accès aux séances de l'Assemblée de Corse et peuvent être entendus, sur leur demande, sur les questions inscrites à l'ordre du jour, peuvent voir leur responsabilité mise en cause par cette assemblée. Le tiers des conseillers peuvent, en effet, déposer une motion de défiance indiquant les motifs pour lesquels elle est présentée et comportant la liste des noms des candidats aux mandats de président et de conseillers exécutifs de Corse appelés à remplacer les personnalités en place en cas d'adoption de la motion de défiance. Le vote a lieu 48 h après le dépôt de la motion et ne sont recensés que les votes favorables, la motion étant considérée comme adoptée lorsqu'elle a recueilli le vote de la majorité absolue des membres composant l'Assemblée (26 suffrages).

*
* *

Deux autres territoires constituent deux collectivités territoriales spécifiques dotées chacune d'un statut « sui généris ». Saint-Pierre et Miquelon, régi par la loi n° 85-595 du 11 juin 1985 et Mayotte, régi par la loi du 24 décembre 1976, modifié par la loi du 22 décembre 1979. A Saint-Pierre et Miquelon (deux communes), c'est le Conseil général de 19 membres élus selon le mode du scrutin de liste utilisé dans les communes de plus de 3 500 habitants qui règle les affaires de la collectivité territoriale. Ce Conseil général qui exerce des compétences accordées aux régions en métropole est assisté d'un comité économique et social de 14 membres. Il est dirigé par son président élu, qui ne détient pas de pouvoirs de police et ne dirige pas les services de la collectivité (services déconcentrés placés sous l'autorité du préfet). Quant à Mayotte, son statut est assez peu différent du statut départemental d'avant la réforme de décentralisation : le dédoublement fonctionnel joue au bénéfice du préfet.

158 – *Appendice : Les territoires d'Outre-Mer*

L'article 74 de la Constitution dispose que les territoires d'Outre-Mer ont une organisation particulière qui tient compte de leurs intérêts propres dans l'ensemble des intérêts de la République. Dès lors, le législateur bénéficie d'une très grande liberté lorsqu'il définit les institutions de ces territoires. De fait, le régime de leurs institutions est différent de celui de la métropole et il varie selon les territoires.

159 – *La Polynésie française*

C'est la Polynésie française qui est régie par le statut le plus autonome et, d'ailleurs le plus récent. En effet, ce statut est fixé par la loi organique n° 96-312 du 12 avril 1996 et la loi ordinaire n° 96-313 du même jour. Symboliquement, le titre premier de la loi organique est consacré à « l'autonomie » avant même qu'il ne soit question des institutions du territoire.

Cependant, ce statut est finalement peu différent de celui qui était établi par la loi n° 84-820 du 6 septembre 1984 modifié par la loi n° 90-162 du 12 juillet 1990.

Deux organes représentent le territoire.

D'abord, l'Assemblée de la Polynésie française, qui comprend 41 membres élus pour 5 ans au suffrage universel, dans cinq circonscriptions électorales (Iles du Vent : 22 membres, Iles sous le Vent : 8 membres, Iles Tuamotu et Gambier 5 membres, Iles Marquises 3 membres, Iles Australes 3 membres), à la présentation proportionnelle. Cette assemblée vote son règlement intérieur et élit son président et son bureau. Elle élit également, en son sein, à la représentation proportionnelle, une commission permanente qui agit entre les deux sessions ordinaires de soixante jours de l'assemblée, hormis pour les questions budgétaires ou le vote d'une motion de censure. L'assemblée règle par ses délibérations les affaires du territoire et dispose expressément d'un pouvoir réglementaire en toute matière qui relève de sa compétence, cette dernière s'étendant à toutes les questions qui intéressent le territoire, hormis les matières réservées à l'administration de l'Etat.

L'assemblée de la Polynésie française élit, parmi ses membres, le président de la Polynésie au scrutin uninominal majoritaire à trois tours.

Le président nomme le vice-président et les ministres qui se réunissent en « Conseil des ministres », ceci dans les cinq jours de son élection.

Il n'y a plus, depuis 1996, de vote de l'assemblée pour investir ces ministres. Toutefois, l'assemblée a toujours la possibilité de renverser le gouvernement en votant une motion de censure. Le président représente le territoire, dont il constitue l'organe actif : il prépare et exécute les délibérations de l'assemblée ; il est le chef de l'administration territoriale.

Des organes consultatifs : le conseil économique, social et culturel, les conseils d'archipel (dont la loi de 1996 ne dit mot) et un comité territorial du crédit complètent l'organisation du territoire.

L'Etat est représenté par le haut commissaire de la République, dont le statut et les compétences sont identiques à celles des préfets, sous réserve de pouvoirs plus étendus en matière de police et de sûreté. Pour le contrôle administratif, il veille à la légalité des actes des organes territoriaux. En effet, l'assemblée territoriale ainsi que le président et son gouvernement sont des autorités politico-administratives ; elles ne prennent cependant que des actes de caractère administratif qui, en tant que tels, peuvent être déférés à la censure du tribunal administratif par le haut commissaire, représentant de l'Etat dans le territoire, selon le mécanisme prévu dans la loi du 2 mars 1982.

Il est à noter que la loi de 1996 ne modifie que très peu le système de répartition des compétences entre l'Etat et le territoire. L'article 6 de la loi organique du 12 avril 1996 énumère d'une manière limitative les compétences exercées par les autorités de l'Etat. L'énumération comprend d'abord les compétences de souveraineté (défense, monnaie, change et trésor, nationalité et état civil, justice) ; elle comporte aussi des matières telles que les garanties des libertés publiques, les principes fondamentaux du droit du travail, du droit commercial, de la procédure pénale... La loi organise une concertation en matière audiovisuelle ou en matière de desserte maritime et aérienne ; elle prévoit un certain partage des compétences en matière de relations internationales, d'entrée et de séjour des étrangers, de droit pénal, d'enseignement supérieur et de recherche scientifique. Toutes les autres compétences appartiennent normalement aux autorités territoriales mais le législateur précise soigneusement les compétences attribuées au Conseil des ministres (articles 26 et 33), au président du gouvernement (en matière de relations extérieures – article 40).

160 – La Nouvelle-Calédonie bénéficie elle aussi d'une autonomie certaine mais cette dernière a été conquise dans la lutte, cinq statuts juridiques différents se succédant entre 1981 et 1988... D'autre part, le dernier statut, adopté par référendum, n'a qu'une portée temporaire puisqu'il doit préparer le scrutin d'autodétermination qui sera organisé entre le 1er mars et le 31 décembre 1998 pour permettre à la population du territoire de se prononcer sur le maintien du territoire dans la République ou son accession à l'indépendance.

La loi référendaire n° 88-1028 du 9 novembre 1988 fixe jusqu'en 1998, le statut de l'île. Cette loi, c'est sa principale caractéristique, découpe le territoire en trois provinces (nouvelle catégorie de collectivité territoriale créée par la loi en vertu de l'article 72 de la Constitution), Nord, Sud et îles Loyauté. Chaque province est dotée d'une assemblée de province dont les membres sont élus comme dans les régions métropolitaines et d'un exécutif, le président de l'assemblée de province, assisté d'un bureau. Les provinces disposent des compétences de droit commun dans la mesure où l'article 7 de la loi dispose « chaque province est compétente dans toutes les matières qui ne sont pas réservées, soit par la présente loi à l'Etat et au territoire, soit par la législation en vigueur aux communes ».

Les affaires locales communes à l'ensemble du territoire (article 9) sont de la compétence du congrès du territoire, composé de la réunion des trois assemblées provinciales. Le congrès, qui tient deux sessions ordinaires par an, élit, en son sein, à la représentation professionnelle, une commission permanente qui peut recevoir délégation du congrès sauf pour le vote du budget et pour l'adoption de vœux dans les domaines de la compétence de l'Etat. Mais, ce qui réduit l'autonomie du territoire, le haut commissaire de la République est à la fois le représentant de l'Etat et l'exécutif du territoire.

Dès lors, bien que les compétences du territoire résultent du même type de partage que celui adopté pour la Polynésie française, l'Etat garde, actuellement, un rôle prédominant.

161 – *Wallis et Futuna*

Le statut des îles Wallis et Futuna, établi par la loi n° 61-814 du 29 juillet 1961 modifiée par la loi n° 78-1018 du 18 octobre 1978 n'a, pour sa part, pas évolué et représente donc toujours ce qu'était la situation des TOM avant la décentralisation.

La grande différence entre le statut de Wallis et Futuna et celui de la Polynésie réside dans le fait que l'administrateur supérieur du territoire, nommé par décret en conseil des ministres, représente à la fois l'Etat et le territoire. Il dirige l'action des services de l'Etat, qui exercent des compétences réservées, finalement peu différentes de celles énumérées ci-dessus à propos de la Polynésie, mais, en même temps, il représente le territoire dans tous les actes de la vie civile et prend, après avis du conseil territorial, tous les actes réglementaires propres à assurer l'exécution des délibérations de l'assemblée territoriale. Cela signifie d'abord que sa situation est équivalente à celle du préfet métropolitain avant 1982, ensuite que le conseil territorial, que d'ailleurs il préside, n'est pas le « gouvernement » du territoire comme en Polynésie française. Il n'est qu'un organe consultatif composé de trois rois, chefs traditionnels et membre de droit et de trois membres nommés par l'administrateur supérieur après accord de l'assemblée territoriale, mais en dehors d'elle. Cette assemblée, de 25 membres élus à la proportionnelle désigne en son sein une commission permanente de quatre membres (deux de la circonscription de Wallis, un de celle de Futuna, un de celle de Sigavé).

Enfin, si les trois circonscriptions territoriales ont un Conseil de circonscription, c'est l'administrateur supérieur qui est chef de la circonscription de Wallis et qui nomme les chefs des circonscriptions de Futuna et de Sigavé. Il n'y a donc aucune comparaison à tenter avec les provinces de Nouvelle-Calédonie.

162 – *Les terres australes et antarctiques françaises*

Ces terres n'ont pas de population permanente. Dès lors, il ne peut exister d'assemblée locale et la loi n° 55-1025 du 6 août 1955 confie l'essentiel des compétences à l'administrateur supérieur, représentant de l'Etat et chef du territoire. Il est assisté d'organes consultatifs (comité consultatif territorial, comité scientifique, comité de l'environnement et commission des postes et télécommunications) composés de personnalités scientifiques ou de fonctionnaires.

Il existe quatre districts (Kerguelen, Saint-Paul et Amsterdam, Crozet et Terre Adélie). Pour chacun d'entre eux, l'administrateur supérieur désigne un chef de district auquel il peut déléguer ses pouvoirs. Il est enfin à noter que le décret n° 96-100 du 14 mars 1996 fixe dans le département de la Réunion et non plus à Paris le siège du territoire.

CHAPITRE II

LES COMPETENCES DES COLLECTIVITES DECENTRALISEES

163 – Le second volet de la réforme de décentralisation concerne les compétences des collectivités locales. On connaît déjà la stratégie adoptée par les pouvoirs publics : d'abord, la rupture avec l'ordre ancien, l'affirmation de l'autonomie locale par la suppression des tutelles, la modification fondamentale de la répartition du pouvoir au sein de l'ensemble étatique ; puis, seulement dans un deuxième temps, la fixation des grands secteurs d'intervention, la répartition des compétences. On fixe le cadre d'exercice des pouvoirs, puis on remplit ce cadre en tentant de déterminer, le plus rigoureusement possible, le niveau le meilleur pour accomplir les missions soit déjà décentralisées, soit qui font l'objet d'un transfert de l'Etat vers les collectivités. Cette étape est encore plus importante avec la nouvelle pyramide administrative à quatre étages : *il faut éviter d'être plongé dans un imbroglio d'initiatives contradictoires,* chacune des collectivités désirant s'imposer, chacune des collectivités voulant justifier son existence, surtout vis-à-vis des autres.

Malgré cette volonté affirmée de procéder par paliers distincts, la grande loi du 2 mars 1982 comporte deux groupes de dispositions relatives aux compétences. Le premier s'impose en pure logique juridique ; il n'est guère possible d'affirmer l'existence de la région – même si sa transformation en collectivité territoriale est repoussée dans le temps – sans indiquer la trame de ses compétences futures et même sans accroître immédiatement celles que l'établissement peut exercer, tant étaient réduites les missions assignées à ce dernier par la loi du 5 juillet 1972. Le second s'impose du fait des circonstances. La situation économique de la France rend nécessaire la mobilisation de toutes les énergies dans la bataille pour l'emploi, les collectivités locales devant participer pleinement à ce combat : d'où l'élargissement considérable de la gamme des possibilités d'intervention des régions, départements et communes.

Ce sont, toutefois, les lois n° 83-8 du 7 janvier 1983 et 83-663 du 22 juillet 1983 – modifiées par la loi n° 83-1186 du 29 décembre

1983 – relatives « à la répartition de compétences entre les communes, les départements, les régions et l'Etat », qui constituent l'essentiel de la matière, en attribuant, dans chacun des grands secteurs d'activité, un domaine de compétences propres à chacune des collectivités. *La cohérence de l'action implique, pour chaque tâche, un unique maître d'œuvre*, même si une ou plusieurs autres collectivités continuent à être associées à l'activité. Les lois précitées déterminent ces maîtres d'œuvre, fixent les contours de leurs interventions, le degré de participation des éventuels autres partenaires, ceci après avoir arrêté un certain nombre de principes – déjà étudiés (voir *supra* n° 52) – destinés à éviter les chevauchements et surtout les atteintes à la liberté retrouvée des collectivités inférieures par les collectivités supérieures. On sait que, sur ce plan, le but n'a pas été atteint et qu'explicitement, dans la loi du 4 février 1995, le législateur souhaite une nouvelle articulation des compétences.

Répartir autrement, par transfert de l'Etat vers les collectivités, clarifier aussi (avec ou sans transfert) les domaines d'intervention, tels sont les objectifs du législateur. Nous allons tenter d'en rendre compte d'une manière synthétique en présentant sous forme de tableaux les principales compétences attribuées respectivement aux communes, départements, régions – et bien sûr à l'Etat – dans les grands secteurs touchés par la nouvelle législation. Une telle présentation, peut-être incomplète, nous paraît toutefois préférable à une étude plus approfondie mais aussi plus ardue, et fatalement sujette à de nombreuses répétitions. Elle n'est toutefois pas suffisante et devra être précédée par un développement original théorique mais fondamental pour l'analyse juridique, qui tentera d'évaluer la portée de la réforme quant aux deux principes de base qui régissaient jusqu'alors, les collectivités territoriales au plan des compétences : celui de la vocation générale de ces collectivités – celui selon lequel elles ne détiennent pas de pouvoir réglementaire.

Section I

LA DETERMINATION JURIDIQUE DES COMPETENCES DES COLLECTIVITES LOCALES

164 – « Les communes, les départements et les régions règlent par leurs délibérations les affaires de leur compétence ». Cette formule « énigmatique et littéralement incorrecte » (J. Moreau, *op. cit.*, p. 8), par laquelle s'ouvre la loi du 7 janvier 1983, est susceptible d'être la marque d'une véritable petite révolution juridique, dans la mesure où elle pourrait signifier la remise en cause de principes qui caractérisent depuis longtemps la collectivité locale.

En premier lieu, puisqu'en droit administratif français, toute compétence est définie par un texte, l'expression employée à l'alinéa 1 de l'article premier de la loi précitée contredit la formule habituelle, à laquelle on reconnaît la collectivité locale par rapport à l'établissement public et qui est encore reprise par la loi du 2 mars 1982) (art. 23 § 1 pour le département – 59 § 2 pour la région) : le conseil – municipal, général, régional – « règle par ses délibérations les affaires – de la commune, du département, de la région ». Il serait du reste préférable de dire : contredit l'interprétation qui est généralement donnée de cette dernière disposition, laquelle ne revêt pas obligatoirement une telle signification et concerne peut-être seulement la répartition des pouvoirs entre autorités (au sein de la commune, du département, de la région – *supra* n° 128).

Compétence générale ou compétence d'attribution, tel est le premier problème qui doit être abordé ici.

En second lieu, la compétence étant l'aptitude à prendre des décisions s'analysant en des actes juridiques, le problème se pose aujourd'hui avec acuité de savoir si les collectivités locales ont le pouvoir d'*émettre des normes générales*. En d'autres termes, dans les matières où la législation les habilite à statuer, ces collectivités ne mettent-elles pas en œuvre un véritable pouvoir réglementaire reconnu par l'Etat ?

§1 – LES « AFFAIRES LOCALES » : LA COMPETENCE D'ATTRIBUTION DES COLLECTIVITES

165 – On vient de le dire, une interprétation fausse a probablement été donnée à la célèbre expression employée tant à l'article 46 § 28 de la loi du 10 août 1871 (département) qu'à l'article 61 de la loi municipale du 5 avril 1884. Elle signifie que tout ce qui est communal – départemental – régional – relève du conseil municipal – général – régional – à l'exclusion de toute autre autorité mais n'entreprend pas sur le fond, à savoir sur l'étendue matérielle des compétences du conseil. Toutefois, parce que cela correspondait avec les idées de l'époque, lesquelles s'attachaient davantage à affirmer les libertés locales face à l'Etat qu'à rechercher quelles étaient effectivement les affaires locales, on a transformé en norme essentielle, au bénéfice de la collectivité – et non plus d'un de ses organes –, ce qui n'était qu'une norme interne de répartition des compétences.

Interprétée ainsi, la clause générale de compétence était ambiguë. Elle impliquait que la collectivité possédât une plénitude de compétence pour toute question ayant pour cadre territorial le territoire communal, départemental ou régional. Mais elle voulait dire également que tout sujet faisant référence à des fonctions étatiques devait être exclue de la notion « d'affaire locale ». Lorsque les affaires administratives étaient peu nombreuses, l'interventionnisme étatique peu affirmé, le champ d'application des décisions nettement délimité dans l'espace, il y avait conjugaison fréquente entre affaires « domestiques » et affaires exprimées localement.

De nos jours, à l'inverse, tout est étroitement imbriqué, l'intérêt communal ou départemental, « strictement administratif et local » (M. Bourjol, « La réforme municipale », Berger-Levrault, 1975, p. 110) n'est plus guère perceptible et il y a effectivement distorsion entre les deux termes, entre affaires locales et affaires s'exprimant localement.

Alors, et surtout dans le contexte de forte centralisation qui, jusqu'en 1982, caractérise notre pays, c'est l'administration étatique qui, discrétionnairement, décide de l'étendue des compétences locales, de la nature de celles-ci. Il suffit d'une simple circulaire, modifiant, par exemple, les participations réciproques de l'Etat et d'une collectivité au financement de telle ou telle activité pour faire basculer tel élément de la compétence de l'administration locale à celle de l'administration étatique et vice-versa. Comme l'affirme fort bien J. Chapuisat : « Au total, le régime de la clause générale de compétence fait de l'intérêt local soit, dans un sens restrictif, le prétexte de tous les dessaisissements soit, dans un sens extensif, l'alibi de toutes les charges indues » (*in* « les affaires communales », AJDA, 1976, p. 470). Départements et communes, étroitement encadrés par les autorités de tutelle, sont obligés de passer par où veut l'Etat : ils n'ont pas même les moyens d'entrer en conflit avec lui à propos d'un besoin s'exprimant localement et qu'il est donc de la responsabilité politique de ses organes de satisfaire... Il y a souvent, ainsi, dissociation entre responsabilité et financement ; il y a enchevêtrement des compétences.

166 – Deux facteurs nouveaux contribuent puissamment à modifier la perspective antérieure : la suppression des tutelles a priori, la constitution d'une pyramide administrative à quatre niveaux. La tutelle a priori permettait à l'autorité étatique non seulement de donner la consistance qui lui convenait à la notion d'affaire locale, mais encore d'assurer le respect de l'autonomie – telle qu'il la fixait – d'une collectivité par rapport à une autre, en s'opposant aux empiétements de l'une sur l'autre. Le contrôle administratif a posteriori est, sur ce point, moins efficace, alors même que les collectivités supérieures à la commune, département et région, sont devenues des collectivités de plein exercice qui, pour s'imposer, ont tendance à étendre au maximum le domaine de leurs affaires propres, départementales ou régionales. Dans ces conditions, et parce que ces collectivités ne seraient arrêtées ni matériellement (clause générale de compétence) ni juridiquement (suppression des tutelles), la région ne tarderait pas (elle le cherche, d'ailleurs...) à établir une sorte de contrôle hiérarchique sur le département, ce dernier, dans l'expression de sa vocation intercommunale (affirmée par les textes – voir *infra* n° 179), tentant d'asseoir son pouvoir sur les communes rurales.

Il faut donc, à la fois, dans le respect de l'autonomie des collectivités locales, faire cesser les pratiques antérieures qui permettaient à l'administration d'Etat d'opérer arbitrairement la répartition entre affaires nationales et affaires locales et éviter que des mécanismes centralisateurs ne ressuscitent, au profit des collectivités locales supérieures, et donc, au détriment des collectivités les plus petites. Pour cela, il est nécessaire d'abandonner le mythe – infirmé par les faits, et... le droit – de la vocation générale des collectivités. pour affirmer que l'Etat étant seul à posséder « la compétence de sa compétence », *le principe de spécialité s'impose pour les collectivités locales.* La décentralisation vraie suppose *l'énumération formelle, par la voie législative, des compétences reconnues à chacune des collectivités.*

A la lecture de la loi du 2 mars 1982, il n'apparaît pas clairement que les pouvoirs publics veuillent s'engager dans cette voie. D'une part, la formule traditionnelle, est reprise. D'autre part, preuve supplémentaire, la clause générale de compétence qui ne s'appliquait pas auparavant aux interventions économiques et sociales des collectivités (souvenir anachronique de la loi des 16-24 mars 1791), couvre maintenant ce domaine.

Avec les lois des 7 janvier et 22 juillet 1983 cependant, le mouvement s'infléchit. Malgré les propos officiels, en effet, ces lois n'ont pas pour seul objet le transfert de compétences, considérées antérieurement par l'Etat comme compétences étatiques, vers l'une ou l'autre administration décentralisée. Elles réagissent aussi sur les conditions d'exercice des compétences assumées jusqu'alors par la commune ou le département, au minimum en clarifiant les rapports entre toutes les parties intervenantes dans une même matière. Dans tous les secteurs essentiels, les compétences sont non seulement réparties entre administration d'Etat et administrations locales mais encore partagées, selon certains critères, entre les collectivités. Les lois susvisées opèrent véritablement le passage d'une conception, celle de la compétence générale, à une autre, celle de la compétence d'attribution.

167 – Il résulte d'abord de l'étude de la législation nouvelle que chacune des collectivités se voit reconnaître une vocation plus ou moins précise, qui emporte transfert à la collectivité désignée de compétences surtout exercées auparavant par l'Etat, mais aussi de compétences qui ressortissaient à une autre collectivité. Exemple probant : le département devient l'unique responsable du versement de la plupart des prestations d'aide sociale prévues par le code de la famille et de l'aide sociale y compris celles qui relevaient des centres communaux d'action sociale. Quoiqu'il en soit, la commune se voit reconnaître la maîtrise du sol, c'est-à-dire l'essentiel des compétences relatives à l'urbanisme et aux équipements de proximité, le département est spécialement chargé de l'action sociale et de la santé, ainsi que de l'équipement rural ; la région intervient surtout dans le domaine économique, où elle joue un rôle d'incitation et d'impulsion, et en matière de formation professionnelle. D'autres compétences, extérieures à celles-ci, sont réparties équitablement entre communes, départements et régions, en matière scolaire par exemple.

Ensuite, la législation nouvelle ne supprime pas toute possibilité d'association d'autres collectivités à tel ou tel domaine d'activités confié prioritairement à l'une d'entre elles. Mais la forme de l'association, le champ dans lequel elle intervient, sa nature juridique aussi (avis simple, avis conforme, proposition, accord) sont déterminés avec précision. Il ne s'agit donc pas de l'expression d'une prétendue compétence générale qui donnerait un droit à intervenir, mais de compétences d'attribution confiées par la loi à une collectivité que l'on ne désire pas écarter systématiquement d'un secteur dans lequel elle n'intervient pas à titre prioritaire. Par exemple, la région reçoit compétence pour établir le programme régional annuel d'apprentissage et de formation professionnelle continue mais elle doit, selon les modalités qu'elle édicte, associer les communes ayant arrêté un programme de formation ; en sens inverse, la commune établit son plan d'occupation des sols mais la région, sur sa demande, est associée à l'élaboration de ce plan, dans les formes fixées par le conseil municipal.

Dès lors, il n'y a plus d'affaires locales par nature – ce qui était le support de la clause générale – mais seulement par détermination de la loi, ce qui, non seulement devrait simplifier beaucoup le problème de la détermination des compétences (la loi dit qui fait quoi) mais encore, en établissant les relations inter-collectivités sur des bases nouvelles, devrait empêcher tout retour des mécanismes centralisateurs, au profit de l'Etat ou d'une collectivité supérieure.

168 – Alors, dans ce contexte, que signifient les formules de la loi du 2 mars 1982 qui réaffirment la clause générale de compétence ? Elle pourrait, certes, ne jouer qu'en tant que critère de répartition des attributions entre organe délibérant et organe actif ou encore, au fond, servir de justification aux interventions non décisionnelles des collectivités. Mais cette réaffirmation n'est pas non plus dépourvue de toute signification au plan décisionnel : comme l'affirme le sénateur Paul Girod (rapport fait au nom de la commission des lois constitutionnelles et de la législation sur le projet relatif à la répartition des compétences – Sénat – première session ordinaire 1982-1983, n° 16, p. 71) « Une collectivité peut toujours intervenir pour compléter l'action d'une autre collectivité dans la propre sphère de compétence de celle-ci, à la condition que cette intervention ne se traduise pas, en fait, par un empiétement, voire une substitution de compétence ».

Cela veut dire que, s'il existe des domaines non couverts par les textes sur la répartition des compétences, la clause générale peut trouver à s'appliquer. Cela veut dire aussi que, sans avoir le droit d'intervenir originairement, une collectivité a la possibilité d'aller au-delà de ce que peut faire l'autorité compétente, de développer – sur son propre territoire – une action complémentaire. Donc, la clause générale, dans son interprétation traditionnelle, est encore susceptible de trouver à s'appliquer, mais *de façon résiduelle et non plus principale.*

Il importe de souligner qu'aujourd'hui une collectivité locale ne se caractérise plus par la plénitude de compétences au niveau considéré. C'est maintenant le critère de l'élection des organes qui la distingue de l'établissement public. Mais les organes élus s'occupent d'affaires qui ne sont locales que parce que la loi en décide ainsi. Il faut reconnaître que, dans la plupart des cas, la loi retient des vocations déjà en partie confirmées (équipement rural et aide sociale pour le département) ou en voie d'affirmation (développement économique pour la région) mais l*a désignation législative et non plus un principe qui s'apparente à un postulat constitue le titre de compétence nécessaire et suffisant.*

Pour les matières inscrites dans les dispositions législatives nouvelles, les organes du pouvoir local décident. En exerçant ce pouvoir de décision, peuvent-ils porter atteinte « au monopole normatif du législatif et de l'exécutif nationaux » (L. Favoreu « Les bases constitutionnelles du droit des collectivités locales » *in La nouvelle décentralisation*, *op. cit.*, p. 20). En d'autres termes, existe-t-il un pouvoir réglementaire local ?

§2 – LE POUVOIR REGLEMENTAIRE DES COLLECTIVITES LOCALES

169 – Le problème du pouvoir réglementaire local constitue l'un des principaux problèmes de fond posé par la décentralisation ; il est décisif lorsqu'il s'agit de fixer les compétences. Or, il est généralement abordé avec certains « a priori » regrettables et résolu en termes trop catégoriques pour rendre un compte effectif de l'état du droit. On en trouve l'illustration dans les propos tenus par le ministre de l'Intérieur et de la Décentralisation, lors du débat sur le projet de loi relatif à la répartition de compétences au Sénat (JO, Déb. Sénat – séance du 21 octobre 1982, p. 4710) : « J'ajoute qu'aucune des collectivités territoriales ne disposera du pouvoir réglementaire. Seul l'Etat continuera à détenir ce pouvoir, comme c'est le cas actuellement... ».

Un tel raisonnement se fonde sur une lecture littérale et restrictive de la Constitution, en ses articles 21-37-72 et 74. En vertu de l'article 21, sous réserve de l'application de l'article 13, selon lequel le président de la République doit signer les décrets délibérés en Conseil des ministres, le pouvoir réglementaire (qui est la compétence d'édicter des normes de portée générale et impersonnelle, dans le domaine – de droit commun – défini à l'article 37) appartient au seul Premier ministre qui peut éventuellement en déléguer l'exercice mais non pas en abandonner une partie. Le législateur lui-même lorsqu'en application de l'article 34, il fixe les principes fondamentaux de la « libre administration des collectivités locales, de leurs compétences et de leurs ressources », ne saurait le réduire au bénéfice des collectivités locales, ceci à une seule exception près, déduite de l'article 74 de la Constitution.

D'après cet article, en effet, « l'organisation particulière » des territoires d'outre-mer est définie et modifiée par le législateur et, dans ce cadre, ce dernier a la possibilité d'instituer au profit des autorités locales un pouvoir normatif autonome, qui, a contrario, n'existe pas pour les autres collectivités.

Le Professeur Favoreu (*op. cit.*) apporte un autre argument en faveur de cette interprétation. Il dit : « Du temps où le parti socialiste était dans l'opposition, il avait prévu dans sa proposition de loi constitutionnelle de 1979 (proposition n° 1478) une modification de la Constitution... afin de permettre l'instauration d'un pouvoir normatif au profit des collectivités territoriales ou, du moins, des collectivités régionales... » Et de citer un passage de cette proposition : « Notre proposition de loi sur la décentralisation suppose, pour donner toute leur portée aux libertés locales, que les élus locaux et les assemblées régionales, départementales et communales puisent exercer un pouvoir réglementaire propre, et ne soient plus soumis, pour certaines matières, aux règlements édictés par le Premier ministre. La mise en œuvre de ce principe par la loi, nécessite la modification des articles 21-37 et 72 de la Constitution. » En abandonnant – faute de majorité suffisante pour opérer une réforme constitutionnelle ? – ce projet de réforme, le gouvernement en place renonce donc, *ipso facto*, à instituer « ce pouvoir réglementaire propre des collectivités territoriales qui eût été inconstitutionnel en l'état actuel du texte fondamental ».

170 – Toutefois, les textes constitutionnels, peu explicites, hormis la compétence générale de droit commun conférée au Premier ministre, peuvent s'accommoder d'une autre interprétation, celle exposée précédemment ne rendant pas un compte exact du droit positif. Selon cette conception, la compétence du Premier ministre, si elle est principale, n'est pas exclusive et le législateur peut, dans le cadre de l'article 34 de la Constitution, conférer un pouvoir réglementaire spécial à des organismes indépendants du Premier ministre. Cette possibilité, il s'en est servi fréquemment, par exemple, au départ, au profit de la Commission nationale informatique et liberté, plus récemment du Conseil supérieur de l'audiovisuel.

Les collectivités locales peuvent d'autant plus en bénéficier qu'il est facile d'en trouver le fondement dans l'article 72 de la Constitution qui confie au législateur le soin de fixer les conditions de leur « libre administration ». Or, que serait cette « libre administration » si elle ne comportait le pouvoir de poser dans les domaines que la loi détermine, des normes destinées à régir la conduite de l'ensemble des individus à l'égard desquels une collectivité peut statuer. L'autonomie de la collectivité suppose la reconnaissance d'un pouvoir de réglementation ; elle n'existe pas vraiment si le Premier ministre est seul habilité à fixer toutes les règles générales que la commune, le département, la région se borneraient à appliquer, en tenant compte des circonstances locales. L'article 72 de la Constitution qui consacre cette autonomie, (« les collectivités s'administrent librement ») serait sans cela dépourvu de toute signification véritable, de même que l'ensemble de la réforme de décentralisation. Il n'y a pas « pluralisme institutionnel » au sein du corps administratif si l'Etat – qui garde le monopole de l'attribution des compétences normatives – ne reconnaît pas ce pouvoir de réglementation aux collectivités territoriales (sur ce point, voir M. Hecquart-Theron « Essai sur la notion de réglementation », LGDJ 1977).

Le législateur reconnaît donc, au profit tant du conseil élu que de l'organe exécutif des collectivités, compétence pour exercer un pouvoir réglementaire ; les actes qui, ainsi, ont un caractère réglementaire doivent, selon les dispositions de la loi du 2 mars 1982 modifiée, faire l'objet d'une transmission au préfet (*supra* n° 25)

Il ne s'agit d'ailleurs pas ici de cette sorte de pouvoir réglementaire dérivé qui est conféré à tous les chefs de service (CE 7 février 1936, Jamart, GAJA., *supra* n° 89) et qui est fondé sur l'idée que toute autorité doit naturellement disposer des moyens nécessaires à l'accomplissement de sa mission. Un tel pouvoir existe, bien sûr, au niveau local, il explique la compétence des collectivités locales aux fins d'édicter toutes les mesures nécessaires à l'application des lois et des règlements relatifs à l'organisation, aux compétences ou au fonctionnement des collectivités (J. Moreau, note sous CE 13 février 1985 Syndicat communautaire d'aménagement de l'agglomération nouvelle de Cergy-Pontoise, AJDA 1985 p. 271). Pendant longtemps, on a expliqué ainsi le pouvoir que détenaient les autorités communales, conseil municipal – qui n'est pourtant pas « chef de service » – et maire, de créer et d'organiser les services publics communaux. On pourrait, certes, raisonner de la même façon à propos de la création et de l'organisation des services départementaux et régionaux, sans toujours se demander s'il n'y a pas abus à se référer à la jurisprudence Jamart à propos de services correspondants à l'accomplissement de missions librement choisies par l'organe délibérant de la collectivité (services facultatifs). Ce pouvoir réglementaire « interne » (M. Hecquart-Theron, *op. cit.* p. 189) existe donc, mais les collectivités décentralisées doivent surtout bénéficier, sur ce point, « d'une compétence de principe constitutionnellement reconnue », qui se définit exclusivement par son élément personnel.

171 – On admettra donc que, dans le respect de l'article 72 de la Constitution, l*e législateur fixe les conditions d'exercice et particulièrement les contours du pouvoir réglementaire spécial qui appartient aux collectivités locales.* Toutefois, cette indication ne clôt pas la discussion. La question principale devient alors : ce pouvoir réglementaire est-il exclusif dans son domaine de celui du Premier ministre ? La réponse est négative. Par exemple, lorsque la loi dit (art. 34 de la loi du 22 juillet 1983) : « Le conseil général adopte un règlement départemental d'aide sociale définissant les règles selon lesquelles sont accordées les prestations d'aide sociale relevant du département », elle délimite l'un des domaines précis dans lesquels s'exerce le pouvoir réglementaire reconnu à l'organe délibérant de la collectivité départementale. Mais elle précise aussi, dès l'abord, « Dans les conditions définies par la législation et la réglementation sociales », ce qui non seulement veut dire que le pouvoir réglementaire du Premier ministre subsiste mais encore qu'il demeure universel et initial. En général. maintenant, l'article 5 § 3 de la loi du 7 janvier 1983, ne laisse pas de doute : « Toute charge nouvelle incombant aux collectivités territoriales du fait de la modification par l'Etat, par voie réglementaire, des règles relatives à l'exercice des compétences transférées est compensée dans les conditions prévues à l'article 94 de la présente loi ».

Le Premier ministre n'est dépouillé en aucune façon par les transferts de l'Etat vers les collectivités territoriales mais ces dernières, dans les matières transférées, peuvent aussi édicter des mesures générales et impersonnelles. Il y a concours de compétences.

Finalement, en pratique, tout devrait se passer comme, depuis des décennies (le maire exerce, sans aucune discussion, ce pouvoir de réglementation), en cas de superposition des compétences de police. L'autorité locale peut intervenir dans telle ou telle activité : mais elle ne peut prendre de dispositions contraires à la réglementation générale lorsque celle-ci existe (compétence du Premier ministre). Cette solution est, du reste, imposée par les circonstances : est-il possible de reconnaître un pouvoir réglementaire exclusif à chacune des 36 749 communes ?, ou pour d'autres raisons (crainte du fédéralisme) à chacune des régions ? Il paraît nécessaire, pour éviter toutes les déviations, qu'une autorité unique puisse imposer une réglementation uniforme minimale, le pouvoir réglementaire spécial s'exerçant dans cette limite. Une telle issue est la seule qui permette de concilier volonté de réaliser une décentralisation véritable et principe de l'indivisibilité de la République « qui interdit de diviser la source normative » (L. Favoreu).

Donc, dans des matières aujourd'hui « nommées » par la loi, les organes du pouvoir local décident, en mettant éventuellement en œuvre leur pouvoir réglementaire spécial. Quelles sont donc ces matières ?

Section II

LE CHAMP DES COMPETENCES LOCALES

172 – L'exposé des motifs de la loi du 7 janvier 1983 indique : « il s'agit d'accroître les domaines d'intervention des administrations locales en réduisant ceux de l'Etat et non pas de procéder à une redistribution entre régions, départements et communes ». Dès lors, les collectivités locales exerceraient deux types de compétences. D'abord, celles qu'elles avaient déjà : comme l'affirme à plusieurs reprises le ministre de l'Intérieur et de la Décentralisation de l'époque (rapport Girod, p. 96) « les attributions existantes des collectivités territoriales ne sont pas modifiées » ; ensuite, d'autres attributions, exercées antérieurement par l'Etat et transférées par grands blocs à l'une ou l'autre des collectivités.

Quatre remarques sont à faire à cet égard :

– Comme on l'a déjà mentionné, l'affirmation du ministre de l'Intérieur ne se révèle pas rigoureusement exacte, du moins en ce qui concerne les communes. La région garde – évidemment – les quelques compétences spécialisées qui étaient chichement accordées à l'établissement public régional par le législateur de 1972. Le département, pour lequel la clause générale de compétence ne signifiait strictement rien, voit confirmer et étendre

sa sphère de compétences propres. Mais la commune, beaucoup plus polyvalente, va peut-être affirmer son pouvoir dans certains domaines nouveaux (urbanisme), mais aussi, perdre (ou ne récupérer que par voie de convention, dans le domaine social, par exemple) des possibilités d'intervention dans d'autres domaines.
– Dans des secteurs concernés par la loi du 7 janvier ou celle du 22 juillet 1983, il est impropre de parler de transfert de compétence. Quelquefois, il y a clarification – en matière de logement par exemple –, ce qui est déjà intéressant, mais l'Etat conserve l'essentiel de ses prérogatives. D'autres fois, il y a transfert mais celui-ci ne porte que sur une partie, somme toute relative ou formelle, de la matière et non sur le bloc entier (enseignement).
– A l'occasion de cette répartition nouvelle des compétences, des mécanismes de tutelle, directe ou indirecte, peuvent être établis ou rétablis, contrairement aux grands principes posés par le législateur (*supra* n° 52). Ce qui pourrait être grave en l'espèce, c'est que non seulement l'Etat puisse en être le bénéficiaire (dans le domaine de l'urbanisme, par exemple) mais aussi les collectivités locales supérieures qui, pour justifier leur existence, tentent de dominer, sous prétexte d'aider parfois (équipement rural), les collectivités inférieures.
– Enfin, il existe des limites générales aux compétences locales. Il y a des domaines entièrement réservés à l'Etat : défense, justice, diplomatie par exemple. Cependant, à propos de la diplomatie, le dernier titre de la loi du 6 février 1992 offre aux différentes collectivités des possibilités de coopération avec des collectivités étrangères qui dépassent considérablement les traditionnels jumelages ou la coopération transfrontalière, telle qu'elle était prévue en faveur des régions par la loi du 2 mars 1982 (les dispositions en question sont, d'ailleurs abrogées par l'article 131-II de la loi du 6 février). La *coopération décentralisée* s'applique à l'ensemble des collectivités locales, qui peuvent passer des conventions, soumises au seul contrôle administratif, avec les collectivités étrangères, dans les domaines relevant de leurs compétences. Des groupements d'intérêt public sont également susceptibles d'être créés pour mener les actions requises par les divers programmes de coopération interrégionale. Une *commission nationale de la coopération décentralisée* est instituée pour tenir à jour et impulser les actions.

Bien entendu, toute action locale a pour limite l'intérêt public local. Nous avons vu ci-dessus qu'il était délicat de définir les « affaires locales », mais il est entendu que les collectivités ne peuvent ni intervenir sur des questions concernant l'ensemble du territoire national, ni concurrencer les initiatives privées.

On évoquera rapidement, sous forme de tableaux, les diverses compétences transférées par les lois de 1983, souvent modifiées, aux diverses collectivités. On retiendra d'abord les secteurs dans lesquels le Parlement a entendu désigner un maître d'œuvre local prioritaire ; puis seront envisagés les cas dans lesquels un partage de compétences est prévu entre les diverses collectivités.

§1 – LES SECTEURS DE COMPETENCES ATTRIBUES PRIORITAIREMENT A UNE COLLECTIVITE

A) *A la commune : l'urbanisme*

173 – Le tableau ci-contre, si caricatural soit-il pour présenter une matière importante et complexe, permet cependant de faire quelques commentaires sur le degré réel de décentralisation en la matière.

Si la commune retrouve, en la matière, une liberté qu'elle avait perdue depuis le régime centralisateur et autoritaire de Vichy, « la décentralisation ne peut être, en ce domaine, à l'origine d'un monopole communal » (Y. Jegouzo et J.C. Helin « Urbanisme et décentralisation », *Revue de droit immobilier*, avril-juin 1983, p. 145). Il n'est pas possible d'émietter l'aménagement de l'espace en 36 000 parcelles indépendantes les unes des autres. *Au principe de liberté doit nécessairement être associé le principe de cohérence* : il n'est pas possible de ne rechercher en la matière que l'affirmation de l'autonomie locale.

174 – Ainsi, *le but premier du législateur est de relancer la planification spatiale*. La loi du 7 janvier 1983 met alors au point un mécanisme à double détente.

En France, 700 000 demandes de permis de construire environ sont déposées chaque année. 2/3 d'entre elles correspondent à des constructions neuves, les autres concernent la transformation de bâtiments existants. Il y a donc là une fonction extrêmement importante et par son volume et également par son impact. Cette responsabilité est désormais transférée au maire si la commune en manifeste d'abord la volonté en prescrivant l'élaboration d'un POS ou tout du moins provisoirement, d'un plan cadre. Ce dernier document, qui a simplement valeur de directive, fixe pour quatre ans (renouvelables une fois en pratique), par accord entre le préfet et le maire, les modalités d'application du règlement national d'urbanisme sur le territoire de la commune. Sinon, non seulement cette responsabilité continue à être assumée par l'Etat mais encore est posé *le principe de l'inconstructibilité des terrains situés en dehors des parties de la commune actuellement urbanisées*. Il pourrait y avoir là chantage à la planification mais, devant les critiques, le principe est assorti de possibilités de dérogations encore renforcées par la loi n° 86-972 du 19 août 1986. Alors peut naître une toute autre pratique : les maires qui ne désireraient pas délivrer au nom de la commune les autorisations d'occupation des sols pourraient échapper au basculement obligatoire des compétences en refusant de prescrire un

URBANISME – SCHEMA SIMPLIFIE

Commune	Département	Région	Etat
1. Prescription du POS Elaboration (CM)	Association sur demande	Association sur demande	Association obligatoire RE informe sur prescriptions, servitudes d'utilité publique, projets d'intérêt général
CM arrête le projet	Avis Saisine éventuelle Commission de conciliation	Id.	Id.
2. Publication par arrêté du maire, mise à enquête publique 3. Approbation par délibération CM			2.3. Contrôle exercé par le RE – si commune couverte par SD, contrôle administratif – si commune non couverte par SD, RE peut exiger des modifications, pas d'opposabilité aux tiers avant leur acceptation
Elaboration et approbation d'un schéma directeur par un établissement public de coopération regroupant les communes présentant une « communauté d'intérêts »	Association sur demande	Association sur demande	Association obligatoire. RE arrête le périmètre, notifie les modifications qu'il estime nécessaires – peut élaborer et approuver un SD après mise en demeure non suivis d'effet
Si POS approuvé Délivrance au nom de la commune par le maire : • permis de construire • des principales autorisations d'urbanisme			Délivrance des autorisations au nom de l'Etat – si pas de POS approuvé – pour certains ouvrages déterminés même si POS approuvé

POS dans leur commune, tout en continuant à satisfaire les besoins de constructions apparaissant dans celle-ci, avec l'accord du préfet.

Cependant, il y a risque et la plupart des communes se sentent aujourd'hui plus ou moins obligées de prescrire l'élaboration d'un POS., le basculement des compétences ayant lieu six mois après l'approbation du POS par le conseil municipal.

Mais, si les autorités communales veulent avoir la maîtrise de l'opposabilité aux tiers de ce document, il faut que le territoire communal soit couvert par un schéma-directeur, ce qui oblige les communes à se regrouper. S'il y a schéma-directeur, le POS rendu public par le maire, est immédiatement opposable aux tiers après accomplissement des mesures de publicité ; il en va de même pour la délibération du conseil municipal approuvant le POS soumis à enquête publique : le contrôle administratif *a posteriori* institué par la loi du 2 mars trouve application. Dans le cas contraire, le préfet a la possibilité, dans le mois suivant la transmission, d'imposer des modifications au POS et de paralyser l'opposabilité aux tiers tant que ces modifications n'ont pas été effectuées. *Il y a là résurrection de la tutelle a priori*, tutelle de légalité (s'il s'agit d'imposer le respect des prescriptions nationales, des projets d'intérêt général ou des servitudes d'utilité publique, *infra* n° 175) et d'opportunité (dans la mesure où le préfet peut discrétionnairement considérer que les dispositions du POS. sont « insuffisantes pour permettre la maîtrise de l'urbanisation future » ou « manifestement incompatibles avec l'utilisation ou l'affectation des sols des communes voisines ». Alors, le représentant de l'Etat a la maîtrise de l'opposabilité, ce qui est susceptible d'« annihiler totalement les effets des compétences transférées » (PE Comte, « Les nouvelles modalités de la planification urbaine » *in Décentralisation, urbanisme et environnement,* Presses Universitaires de Lyon, 1983, p. 53).

175 – La loi du 7 janvier 1983 modifiée donne donc à l'Etat, par l'intermédiaire du préfet – il y a déconcentration parallèlement à la décentralisation – le moyen juridique de *faire prévaloir l'intérêt général sur les intérêts particuliers.*

En premier lieu, on assiste à un considérable renforcement des normes étatiques : la « liberté » communale est enserrée dans des règles plus nombreuses, plus précises et plus contraignantes. Il s'agit, d'abord, des *prescriptions nationales*, prescriptions générales qui sont fixées en application des lois d'aménagement et d'urbanisme, loi « Montagne », loi « Littoral » ou « loi sur la construction aux abords d'un aérodrome » ; il s'agit aussi, en remplacement des prescriptions particulières, des « directives territoriales d'aménagement » qui ont vocation à déterminer, sur certaines parties du territoire, les orientations fondamentales en matière d'aménagement et d'équilibre entre les perspectives de développement, de protection et de mise en valeur des territoires. Avec les *« projets d'intérêt général »*, ensuite, on est en présence d'une notion correspondant à une réalité qu'il n'est pas possible d'ignorer, les grands programmes prévus par les autres collectivités dans le cadre de leurs compétences. Cependant, le décret n° 83-811 du 9 septembre 1983 interprète si largement et la notion de « PIG » et celle d'« intervenant » que l'on peut se demander quels travaux il n'est pas possible d'imposer sur le territoire communal... Enfin, l'Etat est naturellement responsable des *servitudes d'utilité publique* affectant l'utilisation du sol mais il pourrait aussi, par ce biais, faire bon marché de la liberté communale.

Le préfet effectue un contrôle *a priori* du respect de ces normes, soit à l'occasion de l'approbation d'un schéma-directeur, soit, en l'absence d'un tel document, lors de la publication et de l'approbation d'un POS. Mais il n'est peut être pas même nécessaire d'aller jusque-là. Il convient, en effet, de remarquer que la plupart des communes – et des établissements publics intercommunaux – n'ont pas les moyens techniques et financiers d'exercer seules leurs nouvelles responsabilités. La loi prévoit alors l*a mise à disposition gratuite des services de* l'Etat (direction départementale de l'équipement), pour élaborer les documents d'urbanisme et instruire les demandes d'autorisation d'occupation des sols. Il y a là pour l'Etat une possibilité non négligeable de dicter ses vues (quoique les subdivisionnaires de la DDE entretiennent d'excellents rapports avec les élus locaux et fournissent des prestations de grande qualité et peu onéreuses). Alors, il y a transfert de charges (la commune est responsable en cas de permis illégaux, par exemple) et non véritablement de compétences.

Les communes sont finalement incitées à jouer le jeu de la décentralisation mais leurs initiatives sont limitées par un cadre juridique largement fixé par l'Etat et soumises à une surveillance lourde et complexe. On ne fait pas, loin de là, totale confiance aux communes, ce qui, d'ailleurs, peut n'être pas souhaitable en un domaine dans lequel intérêts nationaux, locaux et privés sont susceptibles de diverger, une grande sérénité étant nécessaire pour résoudre de tels conflits.

La liberté communale est, toutefois, mieux assurée dans la mise en œuvre de « l'urbanisme opérationnel ». La commune, dans le cadre du plan d'occupation des sols, peut pratiquer une politique de réserve foncière grâce au droit de préemption urbain ; elle peut décider des grandes opérations d'aménagement et les financer, y compris par des participations calibrées et contractuelles dans le cadre des plans d'aménagement d'ensemble de l'article L 332-9 du Code de l'urbanisme.

On ajoutera pour terminer nos quelques commentaires sur l'urbanisme que la grande loi « Aménagement » du 18 juillet 1985 permet enfin d'associer les citoyens eux-mêmes, qui devraient être les grands bénéficiaires d'une politique de décentralisation, à la définition des opérations concernant la transformation de leur cadre de vie. Il est, en effet, prévu par l'article L 300-2 du Code de l'urbanisme que « le conseil municipal délibère sur les objectifs poursuivis et sur les modalités d'une concertation associant, pendant toute la durée de l'élaboration du projet, les habitants, les associations locales et les autres personnes concernées dont les représentants de la profession agricole » avant toute modification du POS qui ouvre à l'urbanisation une zone d'urbanisation future, toute création de zone d'aménagement concerté ou toute opération d'aménagement réalisée par la commune ou pour son compte lorsqu'elle modifie de façon substantielle le cadre de vie ou l'activité économique de la commune.

B) Au département : L'action sociale et la santé

176 – *Le département devient le principal responsable du versement des prestations d'aide sociale et des services de santé.* La décentralisation n'est peut-être pas totale mais elle est réelle en ce domaine.

Du tableau ci-contre, on retiendra les points suivants :

– Il y a véritablement transfert, en ce sens que le département bénéficie d'une compétence de droit commun en la matière. L'Etat n'a plus qu'une compétence d'attribution dans deux séries de cas : lorsqu'est en jeu la solidarité nationale (prestations de sécurité sociale) et lorsqu'il s'agit de prestations versées à des groupes particuliers de personnes, par exemple les handicapés (loi n° 95-116 du 4 février 1995 portant diverses dispersions d'ordre social). Tout le reste : prestations à l'enfance, aux personnes âgées, aux familles, l'aide médicale à domicile, etc. relève du département, absorbant plus de la moitié du budget départemental.

– Pour exercer sa mission, le département reçoit les moyens nécessaires.

Moyens juridiques d'abord : le conseil général dispose d'un pouvoir réglementaire spécial pour adopter un règlement départemental d'aide sociale qui fixe les règles selon lesquelles les prestations sont accordées, dans le respect des conditions de ressources, d'âge, d'invalidité et de montant déterminées par décret en conseil d'Etat (article 33 de la loi du 22 juillet 1983). Ce règlement ne peut prévoir que des conditions plus favorables que celles fixées par ce décret. D'autre part, il appartient au conseil général d'établir un schéma départemental des établissements et services sociaux et médico-sociaux relevant de la compétence du département. Sur ce dernier point, une tentative consistant à brider l'autonomie du conseil général en la matière, a été effectuée par la loi n° 86-17 du 6 janvier 1986, créant dans chaque département, un

ACTION SOCIALE ET SANTE

Commune	Département	Etat
1 – • Peut exercer les compétences du département après signature d'une convention • Verse une participation financière fixée par décret	1 – • Prise en charge des prestations légales d'aide sociale : – adoption d'un règlement départemental (CG) – attribution et versement des prestations (PCG) (dans la limite des pouvoirs dévolus aux autorités judiciaires et aux commissions prévues par le Code de la Famille et de l'Aide sociale)	1 – • Fixe les conditions générales d'octroi – le montant minimal des prestations • Conserve la charge de certains frais et de certaines allocations – 10 rubriques.
2 – Responsabilité – des services de désinfection – des services municipaux d'hygiène	2 – Responsabilité d'un nombre considérable de services sociaux et sanitaires ex. : centres de protection maternelle et infantile, dispensaires anti-tuberculeux, service de l'aide sociale à l'enfance, service département d'action sociale...	2 – Responsabilité du contrôle administratif et technique des règles d'hygiène – prise en charge des dépenses relatives à la prévention du cancer ; à la lutte contre les maladies mentales, l'alcoolisme, la toxicomanie
	3 – Adoption d'un schéma départemental des établissements et services sociaux et médico-sociaux (CG) – Autorisation de création, transformation, extension des établissements sociaux, tarification des prestations fournies (PCG)	3 – Autorisation accordée conjointement par RE et PCG – si le service en cause fournit des prestations remboursables aux assurés sociaux

Abréviations nouvelles :
CG = conseil général
PCG = président du conseil général

conseil du développement social, présidé alternativement par le préfet et le président du conseil général, qui, entre autres tâches, devait être consulté préalablement à l'élaboration du schéma et des règlements départementaux. Toutefois, l'article 5 de la loi n° 86-972 de la loi du 19 août 1986 qui abroge l'article 1er de la loi 86-17 remplace le conseil par une simple commission dont la composition est fixée par le président du conseil général, seul habilité à en organiser la consultation.

Moyens matériels ensuite : les compétences en matière d'action sociale et de santé sont transférées au département dès le 1er janvier 1984. Or, le décret relatif aux modalités du transfert des directions départementales des affaires sanitaires et sociales sort très rapidement (contrairement à ce qui se passe pour les autres services, *supra* n° 50) : décret n° 84-931 du 19 octobre 1984. A la date du 1er janvier 1987, 99 conventions de partage des DDASS sont signées et approuvées et le partage des services s'achève donc dans de conditions satisfaisantes (53 000 emplois sont répartis, 28 % restent dans les services de l'Etat, 72 % passent dans les services des départements).

De même, les sommes que l'Etat consacrait antérieurement aux frais communs d'aide sociale sont rétrocédées aux départements par le biais de la dotation générale de décentralisation, déduction faite de la prise en charge par l'Etat des dépenses qui restent à sa charge.

On mettra à part le nouveau dispositif de lutte contre la pauvreté et l'exclusion : la loi n° 92-772 du 29 juillet 1992 a, en effet, développé des procédures de décisions et de financement conjoints entre l'Etat et le département. Ainsi, le préfet et le président du conseil général président ensemble le Conseil départemental d'insertion qui adopte le programme départemental d'insertion chaque année. Etat et département financent le fonds départemental d'aide aux jeunes en difficulté (la charge d'insertion des bénéficiaires du RMI a représenté en 1995 un montant de 3,6 milliards de francs pour les départements).

Les dépenses relatives à l'action sanitaire et sociale des départements s'élèvent, en 1995, à 75 milliards de francs, ce qui représente 50,4 % du budget de fonctionnement de ces départements.

– Si les départements ont la charge des mécanismes d'aide sociale, les communes ne sont pas écartées totalement de l'octroi des prestations sociales. Chacune d'entre elles doit faire fonctionner *un centre communal d'action sociale* (CCAS) qui apporte directement des secours aux personnes les plus nécessiteuses et qui participe à l'instruction des allocations d'aide sociale relevant de la compétence du département ou de l'Etat. Le CCAS peut signer une convention avec le département pour continuer à exercer des compétences qui étaient communales avant 1983. La commune conserve évidemment, d'autre part, ses compétences en matière d'action sociale facultative. Elle peut agir alors avec ses propres fonds en concurrence avec le département (crèches, garderie, logements-foyers, réseaux de télé-alarme, etc.).

C) A la région : la planification locale et l'aménagement du territoire

La loi n° 82-653 du 29 juillet 1982 portant réforme de la planification *décentralise cette planification au profit des régions*. En effet, à côté du plan de la nation, à l'élaboration duquel les régions sont associées, la loi crée les plans des régions et, comme on le sait (*supra* n° 54) propose la signature de contrats de plan entre l'Etat et chaque région pour la mise en œuvre du plan national.

Le plan de la région détermine « les objectifs à moyen terme du développement économique, social et culturel de la région ». Il est élaboré par le conseil régional selon une procédure qui doit prévoir la consultation des départements, des communes de plus de 100 000 habitants et de celles qui sont associées dans des chartes intercommunales d'aménagement (*supra* n° 54) et bien entendu du CESR. Evidemment, le Conseil régional peut également associer les partenaires économiques et sociaux de la région à l'identification des objectifs (qui peut, par ailleurs, permettre une ventilation par fonctions des choix budgétaires).

Ce sont les contrats de plan Etat-région qui assurent l'articulation entre la planification nationale et la planification régionale.

La région bénéficie donc là d'une compétence essentielle qui lui permet de concevoir l'avenir de l'ensemble du territoire régional sans qu'il y ait véritablement transfert de compétences opérationnelles et de ressources, mais mise en œuvre d'un intéressant principe d'association. Deux remarques, en sens inverse, doivent cependant compléter ce propos.

– Le département intervient également directement en matière de planification et d'aménagement du territoire mais cette compétence est non pas générale mais *spécialisée* en un domaine particulier : *l'équipement rural* et elle comporte un aspect opérationnel non négligeable en matière d'action foncière agricole et de remembrement. En ce qui concerne l'équipe rural, le département est chargé d'établir un *programme d'aide* en prenant en compte les priorités définies par les communes. En la matière, le département répartit l'ensemble des aides après avoir fixé lui-même les règles d'attribution : l'apparition d'une forme de tutelle du département sur les communes rurales n'est certainement pas à exclure. D'autre part, le décret n° 95-360 du 5 avril 1995 institue dans chaque département une *commission départementale de gestion de l'espace rural*, en vertu de l'article 38 de la loi n° 95-115 du 4 février 1995. Cette nouvelle commission consultative, présidée par le préfet, associe représentant de l'Etat, du département, des communes et de leurs groupements, de la profession agricole et des associations et se prononce sur les orientations générales pour l'utilisation du nouveau fonds de gestion de l'espace rural (article L 112-16 du Code rural modifié par la loi du 4 février 1995). Ici comme en d'autres domaines, il y a donc contournement de la décentralisation, auparavant complète pour l'ensemble du développement rural.

– Cette même loi du 4 février 1995 conforte la compétence régionale en matière de planification en prévoyant, dans le domaine de l'aménagement du territoire, la *même dualité des schémas* : à coté du schéma national d'aménagement et de développement du territoire existent *les schémas régionaux d'aménagement et de développement du territoire*. Ces schémas, dans le respect des orientations du schéma national, déterminent les orientations fondamentales en matière d'environnement, de développement durable, de grandes infrastructures de transport, de grands équipements et de services d'intérêt régional. Ce schéma est élaboré et approuvé par le Conseil régional après avis des conseils généraux et du CESR et mise à la disposition du public pendant au moins deux mois. Il fait l'objet d'une évaluation et d'un réexamen tous les cinq ans.

Le plan régional déterminera les priorités à mettre en œuvre pour réaliser le schéma régional. Il devrait donc y avoir cohérence entre les deux documents.

Notons pour terminer, que chaque région comporte un *comité régional du tourisme*, chargé d'élaborer *un schéma régional de développement du tourisme et des loisirs* qui fixe les modalités et les conditions de mise en œuvre des objectifs à moyen terme du développement touristique, tels qu'ils sont définis dans le plan de la région (loi du 23 décembre 1992).

D) A la région : la formation professionnelle, l'apprentissage et le logement

178 – Dans ces deux secteurs, *les régions* interviennent en relais de l'Etat. Mais, au regard de la décentralisation, ces deux cas ne sont pas identiques.

En matière de formation professionnelle et d'apprentissage, la région reçoit une compétence générale (article 82 et s. de la loi du 7 janvier 1983 ; chapitre I du titre III de la loi n° 93-1313 du 20 décembre 1993). Il y a vraiment transfert de compétences et de ressources au profit de la région, l'Etat ne conservant qu'une compétence d'attribution (en matière de formation professionnelle, un certain nombre d'organismes restent étatiques du fait de leur

FORMATION PROFESSIONNELLE – APPRENTISSAGE

Commune	Région	Etat
	1 – Mise en œuvre des actions d'apprentissage et de formation professionnelle continue (conformément au Code du Travail)	Compétence d'attribution : – Organisation et financement des actions prioritaires des actions interrégionales des actions expérimentales
	2 – Modalités – Création de centres de formation d'apprentis (par convention passée avec les collectivités et organismes intéressées)	
Association des communes ayant arrêté un programme de formation	– Etablissement d'un programme régional annuel de développement des formations professionnelles des jeunes – Création d'un fonds régional géré par le conseil régional	Création auprès du Premier ministre d'un comité de coordination des programmes régionaux (harmonise les programmes régionaux – coordonne activités des régions et de l'Etat)

LOGEMENT

Commune	Département	Région	Etat
Définition d'un programme local d'habitat, comportant : • actions prioritaires • actions en faveur des personnes mal logées ou défavorisées	Consultation	Compétence conceptuelle : *Définition* des priorités en matière d'habitat	
	Institution d'un conseil départemental de l'habitat	– Distribution d'aides complémentaires à celles de l'Etat (subventions-prêts-bonifications d'intérêts-garanties d'emprunt) – Lancement de programmes d'aides à l'amélioration de la qualité de l'habitat (innovation-économies d'énergie)	Compétence opérationnelle – Détermination • des aides à la pierre • des aides à la personne – Répartition entre : • actions d'intérêt national • interventions locales
		Prise en compte des priorités définies	Préfet de région répartit crédits entre départements
Prise en compte des priorités définies	Avis du conseil général		Préfet de département répartit les aides

compétence nationale : le fonds national de l'Emploi, l'Association pour la formation professionnelle des adultes (AFPA) ou le fonds d'action sociale pour les travailleurs migrants).

La région doit programmer à moyen terme les actions répondant aux besoins de formation constatés et, d'autre part, assurer la mise en œuvre de ces actions, avec l'aide de l'Etat. Pour cela, chaque région arrête en particulier un plan régional de développement des formations professionnelles des jeunes et passe toute convention avec les établissements d'enseignement public et les organismes paritaires de formation pour sa mise en œuvre. La région peut aussi créer des centres de formation d'apprentis après avis du Comité régional de la formation professionnelle, de la promotion sociale et de l'emploi.

Il est à noter (loi du 20 décembre 1993) qu'à compter du 21 décembre 1998, la région sera exclusivement compétente pour l'ensemble de la formation professionnelle continue des jeunes de moins de vingt six ans, l'Etat rétrocédant alors à la région toutes ses compétences en matière d'accueil, d'information, d'orientation et de suivi des jeunes.

Ces transferts de compétence s'accompagnent, évidemment, du transfert par l'Etat aux régions de ressources correspondantes. A cet égard, le Conseil régional gère le fonds régional de l'apprentissage et de la formation professionnelle, alimenté par les crédits transférés par l'Etat, sur la base de la compensation intégrale des charges transférées, par la contrepartie des versements effectués au Trésor Public par les entreprises assujetties à la participation instituée en la matière et par les ressources propres de la région y affectées (impôt sur les cartes grises).

Un comité national de coordination des programmes régionaux d'apprentissage et de formation professionnelle continue, composé, en trois fractions égales, de représentants de l'Etat, de représentants des conseils régionaux et de représentants des organisations syndicales et professionnelles, est chargé d'évaluer les politiques régionales et d'assurer leur cohérence et leur complémentarité. Un conseil régional, institué dans chaque région, exerce des fonctions identiques à l'échelon régional.

Pour 1995, les régions ont consacré 10,6 millions de francs à ce secteur important. Cela représente 34,9 % de leurs dépenses de fonctionnement et 1,7 % de leurs dépenses d'investissement.

Dans le secteur du logement, il y a seulement fixation du meilleur niveau pour établir des plans cohérents d'habitat. En ce qui concerne la détermination et la distribution des aides, la région n'intervient que subsidiairement, sans qu'il y ait transfert de ressources. On parlera alors de *clarification des rôles*.

Dans l'un et l'autre cas, la commune n'est pas totalement exclue. Elle peut continuer à élaborer des programmes qui seront

« pris en considération » par les autorités régionales ou nationales, dans l'exercice de leurs propres compétences. Quant au département, il est seulement consulté lors de l'élaboration par la région de ses priorités en matière de logement.

§ 2 – LES SECTEURS DE COMPETENCES PARTAGEES

179 – On traitera ici des domaines dans lesquels le législateur a décidé de partager les compétences entre les diverses collectivités, chacune d'entre elles se voyant confier une part déterminée du secteur envisagé. Une telle répartition concerne la plupart des compétences transférées aux collectivités locales par la loi du 22 juillet 1983 : pour les ports et voies d'eau, l'enseignement public, l'environnement et l'action culturelle, le partage est effectué sans toujours parfaitement respecter le principe du transfert par « blocs de compétences » affirmé par la loi du 7 janvier. Mais rentre aussi sous cette rubrique le secteur des interventions économiques qui n'est pas l'apanage de la seule région, comme l'article 59 § 3 de la loi du 2 mars 1982 pourrait le faire penser.

A) Les interventions économiques. L'aide aux entreprises

180 – La loi du 2 mars 1982, profondément modifiée par la loi du 5 janvier 1988 qui, en particulier, limite les possibilités d'intervention communale en faveur des entreprises pour éviter les aventures financières, encadre les possibilités d'intervention des collectivités locales en matière d'interventionnisme économique. L'Etat encadre strictement ces interventions, soumises, par ailleurs, au respect des principes d'égalité et de liberté du commerce et de l'industrie, aux règles de l'aménagement du territoire prévues dans la loi du 4 février 1995 et à la réglementation européenne, en édictant en particulier des limites techniques pour éviter les engagements insuffisamment réfléchis. Le partage des rôles, dans ce cadre, s'effectue de la manière suivante :

– S'il s'agit de « favoriser le développement économique », il est fait obligation aux collectivités de n'intervenir que *dans les conditions prévues par la loi approuvant le plan*. Or, cette dernière attribue expressément *compétence à la région pour attribuer des aides directes* et n'autorise les départements et les communes à intervenir que pour ajouter à ces aides régionales initiales si celles-ci n'ont pas déjà atteint un plafond fixé par décret. Donc, surtout dans cette hypothèse, *il n'y a pas concurrence mais tout au plus complémentarité.*

En ce domaine essentiel, la région bénéficie donc de compétences privilégiées. La loi énumère les aides directes susceptibles d'être accordées aux entreprises (prime à la création d'entreprise ; prime régionale à l'emploi, bonification d'intérêts, prêts ou avances à des conditions plus favorables que le taux moyen des obligations) et des décrets en Conseil d'Etat fixent les conditions générales d'octroi, en particulier le plafond à ne pas dépasser (décrets n° 82-806-807-808 du 22 septembre 1982). Mais la région définit le régime de ces aides directes à la création et à l'extension d'entreprises : nature des activités aidées, nombre d'emplois à créer, règles de composition des dossiers, etc. Les demandes sont à adresser exclusivement à la région qui décide seule de l'octroi ou du refus de l'aide ; qui décide seule aussi du montant de l'aide qu'elle accorde.

On notera également que les régions sont autorisées à participer au capital des sociétés de développement régional et des sociétés de financement interrégionales ou propres à chaque région.

– S'il s'agit de « protéger les intérêts de la population lorsque des entreprises locales se trouvent en difficulté », le département – et non plus la commune – est en première ligne. Il monte, éventuellement en collaboration avec la région, les opérations de sauvetage de l'entreprise et signe avec cette dernière une convention prévoyant les mesures de redressement nécessaires.

– S'il s'agit d'« assurer le maintien, en milieu rural, des services nécessaires à la satisfaction des besoins des habitants », la commune est compétente pour faire les montages nécessaires. Elle peut intervenir seule, au besoin en créant par exemple un hôtel ou une supérette ou en subventionnant un boulanger (voir ci-dessus introduction) ou passer des conventions avec d'autres collectivités territoriales.

B) Les ports et les voies d'eau

181 – La loi du 22 juillet 1983, en son article 6 modifié, décide, à l'exception des ports autonomes et d'un certain nombre de ports d'intérêt national limitativement énumérés par le décret n° 83-1121 du 22 décembre 1983 complété, le transfert de tous les ports maritimes aux départements et aux communes (et de tous les ports fluviaux aux régions). Le département, surtout, est compétent pour créer, aménager et exploiter les ports maritimes de commerce et de pêche, tandis que la commune est compétente, pour les mêmes objets, en ce qui concerne les « ports exclusivement consacrés à la plaisance » (en cas de pluralité d'activités, le transfert doit être opéré en tenant compte à la fois de l'unité de gestion de l'installation portuaire prise dans son ensemble et de l'activité dominante du port concerné – article 18 de la loi n° 83-1186 du 29 décembre 1983, explicité par la circulaire du 2 février 1984).

On pourrait donc penser qu'hormis les 22 ports d'intérêt national, la décentralisation est complète en la matière, les autorités locales détenant l'essentiel du pouvoir. Et pourtant, il est possible de soutenir la thèse selon laquelle la situation des communes, tout

LES PORTS ET LES VOIES D'EAU

Commune	Département	Région	Etat
	1 – Exploitation des cours d'eau non navigeables	1 – Création des canaux et ports fluviaux – Aménagement et exploitation des voies navigables et ports fluviaux transférés par décret	Aménagement et exploitation des ports fluviaux d'intérêt national
2 – *Création-Aménagement-Exploitation* des ports de plaisance	2 – *Création-Aménagement-Exploitation* des ports maritimes de commerce et de pêche		Ports maritimes autonomes Ports d'intérêt national
(Si schéma de mise en valeur de la mer)			
Proposition	*Proposition*	Avis	*Création* et *Extension* des ports en l'absence de schéma de mise en valeur de la mer
Id.	Police des ports édiction de règlements particuliers		3 – Pouvoirs de police, de la conservation, de la navigation, des eaux, du transport maritime, de la sécurité, etc.
	4 – Attribution et financement des aides aux travaux d'aménagement des cultures marines	4 – Attribution et financement des aides au renouvellement et à la modernisation de la flotte de pêche côtière et aux entreprises de cultures marines	

particulièrement, ne s'est guère modifiée par l'effet de la loi du 22 juillet 1983 sinon, peut-être, dans un sens défavorable, de nouvelles charges leur incombant quant à l'entretien des biens transférés tandis que les compétences intéressantes en matière d'aménagement ne leur reviennent pas pour l'instant.

Dans les ports transférés, en effet, les différentes collectivités concernées sont compétentes pour entretenir l'ensemble des biens mis à disposition et pour procéder à tout aménagement nouveau (sous réserve des limitations posées par le décret du 24 octobre 1984). Mais si une compensation est attribuée aux départements, par l'intermédiaire de la dotation générale de décentralisation, pour les dépenses d'entretien et d'exploitation des ports transférés (un concours particulier, au sein de la DGD, est ouvert pour les dépenses d'investissement), aucune ressource n'est transférée vers les communes, sous prétexte que l'Etat ne participait plus, depuis 1979, aux dépenses de fonctionnement des ports de plaisance concédés...

De même, maire et président du conseil général détiennent les pouvoirs de police spéciale de la conservation et de l'exploitation des ports. Mais le « règlement particulier » que ces autorités peuvent édicter au titre de cette dernière prérogative doit être compatible avec le règlement général de police établi par décret.

Surtout, en matière de création ou d'extension de ports, les collectivités locales n'ont qu'un pouvoir d'initiative : l'Etat se réserve la capacité de programmer les réalisations soit par le biais des schémas de mise en valeur de la mer, (instrument non décentralisé, élaboré sous la conduite de fonctionnaires de l'Etat et approuvé par décret en conseil d'Etat après simple avis des collectivités locales intéressées – décret du 6 décembre 1986) soit, en l'absence de tels schémas, par l'attribution du pouvoir de décision au préfet, après une longue procédure prévue à l'article L 122-4 du Code des ports.

La décentralisation, en la matière, est donc étroitement limitée.

Le département est, exclusivement compétent, aux termes de l'article 26 de la loi n° 95-108 du 2 février 1995 relative au renforcement de la protection de l'environnement, pour aménager, entretenir et exploiter les cours d'eau, canaux, lacs et plans d'eau domaniaux rayés de la nomenclature des voies navigables ou n'y ayant jamais figuré qui lui seraient transférés, à sa demande, par décret en Conseil d'Etat. La région reste, bien entendu, compétente pour créer des canaux et aménager et exploiter les voies navigables.

C) L'enseignement public

182 – C'est peut-être en ce domaine que l'on s'aperçoit le mieux de la difficulté de décentraliser : on ne veut pas toucher, dans un pays qui, surtout en matière d'enseignement, a toujours eu et garde toujours le réflexe centralisateur, à l'essentiel, c'est-à-dire à la pédagogie, aux programmes, aux diplômes. La décentralisation ne peut concerner que l'accessoire, c'est-à-dire les questions administratives, éventuellement financières et c'est déjà beaucoup. Mais, à ce niveau aussi, les difficultés sont nombreuses et, dans cette section de la loi plus que dans toute autre, sont employés les termes « proposition » (au représentant de l'Etat) « accord » (des autres collectivités car toutes sont concernées par le système éducatif) « consultation », etc., ce qui, bien sûr, réduit encore le champ de la véritable décentralisation. Comme l'affirme J.M. Pontier (AJDA 1983 *op. cit.*, p. 469), il s'agit surtout de « clarification des rôles » – qui n'est pas complète – et de « coordination des actions ».

Finalement, *la véritable décentralisation concerne seulement l'entretien des établissements existants* ; elle s'accompagne d'un transfert corrélatif de ressources (avec la création de dotations spéciales (dotation départementale d'équipement des collèges, dotation régionale d'équipement scolaire).

En matière de création d'établissements, en effet, la décentralisation n'est pas vraiment totale. Les communes décident librement de la création et de l'implantation des écoles et des classes élémentaires et maternelles après simple avis du représentant de l'Etat (qui, cependant, détient un moyen de pression non négligeable du fait que le personnel est entièrement géré par l'Etat). Mais les départements et les régions ne bénéficient pas de la même liberté. Le conseil régional est compétent pour établir le schéma prévisionnel des formations, avec l'accord des départements pour les éléments les concernant respectivement. Il établit, ensuite, le programme prévisionnel des investissements relatifs aux lycées et aux établissements d'éducation spécialisée. Mais c'est le représentant de l'Etat dans la région, qui, au vu de ce programme, arrête les opérations de construction ou d'extension, que la région financera, l'Etat s'engageant alors à pourvoir des postes. De même, selon les dispositions de la loi du 7 janvier 1983 modifiée par la loi n° 85-97 du 25 janvier 1985, le département, sur la base du schéma prévisionnel des formations, établit le programme prévisionnel des investissements relatifs aux collèges mais leur création effective dépend du représentant de l'Etat (voir, en particulier la circulaire du 28 mars 1985).

– En ce qui concerne *l'enseignement supérieur*, la compétence relève normalement exclusivement de l'Etat. Pourtant, étant donné la faiblesse des investissements de l'Etat, les collectivités ont pris des initiatives, reconnues par le plan « Université 2000 », approuvé le 29 janvier 1992. Ce plan programme les investissements à réaliser pour accueillir le flux d'étudiants : d'un montant total de 31 milliards, il laisse 16,5 milliards à la charge des collectivités, surtout régionales. En outre, les collectivités prennent parfois en

ENSEIGNEMENT PUBLIC (hors enseignement supérieur)

Commune	Département	Région	Etat
Accord des collectivités concernées	Accord	1 – *Etablissement* et proposition au RE du schéma prévisionnel des formations des collèges, lycées et établissements d'éducation spéciale	1 – Adoption de la structure pédagogique générale
Id.	Accord pour opérations situées sur territoire	2 – *Etablissement* du programme prévisionnel des investissements relatifs aux lycées et établissements d'éducation spéciale	2 – *Détermination* des opérations de construction ou d'extension des établissements (RE)
Accord pour opérations situées sur territoire *Création* et implantation des écoles, des classes élémentaires et maternelles	*Etablissement* du programme prévisionnel des investissements relatifs aux collèges		
3 – A la charge des écoles : – à sa demande, la responsabilité de l'équipement et du fonctionnement de tout établissement lui est confiée pour 6 ans au moins	A la charge des collèges Consultation	A la charge des lycées et établissements d'éducation spéciale Consultation Définition de programmes de recherche régionaux ←	A la charge : – du personnel enseignant – de certains établissements spécialisés – de certaines dépenses pédagogiques – de l'implantation et de l'aménagement des établissements d'enseignement supérieur

charge la création d'antennes universitaires non prévues par ce plan. Il y a donc, en ce domaine, financements croisés, s'il n'y a pas véritablement transfert de compétence.

Il faut d'autre part, noter que l'article 11 de la loi n° 95-115 du 4 février 1995 prévoit la mise en place *d'un schéma de l'enseignement supérieur et de la recherche* qui, entre autres, programme la création *d'universités thématiques* dans les villes moyennes. Toutes les actions des collectivités devront respecter les orientations de ce schéma lorsqu'il sera adopté.

– On notera qu'en dehors de tout transfert de compétences, la loi du 22 juillet 1983 comporte des dispositions totalement nouvelles et intéressantes relatives aux établissements scolaires à fréquentation intercommunale ou interdépartementale et à l'utilisation des locaux scolaires pour des activités extra-scolaires.

Surtout sont réglées les modalités pratiques de mise en œuvre des compétences, lorsque deux collectivités locales différentes sont impliquées. Dans ce cas, une convention doit être signée mais la loi n° 85-97 du 25 janvier 1985 ajoute certaines procédures destinées à régler les éventuels litiges qui naîtraient du refus, par l'une ou l'autre de ces collectivités, de signer une telle convention. Dans ce cas, le préfet, arbitre, détient un pouvoir de décision nouveau en matière de partage des charges financières (sur toutes ces questions, A. Simon « Le transfert des compétences en matière d'enseignement », Revue administrative, 1988, p. 12 et s.).

Dernière indication qui concerne les transports scolaires, secteur dans lequel la décentralisation était déjà réalisée, la loi du 22 juillet 1983 ne faisant que fixer clairement les responsabilités : les départements ont la responsabilité de l'organisation et du fonctionnement des transports scolaires hors des zones urbaines ; dans les zones urbaines, les communes restent compétentes. La participation de l'Etat est uniformément portée dans tous les départements où les transports scolaires sont gratuits au 30 juin 1983, à 65 % des dépenses actuellement subventionnables.

L'organisation des transports scolaires peut toutefois être confiée par convention aux communes, groupements de communes, associations de parents d'élèves ou associations familiales. Pendant un délai de quatre ans, les personnes ci-dessus qui exerçaient effectivement la compétence continuent à l'exercer.

D) Transports publics réguliers de personnes

183 – En la matière, c'est une loi spéciale, la loi d'orientation des transports intérieurs du 30 décembre 1982, qui esquisse une nouvelle répartition des rôles entre les diverses collectivités. Il est également à souligner que cette loi définit avec précision les notions qu'elle utilise (par exemple, la notion de « périmètre de

TRANSPORTS PUBLICS REGULIERS DE PERSONNES

Répartition de compétences esquissée par la loi d'orientation des transports intérieurs

Commune	Département	Région	Etat
Avis, le cas échéant	Avis	Etablissement et mise à jour du Plan régional des transports	
Avis des communes concernées	Etablissement et mise à jour du Plan départemental des transports		
		Conventions avec la SNCF pour l'organisation des liaisons ferroviaires inscrites au plan régional des transports Consultation par la SNCF sur les modifications de consistance des services assurés dans la région	
Ouverture ou fermeture de lignes, création ou suppression de points d'arrêt ferroviaires			
Avis des communes concernées	Avis	Avis Possibilité de faire instituer une commission consultative auprès de chaque direction régional de la SNCF qui concerne la région	
Organisation des transports urbains	Organisation des services routiers non urbains (à l'exclusion des liaisons d'intérêt régional ou national), inscrits au plan départemental des transports Avis des départements concernés	Organisation, en commun avec les départements concernés, des services routiers non urbains d'intérêt régional, inscrits au plan régional des transports Avis des régions concernées	Organisation des services routiers non urbains d'intérêt national

Sources : Loi du 30-12-1982.
« Guide de la décentralisation. Répartition des compétences entre les collectivités territoriales et l'Etat ». Plaquette éditée par la région Franche-Comté, décembre 1983.

transports urbains » à l'article 27 – ou, à l'article 29 celle de « transports routiers non urbains »).

Il faut reconnaître toutefois que, s'il y a clarification, s'il y a consultation, il n'y a guère transfert de compétences nouvelles vers les collectivités locales... Ces dernières ne pourront toujours pas, – c'est actuellement une des questions les plus controversées – s'opposer à la fermeture de lignes par la SNCF, même si le plan régional des transports prévoit le maintien de la ligne en cause...

Il faut, toutefois, noter que des expériences sont actuellement en cours pour transférer aux régions les décisions en la matière. Cela augmenterait encore un poste de dépenses qui est devenu le second, après les lycées, dans le budget d'investissement des régions.

E) L'environnement et l'action culturelle

184 – Au plan de l'environnement, le département est compétent pour établir un plan départemental des itinéraires de promenade et de randonnée, après avis des communes intéressées (décret n° 86-197 du 6 février 1986).

Le département est également compétent pour élaborer et mettre en œuvre une politique de protection, de gestion et d'ouverture au public des espaces naturels sensibles, en vue de préserver la qualité de sites, des paysages et des milieux naturels. Il peut, à cet égard, ; créer des zones de préemption et financer les achats grâce à l'institution d'une taxe départementale des espaces naturels sensibles (L n° 85-729 du 18 juillet 1985 – art. L 142-1 et s. du Code de l'urbanisme).

Le département, dans le cadre de la loi sur l'eau du 3 janvier 1992, se voit reconnaître un certain nombre de compétences, principalement en ce qui concerne les travaux hydrauliques ; il est associé à l'élaboration des schémas d'aménagement et de gestion des eaux. Enfin, le département doit établir *un plan départemental des déchets ménagers* (article 60 de la loi du 2 février 1995 sur le renforcement de la protection de l'environnement). La région est également associée à la gestion des eaux. De plus, la loi du 4 février 1995 prévoit que le conseil régional peut demander le transfert à son profit de la compétence consistant à élaborer le plan régional d'élimination des déchets industriels.

– En marge de ce secteur, le département est, depuis le 1er janvier 1994, seul compétent pour la gestion de tous les moyens en personnel, matériels et financiers consacrés par les communes, leurs regroupements et le département lui-même à la lutte contre les incendies, les accidents, sinistres et catastrophes.

Au plan de l'action culturelle, on fera les observations suivantes :

– Le département devient responsable des bibliothèques centrales de prêts. La loi n° 86-29 du 9 janvier 1986, modifiant la loi du

22 juillet 1983, précise cependant que le transfert n'aura lieu qu'après achèvement – dans un délai de quatre ans – d'un programme d'équipement de ces bibliothèques. Il est précisé qu'à expiration du délai, « un crédit égal au montant des crédits d'investissement consacrés par l'Etat aux bibliothèques centrales de prêts pendant l'année précédant celle du transfert des compétences est intégré dans la dotation globale d'équipement des départements ». De même, les personnels scientifiques de ces bibliothèques sont nommés et rémunérés par l'Etat et leur activité technique reste soumise au contrôle de l'Etat.

Les autres bibliothèques sont organisées et financées par les communes, les départements ou les régions, la réglementation régissant les bibliothèques municipales étant, dans tous les cas, applicable.

– Régions, départements et communes peuvent organiser et financer des musées, l'Etat rémunérant les personnels techniques des musées classés et assurant le contrôle technique.

– Chaque collectivité peut créer et organiser des établissements d'enseignement public de la musique, de la danse et de l'art dramatique ou encore des établissements d'enseignement public des arts plastiques. L'Etat définit la qualification du personnel enseignant et contrôle le fonctionnement pédagogique.

– Enfin, des dispositions précises s'appliquent à la conservation et à la mise en valeur des archives des communes, des départements et des régions. Unique transfert réel, donc : celui des bibliothèques centrales de prêts.

185 – En conclusion, il faut remarquer que les *transferts ne se font pas uniquement dans le sens Etat → collectivités locales ; il en existe aussi en sens inverse*. Ils ne correspondent cependant pas à des transferts de compétence mais *à la suppression de charges indues qui pesaient sur les communes sans responsabilités en rapport*. Ainsi, à partir du 1er janvier 1984, les dépenses de personnel, matériel, loyer, équipement du service public de la justice et les charges d'emprunts contractés à cet effet par les collectivités sont prises en charge par l'Etat. De même, selon l'article 95 de la loi du 2 mars 1982, la contribution communale aux dépenses de police, dans les communes où a été établie une police d'Etat, est supprimée ; il a été dit (*supra* n° 130) que l'institution du régime de police d'Etat était de droit, à la demande du conseil municipal, à compter du 1er janvier 1985, dans les communes dotées d'un corps de police municipale, sous réserve de conditions d'effectifs, de qualification professionnelle et de seuil démographique fixées par décret en conseil d'Etat (art. 88 de la loi du 7 janvier 1983). Rappelons aussi que l'Etat compense intégralement les charges communales afférentes au logement des instituteurs.

Malgré tous les efforts faits par le législateur pour constituer des blocs de compétence homogènes, il faut aussi rappeler (*supra* n° 52) que la nouvelle répartition des compétences connaît un échec relatif. Compétences concurrentes, financements croisés ne sont pas, tant s'en faut, éliminés et le législateur de 1995 prévoit expressément la réouverture du chantier de la répartition des compétences...

D'autres chantiers sont encore ouverts, tout aussi délicats : le pari que représente la décentralisation ne sera gagné que si les moyens, financiers, humains, reconnus aux collectivités locales suivent effectivement l'augmentation des compétences...

CHAPITRE III

LES MOYENS DES COLLECTIVITES DECENTRALISEES

186 – Le troisième volet de la réforme de décentralisation concerne les moyens des collectivités locales. C'est celui qui soulève et soulevera le plus de passion car, avec les moyens, on sort de l'abstrait pour pénétrer dans le concret. Les structures ne sont que cadres vides, les compétences que vains mots, s'il n'y a des hommes qui font vivre ces cadres et exercent ces compétences, en disposant des éléments matériels – biens meubles et immeubles – adéquats et, surtout, de deniers en quantité suffisante... Le partage des ressources humaines, matérielles, financières pose des problèmes autrement plus douloureux que la conception d'un schéma plus ou moins idéal d'administration. *C'est là que le réalisme du gouvernement sera ou non démontré au regard de la décentralisation.*

Dans ce chapitre, on s'intéressera d'abord aux hommes. Ceux qui décident, au sein des diverses collectivités, c'est-à-dire les élus locaux. Disponibilité et qualification doivent être leurs deux attributs principaux. Ceux qui exécutent ensuite, à savoir les fonctionnaires locaux. La fonction publique locale doit attirer des gens de valeur, tout comme la fonction publique d'Etat et les nouveaux textes tentent, sur ce point, d'établir la parité entre les deux.

Ensuite, on esquissera une présentation sommaire des problèmes financiers, auxquels des ouvrages entiers sont consacrés. La tâche est, en la matière, particulièrement délicate : au-delà de la stricte compensation des charges nouvelles, en effet (les transferts de ressources concommitants aux transferts de compétences que nous avons déjà rencontrés), il se révèle nécessaire de prévoir une autre répartition des ressources publiques, donc une modification fondamentale de la fiscalité. Un tel travail, entrevu par le législateur (art. 1 de la loi du 2 mars 1982) est loin d'être achevé, s'il est même entrepris...

Section I

LES HOMMES

187 – Elus locaux et fonctionnaires locaux qui œuvrent au service des collectivités doivent voir leur statut créé pour les premiers, modifié pour les seconds, afin d'être à même de participer, sans réticences ni réserves, à la mise en œuvre de la décentralisation au sein des collectivités dans lesquelles ils travaillent.

Pour des élus qui ne sont pas des professionnels spécialement formés en vue des tâches qu'ils ont à accomplir, disponibilité et qualification constituent les objectifs principaux à atteindre.

Quant aux fonctionnaires territoriaux, il importe également qu'ils soient compétents et efficaces : ils le seront seulement dans la mesure où la fonction publique territoriale sera capable de retenir des candidats de valeur en se montrant attrayante. Mais il serait regrettable que, sous ce prétexte, le statut applicable n'en vienne à remettre en cause la spécificité des collectivités locales, en décalquant trop les procédures et mécanismes en honneur dans la fonction publique d'Etat. Ainsi, le système actuel, tel qu'il est établi par la loi n° 87-529 du 13 juillet 1987 (JORF 16 juillet p. 7918) comporte-t-il de notables différences par rapport à celui prévu au début de la réforme de décentralisation, par la loi n° 84-53 du 26 janvier 1984, surtout en ce qui concerne la carrière du fonctionnaire local et la parité entre les deux fonctions publiques.

§1 – LES ELUS

188 – Le statut des élus locaux prend une indiscutable importance dans le cadre de la décentralisation. Il est, en effet, absolument indispensable, au moment où l'on confie des tâches de plus en plus lourdes aux élus (voir le chapitre précédent sur la répartition actuelle des compétences), de leur assurer les moyens intellectuels et matériels nécessaires à l'accomplissement de leurs missions (voir J.M. Becet « De quelques problèmes posés par le statut de l'élu local ». Cahiers du CFPC, n° 14, p. 3). Or, en la matière, les obstacles sont nombreux : en premier lieu, un obstacle spécifique, la peur de donner l'impression de créer des privilèges à leur propre profit, risque quelque peu d'arrêter les parlementaires, eux-mêmes, pour la plupart, élus locaux... puis d'autres, bien connus : la très grande hétérogénéité de ce milieu, le temps et l'argent surtout. De même, pendant longtemps, l'ensemble de la question a été occulté, tout simplement parce qu'elle n'était pas envisagée indépendamment de ce problème très politique qu'est celui du cumul des mandats ; aujourd'hui il semble que ce sujet, dont les données sont totalement modifiées, soit remis à la place beaucoup plus modeste qui doit être la sienne.

189 – *La formation de l'élu local, constitue* au regard de la décentralisation, l'aspect le plus important d'un statut. Le fonctionnaire de l'administration d'Etat imposera toujours son point de vue s'il n'a en face de lui que des élus absolument ignorants des problèmes débattus et incapables de se forger une opinion valable sur les intérêts de la collectivité qu'ils représentent. Le besoin de formation à ce niveau s'exprime de plus en plus mais ne peut que difficilement être pris en charge.

Il faut d'abord, eu égard à la qualité de l'élu local, forger des modèles neufs, soustendus par une pédagogie active, encore en grande partie à inventer ; et qui n'est pas obligatoirement la même pour l'élu d'une ville, lequel peut se reposer sur des services administratifs et techniques considérables, et pour l'élu rural qui ne peut compter que sur lui-même... Puis, on se heurte à ces difficultés qui, quel que soit le sens par lequel on aborde le statut de l'élu local, se retrouvent toujours : *le temps, l'argent.* (voir J.M. BECET « Problématique de la formation des élus locaux » (diagnostic et besoins) « Savoir » (Sirey, 1991, n° 4, p. 657).

L'exercice d'un quelconque mandat local (à l'exception peut-être de celui de conseiller municipal... et encore car, si l'on veut que le conseiller municipal participe véritablement – ce qu'il ne fait pratiquement pas aujourd'hui – à la gestion des affaires, il est nécessaire qu'il dispose de temps pour se former puis pour s'intéresser aux affaires) demande une disponibilité que bien peu de personnes peuvent avoir, surtout à un moment où les tâches sont de plus en plus lourdes et demandent une compétence de plus en plus grande pour les mener à bien. Par exemple, on pouvait écrire dès avant la réforme : « La très grande majorité des maires, si l'on exclut les permanents communistes et les retraités, exerce une activité professionnelle qui leur permet matériellement de se consacrer aux affaires municipales. Ils disposent de conditions de travail relativement privilégiées... Ces professions disposent d'un quasi-monopole dans le recrutement des maires ». (Ph. Garraud « Le recrutement des maires » « Pouvoirs » n° 24, p. 31).

Il existe des incompatibilités de fait entre pratique d'une activité professionnelle et fonction de maire, de président d'un conseil général ou régional, de membre du bureau, d'adjoint, etc. La nécessité présente de se former, ce qui demande beaucoup de temps, car il n'est rien de pire que de croire savoir lorsque l'on ne sait pas, restreint encore le nombre de ceux qui peuvent prétendre à l'exercice de ces fonctions, et... il n'y a pas de solution miracle (même la professionnalisation de ces fonctions ne permettrait pas l'accès de ceux qui exercent une profession intéressante et très prenante...).

S'il est toutefois possible de résoudre, au bénéfice de quelques uns, la question du temps, il est certain que cela coûtera de l'argent, d'autant plus que le principe d'égalité – sans effet pratique au niveau de la disponibilité – doit être appliqué ici. Ce problème a des implications tant théoriques que pratiques. Sur le premier plan, un des principes de base de notre droit local, celui de la gratuité des mandats locaux en vertu duquel l'indemnité couvre toutes les charges financières inhérentes à la fonction et rien de plus, paraît à certains dépassé, eu égard à l'effort sans cesse accru demandé aux élus : alors, pour ceux là, il faudrait rémunérer les fonctions électives. Sur le plan pratique, il importe à la fois de « peser » chacune des fonctions pour lui appliquer une rémunération déterminée et de ne pas déséquilibrer le budget local, sur lequel est imputé et le coût de la formation et l'indemnité versée aux élus.

190 – La loi n° 92-108 du 3 février 1992 relative aux conditions d'exercice des mandats locaux apporte certaines réponses aux problèmes posés. Elles seront évoquées ci-après.

– Au plan de la disponibilité, le législateur accorde aux élus communaux deux droits complémentaires : d'une part, celui de disposer, pour l'accomplissement du mandat, d'un minimum de temps pris sur la durée normale du travail ; d'autre part, celui de ne pas subir, du fait de l'exercice de ce mandat, de préjudice sur le plan professionnel. La réalisation du premier droit passe par la création d'un crédit d'heures, modulé selon les responsabilités effectives et la durée hebdomadaire du travail. Le simple conseiller bénéficie, vis-à-vis de son employeur, du temps nécessaire pour assister aux réunions du conseil, à celles des commissions et aussi aux séances des assemblées et bureaux des divers organismes dans lesquels il représente la commune. Les pertes de revenu éventuellement subies sont compensées par la commune – ou l'organisme – dans la limite de 24 heures par élu et par an.

Les conseillers qui détiennent des responsabilités particulières disposent en sus d'un crédit d'heures trimestriel et forfaitaire, calculé en pourcentage de la durée hebdomadaire du travail : par exemple, les maires des communes de moins de 10 000 habitants et les adjoints au maire des communes de 10 000 à 29 999 habitants ont droit à l'équivalent d'une fois et demie la durée hebdomadaire légale du travail par trimestre. Ce temps d'absence n'est pas payé par l'employeur mais les élus concernés reçoivent tous une indemnité de fonction compensatrice.

Pour les conseillers généraux ou régionaux, le système des autorisations d'absence fonctionne évidemment, dans les mêmes conditions que pour les conseillers municipaux. Mais chaque conseiller se voit accorder, au titre des crédits d'heures, par trimestre, l'équivalent d'une fois et demie la durée hebdomadaire légale du travail. Les présidentes et vice-présidentes des conseils généraux ou régionaux ont droit à l'équivalent de trois fois cette durée.

Le second droit implique la reconnaissance de garanties professionnelles : aucun licenciement ni déclassement professionnel, aucune sanction disciplinaire ne peuvent être prononcés en raison des absences résultant de l'application des dispositions précédentes. De même, le temps passé en raison de ces absences est assimilé au temps de travail au regard de tous les droits sociaux. Enfin, présidents et vice-présidents ayant reçu délégation des conseils généraux ou régionaux peuvent, pour l'exercice de leur mandat, cesser d'exercer leur activité professionnelle en bénéficiant, à la fin du mandat, d'un droit à retrouver leur poste de travail antérieur après avoir bénéficié d'un stage de remise à niveau.

– Les conseillers municipaux « ont droit à une formation adaptée à leurs fonctions ». A ce titre, il est institué un droit à congé de formation de six jours par élu, quel que soit le nombre des mandats qu'il détient. L'employeur est tenu d'accorder ce congé mais n'est évidemment pas obligé de maintenir la rémunération du salarié. La formation est gratuite pour l'élu, tous les frais étant pris en charge par la commune, en tant que dépenses obligatoires, dans la limite de 20 % du montant total des crédits ouverts au titre des indemnités de fonction susceptibles d'être allouées aux élus de la commune.

Conseillers généraux et régionaux bénéficient du même droit.

– Au plan des indemnités de fonction versées aux maires, adjoints au maire, conseillers municipaux des communes de 100 000 habitants et plus, présidents et membres de délégations spéciales faisant fonction d'adjoint, il est fait référence au montant du traitement correspondant à l'indice brut terminal de l'échelle indiciaire de la fonction publique.

Le barème est relevé d'une façon conséquente, tandis que le nombre de strates qu'il comporte est réduit (de 13 à 9). Il se présente ainsi :

Population	Taux maximal (maire)
Moins de 500	12 %
De 500 à 999	17 %
De 1 000 à 3 499	31 %
De 3 500 à 9 999	43 %
De 10 000 à 19 999	55 %
De 20 000 à 49 999	65 %
De 50 000 à 99 999	75 %
De 100 000 à 200 000	90 %
Plus de 200 000	95 %

Les indemnités votées par les conseils municipaux pour l'exercice effectif des fonctions d'adjoint au maire et de membre de délégation spéciale faisant fonction d'adjoint sont au maximum égales à 40 % de l'indemnité maximale du maire de la commune (50 % dans les communes de plus de 100 000 habitants).

Cependant intervient un correctif permis par le recours à l'idée novatrice de masse globale. Du moment que le montant total des indemnités maximales susceptibles d'être allouées au maire et aux adjoints n'est pas dépassée, l'indemnité versée à tel ou tel de ces adjoints peut dépasser le maximum prévu. Le système permet de moduler le montant de l'indemnité selon les responsabilités effectivement exercées. A la même condition, il peut être versée une indemnité à un conseiller municipal titulaire d'une délégation.

Enfin, dans les villes de plus de 100 000 habitants, les simples conseillers peuvent recevoir une indemnité maximale égale à 6 % du terme de référence.

Les indemnités des conseillers généraux ou régionaux obéissent, elles aussi, à un barême qui fait référence à la population du département ou de la région.

Population départementale	Taux maximal
– de 250 000	40 %
250 000 – 500 000	50 %
500 000 – 1 000 000	60 %
1 000 000 – 1 250 000	65 %
1 250 000 et plus	70 %

Population régionale	Taux maximal
– 1 million	40 %
1 000 000 – 2 000 000	50 %
2 000 000 – 3 000 000	60 %
+ 3 000 000	70 %

Les présidents de ces conseils ont droit à une indemnité représentant 130 % du traitement de référence. Les vice-présidents ayant reçu délégation reçoivent leur indemnité majorée de 40 %, les autres membres de la commission permanente, leur indemnité de conseiller majorée de 10 %.

Ces indemnités de fonction sont soumises à imposition autonome et progressive dont le barème est fixé par la loi de finances, à l'exception d'une fraction, fixée par décret en Conseil d'Etat, représentative de frais d'emploi. Cette fraction est de 100 % dans les communes de moins de 1 000 habitants.

191 – La délicate question du cumul des mandats dissociée du statut de l'élu local est, quant à elle, aujourd'hui résolue. Deux lois, du 30 décembre 1985, la loi organique n° 85-1405 relative à la limitation du cumul des mandats électoraux et des mandats électifs par les parlementaires, et la loi n° 85-1406 sur la limitation du cumul des mandats électoraux et des fonctions électives, posent des règles, applicables à partir du 1er janvier 1987, qui vont permettre un certain renouvellement du personnel politique.

Il faut, d'abord, souligner que le cumul vertical des mandats ne présente pas, surtout dans le cadre de la réforme de décentralisation, que des inconvénients. Dans le cadre d'une pyramide administrative à quatre niveaux, le cumul des mandats est susceptible de constituer un moyen de résoudre les difficultés d'harmonisation du système. De plus, le pire des cumuls, celui des fonctions exécutives locales, se révèle maintenant pratiquement impossible en fait, tant chacune des fonctions de maire, de président du conseil général ou du conseil régional exige de disponibilité. Enfin, le cumul est une manière de pallier la faiblesse de certaines indemnités. Toutefois, la confiscation des mandats par un seul était trop critiquée pour que le législateur ne s'en préoccupe pas. Mais il n'interdit pas le cumul ; seulement, il le limite.

La première loi, la loi organique du 30 décembre 1985, décide qu'un mandat parlementaire de député ou sénateur ne peut être cumulé qu'avec un seul des mandats suivants : député européen, conseiller général, conseiller régional ou conseiller de Paris, maire d'une commune de plus de 20 000 habitants, adjoint au maire d'une commune de plus de 100 000 habitants. Quant à la loi ordinaire du même jour, elle interdit également le cumul de plus de deux mandats locaux, ainsi que le cumul entre les fonctions de président de conseil général et de président de conseil régional.

§2 - LES FONCTIONNAIRES LOCAUX

192 – C'est peut-être l'étude de la fonction publique locale qui permet de mettre le mieux en évidence la difficulté d'appliquer, dans tous les secteurs, la politique de décentralisation. Les objectifs à poursuivre, en effet, peuvent apparaître contradictoires, ainsi que les moyens de parvenir au but, une fois celui-ci choisi.

Ainsi, la décentralisation étant synonyme d'autonomie des collectivités locales, sa logique interne aurait pu conduire à la reconnaissance, au profit de l'ensemble de ces collectivités locales, du droit de déterminer le statut du personnel qu'elles recruteraient et géreraient librement. La situation dans laquelle se trouvait. en 1983 encore, les agents à statut départemental, se serait alors trouvé généralisée. Une telle solution eut été, incontestablement, conforme à la décentralisation formelle mais, en empêchant, peut-être. toute décentralisation réelle, si l'on accepte d'employer un vocabulaire généralement utilisé dans un autre domaine.

Les deux premiers volets de la politique de décentralisation ont, en effet, pour résultat d'accroître sensiblement à la fois les prérogatives juridiques et le domaine d'action des élus locaux. Pour exercer effectivement ces responsabilités nouvelles, il faut non seulement que les élus soient formés et disponibles mais encore qu'ils puissent compter sur le personnel le meilleur possible surtout si, pour des raisons à la fois budgétaires et inhérentes à la lutte contre la bureaucratie, celui-ci est limité en nombre. Il importe de retenir au niveau des collectivités des éléments de grande valeur en leur offrant des conditions d'emploi et des perspectives de carrière intéressantes. Pour œuvrer en ce sens, le gouvernement, suivi par le Parlement, décide *la création d'une grande fonction publique territoriale, à parité avec la fonction publique d'Etat,* tous les fonctionnaires bénéficiant des garanties d'emploi et de carrière dont seuls, jusqu'alors, jouissaient les fonctionnaires d'Etat. La réforme est sur ce point encore, *une réforme de continuité* : on se contente, pour l'essentiel, d'étendre le champ d'application de mesures expérimentées dans le cadre national. *C'est donc, paradoxalement, par la nationalisation du statut du personnel local que passe la mise en œuvre pratique de la décentralisation.* Il ne peut être question, toutefois, de gommer la nécessaire spécificité de la fonction publique locale, d'où l'articulation du nouveau statut général des fonctionnaires de l'Etat et des collectivités locales en trois titres qui font chacun l'objet d'une loi particulière :

– Le titre I (loi n° 83-634 du 13 juillet 1983, *JO* 14 juillet. p. 2174), qui comporte 31 articles, porte droits et obligations de tous les fonctionnaires.

– Le titre II (loi n° 84-16 du 11 janvier 1984, *JO* 12 janvier, p. 271), qui comprend 93 articles, porte dispositions statutaires relatives à la fonction publique de l'Etat.

– Le titre III (loi n° 84-53 du 26 janvier 1984, *JO* 27 janvier. p. 441) qui comporte 133 articles, porte dispositions statutaires relatives à la fonction publique territoriale. Ce titre III a été complété par la loi n° 84-554 du 12 juillet 1984 relative à la formation des agents de la fonction publique territoriale et par la loi n° 85-1221 du 21 novembre 1985 complétant et modifiant les deux textes précédents.

Enfin, la loi n° 87-529 du 13 juillet 1987, tout en reprenant les principes adoptés en 1984, les infléchit considérablement dans le sens d'un retour à l'autonomie des collectivités locales dans la gestion de leurs personnels. (Sur toutes ces questions, voir T. BEN SALAH, *fonction publique*, éd. Masson, 1992).

Le choix du législateur en faveur de la solution consistant à soumettre l'ensemble des fonctionnaires à un statut général correspond aussi, au-delà des principes, à un problème pratique, lui aussi lié à la décentralisation et provoqué par le transfert des compétences aux collectivités locales. Il est prévu, en effet, par l'article 7 de la loi du 7 janvier 1983 relative à la répartition des compétences entre les communes, les départements, les régions et l'Etat, que « tout transfert de compétences de l'Etat au profit des départements et des régions s'accompagne du transfert des services correspondants » (*supra* n° 50). De tels partages de services – déjà difficiles à réaliser – s'accompagnent d'un droit d'option ouvert au fonctionnaire qui va exercer ses fonctions dans un service transféré (l'option doit être effectuée dans un délai de 5 ans à compter du 1er janvier 1984, art. 123 de la loi du 26 janvier 1984). Outre le fait que ce droit d'option doit s'opérer en toute clarté, on voit l'avantage qu'il y a à rapprocher au maximum les deux fonctions publiques : il est difficile, au plan de la gestion, de faire coexister, dans un même service, des agents soumis à des statuts largement différents. S'il est vraiment impossible de faire coïncider fonctions territoriales et fonctionnaires territoriaux (la promulgation d'un statut favorable va aussi dans ce sens), il faut éviter les distorsions trop grandes, d'où l'optique choisie par le législateur.

193 – La solution retenue est-elle, pour autant, la seule possible ? N'aurait-on pu, pour ménager la liberté des collectivités locales, maintenir, en le rénovant, le statut de 1952 pour les communes, en laissant chaque département et chaque région fixer librement la condition de leur personnel propre ? La situation ainsi faite aux agents régionaux ou départementaux aurait pu n'être pas défavorable, ne serait-ce que par référence aux modèles existants. Par exemple, des régions comme la Lorraine ou la Bourgogne ont élaboré, en 1982, des statuts destinés à régir leur personnel, qui, « tout en se rapprochant le plus d'un statut général de la fonction publique, expriment une certaine doctrine de fonction publique régionale » (P. Ferrari « Contribution à l'étude du personnel des régions » – Colloque de Metz précité). De tels statuts, d'une part, assurent des garanties intéressantes au personnel et, d'autre part, sont directement adaptés aux missions spécifiques de la collectivité. Cependant, deux raisons essentielles imposent la création d'une fonction publique territoriale unique : d'abord, l'existence de disparités entre les agents des diverses collectivités territoriales, même à niveau identique ; ensuite et surtout, l'absence de possibilités véritables de mobilité d'une collectivité à l'autre ou d'une collectivité vers la fonction publique d'Etat. Le choix exercé par le législateur apparaît donc le meilleur si, toutefois, au niveau des moyens, il n'entrave pas trop la liberté des collectivités à l'égard de leurs collaborateurs et permet, à l'inverse, de prendre en compte les particularités des missions conférées aux collectivités et aussi cette différence essentielle entre les deux fonctions publiques : un seul employeur pour la première, plus de trente six mille pour la seconde !

L'ensemble des moyens mis en œuvre par le législateur en 1984 est axé autour de trois idées maîtresses : *l'unité, la parité, la spécificité*. A côté d'avancées significatives, il semble qu'il existe des lourdeurs, des contraintes, susceptibles sinon de favoriser une recentralisation, du moins de constituer des entraves aux initiatives locales. Le choix effectué au niveau des principes se retrouve, en effet, logiquement, dans les dispositions du statut. Elles tendent à *privilégier ce qui concerne la situation et la carrière du personnel par rapport à l'exécution des missions sous l'autorité des élus locaux* ou, en d'autres termes, l'alignement sur la fonction publique d'Etat relativement à l'adaptation aux structures propres des collectivités territoriales. Et malgré cela, la part faite à la spécificité entraîne des discriminations au plan de l'égalité.

Force est de reconnaître que ce nouveau statut, trop lourd, trop complexe, n'est pas appliqué d'une manière satisfaisante. Les institutions et mécanismes qui doivent faciliter le respect des principes d'unité et de parité ne se sont mis en place que lentement et d'une façon plus ou moins tronquée, alors même qu'ils empêchent de prendre en compte la spécificité des collectivités, au grand dam des maires et présidents qui estiment avoir perdu la nécessaire maîtrise sur les mutations et avancements de leurs agents.

Ainsi la loi du 13 juillet 1987 a pour principale ambition de redonner aux élus une grande partie des responsabilités en matière de gestion des personnels. Revenant en arrière, elle renforce l'autonomie des collectivités locales peut être, il est vrai, trop mise à mal en 1984. En même temps, elle opère une diminution souhaitable au niveau des structures.

Le nouveau statut, ainsi modifié, comporte toujours des dispositions qui rendent plus attrayantes qu'avant 1984 une carrière au service des collectivités ; mais l'intérêt local commande un certain nombre de dispositions particulières.

A) Les dispositions favorables à l'intérêt des fonctionnaires locaux.

194 – Le statut des fonctionnaires de 1983-1984 répond d'abord à une des plus vieilles revendications des personnels locaux : devenir des fonctionnaires à part entière. Depuis la promulgation de la loi du 13 juillet 1983, les agents qui travaillent au service des collectivités territoriales et de leurs établissements publics ont vocation à devenir, au même titre que les agents de l'Etat, des fonctionnaires, qui jouissent des mêmes droits et obligations.

La loi de 1987 garde le principe du rattachement au statut général de la fonction publique ; elle confirme, pour la fonction publique territoriale unique, la séparation du grade et de l'emploi, base du système de la carrière. Mais elle revient sur certains mécanismes prévus en 1984 pour faciliter la mobilité des fonctionnaires territoriaux.

1) Définition du « fonctionnaire »

195 – L'absence de définition du « fonctionnaire » dans le titre I du statut pourrait s'expliquer par l'hétérogénéité des personnels auxquels ce titre s'applique ; des définitions différentes seraient fournies en début des titres II et III régissant les fonctionnaires d'Etat, d'une part, et les fonctionnaires locaux, d'autre part. Et pourtant, les éléments qu'elles comportent, selon l'article 2 des lois du 11 janvier 1984, d'une part, du 26 janvier 1984, d'autre part, sont identiques (hormis, dans la première de ces lois une référence aux emplois « à temps complet » qui n'est pas reprise dans la seconde, ce qui est curieux puisque l'inverse existait auparavant, l'article 1 de la loi du 28 avril 1952 employant la formule « à temps complet », que l'ordonnance du 4 février 1959 n'utilisait pas). Sont fonctionnaires les personnes qui, régies par le titre I du statut général des fonctionnaires de l'Etat et des collectivités territoriales :
1) – *ont été nommées dans un emploi permanent,*
2) – *et titularisées dans un grade de la hiérarchie administrative* (« des administrations centrales de l'Etat, des services extérieurs en dépendant ou des établissements publics de l'Etat », dans un cas « des communes, des départements, des régions ou de leurs établissements publics, ainsi que des offices publics d'habitation à loyer modéré et des caisses de crédit municipal, à l'exception, pour ces dernières, des directeurs et des agents comptables » dans l'autre).

Ces deux éléments caractérisaient déjà les fonctionnaires de l'Etat et les fonctionnaires communaux. Il y a « fidélité aux principes d'organisation », traditionnels dans la fonction publique (A. Plantey « Quelques réflexions sur le nouveau statut général de la fonction publique », RDP 1984, p. 21).
– La notion d'emploi public est au centre de la définition du fonctionnaire public. Les dispositions statutaires contenues dans la loi 84-53 en tirent toutes les conséquences. Mais il faut avouer que, souvent, le stade de l'intention n'est pas dépassé.

Tous les emplois publics sont réservés aux fonctionnaires. A cet égard, le nouveau statut organise la résorption de l'auxiliariat et limite les hypothèses dans lesquelles il est possible de recruter de nouveaux non-titulaires. Sont visés les emplois saisonniers, correspondant à un besoin maximal de six mois pendant une année, les emplois occasionnels ou encore le recrutement par voie directe d'agents non-titulaires destinés à assurer le remplacement momentané de titulaires. En outre, les communes de moins de 2 000 habitants ou les groupements de communes dont la moyenne arithmétique ne dépasse pas 2 000 habitants peuvent utiliser des contrats pour pourvoir des emplois permanents correspondant au maximum à un mi-temps.

– *La notion de grade est, quant à elle, à la base de la carrière du fonctionnaire.* Le grade, distinct de l'emploi (art. 12 du titre I), est le titre personnel et permanent qui confère à son titulaire divers avantages dont le principal est la certitude d'être pourvu d'un des emplois publics correspondants.

A la notion de grade est normalement liée celle de corps. Cependant la loi de 1987, pour favoriser l'autonomie des collectivités, substitue, sauf pour la commune et le département de Paris, la technique du cadre d'emplois à celle du corps.

Le corps, c'est l'ensemble des fonctionnaires soumis au même statut particulier et pouvant prétendre successivement aux mêmes grades (chaque corps est divisé en un certain nombre de grades comprenant un certain nombre d'emplois). Le corps forme une cellule distincte au sein de la fonction publique, dont les membres ont des droits et des obligations particulières, étant donné que les garanties dérivées du statut général s'appliquent à tous les corps.

La notion de cadres d'emplois, voisine, n'a jamais fait l'objet d'une définition juridique. On peut dire qu'un cadre d'emplois groupe aussi les fonctionnaires soumis au même statut particulier et ayant vocation aux mêmes grades. Mais la gestion des corps de fonctionnaires passe par des procédures organisées au niveau national alors que la gestion des cadres d'emplois s'effectue davantage au niveau de chaque collectivité. Par exemple, l'entrée dans la carrière est rendue totalement dépendante de l'autorité locale qui décide du recrutement, alors qu'avec le système des corps, la réussite au concours signifie directement l'entrée dans la fonction publique (système de 1984).

Chaque cadre d'emplois – comme chaque corps – est donc doté d'un statut particulier et, depuis 1987, de nombreux décrets sont intervenus en la matière (Voir, par exemple, décrets n° 87-1097, 87-1099, 87-1101, 87-1103 et 87-1105 du 30 décembre 1987 portant statut particulier des cadres d'emplois des administrateurs territoriaux, des attachés territoriaux, de certains emplois administratifs de direction des communes et établissements publics locaux, des secrétaires de mairie et des rédacteurs territoriaux ; voir aussi décrets n° 87-1109, 87-1110, 87-1111 du 30 décembre 1987 portant statut particulier des adjoints administratifs territoriaux, des agents administratifs territoriaux, des agents de bureau territoriaux, décrets n° 88-547, 88-552, 88-553, 88-554 et 88-555 du 6 mai 1988 portant statut particulier des agents de maîtrise territoriaux, des agents d'entretien territoriaux, des agents de salubrité, des agents techniques territoriaux, des conducteurs territoriaux de véhicules, tous décrets modifiés par le décret n° 90-829 du 20 septembre 1990). A l'heure actuelle, 52 cadres d'emplois sont ainsi organisés au sein de la fonction publique territoriale. Les cadres d'emplois sont répartis en plusieurs filières, selon la nature des fonctions exercées : filière administrative, technique, culturelle, sportive, sanitaire et sociale. L'ensemble de cette construction est aujourd'hui terminé (voir les décrets du 3 septembre 1991 portant statut particulier des cadres des emplois de la filière culturelle et les décrets n° 92-363 à 92-368 du 1er avril 1992 portant statut particulier des cadres d'emploi de la filière sportive).

Malgré l'abandon de la technique du corps (sauf pour les agents de la commune et du département de Paris, ainsi que de leurs établissements publics), l'application des principes ci-dessus étudiés constitue un progrès incontestable pour les agents locaux. Les agents communaux, en particulier, ne connaissaient auparavant que le système de l'emploi (article 5 de la loi du 13 juillet 1972 : « L'appartenance d'un agent à l'administration communale résulte d'une titularisation dans un emploi de l'intéressé »). Elle autorise à étendre la garantie de la carrière à cette fonction publique.

Ce sont au 1/1/1994, 1 371 448 fonctionnaires locaux qui sont soumis aux titres I et III du statut général (dont 192 015 dans les régions et départements et 1 052 310 dans les communes et les établissements publics de coopération intercommunale). Il faut signaler qu'après une augmentation rapide, surtout dans les collectivités intermédiaires, le nombre des fonctionnaires locaux a tendance à stagner : du fait des difficultés financières qu'elles connaissent, les collectivités n'embauchent plus.

2) Les droits et obligations fondamentaux
(art. 6 à 11 – 25 à 30 du titre I)

196 – Le titre I du statut reprend la totalité des droits fondamentaux qui figuraient depuis 1946 dans le statut général des fonctionnaires de l'Etat et les étend à l'ensemble de la fonction publique, tout en les élargissant sur certains points. Sont ainsi reconnus :
– *Le principe de non-discrimination* entre les fonctionnaires à cause de leurs opinions politiques, syndicales, philosophiques, religieuses, de leur sexe ou de leur appartenance ethnique ;
– *la liberté d'opinion*, étendue, d'ailleurs, aux positions prises par le fonctionnaire-candidat à un mandat électif ou élu dans une assemblée ou conseil ;
– *le droit de grève* ;
– *le droit syndical et le droit de participation des fonctionnaires*, par l'intermédiaire de leurs syndicats ou de leurs délégués. Ici, se manifeste la volonté de la majorité de gauche de renforcer le rôle des syndicats : d'une part, la loi ouvre des voies nouvelles à la concertation sociale en précisant que « les organisations syndicales ont qualité pour conduire, au niveau national avec le Gouvernement, des négociations préalables à la détermination de l'évolution des rémunérations et pour débattre, avec les autorités

chargées de la gestion, aux différents niveaux, des questions relatives aux conditions et à l'organisation du travail » ; d'autre part, si l'article 9 du titre I précise que c'est par l'intermédiaire de « leurs délégués » siégeant dans les organismes consultatifs que les fonctionnaires participent à la prise des décisions relatives à l'organisation et au fonctionnement des services publics, à l'élaboration des règles statutaires et à l'examen des décisions individuelles relatives à leur carrière, ces représentants émanent tous des organisations syndicales représentatives. (Pour la fonction publique territoriale, il en va ainsi pour les représentants des fonctionnaires au Conseil supérieur de la fonction publique territoriale (art. 8 § 2 du titre III), des représentants du personnel aux commissions administratives paritaires – ce qui est nouveau ! – (art. 29 § 3) et aux comités techniques paritaires (art. 32 § 6).

On peut, d'ailleurs, manifester quelques craintes devant ce renforcement du pouvoir des syndicats. Cela risque « de stimuler la constitution et la consolidation de grandes forces de pression qui peuvent peser sur l'appareil public dans le sens de la conservation des avantages acquis plutôt que dans celui de l'adaptation aux nouveaux besoins de la société »... (A. Plantey). Par ailleurs, le monopole syndical est aussi facteur de centralisation ; il peut en résulter une certaine inadaptation aux besoins spécifiques de dialogue au niveau de l'administration territoriale.

197 – Les obligations des fonctionnaires, anciens et nouveaux, sont succinctement traitées dans le dernier chapitre du titre I.

– Les fonctionnaires doivent consacrer l'intégralité de leur activité professionnelle aux missions dont ils sont investies. Ils ne peuvent donc ni exercer une activité privée lucrative, ni prendre dans une entreprise des intérêts de nature à compromettre leur indépendance.

– Les fonctionnaires sont responsables de l'exécution des tâches qui leur sont confiées (art. 28 T. 1), mais dans le respect des instructions de leur supérieur hiérarchique, sauf le cas d'ordre manifestement illégal ou de nature à compromettre un intérêt public (ce qui n'est pas parfaitement clair, la jurisprudence étant, elle aussi, sujette à interprétations contradictoires, peut-être parce que peu fournie). Le pouvoir disciplinaire est intégralement maintenu : en cas de faute commise dans l'exercice de ses fonctions, le fonctionnaire peut faire l'objet de poursuites disciplinaires et, si la faute est grave, peut être suspendu sans attendre les résultats de la procédure – sans retenue sur le traitement –.

Les titres II et III (art. 66-76 du titre II, 89 à 91 du titre III) répartissent les sanctions disciplinaires en 4 groupes qui sont identiques pour les deux fonctions publiques, sous la réserve suivante : ne figure pas, dans le deuxième groupe de sanctions, en ce qui concerne la fonction publique territoriale, la radiation du tableau d'avancement, probablement en raison de la procédure suivie pour l'établir, qui fait intervenir d'autres personnages que l'autorité territoriale compétente pour exercer le pouvoir disciplinaire. Ces sanctions sont prononcées par l'autorité investie du pouvoir de nomination, après avis de la CAP, siégeant en formation disciplinaire.

Le fonctionnaire à l'encontre duquel une procédure disciplinaire est engagée a droit à la communication de l'intégralité de son dossier individuel et de tous les documents annexes et à l'assistance de défenseurs de son choix (art. 19 T. 1).

– Les fonctionnaires sont tenus *au secret professionnel*, dans le cadre des règles instituées par le code pénal, *à la discrétion professionnelle* dans tous les cas, sauf décision expresse de l'autorité dont ils dépendent. Mais la loi (art. 27) pose aussi le principe selon lequel les fonctionnaires ont le *devoir de satisfaire aux exigences d'information du public. Il pourrait y avoir certaines difficultés à concilier information du public et discrétion professionnelle* et, malgré les propos du ministre tendant à faire prévaloir le premier terme (déclaration de Mr Le Pors à l'AN – 2e séance du 4 mai 1983 – *JO* Déb. AN, p. 885), il n'est pas certain qu'il en aille ainsi : la violation de la discrétion est une faute et, l'habitude aidant, le fonctionnaire s'en remettra à son chef de service. Il est vrai, toutefois, que les relations entre administration et administrés sont en train de profondément se modifier (voir le décret du 28 novembre 1983) et l'article 27 du titre I du statut en est une preuve supplémentaire.

Relativement à ces questions, il faut aussi noter que le statut ne dit mot – et c'est regrettable – de l'obligation de réserve, si diverse et si controversée, ou encore, du devoir de loyauté et de neutralité.

– Enfin, les fonctionnaires se voient reconnaître *un droit à la formation permanente, assorti d'un devoir* – dans certains cas – de suivre des actions de formation professionnelle. C'est important car des mutations d'envergure sont en cours, du fait des profonds changements technologiques.

3) Les garanties d'emploi et de carrière

198 – Sous le régime de la loi de 1972, les agents locaux ne pouvaient que difficilement effectuer une carrière attrayante, en passant d'une collectivité à une autre, plus importante. Le législateur de 1984 rend la chose possible, par l'introduction dans la fonction publique territoriale des notions de corps et de statut particulier à caractère national pour chacun de ces corps ; il tente même de favoriser la mobilité entre les deux fonctions publiques en assurant la parité entre elles. La loi du 13 juillet 1987 garde l'essentiel mais, tendant à renforcer l'autonomie des collectivités locales, ne va guère dans le sens de l'instauration de réelles possibilités de mobilité entre fonction publique d'Etat et fonction publique territoriale.

Mais, en premier lieu, l'attribution d'un grade offre au fonctionnaire local une assurance non négligeable : *la stabilité de l'emploi*. La suppression d'emploi, en effet, n'entraîne pas le licenciement de l'agent protégé par son grade. Selon l'article 12 § 3 du titre I : « en cas de suppression d'emploi, le fonctionnaire est affecté dans un nouvel emploi, dans les conditions prévues par les dispositions statutaires régissant la fonction publique à laquelle il appartient ». Ces « conditions » sont fixées, pour la fonction publique territoriale, par l'article 97 du titre III. D'abord, un emploi ne peut être supprimé qu'après avis du comité technique paritaire. Alors, soit la collectivité est capable d'offrir immédiatement au fonctionnaire qui occupait cet emploi un autre emploi correspondant à son grade, soit il est pris en charge, au besoin en surnombre, par le centre de gestion compétent. Ce dernier lui propose tout emploi vacant adéquat, la prise en charge ne cessant qu'après trois refus d'emploi (dans le département pour les fonctionnaires de catégorie C ; dans la région pour les fonctionnaires de catégorie B).

Ce mécanisme est également applicable aux fonctionnaires territoriaux qui, *occupant un emploi fonctionnel, sont déchargés de leurs fonctions*. Le législateur, en effet, adopte une conception des emplois territoriaux de direction qui fait de leurs titulaires les principaux collaborateurs de l'exécutif local. Ces derniers doivent alors nécessairement intégrer dans leur action la dimension politique, mais peuvent eux-mêmes être les victimes des aléas de la conjoncture politique : les autorités exécutives des collectivités locales ont compétence, après un délai de six mois suivant le renouvellement de l'organe délibérant de la collectivité, pour mettre fin à leurs fonctions. Dans ce cas, le fonctionnaire supérieur évincé exerce un choix entre trois possibilités : soit accepter un autre emploi correspondant à son grade offert par la collectivité au service duquel il travaille – s'il lui en est proposé un – soit demander la prise en charge examinée plus haut, soit, enfin, demander à percevoir une indemnité de licenciement, au moins égale à une année de traitement. C'est donc l'agent qui choisit de quitter la fonction publique territoriale. Ce système s'applique aux emplois de directeurs des services des départements et des régions, de secrétaire général et de secrétaire général adjoint des communes de plus de 5 000 habitants, de directeur général des services techniques, ainsi que de directeur et de directeur-adjoint d'établissement public dont la liste est fixée par décret en Conseil d'Etat. (décret n° 88-546 du 6 mai 1988).

199 – En second lieu, l'élaboration du statut national propre à chaque cadre d'emplois doit favoriser la possible mobilité des fonctionnaires territoriaux entre les diverses collectivités. La fonction publique territoriale doit former un vaste ensemble au sein duquel le fonctionnaire peut faire carrière, de la petite commune jusqu'à la région, sur l'ensemble du territoire. Ce principe, réaffirmé en 1987, s'est heurté jusqu'à une date récente à la non-définition de ces statuts particuliers. Il peut commencer à s'appliquer effectivement aujourd'hui, mais la gestion décentralisée des cadres d'emplois conduit à certains blocages susceptibles de contrarier quelque peu les mutations souhaitées, surtout par les fonctionnaires des catégories inférieures : pour les catégories B et C, en effet, la publicité des créations et des vacances d'emploi et les recrutements sont assurés au niveau départemental (sinon à celui de la collectivité), ce qui ne favorise guère les mutations hors du département de départ (article 23 du tire III).

Le statut prévoit aussi des possibilités de changement de cadres d'emploi pour permettre à un agent d'intégrer un cadre de catégorie supérieure. Outre le concours interne, il existe des procédures de promotion interne sans concours, et d'intégration du fonctionnaire après détachement dans le nouveau cadre d'emploi (article 66 du Titre III). Le changement de cadre d'emplois des fonctionnaires reconnus inaptes à l'exercice de leurs fonctions est également prévu (article 81 du Titre III).

200 – Par contre, avec la loi du 13 juillet 1987 disparaît cette innovation fondamentale qu'était le passage possible de la fonction publique territoriale à la fonction publique d'Etat par la procédure de changement de corps. Le régime antérieur de 1983-1984 avait institué une telle procédure, fondée sur la notion de « corps comparables » et par le niveau de recrutement et par l'exercice de fonctions analogues. Les fonctionnaires territoriaux étant aujourd'hui organisés en cadre d'emplois, le législateur de 1987 a en conséquence supprimé cette procédure de changement de corps entre les fonctions publiques et la grille commune pour les corps comparables.

Seuls, donc, les passages classiques du concours interne et du détachement assurent la mobilité entre les deux fonctions publiques, ce qui est beaucoup plus facile dans le sens Etat-collectivités que dans l'autre sens, (et, cependant, à titre d'exemple, voir le décret n° 91-210 du 21 février 1991 fixant les conditions d'intégration dans les corps de la fonction publique de l'Etat des fonctionnaires locaux mis à disposition des services relevant du ministère de l'Education Nationale et de la Jeunesse et des Sports).

Ainsi, la commission mixte paritaire qui était prévue (art. 11 du titre III et article 18 du titre II) pour manifester l'égalité des deux fonctions publiques entre lesquelles elle devait assurer la cohérence, est maintenant, corrélativement, supprimée.

Du grand principe de parité entre les deux fonctions publiques posé par les lois de 1983-1984, il reste encore, toutefois, *l'équivalence en matière de rémunération*, organisée par la loi n° 90-1067 du 28 novembre 1990 et le décret n° 92-1305 du 15 décembre 1995 qui établit les équivalences avec la fonction publique de l'Etat des différents grades des cadres d'emploi de la fonction publique territoriale.

201 – La carrière du fonctionnaire est fondée sur l'avancement, qui lui-même devrait être lié à la notation. Hormis le dispositif complexe mis en œuvre, en matière d'avancement dans le cadre de la fonction publique territoriale, pour respecter les pouvoirs des maires, d'une part, des centres de gestion, d'autre part, les règles posées sont identiques pour les deux fonctions. Or, il semble que là encore, les syndicats de fonctionnaires aient été entendus car, malgré les dénégations ministérielles, le système de la notation perd de son importance. L'article 17 du titre I prévoit expressément la possibilité de ne pas organiser un tel système dans les statuts particuliers : d'autre part, le caractère annuel de la notation n'est pas repris par la loi. Enfin, lorsque la notation aura lieu, l'autorité compétente sera tenue de communiquer aux agents non seulement la note chiffrée, mais aussi l'appréciation générale (qui, auparavant, ne pouvait être demandée que par l'intermédiaire de la commission administrative paritaire). Il y a tout lieu de penser que, dans ces conditions, la notation ne sera plus qu'une simple formalité, sans grande conséquence sur l'avancement, appuyé de plus en plus sur l'ancienneté, qu'il soit d'échelon ou de grade. Il reste, toutefois, pour les sujets les plus brillants, la voie des concours professionnels pour bénéficier – hors ancienneté – d'un avancement de grade rapide.

On peut dire, finalement, que l'objectif principal du législateur, à savoir la constitution d'une fonction publique territoriale capable de garder des éléments de valeur, est atteint. Mais la rigidité du système de la carrière s'accommode mal de l'autonomie des collectivités territoriales et le législateur, par la loi du 13 juillet 1987, recherche un nouvel équilibre entre ces deux pôles. Ce nouvel équilibre passe par la simplification de l'architecture de la fonction publique territoriale, par trop complexe et surtout, on l'a déjà dit, par le rétablissement des prérogatives des autorités locales sur la gestion de leur personnel.

B) Une organisation plus respectueuse de l'intérêt local.

202 – Pour offrir aux agents locaux des garanties de carrière incontestables, il a paru nécessaire au législateur de 1984 de porter atteinte aux pouvoirs discrétionnaires – parfois exorbitants – que détenaient les maires, et de confier les pouvoirs ainsi enlevés aux élus à de nouvelles structures, lourdes et complexes. Le Conseil constitutionnel, par sa décision n° 83-168 DC des 19-20 janvier 1984 (*JO* 21 janvier, AJDA 1984, p. 257, note NEMERY), a déclaré conformes à la Constitution la plupart des dispositions qui, pourtant, paraissaient peu respectueuses de la décentralisation. Mais le législateur de 1987, tenant compte à la fois du bilan fort décevant de l'application de telles dispositions et du désir des élus locaux de retrouver certaines de leurs responsabilités antérieures en matière de gestion des personnels, décide de mettre effectivement en place la fonction publique territoriale mais en l'adaptant aux exigences de la décentralisation.

On examinera d'abord succinctement l'architecture de la nouvelle fonction publique locale, avant de se pencher sur deux questions particulièrement controversées : celle de la réalité du pouvoir du maire sur les agents communaux, celle des attributions du Conseil supérieur de la fonction publique territoriale.

1) L'architecture de la fonction publique territoriale

203 – Les dispositions relatives aux organes de la fonction publique territoriale occupent 26 articles du titre III du statut, alors que, pour la fonction publique de l'Etat, seulement six articles y sont consacrés. Cette simple constatation montre bien que les problèmes à résoudre par le biais de la création d'organes sont beaucoup plus nombreux et complexes dans un cadre que dans l'autre. Certes, les institutions intercollectivées territoriales mises en place par la loi du 26 janvier 1984, lourdes et onéreuses, ont vu leur nombre diminuer et les attributions de celles qui subsistent se réduire du fait du retour à l'autorité locale de la plupart des prérogatives concernant la gestion des fonctionnaires territoriaux ; mais le système de la carrière implique le maintien d'organes centralisés d'aide à la gestion, à côté d'institutions de formation et aussi d'instances plus classiques, au sein desquelles s'exprime le droit de participation des fonctionnaires.

204 – *Le Conseil supérieur de la fonction publique territoriale*

Organisme paritaire, il est composé de représentants des élus locaux désignés par des collèges de maires, présidents de conseil général et présidents de conseil régional, tandis que les délégués du personnel sont les représentants des organisations syndicales représentatives, selon les résultats obtenus aux élections locales des commissions administratives paritaires.

Ce conseil remplissait les mêmes fonctions que son homologue d'Etat. La loi du 13 juillet 1987 lui a ôté tout pouvoir en matière disciplinaire (il était saisi en appel des avis des conseils de discipline de chaque corps). Ne lui restent plus que ses fonctions de conseil et aussi de propositions. Son pouvoir de consultation s'étend à l'ensemble des textes législatifs et réglementaires relatifs à la fonction publique territoriale. Ses fonctions de propositions ne peuvent jouer aujourd'hui qu'en matière statutaire ou pour les questions dont il est saisi par le ministre chargé des collectivités territoriales. En outre, le Conseil Supérieur peut procéder à toutes études sur l'organisation et le perfectionnement de la gestion du personnel territorial et doit constituer une documentation et tenir à jour les statistiques d'ensemble concernant la fonction publique territoriale.

205 – *Les centres de gestion* : pièces les plus neuves de l'édifice, sont chargés d'un certain nombre de tâches qui apparaissent devoir être soustraites à l'action des collectivités individuellement considérées pour garantir la carrière des fonctionnaires. Ces centres sont dirigés par un conseil d'administration composé d'élus locaux représentant chaque groupe de collectivités. Ils « constituent une catégorie nouvelle d'établissements publics sans équivalent avec les catégories d'établissements publics existantes » (décision du Conseil Constitutionnel précitée n° 202) et, de ce fait, relèvent de la compétence législative pour tout ce qui concerne leur organisation et leurs missions.

Les attributions de ces centres de gestion ont été singulièrement réduites par la loi du 13 juillet 1987, par rapport au statut de 1984. Ce dernier enlevait aux élus la plupart de leurs compétences en matière de recrutement, de mutation et d'avancement de grade. Ces pouvoirs leur sont en grande partie restitués et *les centres de gestion ne sont plus, finalement, que des organismes d'aide à la gestion*. Dès lors, l'affiliation à ces centres de toutes les collectivités territoriales perd son caractère automatique et, par exemple, ce n'est qu'en sa seule qualité d'établissement chargé de la formation que le nouveau Centre national de la fonction publique territoriale regroupe toutes les collectivités et tous les établissements.

206 – Le Centre national de la fonction publique territoriale (CNFPT) est un établissement public à caractère administratif créé par la loi du 13 juillet 1987, en remplacement de deux organismes mis en place par le statut de 1984 : le centre national de gestion et le centre national de formation. Le nouvel établissement souffre donc depuis sa création, de la dualité de sa mission : il exerce à la fois certaines activités de gestion et des activités de formation. Le législateur insiste à plusieurs reprises sur la primauté de la formation mais, dans la réalité, les ressources consacrées à cette fonction prioritaire, du fait de l'impossibilité pratique d'augmenter le taux de la cotisation prélevée sur la masse salariale versée par les collectivités locales (1 %), dépendent des coûts engendrés par les tâches de gestion. D'autre part, on ne peut respecter la parité entre élus locaux et fonctionnaires dans un organisme qui s'occupe de gestion. Composé au départ uniquement de représentants des élus, le conseil d'administration qui dirige le CNFPT n'a admis en son sein des représentants des organisations syndicales de fonctionnaires territoriaux qu'avec la loi n° 89-19 du 13 janvier 1989 (au moins un siège pour chaque organisation syndicale membre du Conseil supérieur de la fonction publique territoriale), qui, par ailleurs, porte à trente quatre le nombre des membres du Conseil. Ce Conseil d'administration élit, en son sein, le président de l'établissement et deux vice-présidents, l'un parmi les représentants des collectivités, l'autre parmi les représentants des syndicats. Par contre, le Conseil est assisté, dans ses tâches relatives à la formation, par un conseil d'orientation, qui, lui, respecte le principe de parité. Ce conseil d'orientation paritaire peut faire toutes propositions en matière de formation et élabore, chaque année, un projet de programme de formation à partir des plans élaborés par les collectivités.

En matière de gestion, le CNFPT n'intervient, en général qu'en ce qui concerne les fonctionnaires de catégorie A. Pour ces derniers :

- il assure les concours de recrutement et les examens professionnels ;
- il assure la prise en charge des fonctionnaires momentanément privés d'emplois ;
- il assure la bourse de l'emploi, en procédant à la publicité des vacances d'emplois et à la publicité des tableaux d'avancement dressés par les collectivités et établissements.

En matière de formation, le CNFPT est l'unique établissement compétent, alors que le statut de 1984 prévoyait une certaine forme de décentralisation avec la création de centres régionaux de formation (qui n'ont jamais vu le jour). Toutefois, des structures déconcentrées sont mises en place avec l'institution obligatoire des délégations régionales, placée sous l'autorité d'un délégué, élu local désigné par le conseil d'administration du CNFPT.

Ce délégué est assisté d'un conseil d'orientation local qu'il préside.

Le CNFPT est chargé de définir la politique générale de formation professionnelle des agents de la fonction publique territoriale, d'établir les programmes de formation correspondants et de mettre en œuvre, au niveau national ou au niveau local, les diverses actions de formation qui en découlent.

Les principales actions en la matière concernent l'organisation des formations initiales préalables à la titularisation dans la fonction publique territoriale, la préparation aux concours, la formation continue et la formation professionnelle, ainsi que la mise en place d'action de recherches concernant l'une ou l'autre de ces formations. Elles peuvent être réalisées par le centre national lui-même, par les collectivités (qui peuvent, en outre, organiser leurs propres actions complémentaires) ou par des organismes dispensateurs de formation, comme l'université, liés par convention au CNFPT ou à ses délégations.

207 – *Les centres de gestion*, établissements publics administratifs, sont organisés au niveau de chaque département (quoiqu'un centre de gestion pourrait être interdépartemental). L'affiliation obligatoire à ces centres ne concerne plus que les communes et leurs établissements qui emploient moins de trois cent cinquante fonctionnaires titulaires et stagiaires à temps complet, étant donné que sont pris en compte au titre des fonctionnaires de la commune ceux qui exercent leurs fonctions dans le centre communal d'action sociale ou la caisse des écoles ; les communes qui n'emploient que des fonctionnaires à temps non complet sont aussi obligatoirement affiliées de même que les offices publics d'aménagement et de construction. Les autres communes, les départements, les régions et leurs établissements peuvent s'affilier volontairement. Les centres de gestion sont administrés par des conseils d'administration exclusivement composés de représentants des collectivités (15 à 30).

Il importe de distinguer les missions remplies par le centre de gestion à l'égard de l'ensemble des collectivités et établissements du département et celles qui concernent uniquement ceux et celles qui sont affiliés. Pour les premiers, ils gèrent une bourse de l'emploi, par la publicité des créations et des vacances des emplois de catégories B et C ; ils publient également – comme le fait le CNFPT à l'échelon national – les tableaux d'avancement dressés par les autorités locales compétentes, prennent en charge les fonctionnaires des catégories B et C privés d'emploi et assurent le reclassement de ces fonctionnaires physiquement inaptes. En général, ils peuvent, à la demande des collectivités et établissements affiliés, assurer toute tâche administrative concernant leurs agents.

Pour les seconds, ils organisent les concours de recrutement (sauf ceux qui le sont par le CNFPT pour les fonctionnaires de catégorie A) selon les nouvelles modalités fixées par le décret n° 95-1116 du 19 octobre 1995. Des conventions peuvent, d'ailleurs confier aux centres de gestion l'organisation de concours et examens pour le compte des collectivités et établissements non affiliés, en prévoyant les remboursements des dépenses correspondantes. De toute manière, les centres assurent la publicité des listes d'aptitude résultant des concours et examens. Enfin, les centres de gestion assurent le fonctionnement des commissions administratives et des conseils de discipline.

208 – Il existe une commission administrative paritaire par catégorie de fonctionnaires (A, B et C) auprès de chaque centre de gestion et auprès de chaque collectivité non affiliée à un centre de gestion. Ces commissions comprennent en nombre égal des représentants de l'autorité territoriale (désignés par les élus membres du conseil d'administration du centre de gestion pour les commissions placées près de lui) et des représentants du personnel élus sur des listes présentées par les organisations syndicales représentatives.

Ces commissions sont appelées à connaître, ce qui est traditionnel dans le cadre de la fonction publique, de la plupart des décisions affectant la carrière des agents (les refus de titularisation, les affectations, mutations, détachements, mises à disposition, les décisions relatives à la notation, à l'avancement d'échelon et de grade, les sanctions disciplinaires autres que l'avertissement ou le blâme, etc.). Cependant, particularité de la fonction publique territoriale, lorsqu'elles siègent en conseil de discipline, ces commissions sont présidées non pas par le représentant de l'autorité territoriale habituellement président, mais par un magistrat de l'ordre judiciaire.

Auprès de chaque centre de gestion départemental ou de chaque collectivité ou établissement employant plus de cinquante agents, est institué *un comité technique paritaire* régi par le décret n° 85-565 du 30 mai 1985. Les représentants du personnel sont élus à la représentation proportionnelle, les listes étant présentées par les organisations syndicales représentatives. Ces comités techniques paritaires sont compétents pour connaître des questions concernant l'organisation et le fonctionnement des administrations locales, les programmes de modernisation des méthodes et techniques de travail et leur incidence sur la situation du personnel, les grandes orientations à définir pour l'accomplissement des tâches de l'administration concernée, les problèmes d'hygiène et de sécurité. La loi fait obligation à l'autorité territoriale de présenter, au moins tout des deux ans, au comité un rapport complet sur les moyens budgétaires et en personnel de la collectivité ou de l'établissement. Ce rapport dresse le bilan des recrutements, des avancements, des actions de formation et des demandes de travail à temps partiel prévues par la loi n° 94-628 du 25 juillet 1994. Un débat suit la présentation de ce rapport.

Il est à noter que des comités d'hygiène et de sécurité spécifiques doivent être créés dans les collectivités employant 200 agents ou plus dans un ou plusieurs services comportant des risques professionnels particuliers. Ces comités ont également une composition paritaire et, outre les avis qu'ils donnent sur toutes les questions intéressant l'hygiène et la sécurité, ils ont la possibilité de procéder à des enquêtes à l'occasion des accidents de service ou de la survenance de maladies professionnelles.

2) La liberté de gestion des autorités locales

209 – L'autorité territoriale est quasiment restaurée dans la plénitude de ses pouvoirs, par le législateur de 1987, en ce qui concerne le recrutement des agents et la gestion de ceux-ci, particulièrement pour l'avancement de grade.

La procédure de recrutement instaurée en 1984 tentait de concilier deux impératifs opposés : le principe de libre accès aux emplois publics et le principe de libre administration des collectivités locales. Elle prévoyait, à l'issue des concours organisés par les centres de gestion, l'établissement d'une liste de classement par ordre de mérite ; le centre de gestion proposait à l'autorité territoriale tel candidat en fonction des préférences prises en compte selon l'ordre de mérite ; le maire n'était pas obligé de nommer le candidat mais la collectivité qui a refusé devait verser au centre de gestion un cinquième du traitement brut correspondant à l'emploi jusqu'à nomination du lauréat. Ce système est aujourd'hui abandonné, pour revenir à la liberté de recrutement au niveau local.

Il y a d'abord extension du procédé contractuel. Surtout, après le concours, il y a retour au système de la liste d'aptitude : le jury y fait figurer par ordre alphabétique les lauréats du concours et les lauréats des concours précédents qui n'auraient pas trouvé d'emploi et qui rempliraient encore les conditions pour demeurer inscrits sur la liste. L'autorité territoriale, même lorsqu'elle a déclaré un emploi vacant, n'est pas contrainte de recruter un lauréat. Si elle le fait, elle choisit librement sur la liste. En cas d'accord entre la collectivité et le candidat, l'affectation est prononcée, l'autorité territoriale procède à la nomination et l'agent est placé en position de stagiaire avant d'être titulaire.

210 – La loi du 13 juillet 1987 restitue aux autorités locales la maîtrise de gestion des personnels qu'elles ont recrutés. C'est à l'intérieur de la collectivité que se déroule à nouveau la carrière du fonctionnaire territorial. En particulier, le maire, après avis de la commission administrative paritaire compétente, établit le tableau d'avancement de grade.

Dans le système de 1984, l'autorité territoriale ne faisait que proposer au centre de gestion, dans un ordre déterminé, la liste des fonctionnaires susceptibles d'être promus. Le centre établissait le tableau d'avancement général, au niveau du centre et le maire ne pouvait prononcer l'avancement que des fonctionnaires inscrits sur le tableau. Aujourd'hui, cette procédure, qui offrait des garanties de carrière inter-collectivités aux fonctionnaires locaux, est abandonnée. Alors, le fonctionnaire inscrit sur le tableau d'avancement pour l'accès au grade supérieur (comme celui reçu à un concours interne) doit donc rechercher lui-même, en se servant de la bourse de l'emploi tenue par le centre de gestion ou... de ses relations, l'emploi correspondant chaque fois que sa collectivité, trop petite démographiquement, ne pourra le lui offrir.

Il n'y a donc plus gestion collective des corps de fonctionnaires locaux par des organismes extérieurs aux collectivités locales. Le système de la carrière demeure, on l'a vu, mais est réduit au noyau dur minimum. De nombreux éléments, empruntés au système de l'emploi tel qu'il était pratiqué avant 1984, y sont réintroduits, afin de favoriser la liberté d'action des autorités territoriales. Un nouvel équilibre est ainsi réalisé ; il permet de constituer effectivement la fonction publique territoriale, ce qui n'avait pu être fait avec les procédures mises en place par la loi du 26 janvier 1984. Il permet également de réduire les coûts, qui s'étaient sensiblement alourdis, les cotisations s'ajoutant les unes aux autres, du fait d'une architecture beaucoup trop lourde. Mais ce compromis, peut être le meilleur, n'assure plus aux fonctionnaires territoriaux le déroulement harmonieux d'une carrière intercollectivités territoriales. Alors, le risque réapparaît que les meilleurs éléments se détournent de la fonction publique territoriale, trop aléatoire, même si les emplois offerts peuvent se révéler plus intéressants que ceux, de rang similaire, de la fonction publique d'Etat.

Section II

LES RESSOURCES FINANCIERES

211 – La réforme de décentralisation, sur ce point, relance encore le débat, jamais véritablement clos. On a craint que l'Etat ne cherche à se décharger sur les collectivités locales d'un certain nombre de charges qu'il ne désirait plus ou ne pouvait plus assumer lui-même ; d'où l'insistance du législateur quant au principe de compensation : chaque transfert de compétences sera accompagné d'un transfert de ressources correspondantes (art. 102 de la loi du 2 mars 1982 ; articles 5 et 94 de la loi du 7 janvier 1983).

Mais, en cette période de stagnation, sinon de récession, dans laquelle la situation budgétaire de l'Etat a tendance à devenir aussi alarmante que celle de nombre de collectivités territoriales, il est certain que les inquiétudes ne sont pas calmées par des affirmations, d'ailleurs fort délicates à mettre en œuvre en pratique. Il faut, de plus, dépasser le stade de la stricte compensation. Et, quoique le Gouvernement sache pertinemment que c'est sur ce terrain que sa volonté décentralisatrice sera jugée, il ne semble pas que le moment soit propice pour mener un travail de réflexion générale sur la place et le rôle respectif de l'Etat et des collectivités dans la nation. Malgré l'assurance donnée par l'article 1er de la loi du 2 mars, selon laquelle doit intervenir une loi sur « la répartition des ressources publiques résultant des nouvelles règles de la fiscalité locale et des transferts de crédits de l'Etat aux collectivités locales », la redéfinition globale des rapports financiers entre l'Etat et ses partenaires locaux n'est probablement pas pour l'immédiat.

Il ne s'agit pas, pour autant, d'écrire que rien n'a été fait, en faveur des collectivités locales, sur le plan financier, le travail ayant, du reste, commencé avant la réforme de 1982. En ce domaine aussi, l'autonomie des collectivités a fortement progressé depuis quelques années, mais sans que soit remis en cause d'une façon conséquente les flux financiers existants.

D'où le paradoxe. D'une part, les dépenses locales – même si elles ont tendance à stagner en fin de période – ont considérablement augmenté depuis 1982, surtout entre 1982 et 1985, puis entre 1990 et 1994 : par rapport au PIB, elles sont passées de 8,4 % en 1982 à 9,7 % en 1993 (828 milliards de francs). De ce fait, la fiscalité locale, qui représentait 15 % de la fiscalité en 1982, dépasse 25 % en 1993. Dans le même temps, en francs constants, l'encours de la dette augmente de 67 % (580 milliards). Il est de 659 milliards en 1995... Le principe de libre administration des finances locales est affirmé, sous réserve d'un contrôle *a posteriori* plus rigoureux. Mais, d'autre part, aucune réforme d'ensemble n'a été accomplie, et, en particulier, les inégalités spatiales n'ont pas été réduites.

Ce sont ces deux aspects du problème des ressources financières des collectivités locales que nous voudrions rapidement évoquer dans le cadre de cet ouvrage, car ils sont intimement liés à la décentralisation. Il ne sera évidemment pas question d'une étude technique des diverses ressources, étude qui trouve sa place dans des manuels spécialisés.

§1 – UNE PLUS GRANDE AUTONOMIE FINANCIERE DES COLLECTIVITES

212 – Elle se manifeste à trois niveaux principaux :
– les collectivités locales bénéficient de davantage de liberté quant à la fixation des impôts directs ;
– les transferts financiers de l'Etat vers les collectivités ont lieu sous forme de dotations globales et non de subventions spécifiques ; ces dotations obéissent, tant pour leur révision annuelle que dans leurs modalités de répartition, à des formules de variation automatique qui écartent tout arbitraire gouvernemental ;

– les ressources d'emprunt sont, elles aussi, globalisées – du moins pour les communes d'une certaine importance – et l'Etat n'apparaît plus comme l'arbitre obligé en la matière.

A) La fiscalité locale

213 – Les recettes fiscales des collectivités locales atteignent, 354,7 milliards de francs en 1994 et 387 milliards de francs en 1995.

Pour 1994, selon le directeur général des collectivités locales au ministère de l'Intérieur, la structure de la fiscalité locale était la suivante : fiscalité directe 276,6 milliards (taxe d'habitation 57,3 ; foncier bâti 66,5 ; foncier non bâti 6,1 ; taxe professionnelle 128,8 ; autre fiscalité directe 18,5), fiscalité indirecte 59,9 milliards (dont taxe de publicité foncière 20 milliards et vignette automobile 13,1 milliards), taxe d'enlèvement des ordures ménagères 13 milliards, taxe liées à l'urbanisme 5,2 milliards. La liberté des collectivités en la matière est fort étendue.

Or, si les élus locaux pouvaient déterminer la somme globale qu'ils désiraient recouvrer par la voie de ces impôts (depuis 1987 seulement pour les élus régionaux), ils n'avaient pas la possibilité d'en fixer la répartition entre les quatre taxes. La loi du 10 janvier 1980, pour les communes et les départements, celle du 30 décembre 1987 pour les régions, mettent fin à cette limitation importante du pouvoir des élus : depuis 1981 (1989 pour les régions), ces derniers font varier librement, par rapport à celui appliqué l'année précédente, le taux de chacune des quatre taxes. Cette liberté nouvelle se trouve, certes, encadrée par l'institution de plafonnements et d'indexations afin surtout de ne pas imposer à l'excès les entreprises par rapport aux autre contribuables ; mais la loi du 29 décembre 1988 en a assoupli le mécanisme. Cependant, le maintien de ces liens entre le taux des taxes décourage les petites collectivités à pratiquer la variation différenciée des taux.

De plus, les collectivités locales se voient reconnaître le droit de *personnaliser* quelque peu des taxes assises surtout (intégralement pour la taxe d'habitation ou les taxes foncières) sur la valeur locative réelle des biens.

Cependant, la réforme de fond qui consistait à remplacer à terme la valeur locative cadastrale par le revenu du contribuable pour le calcul de la taxe d'habitation, initiée par la loi n° 90-669 du 30 juillet 1990, a échoué.

Il existe, cependant, une multitude de dégrèvements, abattements ou exonérations. S'ils sont obligatoires, ils sont compensés par l'Etat (64,3 milliards en 1995), mais ils peuvent également, en certains domaines, être institués par la collectivité concernée (abattement facultatif général qui s'ajoute à l'abattement obligatoire pour charges de famille en ce qui concerne la taxe d'habitation par exemple).

Il convient de noter, enfin, que la loi n° 90-669 du 30 juillet 1990 détermine les conditions dans lesquelles seront opérées les révisions générales des évaluations cadastrales des immeubles bâtis et non bâtis retenus pour l'assiette des impositions directes locales. Cette actualisation des bases d'imposition qui a fait intervenir de nombreuses commissions communales et départementales d'évaluation, s'est achevé en 1993. Cependant, l'utilisation de nouvelles bases est renvoyé en 1997, dans la crainte des transferts de charges qu'elle est susceptible de provoquer.

B) Les dotations globales

214 – Elles sont au nombre de trois :
– la dotation globale de fonctionnement, créée par la loi du 3 janvier 1979 ;
– la dotation globale d'équipement dont le principe est posé par la grande loi du 2 mars 1982 ;
– la dotation générale de décentralisation, liée aux transferts de compétence entre l'Etat et les collectivités locales et dont nous reportons l'étude technique au § 2.

Ces trois dotations ont une origine différente donc n'ont pas exactement la même valeur au regard de la décentralisation. Cependant, elles présentent toutes trois les deux caractères suivants :
– Elles s'analysent en un transfert du budget de l'Etat vers celui des collectivités locales. Il s'agit donc d'une ressource dont l'Etat garde la maîtrise. Le législateur, s'il veut éviter l'arbitraire, doit fixer sur des critères objectifs les modalités de répartition et de révision de ces dotations. Il faut cependant reconnaître que les lois de finances et même la plupart des lois rattachées à la réforme de décentralisation remanient constamment les techniques de calcul de ces dotations.
– Elles constituent *des ressources globales et non affectées* dont les collectivités ont la libre utilisation, du moins dans la limite de la section budgétaire à laquelle chacune d'elles est inscrite. Il est évident que la première figure en section de fonctionnement et la seconde dans la section d'investissement. Quant à la dotation générale de décentralisation, elle devait être inscrite pendant trois années au budget de fonctionnement des communes et départements ; passé ce délai, elle peut être utilisée pour des investissements (la région qui ne perçoit ni DGF, ni DGE, devra obligatoirement et définitivement inscrire la DGD à son budget de fonctionnement).

Ce système des dotations versées par l'Etat aux collectivités locales constitue un progrès fondamental par rapport aux pratiques antérieures. Cependant, il se cherche encore, d'où ces aménagements constants dont elles font l'objet. C'est que l'on veut se servir du système pour des objectifs multiples. Il s'agit d'abord de réguler les rapports financiers entre Etat et collectivités locales : cela demande une certaine stabilité. C'est pourquoi la loi des finances pour 1996 a décidé que les dotations de l'Etat formeront un ensemble qui, pour les trois ans à venir, évoluera selon l'évolution des prix à la consommation (hors tabacs). Mais, en même temps, on veut se servir des ces dotations pour diminuer les inégalités spatiales : d'où l'introduction d'une certaine péréquation, sans sacrifier les droits acquis. Difficile travail qui porte sur des sommes atteignant en 1995, 232,4 milliards de francs.

215 – *La dotation globale de fonctionnement*, subvention de l'Etat aux budgets de la commune et du département, s'est substituée, en vertu de la loi du 3 janvier 1979, à divers versements effectués jusqu'alors au profit des budgets locaux (versement représentatif de la taxe sur les salaires, versement représentatif de la taxe sur les spectacles, subvention pour dépenses d'intérêt général). Ses modalités de calcul et de répartition, profondément modifiées par la loi n° 80-1102 du 31 décembre 1980, puis par les lois de finances pour 82 et 83, font à nouveau l'objet de la première section de la loi n° 83-1186 du 29 décembre 1983 portant modification des dispositions relatives aux relations financières et aux transferts de compétence entre l'Etat et les collectivités locales...

Elle a été profondément réformée par la loi n° 85-1268 du 29 novembre 1985, réforme qui est entrée intégralement en application en 1991, après une période transitoire de cinq années.

Mais cette loi a été fortement modifiée, à son tour, par la loi n° 93-1436 du 31 décembre 1993 qui a simplifié le dispositif général mais accentué la liaison avec les objectifs d'aménagement du territoire, puis par la loi n° 96-241 du 26 mars 1996 qui a modifié les modalités de répartition de la dotation entre les collectivités bénéficiaires.

Jusqu'en 1989, la DGF était assise et indexée sur la TVA. Aujourd'hui, le volume de la DGF (99 812 millions en 1995) évolue suivant l'indice des prix hors tabac, le taux de croissance du PIB de l'année en cours étant également pris en compte pour 50 % de son montant, sous réserve que celui-ci soit positif.

La DGF est divisée en deux parts, communale et départementale, dont les modalités de répartition font l'objet de la loi du 26 mars 1996.

La DGF des communes et de leurs groupement comporte désormais deux grandes parties : la dotation forfaitaire et la dotation d'aménagement. La dotation forfaitaire, de loin la plus importante (92 % de l'ensemble) regroupe toutes les attributions qui avaient été mises en place par la loi de 1985 : dotation de base calcultée par habitant et identique pour les communes d'un même groupe démographique, dotation de péréquation attribuée en fonction de l'effort fiscal et du potentiel fiscal et dotation de compensation qui prend en compte les charges particulières des communes : nombre d'enfants scolarisés, longueur de la voirie, nombre de logements sociaux. Les dotations supplémentaires à certaines communes sont également prises en compte. Cette dotation forfaitaire doit connaître une progression minimale plafonnée.

La dotation d'aménagement comprend trois fractions : la dotation aux groupements de communes à fiscalité propre (4 milliards en 1995), la dotation de solidarité urbaine (DSU), et la dotation de solidarité rurale (DSR) (2,3 milliards pour les deux). Le montant de cette dotation globale d'aménagement, différence entre l'ensemble des ressources de la DGF et celles affectées à la dotation forfaitaire, est très faible par rapport aux objectifs d'aménagement du territoire et à ceux de réduction des inégalités spatiales, voulus par la réforme de 1993. La loi du 26 mars 1996 décide à cet égard que, pour 1996, le montant des crédits affectés à la DSU sera égale à 57 % du solde et que, à compter de 1997, l'augmentation de ce solde serait répartie entre DSU et DSR de manière à ce que chacune reçoive 45 % au moins et 55 % au plus.

La DSU est attribué aux trois premiers des quatre groupes de communes de plus de 10 000 habitants les moins riches. Ces communes sont classées en fonction de la valeur décroissante d'un « indice synthétique de ressources et de charges » qui prend en compte surtout le potentiel fiscal par habitant, l'importance des logements sociaux ou des logements financés par des prestations d'aide. Le premier dixième des communes de 5 000 à 9 999 habitants, classées selon les mêmes critères, est également éligible à la DSU. Quant à la DSR, elle concerne les bourgs-centres et les communes de moins de 10 000 habitants ayant un faible potentiel fiscal.

La DGF des départements n'a été que peu touchée par les réformes de 1985 et 1993, quoique l'effet de péréquation ait été accentué au profit des départements à faible potentiel fiscal, par l'assurance d'une dotation de fonctionnement minimale et par la création d'un mécanisme de solidarité financière entre départements. Représentant environ 17 % de la DGF totale, la DGF des départements comporte toujours les deux mêmes éléments principaux : la dotation forfaitaire (45 %) qui reflète la richesse de la collectivité concernée et qui est donc fonction du produit dégagé par chaque département au titre des diverses recettes, taxes et redevances ; la dotation de péréquation (55 %) qui est répartie pour une part en fonction des impôts levés sur les ménages et, pour une autre part, selon le critère de l'insuffisance du potentiel fiscal.

216 – *La dotation globale d'équipement*

La globalisation des subventions d'équipement est liée à la suppression des tutelles car c'est par le biais des subventions spécifiques que les divers ministères, tout en développant chacun une politique particulière d'aides publiques en marge du plan, imposaient le plus facilement des normes techniques spéciales aux communes et aux départements. Déjà, le décret du 10 mars 1972 avait posé le principe d'une subvention globale d'équipement non affectée, mais il n'avait pas été suivi d'effets pratiques. La loi du 2 mars 1982 crée (art. 103) cette dotation globale dont le régime est précisé aux articles 101 et suivants de la loi du 7 janvier 1983 et assez profondément modifié, d'abord par les articles 69 et suivants de la loi du 22 juillet 1983, puis par les articles 12 et suivants de la loi du 29 décembre 1983, et par la loi n° 85-1352 du 20 décembre 1985 qui tient compte du problème spécifique des petites communes qui n'investissent pas régulièrement et réduit, dès lors, le champ d'application effectif du système de subvention globale non affectée.

Cependant, c'est la voie inverse qui est choisie, pour la DGE des communes, par la loi de finances pour 1996 (article 33). En effet, dans le cadre d'un pacte de stabilité passé entre l'Etat et les collectivités locales, pacte selon lequel, dans un périmètre qui englobe DGF et DGE, les dotations aux collectivités locales ne peuvent évoluer plus vite que l'indice des prix, il est décidé de supprimer la première part de la DGE des communes, la seule qui corresponde à l'idée de subvention globale non affectée, afin de laisser la DGF évoluer normalement sans en modifier les critères d'attribution (+ 3,55 % pour 1996). Ainsi, contrairement à ce qui avait été imaginé en 1985, la DGE est aujourd'hui surtout conçue pour aider les petites communes de moins de 2 000 habitants, et, sur option, les communes de moins de 20 000 habitants. En revanche, mais dans cette même optique, la DGE des départements ne subit pas de telles modifications, l'enveloppe départementale passant, à l'inverse, de 1,4 milliards en 95 à 2,2 milliards en 1996.

Il faut se rendre compte que si la dotation globale d'équipement favorisait la liberté des collectivités locales, elle n'a malheureusement jamais constitué un élément primordial des décisions d'investissement. Son taux représentait, à titre d'exemple, 1,54 % en 1994...

Toujours est-il qu'aujourd'hui, sont éligibles les communes et leurs groupements de moins de 20 000 habitants, à condition, pour les communes, d'avoir un potentiel fiscal moyen par habitant inférieur à 1,3 fois le potentiel fiscal moyen des communes de moins de 20 000 habitants.

Entre les communes éligibles, ce sont les projets d'investissements réels qui sont pris en compte pour l'attribution.

Quant aux enveloppes départementales, elles sont toujours fondées sur les mêmes critères, à savoir la population, le potentiel fiscal, la longueur de la voirie et les dépenses d'aménagement foncier.

217 – *La dotation générale de décentralisation* est directement liée aux transferts de compétences dont elle assure la stricte compensation financière. Elle n'ajoute donc à l'autonomie des collectivités locales que dans la mesure où la dotation, inscrite à la section de fonctionnement de la collectivité, est utilisée librement par elle, indépendamment, théoriquement du moins, des différents postes pris en compte pour son calcul. Mais, puisqu'il s'agit purement et simplement d'une opération destinée à équilibrer au plan comptable la nouvelle répartition des attributions entre l'Etat et les collectivités locales, son étude servira d'illustration à l'idée de base du § 2, idée selon laquelle la réforme de décentralisation n'a pas suscité, jusqu'alors, de réflexion sur le niveau souhaitable des ressources réciproques de l'Etat et des collectivités.

Pour 1995, la DGD représente 13 569 millions de francs, auxquels il convient d'ajouter 1 218 millions pour la Corse. Il faut cependant remarquer que, le principe de globalisation est, en la matière, de plus en plus écorné : pour 1995, les seules dotations spécifiques relatives à l'équipement scolaire ou à la formation professionnelle ont atteint 9 276 millions de francs.

218 – Au plan des transferts de l'Etat vers les collectivités locales, il faut mentionner d'un mot le fonds de compensation pour la T.V. A. qui permet aux communes et aux départements de récupérer la T.V.A. versée à l'occasion de leurs dépenses d'investissement. La compensation est intégrale, prélevée sur les recettes de l'Etat. Le seul problème est qu'il y a un décalage de deux ans entre la réalisation des investissements et l'action de la compensation. Les élus locaux souhaitent la réduction à un an de ce décalage, ce qui sera effectif pour les communautés de villes ou de communes (Loi du 6 février 1992).

Pour 1995, ce fonds représentait 22 000 millions de francs. Sa croissance très rapide (+ 21,6 % entre 1991 et 1992 où il atteignait 21 100 millions) a été freinée, en particulier par une nouvelle définition des dépenses éligibles (par exemple, décret n° 94-655 du 27 juillet 1994 relatif au FCTVA).

219 – Aujourd'hui, les collectivités locales bénéficient d'une liberté quasi totale d'emprunter. Sauf émission à l'étranger ou souscription publique, les délibérations relatives aux emprunts, comme les contrats de prêts, sont exécutoires de plein droit sous réserve du contrôle *a posteriori* du préfet. Toutefois, le produit des emprunts (75,4 milliards en 1995) doit être affecté au financement des investissements et le service de la dette (encours au 01/01/1995 : 659,1 milliards) constitue une dépense obligatoire.

Pendant longtemps, le groupe de la Caisse des dépôts et consignations a été en situation de monopole, puisque seul, il pouvait consentir des prêts à taux réduit aux collectivités. Depuis le 1er avril 1986, les collectivités locales empruntent aux conditions générales du marché, ce qui a provoqué à la fois une diversification des produits offerts et un choix possible entre les prêteurs. En ce qui concerne les produits, les collectivités peuvent, aujourd'hui, emprunter en francs, en écus, en devises étrangères ; sont proposés des produits à taux fixe et annuités constantes (par exemple, les nouveaux prêts CODEVI, réglementés par le décret n° 96-282 du 3 avril 1996, JORF, 4 avril, p. 5212) ou des produits à taux variable ou révisable.

Les collectivités, d'autre part, peuvent souscrire des contrats de couverture des risques et procéder à la renégociation de leur dette en cas de détente des taux d'intérêt.

En ce qui concerne les prêteurs, la Caisse des dépôts et consignations prête mais aujourd'hui aux collectivités elles-mêmes, pour financer surtout organismes HLM et sociétés d'économie mixte locales. C'est le crédit local de France, né de la privatisation en 1987 de la caisse d'aide à l'équipement des collectivités locales, qui est le principal prêteur avec 43 % du marché. Mais les Caisses d'épargne, le Crédit agricole, le Crédit mutuel, les grands établissements bancaires et même certains organismes d'assurance ou des Caisses de retraite et de prévoyance interviennent également sur le marché local.

§2 – UNE ABSENCE DE MODIFICATIONS STRUCTURELLES DANS LA REPARTITION DES RESSOURCES

220 – Dans le domaine des ressources, tout se passe encore comme s'il y avait opposition entre Etat et collectivités locales. Cela se traduit de deux façons différentes : d'une part, la réticence de l'Etat à transférer vers les collectivités des recettes fiscales, d'autre part, le refus de modifier, en quoi que ce soit, l'état des flux financiers existants. La nouvelle dotation générale de décentralisation, créée dans le cadre de la compensation des transferts de compétences, exprime fort bien ces deux aspects. Toutefois, avant d'en entreprendre l'étude, on montrera brièvement comment les autres ressources traitées ci-dessus participent aussi de ces caractères.

A) Le maintien des flux existants

221 – Sur ce point, on fera les observations suivantes :
– La fiscalité directe locale est modernisée mais elle n'apporte pas véritablement, par rapport au système ancien des centimes additionnels, des ressources nouvelles aux collectivités locales. Elle repose toujours sur un capital immobilier à évolution lente, alors que l'Etat se réserve tous les impôts productifs. Elle est, en outre, impopulaire, étant donné, précisément, les bases d'imposition qui frappent tous les habitants sans discernement, hormis les abattements et exonérations récents, examinés au § 1.
– Le système des subventions globales présente, au regard des modalités antérieures, des avantages appréciables soulignés plus haut. Elles marquent cependant le désir de l'Etat de continuer à percevoir pour son compte les ressources fiscales qu'il redistribuera ensuite aux collectivités locales. Pour reprendre l'expression employée, à l'occasion du remplacement de la fiscalité indirecte locale par le système de la subvention (1968), par le doyen Bourjol (« la réforme municipale », Berger-levrault, 1975, p. 241) on assiste à « la transformation des budgets communaux en sections du budget de l'Etat ».
– Les dotations globales sont calculées, lors de leur institution, de façon à ne modifier aucunement la répartition antérieure des ressources entre l'Etat et les collectivités. La base du calcul de la DGF en 1979 ou de la DGE en 1983 est le montant des subventions versées l'année précédente et comprises dans la nouvelle dotation. Seules ont changé – c'est déjà important – les modalités d'évolution de ces ressources. On a même souligné, pour la DGE, le refus du gouvernement d'actualiser le montant des subventions en attente de globalisation... La réforme technique réalisée est conçue, au jour où elle entre en vigueur, comme une « opération blanche », ne modifiant aucunement les données existantes considérées comme immuables.

Le transfert de compétences entre l'Etat et les collectivités locales conduit à la création de mécanismes de compensation financière respectant les mêmes orientations.

B) La compensation financière des transferts de compétences

222 – Le principe de compensation est affirmé à plusieurs reprises dans la loi du 7 janvier 1983. L'article 5 est particulièrement net, qui décide : « Les transferts de compétence prévus par la présente loi sont accompagnés du transfert concomitant par l'Etat aux communes, aux départements et aux régions, des ressources nécessaires à l'exercice normal de ces compétences...

Les charges correspondant à l'exercice des compétences transférées font l'objet d'une évaluation préalable au transfert des dites compétences ». Les modalités de cette compensation sont surtout fixées à la section II du titre III de la loi (articles 94 à 100). Les règles essentielles sont les suivantes :

– les ressources attribuées sont équivalentes aux dépenses effectuées, *à la date du transfert*, par l'Etat au titre des compétences transférées ;

– *les charges nouvelles sont compensées par le transfert d'impôts d'Etat et par l'attribution d'une dotation générale de décentralisation.* Trois ans après la date de publication de la loi, les transferts d'impôts d'Etat doivent représenter la moitié au moins des ressources attribuées à ce titre par l'Etat à l'ensemble des collectivités locales. Il s'agirait donc de deux ressources distinctes et non affectées, du moins pour le département et la région puisqu'il n'est pas prévu au profit de la commune de transfert de fiscalité.

223 – *Le calcul de la compensation*

Il est effectué de façon à ce que le budget de l'Etat ne soit aucunement affecté par la réforme. Les charges nouvelles des collectivités sont équilibrées par des transferts de recettes sans aucun apport financier additionnel. De plus, ces charges sont déterminées à la date du transfert, sans considération des dépenses supplémentaires occasionnées obligatoirement par le changement de l'autorité compétente.

Un bilan financier est donc établi pour chaque groupe de collectivités chacune des trois années d'une période transitoire qui s'est achevée en janvier 1986. Depuis, la dotation générale de décentralisation évolue comme la dotation globale de fonctionnement. Les sommes effectivement versées aux collectivités dépendent donc de la manière dont a été fait ce bilan financier faisant apparaître la charge nette résultant de l'application de la loi, au fur et à mesure de l'étalement des transferts. Sur ce point, le décompte est constaté par arrêté ministériel, après avis d'une commission nationale de 17 membres présidée par un conseiller-maître à la Cour des comptes et comprenant des représentants de chaque catégorie de collectivités (décret n° 83-178 du 10 mars 1983). Le Gouvernement reste donc maître de l'évaluation à effectuer.

Cette évaluation est faite en prenant pour base le niveau de la participation étatique – ou locale – au moment du transfert. C'est donc, pour les compétences transférées vers les collectivités locales, la somme inscrite au budget de l'Etat l'année précédant celle du transfert qui figure au bilan financier. Cette méthode, simple, ne tient toutefois pas compte de la réalité, c'est-à-dire du coût économique réel des transferts. Elle fait bon marché de la décentralisation.

Lorsqu'une compétence mise en œuvre par une collectivité est conférée à une autre collectivité, en effet, la nouvelle autorité responsable peut d'abord avoir des vues différentes sur la manière d'exercer cette compétence. Si l'on considère que ce facteur n'a pas à entrer en ligne de compte puisqu'il n'est pas impliqué par le transfert, il reste que tout changement de cadre pour l'exercice d'une compétence crée des charges induites qui constituent, avec ce mode de calcul, des dépenses nettes à la charge de la collectivité. Celle-ci ne dispose pas, au départ, de l'*infra*structure dont dispose l'Etat : alors que celui-ci peut absorber, sans grande difficulté, toute nouvelle compétence, même sans créer de postes budgétaires supplémentaires (il le pourrait tout au moins...), il n'est guère possible, surtout pour la région et le département qui n'étaient pas dotés d'une administration décentralisée nombreuse et qualifiée, d'assurer leurs responsabilités nouvelles avec leurs propres forces. Les collectivités supportent donc des dépenses nouvelles, très difficiles à chiffrer, mais qui ne seront pas compensées bien qu'elles résultent du transfert.

Encore le calcul prend-il en considération les charges telles qu'elles sont définies à la date du transfert. Si, par voie réglementaire, l'Etat impose une quelconque modification aux règles relatives aux compétences transférées, ses effets financiers interviennent dans la compensation (article 5 § 3 de la loi du 7 janvier 1983).

224 – *Les modalités de la compensation*

Sur ce dernier point, il semblerait que le législateur de 1983 revienne enfin sur la prévention qui était la sienne à propos du transfert de fiscalité vers les collectivités territoriales. Cela serait, d'ailleurs, conforme à l'idée de décentralisation puisque seul un transfert de fiscalité est susceptible de donner aux collectivités la pleine maîtrise de la ressource, lui permettant d'élaborer une politique volontaire. Or, on l'a noté plus haut, l'article 95 § 2 de la loi du 7 janvier 1983 exige qu'au titre de la compensation, soient globalement équilibrées les ressources propres provenant des transferts d'impôts et les ressources attribuées sous forme de dotation globale.

Effectivement, pour compenser les transferts de compétence aux départements, ceux-ci se voient attribuer le montant de la taxe différentielle sur les véhicules à moteur (vignette) ainsi que le droit départemental d'enregistrement et la taxe départementale de publicité foncière. Parallèlement, les régions bénéficient de la taxe sur les certificats d'immatriculation des véhicules à moteur (cartes grises) et de la taxe sur les permis de conduire.

Ce transfert d'impôts d'Etat représente, pour 1995, 40 001 millions de francs. Si l'on s'en tient au strict financement des transferts de compétences, les dispositions de l'article 95 de la loi du 7 janvier 1983 sont respectées, puisque 62 % de ce financement parviennent de l'impôt. Il serait cependant plus conforme à la décentralisation de rapporter cette exigence de 50 % à l'ensemble des concours financiers de l'Etat aux collectivités locales et alors, on est loin du compte (14 %), sans qu'aucun autre transfert d'impôts d'Etat ne soit prévu.

Quand à la dotation générale de décentralisation, unique mécanisme de compensation – hors dotations spécifiques – pour les communes, elle est inscrite à un chapitre unique mais, chaque année, la loi de finances en précise le montant, selon les règles de calcul ci-dessus étudiées, par titre et par ministère. Comme pour les autres dotations globales, le législateur organise un système d'actualisation de la dotation générale de décentralisation qui écarte l'arbitraire tout en permettant une progression régulière et satisfaisante de son montant : c'est par référence au taux de progression de la dotation globale de fonctionnement de l'ensemble des collectivités qu'évoluera la ressource.

Il faut cependant noter que le principe de la compensation par la seule dotation générale de décentralisation, hormis les transferts de fiscalité, comporte des exceptions importantes. Ainsi, l'article 85 de la loi du 7 janvier 1983 crée dans chaque région un fonds régional de l'apprentissage et de la formation professionnelle continue, alimenté entre autres par les crédits transférés par l'Etat au titre de ces compétences. Autre illustration : l'article 21 de la loi du 29 décembre 1983 prévoit que, par dérogation à l'article 94 de la loi du 7 janvier, « les ressources équivalentes aux dépenses supportées par l'Etat » au titre des aides aux entreprises de cultures marines (régions) ou au titre des aides aux travaux d'aménagement destinées aux cultures marines (départements) sont réparties « au prorata de la surface du domaine public maritime concédé à des fins de culture marine ». Des dotations spéciales sont également créées, par exemple, en matière d'action sociale et de santé (article 54 bis et 55 bis de la loi du 22 juillet 1983, ajoutés par la loi du 29 décembre 1983). Ces exceptions évitent peut-être les perturbations inhérentes aux périodes transitoires et la dispersion des crédits mais elles ne respectent pas le principe de l'autonomie locale dans la mesure où les ressources ainsi dégagées sont des ressources affectées et non point libres...

Enfin, il existe deux importantes dotations particulières d'équipements scolaire : la dotation départementale d'équipement des collèges et la dotation régionale d'équipements scolaires.

225 – On le voit, les ressources des collectivités territoriales ne sont pas encore, loin de là, au niveau de l'ambitieuse politique de décentralisation mise en œuvre depuis 1982. Des progrès sont accomplis, mais qui sont techniques et non point politiques. La réforme d'ensemble, indispensable et prévue par la loi de 1982, n'est pas entamée et il ne semble même pas qu'une réflexion générale sur la place de ces collectivités dans la Nation soit effectivement engagée. Les grands arbitrages à faire, qui étaient déjà présentés sous tous leurs aspects dans le rapport « Vivre ensemble » de 1976, ne sont pas rendus ou, s'ils le sont en théorie (part des ressources fiscales et des subventions globales dans la compensation) ne sont pas mis en œuvre. Il faudra pourtant se résoudre – rapidement – à opérer des modifications structurelles importantes dans la répartition actuelle des ressources, si l'on veut éviter que, dans la réalité, décentralisation ne rime avec illusion.

TITRE IV

Les institutions administratives fonctionnelles

226 – Une grande partie des activités administratives sont assumées par les autorités administratives d'Etat ou locales par la voie des services qui en relèvent directement, à savoir les *services en régie*, lesquels ne constituent pas des personnes juridiques distinctes et n'ont aucune individualité financière. Dès l'origine, toutefois, deux autres procédés sont utilisés : celui de l'établissement public, personne morale de droit public chargée de la gestion d'un service public (hôpitaux, lycées, musées), celui de la concession, mode selon lequel un service public est confié par contrat à un particulier qui en supporte les charges moyennant le droit de se rémunérer sur les usagers. Puis, la multiplication des missions prises en charge par l'administration et leur diversification conduisent la puissance publique, soit à faire un usage inconsidéré du procédé de l'établissement public, largement dénaturé, soit à dépasser les formes traditionnelles en multipliant les organes publics d'un type nouveau (entreprises publiques), en développant la formule de l'économie mixte qui associe personnes publiques et privées ou même en abandonnant purement et simplement à des personnes privées (sociétés-associations) la gestion de certains services publics.

Il en résulte une prolifération telle des organismes spécialisés chargés de missions publiques, sous des étiquettes qui ne correspondent plus à grand chose de précis, qu'il devient fort difficile d'être exhaustif en les répertoriant et en les classant.

Ces diverses structures ne sont certes pas touchées de la même façon par la réforme de décentralisation. Les établissements publics qui, redisons-le, ne réalisent pas une quelconque « décentralisation fonctionnelle » par service (*supra* n° 15) mais qui constituent simplement un procédé de gestion déconcentré employé tant au niveau central qu'au niveau local, ne sont guère modifiés, tout au moins pour ceux d'entre eux qui gèrent un service public administratif.

Aussi se contentera-t-on de présenter rapidement ce procédé classique.

Egalement, il est évident que les structures diverses à travers lesquelles se manifestent les interventions de l'Etat dans le domaine économique et social sont en dehors du mouvement de décentralisation *stricto-sensu.*

Toutefois, ce secteur a énormément évolué depuis 1982.

En un premier temps, il s'étend considérablement du fait de la grande loi n° 82-155 du 11 février 1982 qui nationalise des sociétés (cinq grands groupes industriels), trente six banques et deux compagnies financières, toutes entreprises dont l'activité est considérée comme essentielle pour l'économie nationale. Mais, dans un second temps, le gouvernement, formé après les élections de 1986 sous l'autorité de Jacques Chirac, entreprend une réduction tout aussi forte du secteur public : deux lois fixent, d'une part la liste des entreprises publiques concernées par des mesures de privatisation (loi n° 86-793 du 2 juillet 1986, qui vise 65 entreprises, dont 15 sont effectivement vendues avant l'élection présidentielle de 1988 qui interrompt provisoirement le processus) et, d'autre part, les modalités des privatisations (loi n° 86-912 du 6 août 1986). En 1993, après un nouveau changement de majorité, le processus reprend et la loi n° 93-923 du 19 juillet 1993 prévoit la privatisation de vingt et une sociétés, c'est-à-dire la quasi-totalité de celles du secteur public concurrentiel. C'est en vertu de cette dernière loi que sont privatisées, dès 1993, la BNP, Rhône-Poulenc, Elf-Aquitaine (décret du 21 juillet 1993) en 1994, la Compagnie des machines Bull (décret du 8 mars 1994) et la SEITA (loi du 27 décembre 1994 et décret du 4 janvier 1995) ou encore, en 1995, Usinor-Sacilor (décret du 31 mai 1995), la Compagnie Générale Maritime, Péchiney et Renault (décret du 17 juillet 1995), la Société Marseillaise de Crédit (décret du 26 octobre 1995) etc.

Notre propos n'est aucunement de rendre compte de cette transformation. Il est seulement d'essayer de fournir quelques éléments du droit commun des entreprises publiques, quel que soit la composition du secteur public. Il n'existe pas de statut général des entreprises publiques mais des règles d'organisation communes à la plupart de ces entreprises sont édictés par la loi n° 83-675 du 26 juillet 1983 relative à la démocratisation du secteur public, tandis que la gestion de ces entreprises relève, en principe, des règles du droit privé.

Une place à part doit être faite au secteur de l'économie mixte qui, à l'inverse, connaît un développement constant et est concerné par la réforme de décentralisation dans la mesure où il est ouvert aux collectivités locales. Ainsi, la loi n° 83-597 du 7 juillet 1983 relative aux sociétés d'économie mixte locales fixe ainsi de nouvelles règles dans les rapports entre l'Etat, les collectivités et ces sociétés d'économie mixte locales.

Dans un dernier chapitre, on rendra compte de ces sociétés d'économie mixte locales qui ne sont pas visées par la loi du 26 juillet 1983 ; on consacrera aussi quelques développements à d'autres structures qui interviennent de plus en plus dans le domaine administratif : les associations, fondations et autres personnes morales de droit privé.

CHAPITRE I

LES ETABLISSEMENTS PUBLICS

227 – La notion d'établissement public est très complexe car on désigne par ce terme des institutions fort diverses.

Suivant la formule bien connue empruntée au rapport du conseil d'Etat sur les établissements publics (La Documentation Française 1971), « il y a tant d'établissements et ils sont si divers que, suivant un processus général, la notion a perdu en contenu ce qu'elle a gagné en extension ».

Elle est devenue une notion « d'une faible densité juridique ».

Dans la conception initiale, l'octroi de la personnalité morale à un service public répondait seulement au désir de lui assurer une certaine autonomie afin de rendre sa gestion plus efficace ; il y avait « homogénéité » (Rivero) de la notion d'établissement public.

Puis, surtout après la seconde guerre mondiale, une telle conception s'est désagrégée sous l'influence de deux facteurs principaux.

D'abord, l'unicité qui caractérisait l'établissement public en tant que personne publique non territoriale, conduisait à se référer chaque fois qu'une quelconque mission publique nouvelle venait à être personnalisée, à l'unique procédé alors connu pour ce faire, quitte à ajouter un autre qualificatif à la formule « établissement public » : ainsi sont nés les « établissements publics industriels et commerciaux » (EPIC), les « établissements publics scientifiques », « les établissements publics sociaux », les « établissements publics à caractère scientifique, culturel et professionnel », les « établissements publics économiques » (loi du 8 août 1994 pour les chambres consulaires) à coté des établissements publics administratifs, sans d'ailleurs que ces qualificatifs produisent obligatoirement des conséquences au niveau des statuts de l'établissement.

Par exemple, pour les nouveaux « établissements publics économiques », le Tribunal des conflits, dans une décision du 18 décembre 1995, Chambre de commerce et d'industrie de Paris, constate que les chambres de commerce, d'agriculture et des métiers « n'en sont pas moins des établissements publics administratifs, dont seuls certains services peuvent avoir le caractère industriel et commercial ».

Ensuite, l'absence de statut législatif de l'établissement public permettait d'introduire n'importe quelle disposition originale dans le texte régissant tel ou tel organisme ; il semble même qu'au plan du régime juridique de chaque établissement, le qualificatif y accolé ne revête qu'une signification extrêmement limitée : par exemple, le personnel des établissements publics industriels et commerciaux est régi par le droit privé ; mais un certain nombre d'organismes ayant législativement reçu cette qualification ont leurs agents placés dans une situation de droit public (Fonds d'orientation et de régularisation des marchés agricoles – FORMA, Centre français du commerce extérieur ou encore les divers offices d'intervention dans le secteur agricole que la loi du 6 octobre 1982 qualifie d'EPIC tout en décidant que leur personnel serait régi par un statut commun de droit public ; à l'inverse, un établissement public ayant une mission purement administrative comme l'Office national de l'immigration emploie des agents qui relèvent en majorité du droit commun...).

Donc, les établissements publics institués sous diverses appellations (exception faite des sigles connus, citons par ordre alphabétique les termes suivants : agence, assemblée, association, bourse, bureau, caisse, chambre, commissariat, comité, conseil, conservatoire, école, entreprise, fond, fondation, institut, office, régie, service, société, syndicat) ne peuvent rentrer sous une définition unique. Il existe au moins deux grandes sortes d'établissements publics :

– les établissements publics administratifs qui répondent encore à la définition traditionnelle ;

– les établissements publics industriels et commerciaux qui exercent une activité de nature industrielle et commerciale, même si cette activité est considérée « de service public ».

Ces deux types d'établissements publics partagent un certain nombre de principes communs :

– le *principe d'autonomie* qui correspond à leur nature juridique de personne morale ;

– le *principe de rattachement*, qui veut que l'établissement public soit rattaché à une collectivité territoriale qui contrôle son activité ;

– le *principe de spécialité*, selon lequel les compétences des organes de l'établissement sont limitativement énumérées.

Mais, selon le secteur d'activité où s'exercent ces compétences, secteur administratif ou secteur industriel et commercial, les règles de fonctionnement de ces deux types d'établissements diffèrent. Si l'activité est surtout administrative, (EPA) les règles du droit public s'appliquent ; si l'activité est surtout industrielle et commerciale, les règles du droit privé prédominent, ce qui ne va pas sans poser certains problèmes.

Ainsi, les EPIC de l'Etat sont aujourd'hui couverts (lorsque leur qualification juridique n'est pas fantaisiste, comme pour ceux cités plus haut) par la loi sur la démocratisation du secteur public.

Dès lors, juridiquement, ils intègrent la catégorie des « entreprises publiques ». Il n'existe donc, en réalité, que deux grandes catégories d'organismes relevant de l'Etat (hormis des exceptions toujours possibles...).

– l'établissement public pour lequel la définition ci-dessus s'applique.

– l'« entreprise publique » qui relève, en partie du moins, de la loi du 26 juillet 1983.

Cependant, cette division ne rend pas compte d'un aspect essentiel : la nature juridique de la personne qui intervient dans l'activité administrative. Certains organismes auxquels la loi n° 83-675 du 26 juillet 1983 s'applique, sont des personnes morales de droit public, faisant partie de la catégorie des établissements publics, tandis que d'autres sont des personnes morales de droit privé, même si elles sont parées de certains attributs de la personne publique. Cette dernière indication nous conduit donc, dans ce chapitre, à réserver quelques développements aux établissements publics industriels et commerciaux, même si on retrouve ces établissements dans le chapitre consacré aux entreprises publiques.

Section I

LES ETABLISSEMENTS PUBLICS ADMINISTRATIFS

228 – L'établissement public aujourd'hui qualifié d'administratif est la forme originelle de l'établissement public, pour laquelle a été forgée la définition ci-dessus présentée. Les dispositions qui le régissent sont de deux types : des règles à portée générale qui se rattachent à la nature même de l'établissement public, personne morale de droit public, et des règles spéciales qui expriment le régime spécifique de chaque établissement public. Mais, l'ensemble de ces règles sont des *règles de droit public.*

§1 – L'ETABLISSEMENT PUBLIC ADMINISTRATIF, PERSONNE MORALE DE DROIT PUBLIC

229 – Tout établissement public est une personne morale de droit public.

Cela les différencie par exemple, des autorités administratives indépendantes (*supra* n° 34).

Personne morale, l'établissement public détient un patrimoine propre, il est titulaire de droits et obligations et peut ester en justice. Il dispose de l'autonomie financière, il a son propre budget – qui doit être en équilibre – ce qui l'autorise à recevoir des dons et legs et permet surtout une gestion responsable, même si la principale recette, dans le cas d'un établissement public classique, consiste en une subvention de la personne publique de rattachement, Etat, région, département, commune.

Chaque établissement public administratif dépend, en effet, de l'Etat ou d'une collectivité territoriale. Il y a seulement, pour une activité déterminée (ci-dessous § 2), déconcentration au sein de la personne publique de rattachement.

– Au niveau de l'Etat, le partage des attributions entre le Parlement et le gouvernement en ce qui concerne la création des établissements publics repose sur la distinction entre les décisions qui créent de nouvelles catégories d'établissements publics et celles qui instituent des établissements rentrant dans une catégorie préexistante. Par exemple, les centres de gestion de la fonction publique territoriale constituent une catégorie d'établissements publics sans équivalent sur le plan national, de même que le centre national d'art et de culture Georges Pompidou (décision n° 82-127 DC du 10 novembre 1982). Si l'établissement public à créer peut entrer dans une catégorie préexistante (objet analogue, règles d'organisation et de fonctionnement similaires) un décret suffit (décision n° 83-133 DC du 12 octobre 1983).

Universités, lycées, collèges, chambres consulaires constituent ainsi des séries d'établissements publics.

– Au niveau local, un établissement public peut être créé par délibération de l'assemblée délibérante dans le cadre des textes législatifs et réglementaires en vigueur.

En règle générale, la personne publique de rattachement contrôle étroitement l'établissement public dont elle nomme les autorités dirigeantes. On nomme généralement « tutelle » le contrôle effectué exercé sur leurs actes : c'est pourquoi certains auteurs parlent de « décentralisation fonctionnelle » plutôt que de déconcentration (on ne peut admettre le terme de décentralisation que dans le cas d'établissements qui n'ont pas de collectivité de rattachement et dont les dirigeants sont élus par les usagers du service, à savoir les chambres consulaires).

Le contrôle des établissements publics administratifs d'Etat relève du ministre compétent dans le secteur d'intervention mais, lorsque l'activité ne dépasse par les limites d'une circonscription administrative, c'est le préfet qui effectue ce contrôle. Les établissements publics des collectivités locales sont placés sous l'autorité des maires ou présidents mais généralement sont soumis aussi au contrôle administratif du représentant de l'Etat lorsqu'ils prennent des décisions exécutoires qui s'imposent à leurs destinataires.

– L'organisation et le fonctionnement de l'établissement public administratif est entièrement soumis au droit public.

Au plan de l'organisation, on a déjà dit que l'organe exécutif, le directeur, était généralement choisi par l'Etat ou la collectivité de rattachement. L'organe délibérant est un conseil qui comporte également en majorité des représentants de cette collectivité ou des fonctionnaires.

Le fonctionnement de l'établissement est régi par des règles de même nature. Les établissements disposent de toutes les prérogatives de puissance publique.

– Ils agissent par la voie d'actes et de contrats administratifs,
– emploient des fonctionnaires publics,
– utilisent des biens publics regroupés dans un domaine propre qui peut constituer un domaine public,
– sont soumis aux règles de la comptabilité publique, aucune voie d'exécution ne pouvant être employée à leur égard, etc.

§2 – L'ETABLISSEMENT PUBLIC ADMINISTRATIF : PERSONNE SPECIALISEE DANS LA GESTION D'UN SERVICE PUBLIC

230 – C'était le *principe de spécialité*, apprécié strictement (CE 4 juin 1954 ENA Rec., p. 338, concl. Chardeau), qui, traditionnellement distinguait l'établissement public des personnes publiques territoriales : alors que départements et communes se voyaient reconnaître une compétence générale pour l'ensemble des affaires locales, l'établissement public ne pouvait s'écarter de l'exécution du service dont il avait la charge.

Ces dernières années, toutefois, et plus encore avec la réforme de décentralisation, cette distinction tend à devenir beaucoup plus floue.

On a constaté, en effet, l'apparition d'établissements publics territoriaux pour lesquels le caractère spécialisé est très limité. Syndicats de communes à vocations multiples, districts et surtout communautés urbaines sont, comme le sont encore les régions de 1984, des établissements publics aux compétences extrêmement variées.

En sens inverse, les compétences communales et départementales deviennent de plus en plus spécialisées, on l'a noté (*supra* n° 166). Il y a donc rapprochement des deux notions, qui n'est pourtant pas source de confusion. L'établissement public a des organes dirigeants qui ne procèdent pas de l'élection au suffrage universel, marque principale, de nos jours, de la collectivité ; il apparaît toujours comme un démembrement des collectivités publiques. « Il représente donc, de par son origine même, une dérogation à la compétence générale de ces collectivités » (G. Darcy, *op. cit.*, p. 126).

Il est possible à la commune comme au département de mettre fin au fonctionnement d'un quelconque établissement public créé par elle, sauf obligation législative (Bureau d'aide sociale, Caisse des écoles). L'établissement public n'est qu'un procédé d'organisation choisi par la collectivité responsable de la mission en cause, pour des raisons techniques : il ne peut être mis au même niveau que la collectivité.

Le domaine couvert par les établissements publics administratifs est très étendu. Si, à l'origine, les actions traditionnelles étaient seules concernées (action sociale, santé, enseignement), tous les secteurs de l'activité publique sont aujourd'hui intéressés, jusqu'aux plus nouveaux. On citera les exemples suivants, parmi les plus traditionnels.

Secteur social :

– centre communal d'action sociale (un par commune) ;
– hôpital public ;
– agence nationale pour l'emploi.

Secteur de l'enseignement :

– lycée, collège ;
– école nationale d'administration ;
– caisse des écoles.

Secteur de l'économie et des finances :

– organismes consulaires (chambre de commerce et d'industrie, chambre des métiers, chambre d'agriculture) ;
– bourse de travail ;
– caisse des dépôts et consignations ;
– caisse nationale de l'énergie.

Mais il se crée chaque année de nouveaux établissements publics administratifs, dans les secteurs les plus divers. Citons, par exemple :
– Le Conservatoire de l'espace littoral et des rivages lacustres (loi n° 75-602 du 10 juillet 1975),
– L'institut national de la jeunesse (D n° 88-379 du 20 avril 1988).

Il convient aussi de mettre à part une forme nouvelle d'établissements publics, les établissements publics à caractère scientifique, instaurés par le législateur pour régir des activités particulières, mais qui ne sont ni plus ni moins que des établissements publics administratifs malgré leur nouvelle dénomination.

231 – *Les établissements à caractère scientifique*

Ils sont aujourd'hui de deux sortes.

– *Les établissements publics à caractère scientifique et technologique*

Régis par la loi d'orientation et de programmation pour la recherche et le développement technologique de la France (loi n° 82-610 du 15 juillet 1982), ce sont des établissements publics dont l'activité s'exerce dans le domaine de la recherche scientifique. Ces établissements, créés par décret après consultation du conseil supérieur de la recherche et de la technologie, ne se distinguent des établissements publics administratifs classiques que par leur plus grande autonomie. Celle-ci se manifeste surtout au niveau des possibilités d'actions de ces établissements : ces derniers peuvent se livrer, à titre accessoire, à des activités industrielles et commerciales ; ils peuvent prendre des participations et constituent des filiales avec l'accord du ministre de tutelle, ce qui est, en principe, interdit aux établissements publics administratifs.

– *Les établissements publics à caractère scientifique, culturel et professionnel* (loi n° 84-52 du 26 janvier 1984)

Ils constituent « des établissements nationaux d'enseignement supérieur et de recherche jouissant de la personnalité morale et de l'autonomie pédagogique et scientifique, administrative et financière » (art. 20, L 84-52).

Ce sont des établissements publics administratifs dont l'autonomie est davantage accentuée, ce qui se montre par les caractères suivants :

1. Une certaine liberté d'organisation interne se manifeste par le vote de leurs statuts, cependant fortement encadrés par la réglementation nationale ;
2. leurs organes sont élus démocratiquement (conseil - président) ;
3. dans le cadre de la réglementation nationale, ils peuvent définir leur propre politique de formation, de recherche et de documentation ; ils peuvent se livrer à certaines activités à caractère industriel et commercial ;
4. une certaine autonomie financière leur est reconnue et le contrôle financier ne s'exerce qu'*a posteriori*.

Ce type d'établissements s'applique aux universités et à certains instituts ou écoles extérieurs aux universités.

232 – *Les groupements d'intérêt public*

On notera également que c'est dans un tel secteur que peuvent se constituer des *groupements d'intérêt public*, nouvelle forme de coopération entre personnes publiques et personnes privées, instituée par l'article 21 de la loi d'orientation et de programmation pour la recherche n° 82-610 du 15 juillet 1982 (pour l'extension de la possibilité de former des groupements d'intérêt public en dehors des établissements publics à caractère scientifique, voir art. 6 loi n° 87-432 du 27 juin 1987 relative au service public pénitentiaire - art. 19 L n° 89-486 du 10 juillet 1989, loi d'orientation sur l'éducation, etc.).

Un groupement d'intérêt public peut être constitué entre un ou plusieurs établissements publics et une ou plusieurs personnes morales de droit public ou de droit privé, pour exercer de manière concertée les activités prévues ou gérer des équipements et moyens d'intérêt commun nécessaires à ces activités.

Longtemps cantonné dans le seul secteur de la recherche, le procédé du GIP essaime maintenant dans de nombreux domaines. On mentionnera, en dehors des établissements publics à caractère scientifique où les GIP sont nombreux (V. encore la loi du 25 juillet 1994 sur l'enseignement et la recherche relativement aux questions européennes et de coopération administrative internationale), la création du GIP dans des matières telles que :

– l'aide à l'accès au droit (loi du 10 juillet 1991 relative à l'aide juridique) ;
– la gestion des déchets rétroactifs (loi du 13 juillet 1991) ;
– l'organisation, le financement des collectivités territoriales et des services publics locaux (loi du 6 février 1992 qui crée sous forme de GIP « l'institut des collectivités territoriales et des services publics locaux ») ;
– le développement du tourisme (loi du 13 juillet 1992) ;
– la transfusion sanguine (loi du 4 janvier 1993) ;
– l'aménagement du territoire (loi du 4 février 1995 qui crée – art. 9 – un GIP d'observation et d'évaluation de l'aménagement du territoire) ;
– l'hospitalisation (ordonnance du 24 avril 1996 sur la réforme de l'hospitalisation qui crée sous forme de GIP les « agences régionales de l'hospitalisation »).

Quelle est la nature juridique du groupement d'intérêt public ? Les différentes lois précitées offrent un début de réponse : les GIP prévus par la loi du 26 février 1984 sur l'enseignement supérieur, sont qualifiés de « personnes publiques ». L'ordonnance du 24 avril 1996 décide pour sa part que les « agences régionales de l'hospitalisation » sont « des personnes morales de droit public » spécialisées.

Cela pourrait vouloir dire que les GIP constituent une nouvelle catégorie d'établissement public administratif. Le contrôle généralement exercé par l'administration sur l'activité des GIP irait en ce sens.

Toutefois, les modes de création ne correspondent pas et la base contractuelle des GIP ne convient pas à l'établissement public. Il en va de même pour certaines règles de fonctionnement couramment adoptées. Ainsi faut-il penser que le GIP est une nouvelle catégorie de personnes publiques « innommée ».

Plus précisément, la création d'un GIP résulte d'un contrat établi, dans le cadre fixé par la loi, entre différents partenaires, publics ou privés, puis approuvé par l'autorité administrative compétente. Le GIP répond, en règle générale, à un mode d'administration privé avec assemblée générale et conseil d'administration. Selon les dispositions de son statut particulier, il applique soit les règles de la comptabilité publique, soit celle de la comptabilité privée.

Le groupement d'intérêt public permet de mettre fin à l'usage abusif de la technique associative par l'administration de l'Etat.

Section II

LES ETABLISSEMENTS PUBLICS INDUSTRIELS ET COMMERCIAUX

233 – Il est possible de dire que l'établissement public industriel et commercial se distingue de l'établissement public administratif par la nature de son activité. L'EPIC a pour objet une activité d'entreprise industrielle et commerciale que la puissance publique a décidé de prendre en mains, en la considérant comme un service public industriel et commercial (nouvelle catégorie de service public qui apparaît en jurisprudence, avec la décision du tribunal des conflits du 22 janvier 1921, Colonie de la Côte d'Ivoire C. Société commerciale de l'Ouest-Africain). Mais le régime juridique de l'établissement devait être adapté au type de mission à remplir : d'où la consécration d'un régime mixte au sein duquel coexistent règles de droit public et règle de droit privé.

Le statut de l'EPIC. relève du droit public. Pour tout ce qui concerne sa création ou sa suppression, son organisation, le contrôle de tutelle sur ses actes, l'EPIC est soumis aux mêmes règles que l'EPA. D'autre part, chargé d'un service public, l'EPIC bénéficie de prérogatives de puissance publique : ses travaux sont des travaux publics, il peut employer l'expropriation, il ne peut être mis en règlement judiciaire ou en liquidation de biens.

L'activité de l'établissement public industriel et commercial relève du droit privé, ce qui différencie ce type d'établissement des établissements publics administratifs. Il s'agit, en effet, de gérer des activités industrielles et commerciales, ce qui suppose une certaine recherche de rentabilité, et donc des règles plus souples de fonctionnement.

Le droit privé est applicable aux rapports avec le personnel qui, à l'exception du directeur général et du chef de la comptabilité, n'est pas composé de fonctionnaires. Dans ce cadre, la loi du 26 juillet 1983 relative à la démocratisation du secteur public s'applique (pour les salariés : droit de réunion en conseil d'atelier ou de bureau, droit d'expression dans tous les domaines intéressant la vie de l'atelier ou du bureau, obligations de négociation, etc.).

Le droit privé est également applicable dans les rapports de l'établissement avec les fournisseurs, les clients, les usagers et les tiers. L'EPIC est considéré alors comme commerçant.

Le régime juridique brièvement étudié ci-dessus concerne, aujourd'hui, un nombre considérable d'établissements. Les premiers sont apparus sous le nom d'« offices » à partir de 1920. Les deux premières vagues de nationalisations (celles de 1936-1937 et 1946, les nationalisations de 1982 n'ayant pas entraîné la création de nouveaux EPIC) ont transformé en EPIC de nombreuses sociétés. Les EPIC font partie de la catégorie plus vaste des entreprises publiques, organismes à capital et à direction publics mais gérés selon les règles et usages du commerce.

On retiendra les exemples suivants, parmi beaucoup d'autres :

Secteur de l'énergie :

- Charbonnages de France ;
- Electricité de France, Gaz de France ;
- Commissariat à l'énergie atomique.

Secteur des transports :

- Régie autonome des transports parisiens ;
- Aéroports de Paris ;
- Ports maritimes autonomes.

Secteur de l'agriculture :

- Office National Interprofessionnel des céréales ;
- Office National des Forêts.

Il faut, cependant, noter que, parfois, les pouvoirs publics ont abusé de la formule, en soumettant au régime des établissements publics industriels et commerciaux des activités qui, par leur nature, étaient purement administratives. On l'a vu dans le secteur de la recherche : l'agence française pour la maîtrise de l'énergie, ou l'agence nationale de valorisation de la recherche, par exemple, ont été créées sous forme d'établissement public industriel et commercial. On le voit encore, récemment, dans le secteur de la diffusion de la culture, avec le décret n° 90-295 du 2 avril 1990 relatif à l'Opéra de Paris. Cour des comptes et Conseil d'Etat ont critiqué sévèrement ce phénomène, sans grand succès semble-t-il.

Les créations récentes, de même que les transformations d'EPA en EPIC, restent, en effet, fréquentes. Citons, pour les créations, l'agence de l'environnement et de la maîtrise de l'énergie (loi du 19 décembre 1990), les établissements publics fonciers prévus par la loi d'orientation sur la ville du 13 juillet 1991, ou encore la cité de la musique (décret du 5 janvier 1993) ou l'établissement du parc et de la grande halle de la Villette (décret du 25 janvier 1993). Pour les transformations, citons la réunion des musées nationaux (loi du 5 juin 1990), les services des postes et télécommunications (loi du 2 juillet 1990) ou encore la Comédie française (décret du 1er avril 1995).

234 – Pour conclure, on fera deux remarques complémentaires.
– Il existe, parfois, une autre anomalie, qui consiste à dissocier les deux notions d'établissement public et de service public.

Certains services publics administratifs ne sont pas gérés par des établissements publics (CE 31 juillet 1942 Monpeurt – GAJA). A l'inverse, certains établissements publics semblent ne pas gérer un service public. Les associations syndicales de propriétaires, lesquelles sont soit autorisées, soit forcées, acquièrent la qualité d'établissement public et, à ce titre, jouissent de certaines prérogatives de puissance publique (expropriation ; perception de taxes) ; pourtant, elles répondent avant tout à l'intérêt collectif mais privé des propriétaires (reconstruction et rénovation urbaine). Il en va de même pour les associations foncières urbaines qui les remplacent (loi du 30 décembre 1967 – décret du 26 mars 1976). Autres exemples : les Charbonnages de France (loi du 17 mai 1946), les Houillères de bassin, sont expressément qualifiés d'établissements publics ; par contre, bien que le contrôle de l'Etat, qui détient, depuis la loi de finances rectificative du 27 novembre 1981, 95 % du capital social de chaque société, soit pratiquement total sur les deux grands groupes sidérurgiques Usinor et Sacilor, ceux-ci ne sont pas des établissements publics. Faudrait-il dire alors que la production de charbon constitue un service public tandis que celle du minerai de fer ne le serait pas... Le problème est moins critique aujourd'hui, puisque ces deux sociétés sont soumises à la loi de juillet 1983 et, d'ailleurs, en voie de privatisation (*supra* n° 226).
– Si la définition classique de l'établissement public recouvre toujours bon nombre d'entre eux, il faut dire qu'aujourd'hui, l'établissement public – considéré globalement – n'est rien d'autre qu'un moyen, qu'un appareil, permettant de gérer avec une autonomie plus ou moins grande un secteur d'activités qui constitue le plus souvent, mais pas obligatoirement, un service public, en se servant des mécanismes du droit administratif plus fréquemment que dans le cadre d'une entreprise publique – non qualifiée établissement public industriel et commercial – *a fortiori* d'une simple société anonyme de droit privé...

Dès 1971, dans son rapport précité (n° 227), le conseil d'Etat émettait un certain nombre de suggestions dans le but de clarifier la notion (Debbasch et autres, « Institutions et Droits Administratifs », Themis, textes et documents. PUF, 1980, p. 169) ; parmi elles, la maîtrise du recours à l'établissement public, grâce à une réflexion d'ensemble sur la matière et aussi l'appel à une plus grande déconcentration des services qui rendrait peut-être moins utile un tel recours en permettant à l'administration traditionnelle d'être plus efficace.

Depuis, non seulement le Gouvernement n'a pas pris à son compte la philosophie que lui suggérait l'étude du conseil d'Etat, mais encore la question a-t-elle été obscurcie par la multiplication des catégories nouvelles d'établissements publics décidée par le législateur et la subtilité croissante de la jurisprudence en la matière.

Appendice

LES ORDRES PROFESSIONNELS

235 – Le dirigisme économique du régime de Vichy a entraîné en 1940 et 1944 une organisation rigoureuse de la plupart des professions. Alors que les professions industrielles et commerciales étaient regroupées au sein de comités d'organisation, les professions libérales, dont les traditions déontologiques étaient particulières, étaient constituées en ordres chargés d'assurer le contrôle et la discipline de la profession. A la libération, la plupart des organismes interprofessionnels disparaissent mais les ordres (des médecins, des architectes, des experts-comptables, etc.) sont maintenus sans modification essentielle.

Si ces ordres professionnels méritent un développement spécial, c'est que leur nature juridique est controversée. Ils sont chargés de participer à l'exécution d'une mission de service public : l'organisation d'une profession déterminée ; à ce titre, ils disposent de prérogatives extrêmement importantes : contrôle de l'accès à la profession, pouvoir disciplinaire, pouvoir d'édicter des règlements (Code de déontologie) et de prélever des taxes (cotisations obligatoires). Cependant, le Conseil d'Etat leur refuse la qualification d'établissements publics (CE, 2 avril 1943, BOUGUEN).

Sur ce fondement, une partie de la doctrine refuse même de considérer les ordres professionnels comme des personnes morales de droit public. Les auteurs qui se rattachent à ce courant mettent en avant la part du droit privé quant à l'organisation intérieure de l'ordre : le personnel est entièrement soumis au droit privé, les biens sont des biens privés et l'ordre ne peut ni exproprier, ni conduire des travaux publics, les deniers relèvent de la comptabilité privée et aucun privilège fiscal ne s'applique. De plus, les autorités dirigeantes sont élues par les professionnels et non nommées. Ces arguments ne nous semblent pas suffisants pour affirmer que les ordres professionnels ne sont pas des personnes publiques. On dira donc qu'il s'agit d'« institutions innommées », mais qui se rattachent à la catégorie des personnes publiques.

CHAPITRE II

LES ENTREPRISES PUBLIQUES

236 – Aucun texte ne donne de définition de la notion d'entreprise publique. En première approximation, on peut entendre par ce terme l'ensemble des entreprises industrielles et commerciales – quelles que soient leur dénomination ou leur forme juridique – « qui échappent à l'appropriation par le capital privé et relèvent, en dernière analyse de l'autorité de l'Etat » (J. Rivero, *Droit Administratif*, 7e édition Dalloz 1975, p. 467). Cette approche, peut-être encore vague, est complétée aujourd'hui par l'énumération fournie par la loi n° 83. 675 du 26 juillet 1983 relative à la démocratisation du secteur public : les diverses catégories d'entreprises énumérées par l'article 1er indiquent que le législateur retient, en effet, comme critère principal, sinon unique, d'appartenance au secteur public, la détention de la majorité du capital social par une collectivité publique ou une autre entreprise relevant déjà de ce secteur (le Conseil d'Etat, dans un arrêt du 22 décembre 1982 Comité Central d'Entreprise de la Société Française d'Equipements pour la Navigation Aérienne – AJDA 1983, p. 197 et 172 – venait d'ailleurs de retenir ce seul critère, alors qu'auparavant il semblait se référer à une pluralité de critères, ce que la doctrine avait résumé en cette formule : « Pouvoir prépondérant des autorités publiques » CE 24 novembre 1978, Syndicat National du Personnel de l'Energie Atomique CFDT ; même date, Schwartz et Defferre – AJDA mars 1979, p. 34 et 42 note Bazex).

Une certaine clarification résulte de cette loi qui s'applique au moins à toutes les entreprises importantes contrôlées par l'Etat quelle que soit leur forme juridique (EPIC ou société). Avant la réalisation des privatisations décidées depuis 1993, le répertoire des entreprises contrôlées majoritairement par l'Etat faisait état de 107 entreprises de premier rang dont 63 EPIC. Mais les 44 sociétés avaient de nombreuses filiales que ne pouvaient évidemment avoir les EPIC. La loi du 26 juillet 1983 (modifiée par celle du 25 juillet 1985) fixe des modalités d'organisation et de fonctionnement communes à toutes ces entreprises appartenant au secteur public.

Section I

LES ORGANISMES VISÉS PAR LA LOI DU 26 JUILLET 1983

237 – Le législateur de 1983, étant donné la difficulté de forger de véritables définitions génériques en ce domaine et aussi son désir de soumettre le plus possible d'organismes aux nouvelles dispositions relatives à l'organisation et à la démocratisation du secteur public, procède par énumération de catégories d'entreprises, parfois même par énumération nominative (pour quelques personnes morales auxquelles il serait délicat d'appliquer les critères retenus). Il importe de dire immédiatement que la loi ne touche pas le secteur des services publics industriels et commerciaux des collectivités locales ceci, probablement, pour deux raisons principales : l'idéologie de la décentralisation s'y oppose et, aussi, en pratique, ces services locaux sont le plus fréquemment, lorsqu'ils ne sont pas organisés en régies ou concédés, confiés à des sociétés d'économie mixte pour lesquelles une loi spéciale venait d'être promulguée (loi du 7 juillet 1983).

Ceci dit, l'article 1 de la loi énumère successivement cinq catégories d'entreprises intéressées par la loi, entreprises publiques proprement dites ou sociétés *dont la majorité du capital est aux mains de la puissance publique même indirectement* (voir A. Jeammaud « La démocratisation du secteur public » AJDA 1983 – p. 563). L'alinéa premier concerne les EPIC de l'Etat « autres que ceux dont le personnel est soumis à un régime de droit public » et les établissements publics de l'Etat qui exercent une activité mixte, tantôt administrative, tantôt industrielle et commerciale (ports autonomes, commissariat à l'énergie atomique, etc.) « lorsque la majorité de leur personnel est soumise aux règles du droit privé ». C'est cette disposition qui autorise *un certain reclassement au sein des « établissements publics »*. Il y aurait d'un côté ceux dont le personnel bénéficie du statut de la fonction publique et qui, quelle que soit leur qualification juridique, constituerait les véritables EP, soumis au régime de droit public examiné au chapitre I ; de l'autre côté, il y aurait tous les autres EP, la plupart des EPIC plus quelques EP à caractère scientifique et technique ou à caractère économique, qui ne constituent pas des EP classiques et sont soumis, outre leur statut propre, aux règles posées par la loi de juillet 1983.

238 – L'alinéa troisième vise un grand nombre de « Sociétés » dont le capital est, totalement ou partiellement – mais majoritairement – détenu directement par l'Etat.

Il s'agit « des entreprises nationales, sociétés nationales, sociétés d'économie mixte ou sociétés anonymes » ou « sociétés à forme mutuelle nationalisées ».

On trouve là, au-delà des qualifications quelque peu superflues utilisées par le législateur, deux grandes catégories qui relevaient jusqu'alors de chapitres différents du droit administratif : les « *entreprises nationales* », pour la plupart anciennes entreprises privées devenues publiques à la suite d'une opération de nationalisation, lorsqu'elles n'ont pas été constituées en EPIC, et les « *sociétés d'économie mixte* », sociétés dont les actions appartiennent en majorité à l'Etat et, éventuellement, à d'autres personnes publiques mais pour une partie aussi à des capitalistes privés.

226 – Il ne semble pas qu'à l'heure actuelle, le droit des nationalisations fasse encore l'objet de quelconques applications. Ce droit avait été fixé, à propos de la troisième vague de nationalisations, par la loi n° 82-155 du 11 février 1982, après intervention du Conseil constitutionnel (décision du 16 janvier 1982, AJDA 1982, p. 202 note Rivero, *JCP* 1982 II, 19788 note Nguyen Quoc et Franck). Il peut se résumer en trois propositions. D'abord, la nationalisation doit être fondée sur une nécessité publique ; il appartient au Parlement de décider de l'accomplissement de cette condition, sous réserve du contrôle du Conseil constitutionnel. Ensuite, l'opération de nationalisation ne doit pas réduire à l'excès le champ d'action du secteur privé : le droit de propriété et la liberté d'entreprendre fixent un obstacle constitutionnel à l'extension inconsidéré du secteur public. Enfin, l'opération de nationalisation ne peut être réalisée sans une juste et préalable indemnisation.

En ce qui concerne la seconde grande catégorie : l'économie mixte, il suffit de dire que l'appropriation publique réalisée par le moyen de la prise de participation est, au plan des principes, très différente de la nationalisation. Elle réalise, en effet, non point une dépossession mais une association, association de collectivités publiques et de personnes privées pour atteindre ensemble un but d'intérêt général. Dans son principe, l'économie mixte requiert donc la réunion de deux éléments : l'intention de coopérer et le support matériel de cette intention, à savoir une participation assez conséquente d'un côté comme de l'autre. Il faut noter que certaines prises de contrôle sont réalisées non par l'Etat directement mais par l'intermédiaire d'entreprises nationalisées (prise de contrôle d'UTA par Air France en 1990).

240 – Les quatrième et cinquième alinéa de l'article 1er visent les sociétés anonymes dont plus de la moitié du capital social est détenu, directement ou indirectement, depuis plus de six mois, soit « à lui seul par l'un des établissements ou sociétés mentionnées au présent article », soit « conjointement par l'Etat, ses établissements publics ou les sociétés mentionnées au présent article », à condition que le nombre de salariés employés en moyenne par cette société au cours des vingt quatre derniers mois soit au moins égal à 200.

Est donc appréhendé ici le phénomène des filiales et sous-filiales, fort important au niveau des entreprises publiques. S'il existe des raisons valables à un tel phénomène : volonté d'assurer des débouchés à des entreprises publiques, individualisation des secteurs d'activité de la société-mère, désir de confier à des filiales le financement de la vente des produits ou même désir d'éviter la disparition de firmes privées, il faut aussi considérer que ces motifs relèvent souvent d'une politique industrielle de conjoncture que les entreprises nationales sont chargées d'appliquer, dépassant ainsi très largement les objectifs originaux de l'opération de nationalisation. Dans le secteur des assurances, de la chimie, des transports et des industries mécaniques surtout, s'est manifestée une tendance désordonnée au développement du réseau des filiales et sous-filiales (par exemple, augmentation de 560 % dans le secteur des assurances de 1957 à 1975). Dès lors, la pénétration sensible de capitaux des entreprises publiques dans les affaires privées aboutit à la constitution d'empires industriels, de holdings publics qui étendent plus ou moins clandestinement le secteur public, en échappant quelquefois à un contrôle rigoureux de l'Etat et pour une rentabilité généralement faible.

Cette situation emporte deux conséquences :

– l'effacement des frontières entre entreprises publiques et entreprises privées,
– la négation du principe de spécialité des entreprises publiques.

Il est donc heureux de faire rentrer ces entreprises, en tant qu'entreprises publiques, dans le champ d'application de la loi. Cependant, outre certaines réserves quant aux éléments à prendre en compte dans le calcul des participations détenues (articles 2 et 3), la loi pose une condition d'effectifs à ce rattachement : 200 salariés au moins, afin de modérer la portée de la réforme, de ne pas modifier les structures des petites entreprises. Quoiqu'il en soit, la loi du 26 juillet 1983, au-delà des qualifications juridiques dépourvues de signification précise, permet – enfin – de regrouper dans le même texte à peu près tous les organismes qui ne sont pas des établissements publics de type classique. Fournit-elle une réglementation complète concernant leurs divers organes et le statut de leurs salariés ?

Section II

LES REGLES POSEES PAR LA LOI DU 26 JUILLET 1983

241 – Il n'existait pas, il n'existe toujours pas, de statut général des entreprises publiques. Il y avait, parmi les entreprises publiques, une très grande diversité ; celle-ci demeure, tant au plan des formes juridiques qu'à celui du caractère de l'activité gérée (service public – transports, par exemple – ou non) ou encore des privilèges que l'Etat se réserve. Mais on percevait aussi, à travers les différences, une certaine unité : l'entreprise publique était d'abord une entreprise, comme telle soumise au droit privé en ce qui concerne ses rapports avec le personnel, ses fournisseurs et ses clients, son régime financier ; mais cette entreprise fonctionnait sous la dépendance – plus ou moins prononcée – de l'Etat : cela se manifestait par la nomination – ou la révocation – des organes dirigeants (ou d'au moins l'un d'entre eux), par l'exercice de diverses prérogatives de puissance publique et surtout par l'assujettissement à un certain nombre de règles limitatives, à des contrôles administratifs et financiers, etc. La loi du 26 juillet 1983, si elle ne constitue pas le statut attendu de toutes les entreprises publiques, si elle a tendance à oublier quelque peu l'aspect « organisationnel » au profit de l'aspect « démocratisation », représente toutefois une étape importante dans la voie de l'unification du régime de ces entreprises. Cela se manifeste et au niveau des règles relatives aux organes de l'entreprise et à celui du régime du personnel.

242 – *La structure des entreprises publiques – les conseils*

En ce qui concerne l'organisation des conseils (d'administration et de surveillance) des entreprises publiques, le législateur répartit celles-ci en trois catégories différentes : les organismes de taille modeste et certains autres nommément désignés qui sont soustraits aux règles générales édictées ; les établissements publics et les sociétés dont plus de 90 % du capital est détenu par des actionnaires publics ; les autres sociétés comprises dans le champ d'application de la loi.

Le premier groupe rassemble « les exceptions », c'est-à-dire les entreprises publiques qui n'ont pas à respecter les dispositions nouvelles quant à leurs structures. Il s'agit des entreprises employant moins de 200 salariés et ne détenant pas de filiale (car les employés des filiales votent aussi aux élections de la société-mère) et des entreprises inscrites dans une annexe spéciale, entreprises qui présentent des particularités – prises en compte dans leur statut propre – telles qu'il n'a pas paru opportun de les soumettre au régime commun.

Pour ces entreprises, une seule règle impérative est posée (article 4), règle d'application absolument générale pour toutes les entreprises publiques (hormis quelques rares spécimens, mentionnés aussi dans une annexe spéciale et qui ne sont pas visés par les règles touchant l'organisation des entreprises publiques : les théâtres nationaux ou la Banque de France, par exemple) *: le conseil d'administration comprend obligatoirement des représentants des salariés.*

– Le second groupe correspond aux établissements publics et aux sociétés quasiment étatiques. Les entreprises concernées doivent comporter des conseils d'administration comprenant trois catégories de membres : les représentants de l'Etat (ou des actionnaires publics), des personnalités choisies en raison de leur compétence ou de leur position, des représentants des salariés, élus. Dans tous les cas, le nombre de représentants des salariés est égal au moins au tiers des membres du conseil ; dans la plupart des sociétés, le tripartisme est égalitaire (3 x 6 ou 3 x 5) mais dans la catégorie des établissements publics surtout, on admet que le nombre des représentants de l'Etat et des personnalités choisies, déterminé par décret, ne soit pas le même.

– Le troisième groupe comprend les sociétés dans lesquelles les partenaires publics détiennent entre > 50 < 90 % du capital. Dans ce groupe, les conseils d'administration ou de surveillance (formule ancienne ou nouvelle) sont bipartites, la catégorie des personnalités étant supprimée. L'égalité n'existe pas entre les deux composantes restantes : les représentants des salariés ne représentant que le tiers des membres (donc 3 – 4 – 5 ou 6 suivant les cas), ce nombre étant réduit à deux dans les filiales et sous-filiales employant de 200 à 1 000 salariés. Les autres membres sont généralement désignés par l'Assemblée Générale des actionnaires « sous réserve, le cas échéant, des représentants de l'Etat, qui sont nommés par décret ».

243 – *Le statut des administrateurs*

Tous les membres des conseils sont désignés pour cinq ans, avec trois mandats consécutifs possibles, nul ne pouvant siéger dans plus de quatre conseils. La loi renvoit à des décrets les questions relatives au choix et au mandat des représentants de l'Etat dans les conseils d'administration (actuellement, décret du 12 juillet 1994 et circulaire du 20 septembre 1994), mais, en revanche, tout ce qui concerne les représentants des salariés est expressément fixé par le législateur. En ce qui concerne l'élection, est retenu le mode de scrutin de liste à la représentation proportionnelle à la plus forte moyenne, étant donné que les listes doivent comporter une fois et demi plus de noms que de sièges à pourvoir (d'où la liberté pour l'électeur de raturer – mais non de remplacer), être présentées par une organisation syndicale représentative ou 10 % des élus aux institutions représentatives du personnel et présenter en annexe un ensemble de propositions d'orientation, pour l'administration (conseil d'administration) ou le contrôle de la gestion (conseil de surveillance).

On retiendra encore que l'un des sièges de représentant des salariés est obligatoirement réservé à un élu du personnel d'encadrement.

Les élus doivent disposer du temps nécessaire à l'exercice de leur mandat : « Ce temps, qui ne peut être inférieur à quinze heures par mois ni supérieur à la moitié de la durée légale du travail... est considéré comme temps de travail et payé à l'échéance normale » (article 26 - § 2). Le conseil arrête aussi un programme de formation au bénéfice des « représentants des salariés nouvellement élus » (article 27). Ceux-ci sont également protégés dans l'exercice de leurs mandat et, entre autres, une procédure spéciale doit être suivie en cas de licenciement d'un représentant des salariés ou d'un candidat à cette fonction.

Enfin, le mandat est gratuit.

244 – *La direction*

Dans la plupart des EPIC et aussi dans de nombreuses sociétés, il y avait bicéphalisme à la tête des entreprises publiques : d'un côté le président du conseil d'administration ou le « directoire » (si la formule du conseil de surveillance est choisie dans le cas des entreprises du 3e groupe – *supra* n° 242), de l'autre le directeur général qui s'occupait plus précisément de la gestion quotidienne de l'établissement, tandis que le président déterminait, avec le conseil, les grandes orientations.

La loi du 26 juillet 1983 ne dit mot du directeur général. La fonction n'est pas pour autant supprimée quoique les articles 9, 24 et 37 de la loi du 11 février 1982 disposent : le Président du conseil d'administration « exerce les fonctions du directeur général. Il nomme aux emplois de direction ». Cependant, du moins dans les organismes nationalisés en 1982, si un directeur peut toujours être nommé, sa fonction sera aujourd'hui subordonnée à celle du Président, puisque la nomination du premier sera l'œuvre du second.

Le législateur, à l'inverse, précise les modalités de désignation du Président du conseil ou du « directoire » (sauf en ce qui concerne les filiales et sous-filiales visées à l'article 1, § 4 et 5, puisque les dispositions de l'article 10 ne concernent que les entreprises mentionnées aux § 1, 2, 3 de l'article 1). Le Président du conseil d'administration est nommé parmi les administrateurs et sur proposition du conseil, par décret. Quant au directoire, il comprend de trois à cinq membres nommés par décret, en dehors du conseil de surveillance mais toujours sur proposition de ce conseil. Il y a donc renforcement du rôle du conseil dans la désignation de son président.

Ce même accroissement des pouvoirs du conseil se retrouve au niveau du fonctionnement de l'organisme, contrairement à la tendance générale affichée jusqu'alors. Le Président est toujours compétent pour convoquer le conseil sur un ordre du jour fixé par lui, mais le tiers de ses membres peut, en indiquant l'ordre du jour de la séance, « convoquer le conseil si celui-ci ne s'est pas réuni depuis plus de deux mois » (art. 8 § 2). De plus (art. 7), pour lutter contre la tendance ci-dessus mentionnée, il est prévu qu'« aucune décision relative aux grandes orientations stratégiques, économiques, financières ou technologiques de l'entreprise » ne peut intervenir sans délibération préalable du conseil. Il est évident, en particulier, que le projet de contrat de plan requiert une délibération de cet organe, par ailleurs chargé de fixer les modalités de consultation des institutions représentatives du personnel « sur les plans établis par l'entreprise en vue de la conclusion » de ce contrat.

Car, dans ce cadre aussi, les relations contractuelles vont devenir prépondérantes et le degré réel d'autonomie de la direction se vérifiera surtout à l'occasion de la négociation qui s'ouvrira entre l'entreprise et l'Etat pour l'élaboration de la convention pluri-annuelle de même durée que le Plan.

Il convient de noter, à ce propos, que le Xe plan (1989-1992) a prévu des *contrats d'objectifs* à coté des contrats de plan. De tels contrats fixent les orientations à suivre pour chacune des entreprises publiques du secteur concurrentiel concernées. Ces contrats, qui ne sont pas directement articulés avec le plan, consacrent une évidente prééminence de l'Etat dans une politique de l'entreprise mais, parallèlement, permettent de tempérer la surveillance que l'Etat exerçait sur tous les actes des entreprises publiques.

En ce sens, les contrôles administratifs *a priori* sont supprimés et il n'y a plus, au sein des entreprises nouvellement nationalisées, de contrôleur d'Etat. Toutefois, il est certain que la capacité d'action des entreprises dépendra surtout des apports de fonds consentis par l'actionnaire principal : l'Etat. Au-delà des péripéties, le système contractuel assure une certaine stabilité et aussi la sûreté pour les objectifs retenus. A un moment où les résultats financiers l'emportent sur tout, y compris l'intérêt général, ce document contractuel est susceptible de constituer aussi une marque à laquelle on reconnaît le caractère public de l'entreprise.

245 – *Le personnel*

Le personnel des entreprises publiques est composé de salariés soumis au droit du travail sous réserve éventuellement d'incompatibilité avec les nécessités du service public (Conseil d'Etat, Assemblée, 7 juillet 1995 Damiens et autres, CJEG 1995, p. 449, Concl. J.C. Bonichot). Toutefois, sur ce plan, des dispositions curieuses figurent dans des textes récents. Les agents de la Poste travaillant dans des services transformés en EPIC en 1990 (*supra* n° 233) conservent la qualité de fonctionnaires qu'ils avaient auparavant (art. 29 de la loi du 2 juillet 1990). Qui plus est, les agents de l'Imprimerie nationale ou de France Télécom, entreprises transformées en sociétés anonymes, gardent la qualité de fonctionnaires... (respectivement art. 3 de la loi du 31 décembre 1993 et art. 5 de la loi du 26 février 1996).

Ces anomalies signalées, il convient de noter que, pour le législateur de 1983, les entreprises publiques doivent constituer un « nouvel espace de démocratie », un « champ d'expérimentation sociale ». Certes, la crise économique, les indispensables restructurations qui entraînent, dans le secteur public aussi, la rigueur et les suppressions d'emplois, ne créent pas un climat très favorable aux expériences en ce domaine. On veut, malgré tout, avec la loi sur la démocratisation du secteur public (qui devrait être davantage que le simple équivalent, pour les groupes nationalisés, des lois Auroux) élargir les droits des salariés et de leurs institutions syndicales et comités d'entreprise.

En ce qui concerne les salariés eux-mêmes, le titre III de la loi du 26 juillet 1983 commence par renvoyer au Code du travail tel qu'il ressort de la loi du 4 août 1982 relative aux libertés des travailleurs dans l'entreprise (article L 461-1 à L 461-3) (Voir N. Catala « Les modalités d'expression des salariés dans l'entreprise » – droit social 1983 – p. 557). Mais il complète, dans un chapitre II les dispositions du droit privé (article L 462-1 à L 462-4 du Code du travail) en apportant des précisions et en imposant des contraintes plus grandes que pour les entreprises privées. Dans chaque atelier ou bureau constituant une unité de travail, les salariés « bénéficient *d'un droit de réunion en conseil d'atelier ou de bureau* » (art. L 462-2). Les réunions, imputées sur le temps de travail, se tiennent obligatoirement au rythme minimal d'une tous les deux mois, étant donné que la durée totale de ces réunions ne peut être inférieure à 6 heures par an. Le *droit d'expression* s'exerce « dans tous les domaines intéressant la vie de l'atelier ou du bureau », ce qui est particulièrement large et pourrait donner lieu à difficultés d'interprétation si l'article L 462-3-5 ne fournissait une liste minimum des domaines ouverts à la discussion : « le domaine de compétence des conseils d'atelier ou de bureau (qui) doit comprendre les conditions et l'organisation du travail, l'application concrète des programmes d'activité et d'investissement de l'entreprise pour l'atelier ou le bureau, la recherche d'innovation technologique et de meilleure productivité dans l'atelier ou le bureau » ; ce domaine de compétence apparente en quelque sorte le conseil d'atelier ou de bureau au comité technique paritaire au sein de la fonction publique. Enfin, et toujours dans le même sens, il est prévu que les accords déjà conclus entre directions et organisations syndicales dans le cadre de la loi Auroux sont à enrichir par quelques autres dispositions spécifiques aux entreprises publiques (art. L 462-3). Outre le domaine de compétence générale des conseils, sont concernés : la définition des unités de travail, la fréquence et la durée des réunions, les modalités d'association du personnel d'encadrement à l'organisation des réunions et aux suites à leur donner, les liaisons à établir entre les réunions avec la direction et les institutions élues de représentants du personnel, etc.

La même méthode est employée par le législateur en ce qui concerne le *droit syndical* ou les attributions particulières du comité d'entreprise : le droit du travail s'applique mais quelques dispositions complémentaires sont ajoutées pour approfondir la démocratisation des entreprises publiques. Pour les syndicats, il ne s'agit que d'une obligation de négociation imposée à la direction, négociation portant en particulier sur le temps dont chaque salarié dispose pour participer aux réunions syndicales dans l'enceinte de l'entreprise et pendant le temps de travail, celui dont disposera le membre d'une section syndicale chargé de responsabilité, les conditions dans lesquelles s'effectuera la collecte des cotisations ou encore le statut du salarié exerçant, pendant une durée déterminée, des fonctions de permanent syndical. Il y a là obligation de moyen, mais non de résultat. Quant au comité d'entreprise, il reçoit spécialement compétence pour approuver le plan de formation du personnel de l'entreprise (art. L 423-3 du Code du travail).

Dans tout cela, on retiendra surtout la place faite à la négociation. Comme le dit A. Jeammaud (*op. cit.* p. 588) : « la loi du 26 juillet 1983 fournit « une illustration supplémentaire de la promotion de la négociation collective dans l'entreprise... la loi s'attache surtout à imposer cette négociation (l'obligation de négocier, naguère inconnue en droit français, est une des grandes nouveautés des réformes de 1982) en lui assignant un objet minimal... ». Dans le cadre des entreprises publiques aussi, il y a renforcement du pouvoir syndical dont les fonctions gestionnaires s'amplifient. Il faut espérer que ce ne sera pas au détriment de l'efficacité de ces entreprises, l'intention du législateur étant, bien sûr, inverse.

246 – *Entreprises publiques et droit communautaire*

Il convient, pour en terminer avec les entreprises publiques, de souligner la forte influence du droit communautaire sur ces entreprises (v. G. Dupuis, M.J. Guédon, P. Chrétien, « Droit administratif », A. Colin, 8e édition, 1996, p. 287 et s.). La vague de privatisation actuelle s'explique, d'ailleurs, en grande partie, par la place toujours plus grande, donnée par la commission de Bruxelles à la politique de *libre concurrence*. Certes, l'existence des entreprises publiques est expressément reconnue par l'article 90 du traité de Rome mais à condition que leur action ne fausse pas la concurrence. Dès lors, il doit y avoir *transparence financière* absolue dans les relations entre l'Etat et ses entreprises publiques (directive du 30 septembre 1993) et la commission européenne exerce un contrôle rigoureux sur les aides accordées dans le cadre de telles relations, ce qui fait échec à certaines pratiques antérieures.

Cependant, les règles de concurrence ne s'appliquent pas s'il y a « services d'intérêt économique générale » ou « monopoles fiscaux ». La fourniture d'électricité est considérée, par exemple, par la Cour de justice de Luxembourg comme un service d'intérêt économique général, tout du moins dans certaines conditions économiques (CJE, 27 avril 1994, Commune d'Almelo). Il serait nécessaire, pour sortir du flou qui entoure cette notion, qu'à défaut de base textuelle dans le traité, la Cour de justice explicite les conditions dans lesquelles elle reconnaît l'existence de tels services, pour lesquels les structures publiques demeurent adaptées.

CHAPITRE III

LES AUTRES PERSONNES PRIVEES PARTICIPANT AUX MISSIONS PUBLIQUES

247 – Certaines activités administratives, de plus en plus nombreuses en ce qui concerne les collectivités locales, sont exercées par des organismes qui ne sont ni des établissements publics, ni des entreprises publiques au sens que nous avons donné à ces termes. Il s'agit, d'abord et avant tout, des sociétés d'économie mixte locales (section I), personnes morales de droit privé qui gèrent toute une gamme d'activités locales. Mais, d'autres personnes privées sont également chargées de tâches administratives, ce qui signifie une certaine privatisation de l'administration : associations et fondations interviennent ainsi, d'une façon ou d'une autre, dans le domaine administratif (Section II).

Section I

LES SOCIETES D'ECONOMIE MIXTE LOCALES

248 – Il n'est question, dans ce chapitre, que de l'économie mixte locale puisque les sociétés d'économie mixte (SEM) dans lesquelles l'Etat est actionnaire sont aujourd'hui classées parmi les entreprises publiques soumises, outre leur statut particulier, aux dispositions de la loi du 26 juillet 1983 (*supra* n° 240) qui ne concernent pas les sociétés locales. On sait, d'autre part, que les articles 5, 48 et 68 de la loi du 2 mars 1982 excluent la possibilité pour les collectivités locales d'être actionnaires de sociétés « n'ayant pas pour objet d'exploiter les services communaux ou des activités d'intérêt général dans les conditions prévues à l'article L 381. 1 du Code des communes » ; c'est-à-dire que seul ce procédé de l'économie mixte reste ouvert aux collectivités.

La matière, si importante donc au plan local, de l'économie mixte n'avait fait jusqu'alors l'objet d'aucune intervention législative. Une telle intervention se révèle indispensable après la

loi du 2 mars qui supprime tout contrôle *a priori* sur les délibérations des collectivités relatives à la participation au capital d'une SEM et enlève toute force obligatoire aux statuts-types établis par décret. La loi n° 83-597 du 7 juillet 1983, adoptée à l'unanimité tant à l'Assemblée nationale qu'au Sénat, pose les nouvelles règles applicables à la grande majorité de ces sociétés. Seules sont exclues de son champ d'application (article 14) :
– les sociétés anonymes d'HLM et les sociétés de crédit immobilier (articles L 422. 2 et L 422. 4 du Code de la construction et de l'habitation),
– les sociétés de financement régionales ou interrégionales et les sociétés de développement régional,
– les sociétés constituées en application de la loi du 30 avril 1946 relative aux plans d'équipement et de développement des territoires d'outremer, toutes sociétés qui bénéficiaient déjà, eu égard à la nature de leurs missions, d'un statut spécifique – d'origine législative – fort bien adapté à celles-ci.

La loi du 13 juillet 1983 – comme la loi sur la démocratisation du secteur public – apporte des éléments intéressants quant à la définition et quant à la gestion de la société d'économie mixte (voir J.M. Garrigou-Lagrange « La loi du 13 juillet 1983 sur les sociétés d'économie mixte locales », *Revue Administrative,* 1983, p. 556 et C. Deves « Nouveau départ pour l'économie mixte locale » AJDA 1983, p. 596).

§1 – CRITERE ET OBJET DE LA SOCIETE D'ECONOMIE MIXTE LOCALE

249 – *Critère*

Il n'est pas étonnant que, pour reconnaître la SEM locale, le législateur adopte le même critère déterminant que pour l'appartenance au secteur public, puisque la SEM locale rentre à l'évidence dans ce secteur : *constitue une SEM locale la société anonyme, gérant un service public ou une activité d'intérêt général, dans lesquelles les collectivités locales sont majoritaires.* Pour bien marquer la prééminence nouvelle conférée aux collectivités locales, le législateur, par ailleurs, décide de porter de 65 à 80 % le seuil maximal de participation de celles-ci au capital social. La part du capital réservée aux autres partenaires – la société d'économie mixte locale comprend au moins sept associés – n'est donc que de 20 à 35 %.

De plus, revenant sur ce point à la jurisprudence Schwartz et Deferre précitée (*supra* n° 236), l'article 1 de la loi ajoute que les collectivités, détentrices de plus de la moitié du capital, doivent détenir plus de la moitié des sièges dans les organes délibérants de la SEM.

Cette dernière indication pourrait poser problème dans le cadre des exceptions à la règle de la participation majoritaire, exceptions posées aux articles 11 et 13 de la loi. Il est dit, en effet : « les dispositions de l'article 1er concernant la participation majoritaire des collectivités territoriales et de leurs groupements au capital ne sont pas applicables... ». Il est donc question de majorité du capital et non de majorité des voix et l'on pourrait penser – dans la ligne de certaines pratiques antérieures – que, dans les sociétés concernées, une participation minoritaire au capital autorise à détenir la majorité des voix... Cette interprétation est, toutefois, erronée aujourd'hui car, comme on le verra, les deux choses sont obligatoirement liées, la représentation de chaque actionnaire au conseil d'administration étant fonction de l'importance de sa souscription au capital.

Ne sont pas liées par le critère de la participation majoritaire, pour des raisons essentiellement pratiques :
- les SEM antérieures à la loi constituées en application des décrets-lois des 5 novembre et 28 décembre 1926, à condition qu'elles ne modifient pas leur objet social ;
- les SEM sportives, constituées en application de la loi du 29 octobre 1975 ;
- les SEM d'équipement et d'exploitation de remontées mécaniques constituées antérieurement à la date de publication de la présente loi ;
- les SEM chargées de la réalisation des réseaux de télécommunications et de télédiffusion prévues par la loi du 29 juillet 1982 ;
- les SEM créées en application de la loi allemande du 6 juin 1895 dans les départements du Bas-Rhin et Moselle.

250 – *Objet social*

La loi du 7 juillet 1983 élargit assez considérablement l'objet social des SEM. L'article 1er § 1 est particulièrement révélateur de l'extension que peut connaître le procédé : « les communes, les départements, les régions et leurs groupements peuvent, dans le cadre des compétences qui leur sont reconnues par la loi, créer des SEM locales... pour réaliser des opérations d'aménagement, de construction, pour exploiter des services publics à caractère industriel et commercial ou pour toute autre activité d'intérêt général ». Lorsque l'on sait l'ampleur que peut revêtir cette dernière notion (on commence à s'en rendre compte dans le cadre de l'interventionnisme économique des communes en vertu de l'article 5 de la loi du 2 mars 1982), on se rend compte de l'essor considérable que peut connaître la formule dans un proche avenir... Il est dit aussi qu'une SEM est susceptible d'avoir une *pluralité d'activités* – ce qui, auparavant n'était pas juridiquement possible – à condition qu'elles soient complémentaires. Comme le dit M. Garrigou-Lagrange : « La despécialisation des SEM... permettra sans doute aux collectivités de confier aux SEM des missions globales, sans devoir les tronçonner en opérations distinctes, selon la spécialité des SEM concernées » (rappelons par exemple, qu'une SEM chargée de l'aménagement d'une zone de rénovation urbaine, ne pouvait se voir confier les opérations de construction).

Enfin, selon l'article 4, une SEM peut intervenir pour le compte de tiers, personnes publiques ou privées, qui ne participent pas à son capital social. A cet égard, les prestations de service sont libres. Quant aux autres interventions, elles sont subordonnées à une condition alternative : soit le bénéficiaire apporte (personne privée) ou garantit (personne publique) préalablement la totalité du financement nécessaire ; soit il faut une autorisation du conseil d'administration donnée à la majorité des 2/3 comprenant au moins 1/2 des collectivités locales actionnaires, à laquelle s'ajoute l'accord de la collectivité sur le territoire de laquelle l'investissement immobilier est prévu. Il faut remarquer ce nouvel élargissement du champ d'activité des SEM mais, avec ces conditions qui ont pour but de prémunir les actionnaires contre les risques financiers, on entre dans le domaine de la gestion des SEM locales.

§2 - LES REGLES RELATIVES A LA GESTION DES SEM

251 – *Dispositions organiques – les conseils*

Sur ce point, les règles posées par le législateur ont pour effet d'assurer aux collectivités actionnaires la pleine maîtrise sur le fonctionnement des SEM (en remplacement de l'Etat qui, par ses pouvoirs de tutelle, exerçait un contrôle déterminant sur ces SEM).

D'abord, les collectivités locales doivent avoir plus de la moitié des sièges dans les organes délibérants, conseil d'administration ou conseil de surveillance, proportionnellement au capital détenu par elles. Il est prévu que toute collectivité territoriale actionnaire a droit « au moins à un représentant... désigné en son sein par l'assemblée délibérante concernée » (article 8 § 1). Il n'est pas certain que cette disposition fasse obstacle – comme le pensent les auteurs précités n° 248 – à la possibilité offerte jusqu'alors aux assemblées locales de désigner une personnalité extérieure pour les représenter : si la collectivité concernée n'a droit qu'à un siège, d'après la part du capital détenu, c'est un conseiller municipal, général ou régional, qui doit être désigné ; mais si elle a droit à plusieurs sièges, il ne semble pas qu'il soit interdit d'offrir l'un d'entre eux à un citoyen extérieur au conseil municipal, général ou régional. Dans la situation inverse, pour assurer la représentation directe de chaque collectivité actionnaire au conseil d'administration ou de surveillance, le nombre des membres – qui est de douze pour les sociétés anonymes selon la loi du 24 juillet

1966 – peut être augmenté, jusqu'à concurrence de dix-huit. Si ce dépassement ne suffit pas, les collectivités ayant une participation réduite au capital sont réunies en assemblée spéciale, assemblée qui désigne un ou plusieurs représentants communs. Aux termes de l'article 9, enfin, une collectivité qui a accordé sa garantie aux emprunts contractés par une SEM alors qu'elle n'en est pas actionnaire directement représenté au conseil, a le droit de désigner, par et au sein de son assemblée délibérante, un délégué spécial qui sera entendu lorsqu'il le voudra par les organes dirigeants de la SEM et pourra procéder à toute vérification souhaitable de tous les documents comptables.

Représentants ou délégué spécial rendent compte chaque année de leur mandat sous la forme d'un rapport écrit sur le fonctionnement de la SEM. Ce rapport donne lieu à un vote du conseil municipal, général ou régional (qui peut marquer sa défiance envers son représentant en le relevant de ses fonctions).

La prééminence des collectivités locales dans l'économie mixte locale est également marquée au niveau des relations contractuelles qui s'établissent entre elles et les SEM qu'elles créent.

252 – *Les relations contractuelles entre SEM et collectivités territoriales* sont définies par une convention qui doit comporter, à peine de nullité, diverses clauses mentionnées à l'article 5 de la loi. Il faut souligner la différence qui existe avec les conventions-types d'avant 1982 : si, en effet, les rubriques doivent obligatoirement figurer dans la convention, leur contenu est entièrement libre et non imposé. La liste des clauses obligées varie selon l'objet principal de la SEM ; il existe toutefois un tronc commun dans lequel on trouve : l'objet du contrat, sa durée, ses modalités de renouvellement, les conditions d'une éventuelle déchéance, le montant de la participation de chaque partie, les pénalités applicables en cas de mauvaise exécution du contrat et aussi les modalités de rémunération de la société. Lorsqu'il s'agit de contrats de concession (article 5 III) ou de conventions portant sur la réalisation d'acquisitions foncières, l'exécution de travaux et la construction d'ouvrages, d'autres rubriques sont impérativement à ajouter. Par exemple, dans ce dernier cas, la convention doit préciser « les modalités de contrôle technique, financier et comptable exercé par la personne publique contractante » ; l'article 5 II précise qu'à cet effet, la société fournit chaque année un compte-rendu financier comportant un certain nombre de pièces : bilan prévisionnel et plan de trésorerie.

Le législateur cherche donc à accumuler les précautions afin d'empêcher la SEM de prendre trop de liberté à l'égard de la collectivité territoriale dégagée de la tutelle étatique. L'article 7 tire, d'ailleurs, les conséquences de cette situation nouvelle : la collectivité ne pourra plus, comme auparavant (article L 235. 5 du Code des Communes), recevoir des subventions exceptionnelles en cas de difficultés financières nées de sa participation au capital d'une SEM locale ou de la garantie qu'elle accorde – postérieurement à la loi – aux emprunts contractés par une telle société. La commune (le département, la région), totalement responsable financièrement, doit avoir les moyens de peser sur la SEM. Le législateur, par toute une série de dispositions évoquées ci-dessus, s'attache à les lui conférer. Mais, du fait de l'utilisation – encore une fois – de la technique contractuelle, la SEM conserve aussi, dans ses activités, une certaine liberté permettant à ses dirigeants d'introduire le souci de rentabilité dans leurs calculs.

Rentrant dans le cadre de la réforme de décentralisation, la loi pourrait, respectant aussi en cela le droit commun de la société anonyme, ne faire aucune place à l'Etat. Pourtant, elle maintient certaines relations entre la SEM locale et les autorités étatiques, par le truchement du préfet.

253 – *Les relations entre représentant de l'Etat et organes dirigeants de la SEM* sont, évidemment, très réduites par rapport au droit antérieur. Plus de préfet dictant sa loi à la SEM, plus de présence obligatoire du représentant de l'Etat aux réunions des organes dirigeants des SEM locales, plus de statuts-types établis par l'Etat et pratiquement imposés aux collectivités, etc. Toutefois, le législateur ne fait pas totalement confiance aux régions, départements ou communes pour contrôler efficacement leurs SEM ; il conserve à son profit ce qu'il est possible d'appeler « *un droit de regard* » sur les activités de la SEM, par-dessus la tête de la collectivité dont elle est l'instrument.

Dans les quinze jours suivant leur adoption, les délibérations du conseil d'administration ou du conseil de surveillance, les conventions passées au titre de l'article 5, les comptes annuels, les rapports du commissaire aux comptes, sont communiqués au représentant de l'Etat dans le département où se trouve le siège social de la SEM. Ce dernier n'exerce pas un véritable contrôle administratif sur ces décisions mais une sorte de « droit de remontrance » (P. Girod, rapport au Sénat, *JO* doc. Sénat n° 205, p. 40) qui n'aboutit à aucune sanction juridique et instaure seulement un dialogue entre préfet, collectivités concernées et SEM.

Si, en effet, le représentant de l'Etat estime qu'une décision des organes dirigeants de la SEM est « de nature à augmenter gravement la charge financière d'une ou plusieurs des collectivités territoriales », il saisit dans le mois la chambre régionale des comptes qui rend un avis dans le mois de sa saisine. Les collectivités et organes de la SEM sont évidemment informés et de la saisine et de l'avis ; une seconde lecture de la décision contestée est alors obligatoire et, si l'opinion de la chambre régionale ne s'impose pas juridiquement, elle peut certainement, étant donné la qualité des personnes de qui elle émane, exercer une influence non négligeable lors des débats précédant le vote...

Il ne faut pas confondre l'éventuelle intervention de la chambre régionale des comptes en une telle occasion et le pouvoir de vérification des comptes et de la gestion de la SEM qu'elle tient de l'article 87 § 3 de la loi du 2 mars 1982. Dans ce dernier cas, il y a véritablement jugement sur les comptes avec toutes les conséquences y attachées alors que, dans la procédure analysée ci-dessus, la chambre agit comme conseiller. D'autre part, les observations qu'elle peut formuler n'ouvrent pas au profit du préfet, en cas de non-respect, un quelconque pouvoir de règlement, comme sur les budgets des collectivités locales.

Section II

LES AUTRES PERSONNES PRIVEES

Associations et fondations sont ici concernées

§1 - LES ASSOCIATIONS

254 – Le phénomène associatif, nul ne l'ignore, connaît un essor remarquable. Surtout conçue à l'usage des personnes privées, la liberté d'association, reconnue par la loi du 1er juillet 1901, peut également être utilisé par l'administration qui constitue – directement ou indirectement – une association pour assurer des tâches de service public en évitant l'application des règles strictes du droit administratif. Il y a là véritable démembrement de l'administration, dénoncé en tant que tel, à de nombreuses reprises, par la Cour des comptes. Mais de véritables associations sont susceptibles de prendre en charge, sous le contrôle de l'administration, des missions qui sont reconnues d'intérêt général : on veut parler surtout des associations reconnues d'utilité publique à qui sont consentis certains droits et avantages pour leur permettre d'atteindre leurs objectifs.

– Les « associations administratives »

Il est très facile de créer une association et une simple déclaration à la préfecture du lieu de son siège social (il suffit de préciser le nom de l'association – son siège social – son objet et les noms et adresses des quatre dirigeants) suffit à lui conférer la personnalité morale, la capacité juridique et donc la possibilité de recevoir des subventions. De plus, il n'est pas possible à l'autorité administrative de s'immiscer dans le fonctionnement d'une association, même subventionnée. Certes, l'association ne peut poursuivre un but lucratif mais l'administration, en faisant fonctionner les services publics, n'est pas non plus guidée par le profit.

Dès lors, les pouvoirs publics peuvent être tentés d'utiliser ce moyen commode à leur profit, pour leur permettre de gérer librement, en dehors des contraintes imposées par les règles administratives et financières propres au droit public, des tâches qui relèvent du service public mais pour lesquelles ils désirent bénéficier de l'autonomie la plus grande possible, ce qui est justifié, parfois, par la nature de l'activité en cause (activités culturelles – activités de formation).

Toutefois, la collectivité qui veut profiter de tels avantages ne tient généralement pas pour autant à abandonner aux particuliers associés la maîtrise des activités concernées. L'on découvre alors combien est fictive l'autonomie de telles associations. Les dirigeants sont des représentants de l'Etat ou de la collectivité concernée, mandatée comme tels ; les moyens de l'association sont exclusivement publics ; son fonctionnement est étroitement contrôlé.

Il y a donc abus dans l'usage de la technique associative. La Cour des comptes s'est insurgée contre ce phénomène, en rapide développement malgré les mises en garde. Le Conseil d'Etat, de son côté, est conduit, lorsque la question se pose, par exemple dans le cadre de la communication des documents administratifs aux particuliers, à réintégrer ces associations dans l'« Administration » (Conseil d'Etat, 20 juillet 1990, Ville de Melun et association « Melun-CultureLoisirs » : Rec. p. 220 ; AJDA 1990, p. 820, Concl. M. Pochard ; D. 1991, J. p. 578, note G. Vlachos ; JCP 1991, n° 21662, note G. Fatome).

– Les associations chargées d'une mission de service public

Il s'agit là d'associations privées qui prennent en charge des missions qui sont considérées comme d'intérêt général alors qu'elles ne sont pas prises en compte par l'administration publique. La reconnaissance d'utilité publique de l'association, par décret et même le simple agrément, délivré discrétionnairement en principe par le ministre, permettent à l'association d'obtenir certains privilèges juridiques ou financiers.

Les associations qui sont reconnues comme exerçant une mission de service public peuvent ainsi prendre des décisions unilatérales qui constituent des actes administratifs (voir l'activité des fédérations sportives). Il est également possible de leur reconnaître un monopole dans l'exercice d'une activité, ce qui peut impliquer adhésion obligatoire (les ASSEDIC ; les associations de pêche ou de chasse agréées). En contrepartie, la liberté de l'association agréée est moins grande puisqu'elle doit s'accommoder d'un contrôle de l'administration.

§2 - LES FONDATIONS

255 – La différence essentielle entre associations et fondations est que les premières sont des groupements de personnes tandis que les secondes sont des groupements de biens. Mais, comme pour les associations, il peut y avoir des fondations privées qui, d'une manière totalement désintéressée, poursuivent une mission d'intérêt général tandis que d'autres constituent en réalité des paravents à l'abri desquels l'administration poursuit ses propres buts.

L'initiative de la création d'une fondation doit toujours émaner d'une personne privée et le capital dont est dotée la fondation doit également avoir une origine privée. Cependant, il est possible à l'administration de passer par le biais d'une association subventionnée largement pour réaliser ces conditions, malgré l'interdiction de principe faite à l'Etat et aux collectivités publiques de constituer des fondations. D'autre part, la fondation ne peut avoir la personnalité juridique que si l'objectif qu'elle poursuit est reconnu d'utilité publique par décret en Conseil d'Etat : l'administration en la matière pourrait être juge et partie.

La structure juridique qui sert de support à la fondation est l'établissement d'utilité publique, *personne morale de droit privé* administrée par un conseil, lui-même coiffé d'un bureau. Si la volonté du fondateur est omnipotente pour désigner les premiers administrateurs, la cooptation est ensuite appliquée, ce qui n'exclut pas la présence de fonctionnaires dans les organes dirigeants. Enfin, étant reconnue d'utilité publique, la fondation voit son fonctionnement plus ou moins étroitement contrôlé par l'administration : ses comptes font l'objet d'une approbation ministérielle ou préfectorale et des rapports d'activité doivent être périodiquement adressés aux mêmes autorités.

Le Conseil d'Etat procède à la même requalification des activités des fondations lorsqu'elles ne constituent que des démembrements de l'administration (Conseil d'Etat, 15 octobre 1982, Mardirassian, Rec. p. 348).

CONCLUSION du titre IV

256 – On n'oubliera pas que des services publics peuvent être effectivement gérées directement par des personnes privées. C'est bien sûr le cas de la concession déjà cité. Il faut considérer aussi que, pour le législateur, des organismes comme les caisses locales de sécurité sociale ou d'allocations familiales, les sociétés d'aménagement foncier et d'établissement rural (SAFER) ou encore les fédérations sportives, sont des personnes privées alors que pour tout (sécurité sociale) ou partie de leur activité, ils gèrent des services publics, selon un régime de droit public.

Les lois du 7 juillet et 26 juillet 1983, impliquées par la réforme de décentralisation, dans sa lettre ou dans son esprit, conduisent, c'est essentiel, à une certaine remise en ordre dans ce secteur des institutions administratives. Il n'y a pas encore de définitions précises des notions employées, de qualifications sûres conduisant à la mise en œuvre d'un régime juridique précis : mais il y a une ébauche de classification qui débouche sur l'application de règles communes. Dans un domaine où aucune conception d'ensemble n'avait jamais présidé à la création d'institutions plus ou moins hybrides, il y a certainement progrès.

NOTE BIBLIOGRAPHIQUE

Les références bibliographiques sont indiquées entre parenthèses dans le corps du texte. Nous ne mentionnerons ici que quelques ouvrages parmi les plus récents publiés en la matière.

AUBY J.B. et J.F., *Droit des collectivités locales*, PUF, 1990.

AUBY J.F., *Le Commissaire de la République*, PUF, « Que sais-je », 1982, n° 2071.

AUBY J.M., DUCOS-ADER R., AUBY J.B., *Institutions administratives*, Dalloz, 5e éd., 1989.

AUBY J.M. et AUBY J.F., *Droit des collectivités locales*, PUF, 7e éd., 1996.

BAGUENARD J., *La décentralisation*, PUF, « Que sais-je », 3e éd., 1988.

BECET J.M., *La Commune dans le système administratif français*, Coll. CFPC, 1983.

BELORGEY M., *La France décentralisée*, Berger Levrault, 1984.

BENOIT F.P. (sous la direction de), Encyclopédie : collection « collectivités locales », Dalloz.

BOURDON J., PONTIER J.M. et RICCI J.C., *Droit des collectivités locales*, PUF, 1987.

BOURJOL M. et BODARD S., *Droit et libertés des collectivités locales*, Masson, 1985.

BOUVIER M. et ESCLASSAN M.C., *Le système communal – Etat actuel et virtualités de la gestion financière des communes*, LGDJ, 1981, mise à jour 1983.

CHAUVIN F., Administration de l'Etat, Mémentos Dalloz, 4e éd., 1994.

CHEVALIER J., RANGEON F., SELLIER M., *Le pouvoir régional*, PUF, 1982.

DARCY G., *Le système administratif français*, Coll. CFPC, 1982.

DEBBASCH C., *Institutions et droits administratifs*, T. 1, P.U.F., 4e éd., 1991.

DUBOIS J.P., *Droit des institutions administratives*, Paris, Eyrolles, 1992.

DUPUY F. et THOENIG J.C., *Sociologie de l'administration francaise*, A. Colin, 1983.

DE FORGES Jean-Michel, *Les institutions administratives françaises*, PUF, Collection « Droit fondamental », 3e éd., 1992.

DUPUIS G. et GUEDON M.S., *Institutions administratives*, coll. U, A. Colin, 3e éd., 1991.

GOHIN O., *Institutions administratives*, LGDJ, 2e éd., 1995.

GONTCHAROFF G. et MILANO S., *La décentralisation, nouveaux pouvoirs, nouveaux enjeux*, Syros, 1983.

La décentralisation, nouvelle compétence, premier partage, Syros, 1984.

GRUBER A., *La décentralisation et les institutions administratives*, A. Colin, 2e éd., 1996.

LUCHAIRE F. et LUCHAIRE J.F., *Le droit de la décentralisation*, PUF, 2e éd., 1989.

MOREAU J., *Administration régionale, départementale et municipale*, Mémentos Dalloz, 10e éd., 1994.

MODERNE F. (sous la direction de), *La nouvelle décentralisation*, Sirey, 1983.

REMOND B., BLANC J., *Les collectivités locales*, Presses de la Fondation nationale des sciences politiques et Dalloz, 3e éd., 1994.

SADRAN P., *Le système administratif français*, Paris, Montchrétien, 1992.

RICHARD et COTTEN, *Les communes françaises d'aujourd'hui*, PUF, « Que sais-je », 1982, n° 2084.

VIDAL-DURAND E., *Les collectivités territoriales en France*, coll. Les Fondamentaux, Hachette 1994.

INDEX ALPHABETIQUE

(Les chiffres renvoient aux numéros)

L

M

O

P

R

S

T

U

V

TABLE DES MATIERES

TITRE II
L'ADMINISTRATION D'ETAT

TITRE III
L'ADMINISTRATION LOCALE

TITRE IV
LES INSTITUTIONS ADMINISTRATIVES FONCTIONNELLES

CENTRE D'ETUDES UNIVERSITAIRES
DE BOURG ET DE L'AIN
UNIVERSITE JEAN MOULIN
LYON 3
3, rue des Casernes
01000 BOURG

Composé par Economica, 49, rue Héricart, 75015 PARIS
Imprimé en France. -JOUVE, 18, rue Saint-Denis, 75001 PARIS
N° 250520Z. - Dépôt légal : Octobre 1997

A RETOURNER

- 8 NOV. 1999
1 8 NOV. 1999
1 8 SEP. 2000
1 6 MAI 2001
2 8 MAI 2004
1 3 FEV. 2006
- 2 JUIN 2006
- 5 JUIN 2007
2 8 AVR. 2008
1 5 SEP. 2009

BORGEAUD BIBLIOTHEQUES